Wolfram Waldner
GNotKG für Anfänger

GNotKG
für Anfänger

Eine Einführung in das Notarkostenrecht

von

Dr. Wolfram Waldner, M. A.
Notar a.D., Bayreuth
Lehrbeauftragter an der Universität Erlangen-Nürnberg

10. Auflage 2021

Zitiervorschlag: Waldner GNotKG Rn. …

www.beck.de

ISBN 978 3 406 75064 9

© 2021 Verlag C. H. Beck oHG
Wilhelmstraße 9, 80801 München

Druck: Druckerei C. H. Beck Nördlingen
(Adresse wie Verlag)

Satz: Fotosatz Buck, Zweikirchenerstr. 7
84036 Kumhausen

Umschlaggestaltung: Martina Busch, Grafikdesign
Homburg/Saar

Gedruckt auf säurefreiem, alterungsbeständigem Papier
(hergestellt aus chlorfrei gebleichtem Zellstoff)

Vorwort zur 10. Auflage

Diese Einführung will demjenigen, der sich als angehender Notarfachangestellter, Notarassessor oder Notar erstmals einen Überblick über die praktische Anwendung des Notarkostenrechts verschaffen will, beim Einstieg in diese spröde Materie helfen. Darüber hinaus wird sie vielleicht auch dem interessierten Laien oder Juristen aus anderen Fachgebieten, der eine Notarkostenrechnung verstehen oder bei einem beabsichtigten Beurkundungsgeschäft den billigsten Weg gehen will, nützliche Informationen bieten. Nach langen Jahren der Vorbereitung hat am 1.8.2013 das Gerichts- und Notarkostengesetz (GNotKG) die Kostenordnung aus dem Jahr 1936 abgelöst. Auf das alte Recht nehme ich in dieser Auflage nur noch dort Bezug, wo es für das Verständnis der heutigen Regelung hilfreich ist.

Die Zielsetzung erfordert eine Beschränkung in mehrfacher Hinsicht: Zunächst werden nur die Notargebühren behandelt, nicht die Gerichtsgebühren, die ebenfalls im GNotKG geregelt sind. Verzichtet werden musste sowohl auf eine systematische Darstellung als auch auf eine vollständige Behandlung von Problemen, die im Feld-, Wald- und Wiesennotariat nur ausnahmsweise praktisch werden.

Wer sich erstmals mit dem Kostenrecht befasst, kann sich nach einem kurzen allgemeinen Teil anhand der gängigen Urkundsgeschäfte einarbeiten; diejenigen, die schon die Vorauflagen als Wegweiser durch die Kostenordnung benutzt haben, können an der gleichen Stelle wie bisher sehen, was das neue Recht an Überraschungen bereithält. Manches ist einfacher, aber nicht unbedingt logischer oder gar sinnvoller geworden. Das GNotKG ist handwerklich kein gutes Gesetz, und bei vielen neuen Regelungen ist die soziale Ausgewogenheit auf der Strecke geblieben: Wirtschaftlich Schwache zahlen durchgehend mehr, Reiche oft weniger als früher. Teilweise ist die Gebührenstruktur prohibitiv und verhindert ein Tätigwerden des Notars, statt es zu fördern – wenn der Notar nicht im Interesse der Sache die eine oder andere Möglichkeit zur Gebührenerhebung bewusst „übersieht", was aber nicht der Sinn eines Kostengesetzes sein sollte. Insgesamt hat sich das Gebührenaufkommen gegenüber der Kostenordnung deutlich erhöht; aber die Zeiten, in denen eine großzügige Notariatsgebührenordnung (so wie die bayerische vom 19.1.1862, RegBl. 1862, 201) alsbald durch eine deutlich bescheidenere (die vom 7.6.1863, RegBl. 1863, 801) ersetzt wurde, sind vorbei. Damit in der Bevölkerung das Ansehen der Institution Notariat als eines sinnvollen Beitrags zur Rechtspflege erhalten bleibt, kann nur an jeden Amtsträger appelliert werden, die Kosten nach dem GNotKG mit Augenmaß zu erheben: Der Krug geht so lange zum Brunnen, bis er bricht.

Der Umfang dieser Einführung ist so berechnet, dass der Anfänger ebenso wie der schon etwas Fortgeschrittene nicht von einer Fülle von Einzelproblemen erschlagen wird, sondern die Fragen behandelt findet, mit denen er tagtäglich typischerweise wirklich konfrontiert wird. Vollständigkeit ist weder möglich noch bezweckt; was man in diesem Buch vermisst, muss man in ausführlicheren Kompendien aufsuchen und wird es dort, wie ich hoffe, nach der Lektüre dieser Einführung leichter finden.

Vorwort zur 10. Auflage

Die Neuauflage ist durch die Rechtsprechung der letzten fünf Jahre gekennzeichnet, die zahlreiche Streitfragen bei der Anwendung des GNotKG geklärt hat, während andere nach wie vor kontrovers diskutiert werden und einige erstaunlicherweise noch nie den Weg in die veröffentlichte Judikatur gefunden haben. Wo es sich um Zweifelsfälle handelt, in denen sich auch schon der Anfänger in seiner täglichen Arbeit zu einer Meinung durchringen muss, kann auch dieses kleine Buch nicht so tun, als gebe es nur eine denkbare Lösung. Auch durch den BGH, der in den gut achtzehn Jahren seit Eröffnung seiner Zuständigkeit für das Notarkostenrecht im Jahre 2002 schon manche jahrzehntealte Streitfrage für die Praxis geklärt hat, wurden seit Erscheinen der 9. Auflage elf GNotKG-Probleme durch eine Rechtsbeschwerdeentscheidung beantwortet; dennoch wird für ihn in den nächsten Jahren noch einiges zu tun bleiben. Die BGH- und die Instanzrechtsprechung zum GNotKG sowie solche Entscheidungen zur alten Kostenordnung, die nach wie vor relevant sind, werden in einer zwangsläufig subjektiven Auswahl mitgeteilt, sorgfältig begründete ebenso wie groteske Fehlleistungen, die mitunter nicht ohne didaktischen Wert sind. Die Auswahl der Fundstellen ist ebenfalls subjektiv, auch wenn ich mich bemüht habe, bei den heute alltäglichen Vielfachabdrucken aus der am weitesten verbreiteten Zeitschrift zu zitieren. Bei Entscheidungen des BGH, die jedem Internet-Nutzer kostenlos im Netz zugänglich sind (www.bundesgerichtshof.de) werden auch Datum und Aktenzeichen angegeben; gelegentlich werden im Hinblick darauf, dass heute sehr viele Benutzer auf Beck-Online oder juris zugreifen können, auch interessante nichtveröffentlichte Entscheidungen nach Datum und Aktenzeichen aufgeführt. Bereits berücksichtigt ist das am 1.1.2021 in Kraft getretene KostRÄG 2021, das immerhin eine der absurden Konsequenzen des geltenden Kostenrechts bereinigt, im übrigen aber nur marginale Auswirkungen auf das Notarkostenrecht hat.

Es ist mir wieder ein Bedürfnis mich zu bedanken: bei den (Schriftsteller-)Kollegen Martin Filzek, Husum, und Holger Schmidt, Bonn, und bei den Amtsräten Robert Eiser, Herzogenaurach, und Herbert Maier, Lauf a.d. Pegnitz, sowie den vielen Lesern, die mich (teilweise schon seit 1987!) freundlicherweise auf Fehler und Missverständliches aufmerksam machen. Damit verbindet sich die Bitte, sie möchten dies auch künftig tun.

Bayreuth, im Januar 2021 *Wolfram Waldner*

Aus dem Vorwort zur 2. Auflage

Die erste Auflage von Büchern „für Anfänger" sollte nach dem Vorbild von *Rosendorfers* verdienstlicher Einführung „Bayreuth für Anfänger" zweckmäßig unter einem Pseudonym erscheinen. Dadurch, dass der Verfasser dies missachtet hat, ist ihm manch ungerechtfertigte Anerkennung und gerechtfertigte Kritik zuteil geworden. Einige Leser haben mir verbindlichere Formulierungen nahegelegt. Ich habe mich bemüht, diesem Wunsch an einigen Stellen Rechnung zu tragen, bitte aber um Verständnis, dass es mir nicht die *ars notarii* zu sein scheint, Sachverhalte so verbindlich zu formulieren, dass man sie nur bei aufmerksamer Lektüre versteht. Dass es schwierig ist, eine Fackel durch ein Gedränge zu tragen, ohne jemandem den Bart zu sengen, hat bereits *Lichtenberg* festgestellt.

Inhaltsverzeichnis

	Rn.	Seite
Vorwort zur 10. Auflage		V
Aus dem Vorwort zur 2. Auflage		VII
Literaturhinweise		XV
Abkürzungsverzeichnis		XVII
Erster Teil: Einführung	1	1
I. Allgemeines zum GNotKG	2	1
1. System des GNotKG	2	1
2. Der Grundsatz der Staffelgebühren	4	2
3. Amtstätigkeit und andere Tätigkeiten des Notars	10	4
4. Die vier Punkte bei der Aufstellung der Kostenberechnung	11	4
II. Geschäftswert, Gebührensätze, Gebührenhöhe, Kostenschuldner	14	5
1. Geschäftswert	14	5
a) Allgemeines	14	5
b) Die Bewertung von Sachen, insbesondere: Grundbesitz	17	6
c) Die Bewertung anderer Gegenstände	23	9
2. Gebührensätze	27	10
3. Gebührenhöhe	29	12
4. Kostenschuldner	31	15
III. Beurkundungen und Beglaubigungen – Mehrere Erklärungen in einer Urkunde – Änderungen	37	17
1. Beurkundungen und Beglaubigungen	37	17
2. Mehrere Erklärungen in einer Urkunde	41	19
3. Änderungen beurkundeter Erklärungen	51	22
Zweiter Teil: Einzelne Beurkundungsgeschäfte	55	25
I. Kaufvertrag	57	25
1. Bewertung	59	27
a) Vergleich von Kaufpreis und Grundstückswert	59	27
b) Option zur Umsatzsteuer	60	27
c) Verkauf auf Rentenbasis	61	27
c) Übernahme von Belastungen	62	28
d) Bebauung für Rechnung des Erwerbers	66	31
e) Vorvertrag	67	31
2. Nebengebühren	67a	31

Inhaltsverzeichnis

	Rn.	Seite
a) Vollzugsgebühr, Nr. 22110	68	31
b) Betreuungsgebühr, Treuhandgebühr(en) Nr. 22200, 22201	73	35
3. Angebot und Annahme	83	36
4. Zustimmung und Vollmacht	89	38
5. Aufhebung von Kaufverträgen	93	40
II. Grundpfandrechte	96	44
1. Die Grundschuld	96	44
a) Grundschulden ohne Zwangsvollstreckungsunterwerfung	97	44
b) Grundschulden mit Zwangsvollstreckungsunterwerfung	101	45
c) Auszahlungsbestätigung	102	46
d) Grundschulden zur Kaufpreisfinanzierung	104	46
e) Abtretung	107	48
f) Löschungszustimmung	109	48
g) Rangänderung	110	49
h) Rangvorbehalt	113	50
i) Verpfändung des Auflassungsanspruchs	114	50
2. Die Hypothek	115	51
3. Vollstreckbare Ausfertigungen	116	51
III. Überlassungs- und Übergabeverträge	122	55
1. Geschäftswert	123	55
2. Wiederkehrende Leistungen	130	57
3. Wertsicherung	134	57
4. Rückforderungsrecht	135	58
5. Geschwister	138	58
IV. Weitere Grundstücksgeschäfte	139	61
1. Vorkaufsrecht	139	61
2. Ankaufsrecht und ähnliche Geschäfte	144	62
3. Wohnungseigentum	145	63
a) Begründung von Wohnungseigentum	145	63
b) Veräußerung von Wohnungseigentum	149	64
c) Teileigentum, Wohnungs- und Teilerbbaurecht	150	64
4. Erbbaurecht	151	65
a) Begründung des Erbbaurechts	151	65
b) Folgegeschäfte	158	66
5. Grundbuchberichtigungen und Löschungen	163	68
6. Tauschverträge und Auseinandersetzungsverträge	167	70
7. Gemeinschaftsaufhebungsverbot und Benutzungsregelung	168a	71
8. Dienstbarkeiten	168b	71

Inhaltsverzeichnis

	Rn.	Seite
V. Ehe- und Lebenspartnerschaftsverträge sowie Scheidungsvereinbarungen	169	77
1. Güterrechtliche Regelungen	171	78
2. Regelungen zum Versorgungsausgleich	184	80
3. Unterhaltsvereinbarungen	187	81
4. Weitere Vereinbarungen in Eheverträgen und Scheidungsvereinbarungen	188	81
VI. Erbrechtliche Beurkundungen	192	84
1. Vorsorgevollmacht, Patientenverfügung, Betreuungsverfügung	192	84
2. Testament	194	85
3. Gemeinschaftliches Testament und Erbvertrag	201	87
4. Erb- und Pflichtteilsverzichte	205	89
5. Erbscheinsantrag	208	89
6. Erklärungen gegenüber dem Nachlassgericht	214	91
7. Erbteilsübertragung	215	92
8. Erbauseinandersetzungsverträge	219	93
9. Amtliche Vermittlung der Auseinandersetzung	220	93
10. Vermächtniserfüllung, Teilungsanordnung	222	94
VII. Gesellschaft mit beschränkter Haftung	225	98
1. Die Neugründung einer GmbH	226	98
a) Gründungsvertrag	226	98
b) Bestellung der Geschäftsführer	230	100
c) Anmeldung	234	101
d) Erzeugung der XML-Daten	237	102
2. Veränderungen bei der GmbH	238	103
a) Satzungsänderung einer GmbH vor Eintragung	239	103
b) Satzungsänderung einer GmbH nach erfolgter Eintragung	240	104
c) Sonstige Änderungen bei der GmbH	249	106
3. Anmeldungen zum Handelsregister	251	107
4. Gründung mit Musterprotokoll	256	109
5. Geschäftsanteilsabtretung	257	110
6. Höchstwerte	262	112
VIII. Weitere Handels- und Registersachen	266	116
1. Einzelkaufmännisches Handelsgeschäft	268	116
2. Offene Handelsgesellschaft (OHG)	272	118
3. Kommanditgesellschaft (KG)	279	120
4. Aktiengesellschaft	283	122
5. Umwandlung von Gesellschaften	286	123
6. Vereinsregister	286a	124
IX. Verwahrungsgeschäfte	287	126
X. Vermischte Geschäfte	297	129

Inhaltsverzeichnis

	Rn.	Seite
1. Bescheinigungen	298	130
a) Tatsachenbescheinigungen	298	130
b) Sicherstellung der Zeit	302	131
c) Vertretungs- und ähnliche Bescheinigungen	303	131
2. Vermögensverzeichnisse	305	133
3. Verlosungen	307	133
4. Eidesstattliche Versicherungen	309	134
5. Annahme als Kind	311	135
6. Unterhaltsverpflichtungen	315	136
7. Wechselproteste	318	136
8. Grundlagenurkunden	322	137
9. Miet- und Pachtverträge	323	137
10. Vermittlungsverfahren in der Sachenrechtsbereinigung	323a	138
11. Übermittlungsgebühr	323b	138
12. Beglaubigung von Kopien	323c	139

Dritter Teil: Ergänzungen ... 324 143

  I. Beurkundungen unter ungewöhnlichen Umständen sowie Schläge ins Wasser ... 324 143
    1. Beurkundungen außerhalb der Amtsstelle ... 325 143
    2. Beurkundungen zu ungewöhnlicher Zeit ... 328 144
    3. Erklärungen in fremder Sprache ... 330 145
    4. Schläge ins Wasser ... 331 145
  II. Entwurf, Beratung ... 333 147
    1. Entwurf ... 336 148
    2. Überprüfung von Entwürfen ... 340 151
    3. Vorzeitige Beendigung des Beurkundungsverfahrens ... 341 152
    4. Beratung ... 342 152
  III. Auslagen ... 343 155
    1. Pauschalierungsverbot ... 343 155
    2. Dokumentenpauschale ... 344 155
    3. Reisekosten ... 353 158
    4. Post- und Telekommunikationsentgelte ... 357 159
    5. Sonstige Auslagen ... 358 159
  IV. Gebührenermäßigung ... 360 162
    1. Rabattverbot ... 360 162
    2. Unrichtige Sachbehandlung ... 363 163
    3. Wirtschaftlich schwache Beteiligte ... 367 166
    4. Gebührenermäßigung nach § 91 ... 368 167
      a) Fälle der Gebührenermäßigung ... 370 167
      b) Durchführung der Gebührenermäßigung ... 374 169
    5. Gebührenbefreiung nach Vorbem. 2 ... 387 171
    6. Gebührenermäßigung und Bundesverfassungsgericht ... 389 172

Inhaltsverzeichnis

	Rn.	Seite
V. Gebührenauskunft, Hinweispflicht	389a	175
1. Gebührenauskunft	389a	175
2. Hinweispflicht auf die Gebühren?	389b	176
VI. Kostenrechnung, Kostenbeitreibung, Kostenbeschwerde	390	177
1. Sonstige Aufwendungen, Nr. 32015	390	177
2. Fälligkeit der Kosten und Verjährung	391	178
3. Die Aufstellung der Kostenrechnung	394	179
4. Die Beitreibung der Kosten	398	180
5. Die Kostenbeschwerde	402	181
a) Überprüfung der Kostenrechnung durch den Notar	402	181
b) Antrag an das Landgericht	403	182
c) Beschwerde zum Oberlandesgericht	411a	186
d) Rechtsbeschwerde zum BGH	412	187
e) Rechtskraft	413	187
f) Kosten, Rückzahlung und Schadensersatz	414	188
Sachverzeichnis		191

Literaturhinweise

Literatur, die den Rechtszustand vor Inkrafttreten des GNotKG wiedergibt, ist insbesondere für den Anfänger nicht mit Gewinn zu verwenden, da gerade der Anfänger nicht erkennen kann, ob die betreffenden Ausführungen zum alten Recht auf das neue übertragen werden können. Deshalb wird hier nur noch Literatur zum GNotKG aufgeführt.

Folgende **Kommentare** stehen zur Verfügung:

Bormann/Diehn/Sommerfeldt (Hrsg.): GNotKG, 3. Aufl. 2019
Hartmann/Toussaint (Hrsg.): Kostenrecht, 50. Aufl. 2020
Korintenberg (Begr.): GNotKG, 21. Aufl. 2020
Leipziger Gerichts- und Notarkosten-Kommentar, 2. Aufl. 2016
Nomos-Kommentar Gesamtes Kostenrecht (zuvor: Fackelmann/Heinemann GNotKG), 2. Aufl. 2016
Rohs/Wedewer (Begr.), GNotKG (Loseblatt, 130. Aktualisierung Dezember 2020)

Umfangreiche **praktische Berechnungen** enthalten:

Leipziger Kostenspiegel, 2. Aufl. 2017
Streifzug durch die Kostenordnung, 12. Aufl. 2017

Viel kürzer, aber didaktisch sehr gut:
Tondorf, Frank/Schmidt, Holger: 50 Tipps zum GNotKG, 2. Aufl. 2018

Angekündigt, aber bisher nicht erschienen ist:
Filzek, Martin: Notarkosten-Fibel, 5. Aufl.

Abkürzungsverzeichnis

aA	andere Ansicht
aF	alte Fassung
AG	Aktiengesellschaft; Amtsgericht
ALG	Gesetz über die Alterssicherung der Landwirte
Anm.	Anmerkung
BauGB	Baugesetzbuch
BayObLG	Bayerisches Oberstes Landesgericht
BeckRS	beck.online – Rechtsprechung
BeurkG	Beurkundungsgesetz
BewG	Bewertungsgesetz
BGB	Bürgerliches Gesetzbuch
BGH	Bundesgerichtshof
BNotO	Bundesnotarordnung
BVerfG	Bundesverfassungsgericht
BWNotZ	Zeitschrift für das Notariat in Baden-Württemberg (Jahr, Seite)
DNotZ	Deutsche Notar-Zeitschrift
DONot	Dienstordnung für Notare
DSchG	Denkmalschutzgesetz
EGBGB	Einführungsgesetz zum Bürgerlichen Gesetzbuche
ErbbauRG	Erbbaurechtsgesetz
ErbStDV	Erbschaftsteuer-Durchführungsverordnung
EStDV	Einkommensteuer-Durchführungsverordnung
EuErbVO	Europäische Erbrechtsverordnung
EuGH	Europäischer Gerichtshof
EuGüVO	Europäische Güterrechtsverordnung
FamFG	Gesetz über das Verfahren in Familiensachen und in den Angelegenheiten der freiwilligen Gerichtsbarkeit
FamRZ	Zeitschrift für das gesamte Familienrecht
FGPrax	Praxis der Freiwilligen Gerichtsbarkeit (Jahr, Seite)
GBO	Grundbuchordnung
GG	Grundgesetz
GmbHG	Gesetz betreffend die Gesellschaften mit beschränkter Haftung
GNotKG	Gesetz über Kosten der freiwilligen Gerichtsbarkeit für Gerichte und Notare (Gerichts- und Notarkostengesetz)
GrdstVG	Grundstücksverkehrsgesetz
GrEStG	Grunderwerbsteuergesetz
GV	Gebührenverzeichnis
GVO	Grundstücksverkehrsordnung
HGB	Handelsgesetzbuch
HRegGebVO	Handelsregistergebührenverordnung
hM	herrschende Meinung

Abkürzungsverzeichnis

iVm	in Verbindung mit
JurBüro	Das juristische Büro (Jahr, Seite)
KG	Kammergericht; Kommanditgesellschaft
KostRÄG 2021	Kostenrechtsänderungsgesetz 2021
KV	Kostenverzeichnis
LG	Landgericht
LK	Leipziger Gerichts- & Notarkosten-Kommentar
LSG	Landessozialgericht
LuftfzRG	Gesetz über Rechte an Luftfahrzeugen
mablAnm	mit ablehnender Anmerkung
mAnm	mit Anmerkung
mzustAnm	mit zustimmender Anmerkung
MDR	Monatsschrift für Deutsches Recht
MittBayNot	Mitteilungen des Bayerischen Notarvereins, der Notarkasse und der Landesnotarkammer Bayern (Jahr, Seite)
MittRhNotK	Mitteilungen der Rheinischen Notarkammer
NatSchG	Naturschutzgesetz
nF	neue Fassung
NJW	Neue Juristische Wochenschrift (Jahr, Seite)
NJW-RR	NJW-Rechtsprechungs-Report (Jahr, Seite)
notar	notar – monatsschrift für die gesamte notarielle praxis (Jahr, Seite)
NotBZ	Zeitschrift für die notarielle Beratungs- und Beurkundungspraxis (Jahr, Seite)
NVwZ-RR	NVwZ-Rechtsprechungs-Report (Jahr, Seite)
NZG	Neue Zeitschrift für Gesellschaftsrecht (Jahr, Seite)
OHG	Offene Handelsgesellschaft
OLG	Oberlandesgericht
OLGR	OLG-Report
RdL	Recht der Landwirtschaft
Rn.	Randnummer(n)
RNotZ	Rheinische Notar-Zeitschrift
Rpfleger	Der Deutsche Rechtspfleger (Jahr, Seite)
RVG	Rechtsanwaltsvergütungsgesetz
s.	siehe
SachenRBerG	Sachenrechtsbereinigungsgesetz
SchiffsRG	Gesetz über Rechte an eingetragenen Schiffen und Schiffsbauwerken
SchlHAnz.	Schleswig-Holsteinische Anzeigen (Jahr, Seite)
SGB VIII	Sozialgesetzbuch 8. Buch
SGB X	Sozialgesetzbuch 10. Buch
SGB XII	Sozialgesetzbuch 12. Buch
StGB	Strafgesetzbuch
UmwG	Umwandlungsgesetz
UStG	Umsatzsteuergesetz

Abkürzungsverzeichnis

Vorbem.	Vorbemerkung
WaldG	Waldgesetz
WEG	Wohnungseigentumsgesetz
WHG	Wasserhaushaltsgesetz
ZNotP	Zeitschrift für die Notarpraxis
ZPO	Zivilprozessordnung
ZWE	Zeitschrift für Wohnungseigentumsrecht (Jahr, Seite)

Erster Teil: Einführung

Das Notarkostenrecht ist eine etwas heikle Materie: Als der damalige Schah von Iran die Macht der Mollahs in seinem Land brechen wollte, entzog er ihnen durch das Gesetz vom 17.3.1932 mit der Beurkundungs- und Beglaubigungszuständigkeit die Einnahmen aus dieser Tätigkeit und traf damit den Nerv ihrer Existenz. Genutzt hat es – wie die weitere Entwicklung zeigt – nicht viel. Man sieht aber daraus, dass das Rechtsgebiet, von dem dieses Büchlein einen ersten Eindruck vermitteln will, wirtschaftlich nicht ganz unbedeutend ist. **1**

Kostenrecht gilt als spröde und ist es meistens auch. Immerhin werden wir aber unerkannt Geisteskranke kennenlernen, die fleißig beurkunden lassen (→ Rn. 31), einen Notar, die sich im nachhinein beklagt, man hätte ihn doch bitteschön darüber aufklären müssen, dass ein Geschäft nicht beurkundungspflichtig ist (→ Rn. 365), und zwei, die sich vor einer Wettbewerbskammer über eine kostenrechtliche Detailfrage streiten (→ Rn. 35). Des öfteren werden wir Gelegenheit haben zu bewundern, welch kühne juristische Überlegungen Notare anstellen können, wenn es darum geht, das Gebührenaufkommen um ein paar Euro zu erhöhen.

Die Darstellung gliedert sich in drei Teile: Ein erster Teil enthält die Grundlagen, die jeder kennen sollte, bevor er mit dem Aufstellen von Kostenrechnungen beginnt; im zweiten Teil folgen dann Hinweise für die Kostenberechnungen bei einzelnen Arten von Beurkundungsgeschäften; ein dritter Teil enthält wieder Regeln für alle Arten von Kostenberechnungen, die man aber im Gegensatz zu denen des ersten Teils noch nicht ganz am Anfang lernen muss.

I. Allgemeines zum GNotKG

1. System des GNotKG

Das Gesetz, nach dem die Notare ihre Gebühren berechnen, heißt „Gerichts- und Notarkostengesetz", nicht etwa „Notargebührenordnung" oder so ähnlich. Es fasst das Gerichtskostengesetz für die Angelegenheiten der freiwilligen Gerichtsbarkeit und das Notarvergütungsgesetz wegen ihres sachlichen Zusammenhangs und wegen der für Gerichte und Notare in gleicher Weise geltenden Kostentabelle zusammen. Das erste Kapitel (§§ 1–54) behandelt dabei in malerischem Durcheinander Gerichts- und Notarkosten; hier verweisen dann auch Bestimmungen aufeinander, wie etwa § 4, der bestimmt, dass der Auftrag an einen Notar genauso wie die Antragstellung bei einem Gericht behandelt wird. Das dritte Kapitel (§§ 85–131) befasst sich dann ausschließlich mit Notarkosten. Allerdings sind wenigstens im Kostenverzeichnis die Gebührentatbestände fein säuberlich nach Gericht und Notar getrennt: KV Nr. 11100–19200 und Nr. 31000–31015 regeln die Gerichtskosten, Nr. 21100–26003 und Nr. 32000–32015 die Notarkosten. Und nach dem Vorbild der guten alten Kostenordnung stehen manche Bestimmungen an einer Stelle, wo sie weder systematisch hinge- **2** hören noch man sie ernsthaft vermuten würde. So gehört § 35 Abs. 1 eigentlich zu § 94, § 86 Abs. 2 zu §§ 109–111, und dass die Bewertung der Verfügungsbeschränkung nach § 1365 BGB weit weg von den in § 100 geregelten Eheverträgen ihren Platz in § 51 Abs. 2 gefunden hat, ist ebenfalls nicht sehr praktisch. Dieses Durcheinander führt den, der die Aufteilung nicht sogleich durchschaut, leicht zu Irrtümern: So wäre es beispielsweise grob fehlerhaft, bei der Auseinandersetzung einer Erbengemeinschaft die Wertvorschrift des § 70 anwenden zu wollen: dabei handelt es sich ausschließlich um eine Vorschrift für die Gerichtskosten.

3   Der Aufbau des GNotKG entspricht dem aller „modernen" Kostengesetze: Die Vorschriften über den Geschäftswert, die Gebührenhöhe und den Kostenschuldner finden sich im Text des Gesetzes, die Gebührensätze für die einzelnen Geschäfte in einem Kostenverzeichnis, das als Anlage beigefügt ist. Wird schon dadurch das Zitieren nicht eben erleichtert, macht sich besonders störend bemerkbar, dass der Gesetzgeber etliche Fragen (und manchmal gerade die für die Kostenbewertung entscheidenden!) in „Vorbemerkungen" und „Anmerkungen" regelt. Will man beispielsweise durch ein vollständiges Gesetzeszitat belegen, welche Vollzugsgebühr der Notar dafür hält, dass er zu einem Grundstückskaufvertrag die Vorkaufsrechtsbescheinigung der Gemeinde nach dem BauGB einholt, muss man „Nr. 22112 iVm Nr. 22110 und Vorbem. 2.2.1.1 Abs. 1 Satz 2 Nr. 1" nennen. Manchmal sagt das GNotKG dasselbe auch vorsichtshalber doppelt: Dass der Notar neben der Vollzugsgebühr keine Entwurfsgebühr für Nebenerklärungen erhält, ergibt sich sowohl aus Vorbem. 2.2 Abs. 2 als auch aus Vorbem. 2.4.1 Abs. 1; dass er neben der Auswärtsgebühr kein Tagegeld für eine Geschäftsreise erhält, nicht nur aus der Anmerkung zu Nr. 26002, sondern auch aus der zu Nr. 32008. Und lästig ist auch, dass die Nummern des Kostenverzeichnisses sehr oft ihrerseits wieder Aufzählungen enthalten, also „Nummern", die in diesem Büchlein zur Vermeidung von Verwirrungen aber „Ziffern" genannt werden.

Bei Zitaten in diesem Buch wird jeweils nur die Nummer des Kostenverzeichnisses genannt; die Nummern des Kostenverzeichnisses sind alle fünfstellig und können deshalb nicht mit Paragraphenzitaten verwechselt werden. Bei Aufstellung einer förmlichen Kostenrechnung muss allerdings der Hinweis „Kostenverzeichnis" (KV) dazu.

2. Der Grundsatz der Staffelgebühren

4   Auch wenn das mancher Kollege aus den Augen verloren hat: Das Notariat ist ein Amt, keine Fabrik, und die Gebühren richten sich daher nicht nach dem Arbeitsaufwand des Notars, sondern sind nach dem Geschäftswert gestaffelt; die einfache, 1,0, gewissermaßen die „Normal-"gebühr ergibt sich aus der Anlage zum GNotKG; sie beträgt bei einem Geschäftswert bis zu 500 EUR beispielsweise 15 EUR, bei einem Geschäftswert zwischen 470 000 EUR und 500 000 EUR beträgt sie 935 EUR. Die Arbeit für den Notar kann in beiden Fällen die gleiche sein. Durch die **Gebührenstaffelung** wird erreicht, dass Beteiligte mit Bagatellsachen keinen außer Verhältnis zum wirtschaftlichen Wert ihrer Angelegenheit stehenden Betrag an den Notar zahlen müssen, und der Notar durch die – bei hohen Geschäftswerten umgekehrt in keinem Verhältnis zu seiner Leistung stehenden – hohen und sehr hohen Gebühren in den Stand gesetzt wird, sich allen

I. Allgemeines zum GNotKG

Angelegenheiten mit gleicher Sorgfalt widmen zu können, ohne deswegen Hungers sterben zu müssen. Das ist die – ganz sicher vernünftige und rechtspolitisch zu begrüßende – Grundentscheidung des GNotKG, und das System ist keinesfalls europarechts- oder verfassungswidrig (EuGH 15.6.2006 – C 264/04, NJW 2006, 2972; BVerfG NJW 2004, 3321), obwohl diejenigen, die die hohen Gebühren zahlen müssen, das immer wieder behaupten. In der alten Kostenordnung war dieser Grundsatz konsequent durchgeführt, im GNotKG ist er durch eine Vielzahl spezifischer Mindest- und Höchstgebühren aufgeweicht, die wirtschaftlich Schwache zugunsten derjenigen belasten, die ungedeckelte Gebühren mühelos zahlen könnten. Ob das eine gute Idee war, darüber kann man sicher streiten.

Die Gebühren sind aber nicht nur nach dem Geschäftswert gestaffelt, sondern auch nach der Art des Geschäfts: Es gibt Geschäfte, die *typischerweise* besonders wenig Arbeit machen (zB die Beglaubigung einer Unterschrift unter einem vom Beteiligten bereits entworfenen Text) und solche, die typischerweise mehr Arbeit machen, zB die Beurkundung eines Vertrags. Dem trägt das GNotKG dadurch Rechnung, dass es Bruchteilsgebühren kennt, die von der 0,1 Gebühr (für die Erstellung von XML-Daten vgl. Nr. 22115) bis zur 2,0 Gebühr (für die Beurkundung von Verträgen, vgl. Nr. 21100) reichen. Noch höhere Gebührensätze (3,0; 4,0; 6,0) gibt es für praktisch bedeutungslose exotische Geschäfte (→ Rn. 28: Versteigerung beweglicher Sachen und Vermittlung von Auseinandersetzungen). 5

Weniger vernünftig ist, dass in den einzelnen Gebührenstufen ganz unterschiedliche Geschäfte durch ganz allgemeine Umschreibungen zusammengefasst sind. So gilt die 1,0 Gebühr von Nr. 21200 für *alle* beurkundeten einseitigen Erklärungen, die nicht, besonders in Nr. 21201, eigens eine Regelung erfahren haben. Dadurch wird die rechtlich sehr einfach liegende Beurkundung einer Grundschuld mit Unterwerfung unter die sofortige Zwangsvollstreckung für die Beteiligten im Vergleich zum Arbeitsaufwand des Notars unverhältnismäßig teuer, und das auch schon bei relativ kleinen Geschäftswerten. Auch die Einstufung einzelner Geschäfte in ihre Gebührenstufen ist häufig schwer nachvollziehbar: Für ein Testament wird eine 1,0 Gebühr erhoben, für ein gemeinschaftliches Testament eine 2,0 Gebühr (vgl. Nr. 21200 iVm Vorbem. 2.1.1 mit Nr. 21201). Macht ein gemeinschaftliches Testament wirklich typischerweise doppelt so viel Arbeit? 6

Auch durch die Vorschriften, die den Geschäftswert regeln, kommt es oft zu schwer verständlichen Ergebnissen bei der Gebührenberechnung. Besonders oft liegt das an einer Vorschrift, die man auch schon in diesem einführenden Abschnitt kennenlernen muss: § 38 und seinen Ausnahmen. Wenn § 38 bestimmt, dass Verbindlichkeiten, die auf dem Gegenstand lasten, bei der Ermittlung des Geschäftswerts nicht abgezogen werden (sog. „**Bruttoprinzip**"), dann ist das gewissermaßen die Durchbrechung jener eingangs erwähnten vernünftigen Regel, dass sich die Gebühren nach der wirtschaftlichen Bedeutung der Sache für die Beteiligten richten. Denn der wirtschaftliche Wert eines Gegenstands für die Beteiligten bestimmt sich eben nach seinem Reinwert, also dem Wert, der sich nach Abzug der Verbindlichkeiten ergibt. In etlichen Sondervorschriften sieht das das GNotKG genauso, etwa in § 100 (für Eheverträge), § 102 (für Verfügungen von Todes wegen) oder § 103 iVm § 40 (für Erbscheinsanträge). Soweit aber keine solche Ausnahmevorschrift besteht, gilt das Schuldenabzugsverbot des § 38 – rechtspolitisch fragwürdig, oft übersehen, aber nichtsdestoweniger geltendes Kostenrecht, das der Notar selbstverständlich beachten muss, denn auch diese 7

Erster Teil: Einführung

Vorschrift ist nicht verfassungswidrig (*OLG Zweibrücken* Rpfleger 2002, 99, 101). Sie wird von Notaren übrigens normalerweise auch nicht kritisiert, da sie ja zu erheblich höheren Gebühren führt, als wenn das Gegenteil angeordnet wäre. Der Gebührengerechtigkeit entspricht diese Vorschrift aber bei der Übertragung hoch belasteter Gegenstände und vor allem Vermögensinbegriffe nicht (→ Rn. 241).

8   Diese Beispiele zeigen, dass man „gefühlsmäßig" im Kostenrecht nur selten etwas richtig macht. Die meisten Regeln kann man sich nur merken, vielleicht auch verstehen, welche Erwägungen für den Gesetzgeber oder die Rechtsprechung leitend waren; nachvollziehen kann man sie dagegen nicht immer.

9   Der Notar, der in amtlicher Eigenschaft tätig wird, darf nur die Gebühren nach dem GNotKG berechnen (sog. „**Analogieverbot**", § 1). Mit der Gebühr für das Beurkundungsverfahren ist regelmäßig alles abgegolten, was der Notar für die Vorbereitung und für den Vollzug an Aktivität entwickelt. Soweit nicht, insbesondere nach den Nr. 22110 bis 22201 besondere Gebühren in Ansatz gebracht werden können, handelt es sich bei den Vorbereitungs- und Vollzugsgeschäften um „gebührenfreie Nebengeschäfte". Ausdrücklich geregelt ist das beispielsweise für die im Rahmen eines Vollzugs zu fertigenden Entwürfe in Vorbem. 2.2 Abs. 2.

3. Amtstätigkeit und andere Tätigkeiten des Notars

10 Betroffen von diesem Grundsatz pauschaler Abgeltung ist nur die **Beurkundungstätigkeit** des Notars als solche. So können Anwaltsnotare entweder als Notar oder als Rechtsanwalt tätig werden; je nachdem können sie ihre Gebühren nach dem RVG oder dem GNotKG berechnen; die Abgrenzung beider Tätigkeitsbereiche geschieht durch § 24 Abs. 2 BNotO. Es ist deshalb regelmäßig ausgeschlossen, dass ein Anwaltsnotar in der gleichen Angelegenheit Gebühren nach beiden Kostengesetzen berechnen kann. Wie jeder Rechtskundige, kann auch der Notar natürlich in nichtamtlicher Funktion tätig werden, etwa Vertragsmuster entwerfen oder Rechtsgutachten abgeben. Soweit es sich nicht um im GNotKG ausdrücklich geregelte Fälle handelt, kann hier der Notar unter den Voraussetzungen des § 126 einen öffentlich-rechtlichen Vertrag schließen. Soweit § 126 nicht einschlägig ist, kann er mit dem Antragsteller eine Gebühr vereinbaren, ohne an das GNotKG gebunden zu sein. Inwieweit er es darf bzw. die Genehmigung der Aufsichtsbehörde braucht, ist Gegenstand des Standes- bzw. Dienstrechts.

4. Die vier Punkte bei der Aufstellung der Kostenberechnung

11 Der hohe Abstraktionsgrad des GNotKG führt für den Anfänger noch zu einem weiteren Problem: Die Vorschriften des GNotKG sind teils Bestimmungen über die Berechnung des **Geschäftswerts**, teils Bestimmungen über die Berechnung des **Gebührensatzes**; zusätzlich muss der Notar die Kostentabelle heranziehen, um sich über die **Höhe der Gebühr** zu informieren und schließlich muss er die Kostenrechnung noch an den richtigen **Kostenschuldner** schicken.

II. Geschäftswert, Gebührensätze, Gebührenhöhe, Kostenschuldner

Einfach ist dabei eigentlich nur der dritte Punkt; hier kann man – wenn man nicht in die falsche Spalte oder Zeile der handelsüblichen Kostentabelle gerät – eigentlich nichts falsch machen. Dagegen sind die Bestimmungen, die Geschäftswert, Gebührensatz und Kostenschuldner regeln, oft in mehreren Bestimmungen an verschiedener Stelle des GNotKG versteckt. Diesen Fragen ist deswegen ein eigener Abschnitt gewidmet. 12

Es gibt natürlich noch eine ganze Reihe weiterer allgemeiner Grundsätze des Kostenrechts. Da man sie aber für einen Einstieg in das GNotKG nicht unbedingt alle zu kennen braucht, werden sie erst in späteren Abschnitten behandelt, wo es sich eben anbietet. 13

II. Geschäftswert, Gebührensätze, Gebührenhöhe, Kostenschuldner

1. Geschäftswert

a) Allgemeines

Erste Voraussetzung einer richtigen Kostenberechnung ist der Ansatz des richtigen Geschäftswerts. Der Geschäftswert ist für fast alle Gebührenberechnungen der Ausgangspunkt; das Notarkostenrecht kennt nur wenige Festgebühren (→ Rn. 120, 165, 303) und die Rahmengebühren sind im Notarkostenrecht ausschließlich „Satzrahmengebühren" (→ Rn. 333), knüpfen also auch an den Geschäftswert an. 14

Der Geschäftswert kann entweder als **bestimmter Geldbetrag** in der Urkunde selbst zum Ausdruck kommen, so beispielsweise als Kaufpreis im Kaufvertrag, als Höhe des Stammkapitals bei der Gründung einer GmbH oder als Höhe des zu zahlenden Betrags beim entgeltlichen Erbverzicht. In anderen Fällen, zB bei der unentgeltlichen Übertragung eines Grundstücks, kommt der Geschäftswert in der Urkunde zwar nicht zum Ausdruck, ist aber trotzdem der Wert eines bestimmten Gegenstands. In wieder anderen Fällen lässt sich der Geschäftswert nur **schätzen** (§ 36 Abs. 1), und wenn jede Schätzung versagt, gibt es noch den Auffangwert von 5000 EUR (§ 36 Abs. 3). In nichtvermögensrechtlichen Angelegenheiten gilt dasselbe, allerdings darf hier ein Wert von 1 000 000 EUR nicht überschritten werden (§ 36 Abs. 2).

Dass sich die Notargebühren nach dem Geschäftswert richten, ist relativ weiten Kreisen der Bevölkerung bekannt. Nicht selten versuchen die Beteiligten deshalb, mit dem Notar um den Geschäftswert zu handeln, wenn er sich aus der Urkunde nicht ohne weiteres ergibt. Darauf eingehen darf der Notar allerdings nicht, das wäre ein Verstoß gegen das Verbot der Gebührenvereinbarung (→ Rn. 360). Natürlich soll der Notar seine Gebühren nicht „ausreizen"; insbesondere bei der unentgeltlichen Überlassung von Grundbesitz ist es nicht üblich, bei der Geschäftswertbemessung bis an die Grenze dessen zu gehen, was ein Fremder für den Vertragsgegenstand zahlen würde. 15

Bei der Ermittlung des Geschäftswerts muss der Notar selbst grundsätzlich alle Erkenntnisquellen ausschöpfen, die ihm zur Verfügung stehen; er darf sich nicht allein auf die Angaben der Beteiligten verlassen. Bei der Beurkundung von 16

Erster Teil: Einführung

Testamenten und Erbverträgen bleibt ihm allerdings gar nicht viel anderes übrig, so dass der Wegfall der Vorschrift der Kostenordnung, die das ausdrücklich gesagt hat, sachlich nichts geändert hat.

b) Die Bewertung von Sachen, insbesondere: Grundbesitz

17 Ausgangspunkt ist bei der Bewertung von Grundbesitz, ebenso wie bei der Bewertung von beweglichen Sachen, die Regel des § 46 Abs. 1: Der **Verkehrswert** des Grundbesitzes ist maßgeblich; der steuerliche Einheitswert spielt keine Rolle.

17a Anders ist das bei land- und forstwirtschaftlichen Übergaben und ähnlichen Geschäften, die der Fortführung eines landwirtschaftlichen Betriebs dienen: Statt des Verkehrswerts erklärt § 48 den **vierfachen Einheitswert** für maßgeblich. Diese Regelung – als Subvention für die notleidende Landwirtschaft gedacht – führt zu einer Begünstigung der „großen" Bauern auf Kosten der „kleinen" Notare. Für die „kleinen" Bauern und die „großen" Notare ändert sich nämlich so gut wie nichts: Großstädtische Notare haben nur ganz ausnahmsweise mit Geschäften zu tun, die unter die Regelung fallen; Bauern mit kleinen, oft hochverschuldeten Anwesen haben meist keinen Vorteil, weil die Gegenleistung des Übernehmers den Geschäftswert bestimmt (§ 97 Abs. 3; *BayObLG* Rpfleger 1999, 238).

> Ein **Zahlenbeispiel** mag dies illustrieren: Bauer Reich (65 Jahre) übergibt sein Anwesen (Verkehrswert: 400 000 EUR, Einheitswert 19 000 EUR) an seinen Sohn; das Anwesen ist schuldenfrei, und der Übergeber macht sich nur ein Wohnungsrecht (Jahreswert: 2400 EUR) aus, da er über eine ausreichende Altersversorgung verfügt. Ohne § 48 betrüge der Geschäftswert dieses Vertrags 400 000 EUR; weil es § 48 aber nun einmal gibt, beträgt er 76 000 EUR (vierfacher Einheitswert; die Gegenleistung hat nach § 52 Abs. 4 einen Kostenwert von 24 000 EUR und erhöht ihn deshalb nicht).
> Bauer Arm (65 Jahre) übergibt sein Anwesen (Verkehrswert: 160 000 EUR; Einheitswert: 6000 EUR) an seinen Sohn; das Anwesen ist mit einer Grundschuld belastet, die noch mit 90 000 EUR valutiert. Er macht sich ein Leibgeding aus, das aus Wohnungsrecht und Naturalleistungen (Jahreswert zusammen: 3600 EUR) und einer monatlichen Rente von 150 EUR besteht, da seine Altersversorgung nicht ausreichend ist. Ohne die Begünstigung betrüge der Geschäftswert dieses Vertrags 160 000 EUR, in Anwendung des § 48 beträgt er nicht etwa 24 000 EUR, sondern 144 000 EUR, also kaum weniger als bei einer nichtlandwirtschaftlichen Grundstücksschenkung. So hoch ist nämlich die nach § 97 Abs. 3 maßgebliche Gegenleistung: Übernahme der Belastung 90 000 EUR + Wohnungsrecht und Naturalleistungen 36 000 EUR + Rente 18 000 EUR.

Diese Konsequenzen sind im Hinblick auf den Gesetzeszweck grotesk. Da die Rechtslage nach der Kostenordnung nicht anders war, kann dem Gesetzgeber die Geltung des § 97 Abs. 3 nicht verborgen geblieben sein. Trotzdem wurde auch in das GNotKG keine Vorschrift über den Geschäftswert landwirtschaftlicher Übergaben, sondern eine über die Bewertung landwirtschaftlichen Grundbesitzes eingestellt, die ihren Zweck nicht erreichen kann. Weitere Einzelheiten zu § 48 → Rn. 124 ff.

18 Wie ermittelt man nun aber den Grundstückswert? Das Gesetz nennt in § 46 Abs. 2 und Abs. 3 die zu berücksichtigenden Kriterien, macht aber keine Vorgabe für eine bestimmte Bewertungsmethode. Deshalb sind zunächst die **Angaben der**

II. Geschäftswert, Gebührensätze, Gebührenhöhe, Kostenschuldner

Beteiligten (§ 46 Abs. 2 Nr. 2) der wichtigste Anhaltspunkt; erscheinen sie dem Notar einigermaßen realistisch, so kann er sie ohne weiteres zugrunde legen. Manchmal möchten Beteiligte Angaben, die sie vorher gemacht haben, nach Erhalt der Kostenrechnung gerne „korrigieren". Darauf muss der Notar allerdings nicht eingehen, denn es drängt sich auf, dass die späteren Angaben nur dazu dienen, die Notarkosten zu verringern (*LG Chemnitz* NotBZ 2020, 316). Freilich können die Beteiligten nicht gezwungen werden, entsprechende Angaben zu machen; wenn sie sich weigern, darf der Notar schätzen (§ 95 Satz 3: Bestimmung nach „billigem Ermessen"); er darf aber nicht die Beurkundung ablehnen, weil sich die Beteiligten hier wenig kooperativ zeigen. Diese Schätzung muss nicht unbedingt wohlwollend sein. Bei sturen Böcken kann auch ein Hinweis auf die Entscheidung *KG* 27.4.2018 – 9 W 76/16, BeckRS 2018, 12984 nützlich sein. Das KG meint tatsächlich, gegen eine solche Schätzung sei auch im Kostenbeschwerdeverfahren nur noch der Einwand des Ermessensmissbrauchs, nicht aber eines tatsächlich geringeren Werts möglich. Wie viele Entscheidungen des KG, denen wir in diesem Büchlein noch beggnen, dürfte auch diese inhaltlich falsch sein (darf ein Gericht wirklich eine nachweislich falsche Bewertung billigen?), aber allein ihre Existenz bringt den Kostenschuldner vielleicht in die Gänge.

Möglich ist auch eine Heranziehung der **Steuerwerte** (§ 46 Abs. 3 Nr. 3), die – nachdem es keine Vermögensteuer mehr gibt – vor allem die für Zwecke der Erbschaft- und Schenkungsteuer ermittelten sind. Allerdings ermittelt das Finanzamt diese nur, wenn sie für die Besteuerung von Bedeutung sind, also insbesondere dann nicht, wenn es sich – wie bei den meisten Schenkungen und Erbschaften normal vermögender Eigentümer an ihre Abkömmlinge – um steuerfreie Übertragungen handelt. Aber auch wenn der Wert ermittelt wird, geschieht dies typischerweise lange nach dem Zeitpunkt, zu dem der Notar seine Rechnung stellen möchte.

19 Bei der Ermittlung des Grundstückswerts aus den eingetragenen **Belastungen** (§ 46 Abs. 3 Nr. 2) ist Vorsicht geboten. Man kann bei fallenden Grundstückspreisen nicht ohne weiteres davon ausgehen, dass Grundstücke mindestens das wert sind, was an Belastungen eingetragen ist, unter Zugrundelegung des Erfahrungssatzes, dass Kreditinstitute Grundstücke nicht über den Verkehrswert hinaus zu beleihen pflegen. Zum einen ist diese Regel unbrauchbar, wenn eine Gesamtbelastung an mehreren Grundstücken eingetragen ist, zum anderen übersteigen nicht selten die eingetragenen Belastungen den Grundstückswert, da Kreditinstitute bei entsprechenden Einkommensverhältnissen des Darlehensnehmers oft mit einer Vollfinanzierung von Grundstücken einverstanden sind und sich dann mit Vertragskosten und Grunderwerbsteuer Belastungsbeträge ergeben, die ohne weiteres 10 bis 20 % über dem Grundstückswert liegen können. Und davon, dass manche „Schrottimmobilie" nur einen Bruchteil dessen wert ist, was eine Bank einmal bereitwillig als Kredit dafür ausgereicht hat, wollen wir gar nicht reden.

Kein geeignetes Mittel zur Ermittlung des Grundstückswerts ist die „umgekehrte" Anwendung von § 52 Abs. 5: Er bestimmt, wie man aus einem (bekannten) Grundstückswert einen (unbekannten) Nutzungswert ermittelt. Es ist aber angesichts der höchst unterschiedlichen Mietrenditen nicht möglich, von den Mieteinnahmen auf den Verkehrswert rückzuschließen (*OLG Köln* 29.10.2014 – 2 Wx 298/14, BeckRS 2015, 8624).

20 Die zuverlässigsten Erkenntnisquellen für Boden- und Gebäudewert sind folgende:

(a) Die Gutachterausschüsse bei den Kreisverwaltungsbehörden veröffentlichen **Bodenrichtwerte** (§ 193 Abs. 3 BauGB), aus denen sich die in einem bestimmten Gebiet bezahlten Grundstückspreise ableiten lassen. Der Notar wird nun zwar nicht den vollen Betrag, der sich aus diesen Wertübersichten ergibt, in Ansatz bringen, wohl aber einen Betrag, der sich hieraus nach Abzug eines angemessenen Abschlags (25 %; *LG Düsseldorf* 7.11.2018 – 25 OH 5/17, BeckRS 2018, 28963; gegen einen solchen Abschlag *OLG München* Rpfleger 2019, 57) ergibt.

21 (b) Für die Gebäudewerte geben die **Brandversicherungssummen** gute Anhaltspunkte (*OLG München* JurBüro 2016, 362). Auch wenn die Brandversicherung von Gebäuden in den meisten Bundesländern keine Pflichtversicherung ist, kann man doch davon ausgehen, dass nahezu sämtliche Gebäude auch tatsächlich gegen Feuergefahr versichert sind. Die Brandversicherung ist in der Regel Neuwertversicherung, die die versicherten Beträge aus einem bestimmten Stammwert (zB der Versicherungssumme, bezogen auf das Jahr 1914) und einem bestimmten, der Entwicklung der Baupreise angepassten Multiplikator (zB ab 1.10.2018 in Bayern 18,40 EUR für 1 Mark) ermittelt. Der sich ergebende Betrag ist der *Neuwert* der Gebäude. Je nach ihrem Alter ergibt sich eine technische Wertminderung, die von der Art des Bauwerks abhängt; bei Wohngebäuden ist die Lebensdauer natürlich höher als bei Wirtschafts- und Stallgebäuden oder gar bei Baracken. Hierfür gibt es nützliche Tabellen, die aber naturgemäß von Land zu Land abweichen, da die Stammwerte und Multiplikatoren unterschiedlich sind. Einziges Problem: Die Beteiligten sind zwar verpflichtet, bei der Wertermittlung „mitzuwirken" (§ 95 S. 1); diese Verpflichtung geht aber nicht so weit, dass sie die Versicherungspolice vorzulegen hätten. Mittlerweile sind zudem auch Versicherungen auf dem Markt, bei denen gar kein Stammwert mehr ermittelt wird. Und: bei Eigentumswohnungen nutzt diese Erkenntnisquelle wenig. Hier halten die Kostengerichte eine Hochrechnung von Kaufpreis, Baukostensteigerung und Alterswertminderung für zweckentsprechend (*OLG Düsseldorf* Büro 2010, 595); das kann allerdings in München zu viel zu niedrigen und in Plauen (Vogtland) zu grotesk überhöhten Werten führen.

(c) Fehlerhaft ist die oft verwendete Methode, Grundstücks- und Gebäudewert einfach zusammenzurechnen. Dabei wird übersehen, dass ältere, nicht mehr den heutigen Ansprüchen genügende Gebäude den Wert eines Grundstücks oft nicht steigern, sondern ihn wegen der für sie anfallenden Abrisskosten sogar mindern. Aber auch bei Baulichkeiten, die nicht abgerissen werden sollen, muss positiv festgestellt werden, welchen Einfluss ihre Existenz auf den Wert des Grund und Bodens hat. Dies gilt insbesondere, aber nicht nur beim Ertragswertverfahren (→ Rn. 22a).

21a Für manche Grundstücke gibt es keinen Verkehrswert: So besteht etwa kein Immobilienmarkt für Schulgebäude und Kirchen. Hier muss man deshalb vom (großzügig geminderten) Sachwert ausgehen. Der Wert anderer Grundstücke ist durch Umstände gemindert, die die Nutzung zwangsläufig prägen. Warum dazu die Tatsache, dass ein Grundstück mit der Verpflichtung veräußert wird, Mietwohnungen im sozialen Wohnungsbau zu errichten, gehören soll (*BayObLG* JurBüro 2000, 39), die Tatsache, dass ein Schlossgrundstück mit der Verpflichtung veräußert wird, es nur zu gemeinnützigen Zwecken zu verwenden, dagegen nicht (*BayObLG* NJW-RR 2001, 1584), erschließt sich nicht ohne weiteres.

Mitunter kann der Notar auf andere Geschäfte über vergleichbaren Grundbesitz zurückgreifen: Wird in einem Baugebiet ein Bauplatz unentgeltlich übertragen, dann kann der Notar, der Kaufverträge über gleichartige Bauplätze im gleichen Baugebiet beurkundet hat, diese als Anhaltspunkt für den Wert des geschenkten Bauplatzes heranziehen. Sehr weit geht allerdings *OLG München* NJW 2019, 1309 mablAnm *Albrecht*, wonach der Notar (bei einem bebauten Grundstück!) „aufgrund seiner Erfahrungen bei Beurkundungen" bewerten dürfe – denn wie sollen diese behaupteten Erfahrungen vom Kostenschuldner überprüft werden? Schenken Eltern ihrer Tochter eine Eigentumswohnung, die sie selbst erst vor kurzer Zeit gekauft haben, dann wird der Wert der Schenkung nicht wesentlich vom seinerzeitigen Kaufpreis abweichen; auch das in einem Zwangsversteigerungsverfahren erstellte Wertgutachten ist eine geeignete Bewertungshilfe (*OLG München* MDR 2011, 687). Unzulässig, weil klar gegen die Vorschrift des § 96, ist dagegen das beliebte Verfahren, bei geplanter Weiterveräußerung mit der Kostenrechnung zu warten, bis diese durchgeführt ist, und dann den Weiterveräußerungspreis als Geschäftswert zu nehmen. Dadurch wird unzulässigerweise ein späterer Wert auf die Vergangenheit übertragen, ohne festzustellen, ob auch schon der erste Veräußerer diesen Preis hätte erzielen können (so jetzt auch *OLG München* 10.7.2015 – 34 Wx 69/14, BeckRS 2015, 2217). 22

Auch auf der Grundlage des **Ertragswerts** ist eine Wertermittlung prinzipiell möglich (*BayObLG* NJW-RR 2001, 287), setzt aber voraus, dass der Kostenschuldner entsprechende Unterlagen vorlegt, nachdem dafür in der Regel ein Sachverständigengutachten erforderlich ist, das der Notar weder einholen wird noch einholen darf. Diese Methode kommt also nur in Betracht, wenn sich der Kostenschuldner darauf beruft, dass die anderen Erkenntnisquellen zu einem wesentlich überhöhten Wertansatz führen würden. Beim Ertragswertverfahren ist die Bodenwertverzinsung in jedem Fall abzuziehen, da sonst der Bodenwert doppelt berücksichtigt würde. 22a

Zwischen den verschiedenen Möglichkeiten der Wertermittlung besteht kein Rangverhältnis. Ein nach einer Methode fehlerfrei ermittelter Wert kann nicht mit der Begründung in Zweifel gezogen werden, ein anderes Verfahren – typischerweise eines, das in dem betreffenden Einzelfall zu einem geringeren Wert führt – werde den objektiven Wertverhältnissen besser gerecht. Weder haben die Steuerwerte Vorrang vor den Brandversicherungswerten noch umgekehrt (*OLG Nürnberg* JurBüro 2018, 531; aA *OLG München* NJW-RR 2017, 1487: Vorrang der sich aus § 46 Abs. 2 vor den sich aus § 46 Abs. 3 ergebenden Werten). Auf Verlangen muss der Notar den Beteiligten die Berechnungsgrundlagen und den Rechenweg mitteilen, der zu dem von ihm angenommenen Wert geführt hat 22b

c) Die Bewertung anderer Gegenstände

Andere Vertragsgegenstände als Grundbesitz machen bei der Bewertung meist keine großen Schwierigkeiten, wenn man nur die Bestimmungen des § 38 (Schuldenabzugsverbot, → Rn. 7) und – bei Gesellschaftsbeteiligungen – des § 54 (→ Rn. 257) beachtet. So ist Geschäftswert der Übertragung eines Handelsgeschäfts die Summe der Aktiva, der Übertragung eines Erbanteils die Beteiligung des Übertragenden an den Nachlassaktiva (→ Rn. 216). Der Geschäftswert von Forderungen ist grundsätzlich der Nominalbetrag, ebenso von entsprechenden Sicherungsrechten. So ist der Wert einer Grundschuldbestellung über 23

200 000 EUR dieser Betrag (§ 53 Abs. 1) – ohne Rücksicht auf den Wert des belasteten Grundstücks. Anders kann es natürlich sein, wenn später über eine Forderung verfügt wird, zB durch Forderungskauf oder auch durch Vergleich. Ist der Schuldner nämlich nicht oder nicht sicher zahlungsfähig und bietet auch der belastete Gegenstand keine ausreichende Vollstreckungsmöglichkeit, so ist der Geschäftswert nach dem tatsächlichen Wert der Forderung zu schätzen – der bei einem Forderungskauf in der Regel in dem dafür bezahlten Kaufpreis zum Ausdruck kommen wird. Die **Löschung** von Sicherungsrechten ist das Gegenstück zur Eintragung: Wert der Bewilligung der Löschung einer Grundschuld ist deshalb der Nominalbetrag des Rechts; hier begrenzt allerdings bei einem früheren Gesamtrecht, aus dem schon mindestens ein Pfandgegenstand freigegeben wurde, der Wert des Belastungsgegenstandes, an dem das Recht gelöscht werden soll, den Wert der Löschung (§ 44 Abs. 1 S. 2).

24 Bei **Pfandunterstellung** von Grundstücken unter bereits eingetragene Grundpfandrechte kann man nicht einfach den Nominalbetrag nehmen. Wird ein Grundstück im Wert von 7000 EUR einer Grundschuld zu 700 000 EUR als Pfand unterstellt, dann ist nur der Betrag von 7000 EUR, nicht der Grundschuldbetrag von 700 000 EUR Geschäftswert, und ebenso ist es umgekehrt, wenn der Eigentümer eines mit einer Grundschuld zu 700 000 EUR belasteten Gutshofs eine Teilfläche für einen Straßenausbau um 700 EUR veräußert; Geschäftswert der vom Gläubiger zu erklärenden **Pfandfreigabe** ist der Wert des Grundstücks von 700 EUR (§ 44 Abs. 1 S. 1). Zu beachten ist aber, dass bei der Freigabe von mehreren Rechten der Wertvergleich für jedes Recht gesondert anzustellen ist: Wird also ein Bauplatz im Wert von 30 000 EUR von fünf Grundschulden zu 20 000 EUR, 20 000 EUR, 50 000 EUR, 100 000 EUR und 100 000 EUR freigestellt, dann ist Geschäftswert einer Pfandfreigabeerklärung, in der die Freistellung von allen diesen Rechten erfolgt, 130 000 EUR (2 × 20 000 EUR + 3 × 30 000 EUR).

25 Natürlich gibt es auch beim Geschäftswert Streitfragen. Wird beispielsweise bei einer eben erst gegründeten GmbH ein Geschäftsanteil von 10 000 EUR, auf den erst ein Betrag von 5000 EUR eingezahlt worden ist, veräußert, dann ist umstritten, ob 5000 EUR oder 10 000 EUR als Geschäftswert anzusetzen sind. Begründen lässt sich beides, und wer die Argumente schon jetzt wissen will, kann → Rn. 258 aufschlagen.

26 Eine Reihe von **Sondervorschriften** des GNotKG regelt den Geschäftswert abweichend oder ergänzend. Solche Regeln enthalten zB §§ 42, 43, 101, 104, 106; auf sie wird bei Behandlung der einzelnen Geschäfte eingegangen.

2. Gebührensätze

27 Hat man den Geschäftswert für das zu bewertende Geschäft – hoffentlich richtig – berechnet, dann muss man als nächstes den richtigen Gebührensatz ausfindig machen. Es gibt, wie gesagt, neben der „normalen" 1,0 Gebühr verschiedene Bruchteile und Vielfache von Gebührensätzen. Natürlich hätte man in die Gebührentabelle auch von der niedrigsten Gebühr ausgehen und nur Vielfache festsetzen können oder von der höchsten Gebühr ausgehen und nur Bruchteile ansetzen (so war es übrigens im Notariatsgebührenrecht der DDR), aber das

II. Geschäftswert, Gebührensätze, Gebührenhöhe, Kostenschuldner

GNotKG hat sich nun einmal für eine Mischung von Bruchteilen und Mehrfachgebühren entschieden.

Die wichtigsten Gebührensätze sind: 28

- Die 0,1 Gebühr: Sie wird für die Erzeugung der XML-Daten erhoben, wenn der Notar für die Urkunde noch eine weitere Vollzugsgebühr erhält (Nr. 22115).
- Die 0,2 Gebühr: Sie wird für die **Beglaubigung von Unterschriften,** ohne dass der Notar einen Entwurf gefertigt hat, erhoben (Nr. 25100) und fällt für die Erzeugung der XML-Daten an, wenn es sich um die einzige Vollzugsgebühr handelt, die der Notar für die Urkunde erhält (Nr. 22114).
- Die 0,3 Gebühr: Sie wird für einige typischerweise wenig arbeitsaufwendige Geschäfte erhoben:
  (a) als Vollzugsgebühr für andere Geschäfte als Verträge (Nr. 22111),
  (b) die Rückgabe eines Erbvertrags aus der amtlichen Verwahrung (Nr. 23100),
  (c) Wechselproteste bei Notannehmern (Nr. 23401),
  (d) die **Rangbescheinigung** bei Grundpfandrechten (§ 112; vgl. näher unten → Rn. 102 f.),
- Die 0,5 Gebühr: Sie kommt relativ häufig vor und wird unter anderem erhoben für:
  (a) die Beurkundung der **Annahme** von Vertragsangeboten (Nr. 21101 Ziff. 1),
  (b) **Grundbucherklärungen** (Nr. 21201 Ziff. 4),
  (c) die **Auflassung,** wenn das Verpflichtungsgeschäft vom selben Notar beurkundet ist (Nr. 21101 Ziff. 2),
  (d) Anmeldungen zum **Handelsregister** (Nr. 21201 Ziff. 5),
  (e) **Widerruf** von Testamenten oder **Rücktritt** vom Erbvertrag (Nr. 21201 Ziff. 1, 2),
  (f) **Wechsel- und Scheckproteste** (Nr. 23400),
  (g) Vollzug von Verträgen (Nr. 22110),
  (h) die Erklärungen gegenüber dem **Nachlassgericht** (Nr. 21201 Ziff. 7),
  (i) die **Zustimmung** zur Annahme als Kind, (Nr. 21201 Ziff. 8),
  (j) als **Betreuungs**gebühr (Nr. 22200),
  (k) als **Treuhand**gebühr (Nr. 22201),
  (l) für die Erzeugung der XML-Daten, wenn der Notar weder eine Beurkundungs- noch eine Entwurfsgebühr erhält (Nr. 22125),
  (m) die **Umschreibung** von Vollstreckungsklauseln (Nr. 23803).
- Die 1,0 Gebühr: Sie ist die Normalgebühr für die Beurkundung einseitiger Erklärungen, die nicht anderweitig geregelt sind (Nr. 21200) und deshalb auch für **Testamente, Zustimmungserklärungen** und **Vollmachten.**
  Sie wird ferner erhoben für:
  (a) **Aufhebung** eines Vertrags und deshalb auch von Erbverträgen (Nr. 21102 Ziff. 2),
  (b) Eide und **eidesstattliche Versicherungen** (Nr. 23300),
  (c) Tatsachenbescheinigungen (Nr. 25104),
  (d) die **Auflassung,** wenn das Verpflichtungsgeschäft von einem anderen Notar beurkundet ist (Nr. 21102 Ziff. 1),
  (e) die Mitwirkung als Urkundsperson bei der Aufnahme von Vermögensverzeichnissen (Nr. 23502),
  (f) die Gründungsprüfung nach § 33 AktG (Nr. 25206).

- Die 2,0 Gebühr: Sie ist die Normalgebühr für die Beurkundung aller **Verträge** und deshalb auch von **Erbverträgen** sowie **Beschlüsse** von Gesellschaftsorganen (Nr. 21100).
  Sie wird außerdem erhoben für:
  (a) Gemeinschaftliche Testamente (Nr. 21100 iVm Vorbem. 2.1.1 Nr. 2),
  (b) **Angebote** zum Abschluss eines Vertrags (Nr. 21100 iVm Vorbem. 2.1.1 Nr. 1),
  (c) Verlosungen (Nr. 23200),
  (d) die Aufnahme von Vermögensverzeichnissen (Nr. 23500).
- Die 3,0 Gebühr: Sie wird erhoben für die Versteigerung beweglicher Sachen (Nr. 23700).
- Die 4,0 Gebühr: Sie wird erhoben für das notarielle Vermittlungsverfahren in der Sachenrechtsbereinigung (§ 100 SachenRBerG).
- Die 6,0 Gebühr: Sie wird erhoben für die Vermittlung der Auseinandersetzung eines Nachlasses oder einer Gütergemeinschaft (Nr. 23900).

Die vorstehende Liste ist nicht vollständig; insbesondere Neben- und Zusatzgebühren sind in ihr nicht aufgeführt; sie soll nur einen Überblick über die vorkommenden Gebührensätze geben. Einzelheiten sind bei den jeweiligen Vertragstypen behandelt.

3. Gebührenhöhe

29   Hat man Geschäftswert und Gebührensatz richtig ermittelt, kann man aus § 34 Abs. 2 die Höhe der Gebühr entnehmen und zwar stets aus der Tabelle B; die Tabelle A gilt nur für Gerichtsgebühren. Das Ablesen aus dem Gesetz selbst ist allerdings ein etwas mühsames Unterfangen, denn § 34 Abs. 2 gibt gewissermaßen nur die mathematischen Anweisungen, wie die richtige Gebühr bei einem bestimmten Geschäftswert auszurechnen ist. Der Gesetzgeber hat die mangelnde Neigung der Juristen zum Rechnen bedacht und deswegen dem Gesetz eine „Anlage" beigefügt, aus der sich die Gebühren bis zu einem Geschäftswert von 3 000 000 EUR entnehmen lassen. Sie hat den Schönheitsfehler, dass nur die vollen Gebühren ausgerechnet sind. Bei der Rechenfaulheit der Juristen werden aber Tabellen gebraucht, die auch die Bruchteilsgebühren bereits ausgerechnet enthalten und berücksichtigen, dass die Mindestgebühr 15 EUR beträgt. Eine solche für die am häufigsten vorkommenden Gebührensätze und für Geschäftswerte bis zu 1 500 000 EUR findet sich auf der folgenden Seite.

30   Für Geschäftswerte bis 7000 EUR werden die in die Tabelle aufgenommenen 0,5, 1,0 und 2,0 Gebühren nur selten praktisch. Für die wichtigsten Berechnungsfälle (Verträge, einseitige Erklärungen, Entwürfe, vorzeitige Beendigung des Beurkundungsverfahrens) sind nämlich **spezifische Mindestgebühren** bestimmt (zB bei Nr. 21100, 21101, 21102, 21200, 21201). Hiernach beträgt die 0,5 Gebühr in diesen Fällen mindestens 30 EUR, die 1,0 Gebühr mindestens 60 EUR und die 2,0 Gebühr mindestens 120 EUR. Die 0,2 Gebühr hat in ihrem Hauptanwendungsfall, der Gebühr Nr. 25100, sowohl eine Mindestgebühr (20 EUR) als auch eine Höchstgebühr (70 EUR), so dass hier ihre erste Gebührenstufe bis zu einem Geschäftswert von 19 000 EUR reicht und die letzte Gebührenstufe mit einem Geschäftswert von 140 000,01 EUR beginnt; die anderen in die Tabelle

II. Geschäftswert, Gebührensätze, Gebührenhöhe, Kostenschuldner

Wert bis EUR	0,1	0,2	0,3	0,5	1,0	2,0
500					15,00	30,00
1000					19,00	38,00
1500					23,00	46,00
2000				15,00	27,00	54,00
3000				16,50	33,00	66,00
4000				19,50	39,00	78,00
5000			15,00	22,50	45,00	90,00
6000			15,30	25,50	51,00	102,00
7000			17,10	28,50	57,00	114,00
8000			18,90	31,50	63,00	126,00
9000			20,70	34,50	69,00	138,00
10000		15,00	22,50	37,50	75,00	150,00
13000		16,60	24,90	41,50	83,00	166,00
16000		18,20	27,30	45,50	91,00	182,00
19000		19,80	29,70	49,50	99,00	198,00
22000		21,40	32,10	53,50	107,00	214,00
25000		23,00	34,50	57,50	115,00	230,00
30000		25,00	37,50	62,50	125,00	250,00
35000		27,00	40,50	67,50	135,00	270,00
40000	15,00	29,00	43,50	72,50	145,00	290,00
45000	15,50	31,00	46,50	77,50	155,00	310,00
50000	16,50	33,00	49,50	82,50	165,00	330,00
65000	19,20	38,40	57,60	96,00	192,00	384,00
80000	21,90	43,80	65,70	109,50	219,00	438,00
95000	24,60	49,20	73,80	123,00	246,00	492,00
110000	27,30	54,60	81,90	136,50	273,00	546,00
125000	30,00	60,00	90,00	150,00	300,00	600,00
140000	32,70	65,40	98,10	163,50	327,00	654,00
155000	35,40	70,80	106,20	177,00	354,00	708,00
170000	38,10	76,20	114,30	190,50	381,00	762,00
185000	40,80	81,60	122,40	204,00	408,00	816,00
200000	43,50	87,00	130,50	217,50	435,00	870,00
230000	48,50	97,00	145,50	242,50	485,00	970,00
260000	53,50	107,00	160,50	267,50	535,00	1070,00
290000	58,50	117,00	175,50	292,50	585,00	1170,00
320000	63,50	125,00	190,50	317,50	635,00	1270,00
350000	68,50		205,50	342,50	685,00	1370,00
380000	73,50		220,50	367,50	735,00	1470,00
410000	78,50		235,50	392,50	785,00	1570,00
440000	83,50		250,50	417,50	835,00	1670,00
470000	88,50		265,50	442,50	885,00	1770,00
500000	93,50		280,50	467,50	935,00	1870,00
550000	101,50		304,50	507,50	1015,00	2030,00
600000	109,50		328,50	547,50	1095,00	2190,00
650000	117,50		352,50	585,50	1175,00	2350,00
700000	125,00		376,50	627,50	1255,00	2510,00
750000			400,50	667,50	1335,00	2670,00
800000			424,50	707,50	1415,00	2830,00
850000			448,50	747,50	1495,00	2990,00
900000			472,50	787,50	1575,00	3150,00
950000			496,50	827,50	1655,00	3310,00
1000000			520,50	867,50	1735,00	3470,00
1050000			544,50	907,50	1815,00	3630,00
1100000			568,50	947,50	1895,00	3790,00
1150000			592,50	987,50	1975,00	3950,00
1200000			616,50	1027,50	2055,00	4110,00
1250000			640,50	1067,50	2135,00	4270,00
1300000			664,50	1107,50	2215,00	4430,00
1350000			688,50	1147,50	2295,00	4590,00
1400000			712,50	1187,50	2375,00	4750,00
1450000			736,50	1227,50	2455,00	4910,00
1500000			760,50	1267,50	2535,00	5070,00

aufgenommenen Gebührenstufen kommen nur für die Vollzugsgebühr Nr. 22114 in Betracht, die ebenso wie die Vollzugsgebühr Nr. 22115 keine Mindestgebühr, aber eine Höchstgebühr von 125 EUR hat. Und um den Flickenteppich der Mindestgebühren komplett zu machen, gibt es in Nr. 25102 noch eine Gebühr unter der „normalen" Mindestgebühr in Höhe von 10 EUR für die Beglaubigung von Kopien. Nach einem tieferen Sinn zu fragen, ist müßig, insbesondere danach, warum das einfachste Notargeschäft, die Unterschriftsbeglaubigung ohne Urkundenentwurf (Nr. 25100) mit einer erhöhten Mindestgebühr von 20 EUR belegt ist, während das mitunter durchaus anspruchsvolle Urkundsgeschäft der Abnahme einer eidesstattlichen Versicherung (Nr. 23100) in der (dort gar nicht so selten vorkommenden) ersten Gebührenstufe nur eine Gebühr von 15 EUR auslöst.

Das ist ebenso wenig überzeugend wie die Struktur der Kostentabelle. Diese ist durch das GNotKG neu gefasst worden; die erste Gebührenstufe wurde von 10 auf 15 EUR angehoben, und auch sonst sind im unteren Bereich der Kostentabelle teilweise erhebliche Erhöhungen erfolgt; ab einem Geschäftswert von 200 000 EUR sind die Veränderungen lächerlich gering. Die Tabellenschritte sind ohne sachlichen Grund teilweise sehr groß geraten; deshalb fällt beispielsweise bei Geschäftswerten von 50 000,01 EUR bis 65 000 EUR dieselbe Gebühr an.

Die neue Kostenstruktur ist alles andere als ein Ruhmesblatt für den Gesetzgeber: Er hat die wirtschaftlich Schwachen belastet und dafür gesorgt, dass Beurkundungen mit niedrigem Geschäftswert nicht mehr zu angemessenen Gebühren zu erhalten sind. Beurkundungen für Besserverdienende müssen unter Berücksichtigung der Geldentwertung sogar zu niedrigeren Gebühren durchgeführt werden als früher. Das häufig gebrachte Argument der „Kostendeckung" ist sachwidrig. Dem GNotKG liegt die (richtige!) Vorstellung zugrunde, dass für die Notare durch das Nebeneinander nicht kostendeckender und die Kostendeckung wesentlich übersteigernder Gebühren ein angemessener Ausgleich zustandekommt. Auch die bisherigen Änderungen der Kostentabelle (mit Wirkung vom 1.1.1975, 1.1.1987 und 1.7.1994) waren von einiger ständigen Anhebung der Mindestgebühr und der Gebühren im unteren Bereich der Kostentabelle gekennzeichnet. Natürlich müssen auch die Notare in strukturschwachen Gebieten ihr Auskommen haben, die typischerweise mit den niedrigen Gebührenstufen zu tun haben; trotzdem ist die Mindestgebühr, die vor nicht allzu langer Zeit noch 1,53 EUR (3 DM) betrug, und sind die Gebühren im Bereich bis, sagen wir: 30 000 EUR im Verhältnis zu den Geschäftswerten mittlerweile *zu* hoch. Man schlage nur einmal das Anwendungsbeispiel 1 auf (nach → Rn. 95), das einen ganz „normalen" Kaufvertrag mit einem Kaufpreis von 16 614 EUR behandelt. Die Gebührenbelastung der Beteiligten beträgt, wie man der Lösung entnehmen kann, mit der Mehrwertsteuer 363,43 EUR, also bereits 2,19 % des Kaufpreises, allein für die Notargebühren; Grundbuchkosten nicht gerechnet. Man berechne anhand des Beispiels Nr. 1, also ohne vorläufig zu wissen, *warum* welche Gebühr anzusetzen ist, den gleichen Vertrag für den Kauf einer Villa im Einzugsbereich einer Großstadt mit einem Geschäftswert von, sagen wir: 630 000 EUR. Es ergibt sich, wieder mit der Mehrwertsteuer, ein Kostenbetrag von 3562,74 EUR, und das sind lediglich 0,57 % des Kaufpreises. Wer dieses Haus kauft, könnte eigentlich ganz gut etwas mehr zahlen und den Vertrag über das Grundstück zu 16 614 EUR subventionieren. Der Gesetzgeber sollte hier alsbald korrigierend eingreifen und die Gebührentabelle wieder angemessen „auseinanderziehen".

II. Geschäftswert, Gebührensätze, Gebührenhöhe, Kostenschuldner

Die frühere – für die maschinelle Berechnung eher hinderliche – Rundungsvorschrift (auf volle zehn Pfennig) ist gestrichen worden. Perfektionistischerweise gibt es aber eine Vorschrift, die uns sagt, wie mit Bruchteilen eines Cents richtig zu verfahren ist (§ 34 Abs. 4), was nur ausnahmsweise bei Gebührenermäßigung praktisch wird.

4. Kostenschuldner

Hat man die Klippen der Geschäftswert-, Gebührensatz- und Gebührenhöhenberechnung überwunden, muss die Kostenrechnung eigentlich nur noch an den richtigen Kostenschuldner gesandt werden. Es gibt regelmäßig mehrere. 31

Die grundlegenden Vorschriften sind § 29 Nr. 1 und § 30 Abs. 1: Jeder, der den Auftrag erteilt hat und/oder dessen Erklärung beurkundet worden ist, haftet für die Kosten. Dass unerkennbar Geisteskranke etwas beurkunden lassen, kommt nicht alle Tage vor. Wenn doch, sind sie wie jeder andere zahlungspflichtig (*OLG München* ZEV 2012, 109). Die Bedeutung des § 30 Abs. 1 liegt vor allem darin, dass er bei einem Vertrag nicht nur die Beurkundungsgebühr, sondern auch die Vollzugs- und Betreuungsgebühren erfasst ohne Rücksicht darauf, ob die vergütete Tätigkeit im Interesse des in Anspruch Genommenen oder des anderen Vertragsteils erfolgt ist und wer sie beauftragt hat. Deshalb haftet der Käufer auch dann für eine Vollzugsgebühr Nr. 22110, wenn sie nur deshalb angefallen ist, weil der Notar die vom Verkäufer geschuldete Lastenfreistellung veranlasst hat (→ Rn. 69), und für eine Treuhandgebühr Nr. 22201 (→ Rn. 82), auch wenn sie durch den Treuhandauftrag einer Bank des Verkäufers ausgelöst worden ist (*OLG Köln* FGPrax 2018, 137).

Bei einer einseitigen Erklärung gibt es also mindestens einen, bei einem Vertrag mindestens zwei Kostenschuldner. Es kommt nicht darauf an, wer nach dem Willen der Vertragsparteien die Kosten zu tragen hat; dem Notar haften in jedem Fall beide Vertragsteile. Natürlich wird der Notar, der einen Kaufvertrag beurkundet hat, in dem – wie üblich und gesetzlich (§ 448 Abs. 2 BGB) vorgesehen – der Käufer die Kosten übernommen hat, seine Kostenrechnung zunächst an den Käufer senden. Zahlt der Käufer die Kostenrechnung jedoch nicht, weil er nicht will oder nicht kann, dann ist der Notar durch die vertragliche Regelung nicht gehindert, den Verkäufer wegen der Kosten in Anspruch zu nehmen. Beide Kostenschuldner haften nicht etwa anteilig, sondern als **Gesamtschuldner** (§ 32 Abs. 1).

Auf das wirtschaftliche Interesse an der Beurkundung kommt es dagegen nicht an: Wenn eine GmbH etwas beurkunden lässt, aber die Rechnung nicht bezahlt, kann der Notar nicht die Rechnung im Wege des „Durchgriffs" an ihren Allein-Gesellschafter-Geschäftsführer schicken, auch dann nicht, wenn eine solche Haftung nach materiellem Recht in Frage käme (*OLG Köln* FGPrax 2017, 281).

Die Erhebung eines Vorschusses stellt § 15 in das freie Ermessen des Notars („kann"). Es entsprach früher allgemeiner Meinung, dass der Notar den als Gesamtschuldner haftenden Erklärungsschuldner bis an die Grenze der Arglist (*OLG Köln* DNotZ 1986, 763) in Anspruch nehmen könne. Ob das auch dann gilt, wenn der Notar nach der ihm bekannten Vermögenslage des Erstschuldners bei der Beurkundung einen Vorschuss hätte erheben müssen, darüber kann man streiten; *OLG Hamm* JurBüro 2005, 41 und *BayObLG* Rpfleger 1992, 223 halten es für unproblematisch. Richtig oder falsch: Wenn der Notar wusste, dass der im Innenverhältnis der Beteiligten allein haftende Kostenschuldner demnächst 32 insolvent werden würde und trotzdem weder diesen zur Zeit noch bestehender Zahlungsfähigkeit in Anspruch genommen noch den Zweitschuldner zu diesem Zeitpunkt von seiner Absicht unterrichtet hat, macht ein solches Vorgehen jedenfalls dann einen miserablen Eindruck und weckt Zweifel an der Unparteilichkeit des Notars im allgemeinen, wenn es sich bei dem demnächst insolvent werdenden Erstschuldner um einen Bauträger handelt, der in seinen besseren Zeiten dem Notar zu reichlichen Gebühreneinnahmen verholfen hat.

33 Bei Beurkundung eines Vertrags durch **Angebot und Annahme** schuldet die Kosten des Angebots nach § 29 Nr. 1 *nur* der Anbietende, die Kosten der Annahme *nur* der Annehmende. Nimmt aber der Angebotsempfänger an der Beurkundung des Angebots teil und erklärt. die Kosten zu tragen (ohne sonst eine Erklärung abzugeben), verschafft diese Regelung dem Notar einen zusätzlichen Kostenschuldner für die Angebotsurkunde (§ 30 Abs. 3). Nach der überwiegenden Meinung (→ Rn. 35) ist eine auf § 30 Abs. 3 gestützte Inanspruchnahme für die Kosten der Annahmeurkunde nicht möglich. Allerdings haftet der Verkäufer, der dem Käufer in der Angebotsurkunde Auflassungsvollmacht erteilt, für die Kosten der Annahme deshalb, weil die Auflassung auch in seinem Namen abgegeben wird, und er deshalb ebenfalls Erklärungsschuldner nach § 30 Abs. 1 ist.

34 Gibt jemand Erklärungen **in fremdem Namen** als gesetzlicher Vertreter oder Bevollmächtigter ab, dann haftet nur der Vertretene, nicht der Vertreter, vorausgesetzt, die Vertretungsmacht hat tatsächlich bestanden, was auch durch Erklärung gegenüber dem Makler („Bitte beauftragen sie einen Notar ...") geschehen kann (*OLG Naumburg* NotBZ 2019, 398). Der für seine Firma handelnde Prokurist verpflichtet also wegen der Notarkosten nur die Firma, nicht sich persönlich, ebenso der Geschäftsführer einer GmbH oder der Vormund, der für sein Mündel handelt. Könnte die Erklärung auch im eigenen Namen abgegeben werden und hat auch der Vertreter ein eigenes Interesse an der Beurkundung, gilt dies aber nur dann, wenn es ausdrücklich erklärt wird. Ein Ehegatte, der den Entwurf einer Scheidungsvereinbarung erfordert, kann also – wenn sich die Sache zerschlägt – nicht nachträglich behaupten, er habe (nur) im Namen des anderen Ehegatten gehandelt (*OLG München* BWNotZ 2019, 281).

Veranlasst ein Vertreter ohne Vertretungsmacht in fremdem Namen eine Beurkundung und hat er entweder ein eigenes Interesse an der Beurkundung oder behauptet eine ihm erteilte Vollmacht (die dann aber nicht bestätigt wird), haftet der vollmachtlose Vertreter (*OLG Naumburg* NotBZ 2019, 318). Der vollmachtlos Vertretene haftet auch dann nicht, wenn der Vertreter das Einverständnis mit der Beurkundung behauptet hat. Wenn also weder der vollmachtlose Vertreter eine Vollmacht des Vertretenen behauptet, noch der vollmachtlos Vertretene eine Vollmacht wirklich erteilt hat – dann gibt es überhaupt keinen Kostenschuldner (verblüffend, aber richtig *KG* ZNotP 1998, 343); es gibt insbesondere keine Vermutung, dass ein Makler von seinem Auftraggeber bevollmächtigt worden sei, einen Entwurf zu erfordern (*OLG Naumburg* NotBZ 2019, 231).

35 *Neben* dem Erklärungsschuldner nach § 30 Abs. 1 haften für die Beurkundungskosten:

(a) derjenige, der die Kosten gegenüber dem Notar übernommen hat (§ 29 Nr. 2),
(b) derjenige, der in einer notariellen Urkunde die Kosten übernommen hat (§ 30 Abs. 3),
(c) derjenige, der für die Kostenschuld eines anderen kraft Gesetzes haftet (§ 29 Nr. 3).

III. Beurkundungen und Beglaubigungen

Die **Übernahmeerklärung** nach § 29 Nr. 2 erfordert eine ausdrückliche Kostenübernahme gegenüber dem Notar und kommt daher nur selten vor. § 30 Abs. 3 versteht die überwiegende Meinung dahin, dass er nur für die Kosten der Urkunde gilt, in der die Übernahmeerklärung enthalten ist (*BGH* 10.9.2020 – V ZB 141/18, NJW-RR 2020, 1452; aA beiläufig *OLG Celle* MittBayNot 2015, 516; *LG Düsseldorf* ZWE 2018, 401; hier 9. Aufl.), also beispielsweise nicht für die Kosten der Verwalterzustimmung nach § 12 WEG oder der Löschungsbewilligung eines Grundschuldgläubigers zu dem Kaufvertrag, der die Übernahmeerklärung enthält. Für die Verwalterzustimmung hat sich die Bundesnotarkammer die herrschende Meinung zu eigen gemacht; es ist deshalb berufsrechtlich unzulässig, die Rechnung für die Beglaubigung der Verwalterzustimmung an den Käufer zu senden, auch wenn er im Kaufvertrag erklärt hat, diese Kosten zu tragen. Für andere Fälle besteht zwar kein berufsrechtliches Verbot, aber das Risiko, von einem Kollegen abgemahnt zu werden. Jedenfalls haben jüngst zwei Notare, die – wie es in der Entscheidung heißt – „bundesweit Kaufverträge über Immobilien beurkunden" (also vielleicht aus dem Clan der Mitternachtsnotare?) vor dem *LG Dortmund* (JurBüro 2020, 537 mAnm *H. Schmidt*) unter anderem über die Auslegung des § 30 Abs. 3 gestritten – wobei ich meine Zweifel habe, ob die Wettbewerbskammer die kostenrechtliche Streitfrage auch nur im Ansatz verstanden hat.

Dagegen gibt es im BGB und im HGB Fälle des § 29 Nr. 3: So haften die Gesellschafter einer OHG für die Kosten einer von der Gesellschaft bestellten Grundschuld (§ 128 HGB), Erben für die Kostenschulden des Erblassers (§ 1922 BGB). Man darf sich nicht durch § 31 Abs. 2 in die Irre führen lassen, der nur für bestimmte Geschäfte aus Anlass eines Erbfalls eine Beschränkung der Kostenschuldner enthält, aber den Grundsatz von § 29 Nr. 3, § 1922 BGB voraussetzt und unberührt lässt.

Zu berücksichtigen sind schließlich noch die Bestimmungen in § 30 Abs. 2 und 32 Abs. 2: Wenn mehrere an einer Beurkundung beteiligt sind, sich aber ihre Erklärungen nicht decken, dann haftet jeder nur für die Kosten, die durch die Alleinbeurkundung seiner Erklärung entstanden wären. Und wenn durch Anträge eines Beteiligten **besondere Kosten** entstehen (etwa die Zusatzgebühren für eine Beurkundung außerhalb der normalen Geschäftszeit, Nr. 26000, oder eine Auswärtsbeurkundung, Nr. 26002, 26003), dann trägt er auch allein diese Kosten. Im Grunde ist das aber selbstverständlich, und man könnte diese beiden Fälle schwerlich anders entscheiden, wenn es § 30 Abs. 2 und § 32 Abs. 2 nicht gäbe. 36

III. Beurkundungen und Beglaubigungen – Mehrere Erklärungen in einer Urkunde – Änderungen

1. Beurkundungen und Beglaubigungen

Die Bestimmungen des GNotKG regeln stets die Gebühr, die für die **Beurkundung** einer Erklärung anfällt. Nun kann natürlich jede Erklärung eines Beteiligten beurkundet werden, die öffentliche Beurkundung ersetzt die öffentliche Beglaubigung (§ 129 Abs. 2 BGB). Für Beurkundungen ist die entsprechende Bestimmung des GNotKG unmittelbar anwendbar. 37

38 In der Praxis werden aber die meisten Erklärungen, die nach dem Gesetz nur der notariellen **Beglaubigung** bedürfen oder nach materiellem Recht überhaupt formfrei sind und nur wegen § 29 GBO beglaubigt werden müssen oder zu Beweissicherungszwecken beglaubigt werden sollen, nicht beurkundet, sondern es wird die Unterschrift des Erklärenden beglaubigt.

Entwirft der Beteiligte seine Erklärung selbst, dann kommt für derartige Beglaubigungen nur die Gebühr Nr. 25100 in Frage: Ohne Rücksicht darauf, ob es sich bei der Erklärung, unter der die Unterschrift beglaubigt wird, um eine einseitige Erklärung, eine Anmeldung zu einem Register, einen Gesellschafterbeschluss oder einen Vertrag handelt, ob der Text deutsch oder fremdsprachlich ist, in allen Fällen ist eine 0,2 Gebühr Nr. 25100 zu erheben, da ja auch die Arbeit für den Notar stets die gleiche ist: Er muss die Erklärung nur darauf prüfen, ob Gründe ersichtlich sind, seine Urkundstätigkeit zu versagen (§ 40 Abs. 2 BeurkG); wie er das bei chinesischen Erklärungen ohne ein vertieftes Studium der Sinologie bewältigen soll, muss freilich ein Rätsel bleiben. Es kommt auch nicht darauf an, ob die Erklärung eines Beteiligten zu beglaubigen ist oder die Erklärung mehrerer Beteiligter und wie viele Unterschriften demgemäß zu beglaubigen sind, denn die Gebühr wird für den Beglaubigungsakt als solchen erhoben. Die Höchstgebühr beträgt 70 EUR; wenn die Beteiligten also den Wert der Erklärung mit „über 140 000 EUR" angeben, dann braucht der Notar nicht weiter zu forschen, denn erhöhen kann sich seine Gebühr dann in keinem Fall mehr. Diese Gebühr ist eine der wenigen, die sich seit dem 1.8.2013 ermäßigt haben; man muss aber bedenken, dass diese Beglaubigungstätigkeit von den Ortsgerichten in Hessen für 6 EUR – ohne Rücksicht auf den Wert der Erklärung – ausgeführt wird. Dass das GNotKG hier gleichzeitig mit der Kappung der Höchstgebühr eine spezifische Mindestgebühr von 20 EUR eingeführt hat – so dass alle Beglaubigungen bis zu einem Wert von 19 000 EUR dieselbe Gebühr auslösen –, passt gut zur sozialen Schieflage des Kostengesetzes insgesamt (→ Rn. 30). Stets für diese spezifische Mindestgebühr zu haben sind Beglaubigungen unter Löschungszustimmungen nach § 27 GBO (→ Rn. 165) und Verwalterprotokolle (Nr. 25101).

39 Bei Löschungszustimmungen nutzt diese vom Gesetzgeber gut gemeinte Gebührenbegünstigung allerdings nur etwas, wenn die Bank den simplen Satz „Der Eigentümer stimmt der Löschung zu und beantragt den Vollzug." vorgedruckt oder der Beteiligte ihn selbst geschrieben hat. Wenn der Notar von den Beteiligten beauftragt wird, den **Entwurf** der Erklärung zu fertigen, die dann unterschrieben wird und unter der die Unterschriften beglaubigt werden sollen, gilt hierfür nicht Nr. 25100, sondern Nr. 24100–24102, wobei § 92 Abs. 2 mitzulesen ist: Es ist jeweils die Höchstgebühr des Entwurfsgebührenrahmens und damit die gleiche Gebühr wie für die Beurkundung einer entsprechenden Erklärung zu erheben; die ersten (nämlich an ein und demselben Tag) erfolgenden Beglaubigungen von Unterschriften unter dem Entwurf werden jedoch nicht besonders berechnet. Eine Unterschriftsbeglaubigung mit Entwurf löst also die gleichen Kosten aus, wie wenn die Erklärung der Beteiligten beurkundet worden wäre. In der Kostenberechnung ist in diesem Fall zusätzlich zu der Gebührenbestimmung für die Beurkundung der Erklärung „Nr. 24100" (bzw. Nr. 24101 oder 24102) anzuführen – theoretisch jedenfalls; in der Praxis wird häufig auch bei Unterschriftsbeglaubigungen mit Entwurf nur die Gebührenbestimmung angeführt, die „an sich" nur dann zutreffend wäre, wenn die Erklärung beurkundet worden wäre.

III. Beurkundungen und Beglaubigungen

Anders als bei der schlichten Unterschriftsbeglaubigung nach Nr. 25100 kommt es bei der Unterschriftsbeglaubigung mit Entwurf sehr wohl darauf an, unter was für einer Erklärung die Unterschrift beglaubigt wird: Entwirft der Notar eine Erbschaftsausschlagung und beglaubigt darunter die Unterschrift des Ausschlagenden, dann fällt dafür eine 0,5 Gebühr an (Nr. 21201 Ziff. 7); entwirft er den Vertrag einer Gesellschaft bürgerlichen Rechts, unter dem die Unterschriften der Gesellschafter beglaubigt werden, dann ist dafür eine 2,0 Gebühr anzusetzen (Nr. 21100). Am häufigsten kommt bei Unterschriftsbeglaubigungen allerdings die 0,5 Gebühr nach Nr. 21201 in Ansatz, insbesondere für die vorhin erwähnte Löschungszustimmung und auch alle anderen Grundbucherklärungen (Nr. 21201 Ziff. 4) und für alle Handelsregisteranmeldungen (Nr. 21201 Ziff. 5) – so dass manche mit dem Kostenrecht nicht so Vertraute tatsächlich (aber natürlich zu Unrecht!) meinen, 0,5 sei der Gebührensatz für die Unterschriftsbeglaubigung mit Entwurf.

In den Fallbeispielen, die den folgenden Abschnitten dieses Buches beigefügt sind, ist oft nicht angegeben, ob eine Beurkundung oder eine Beglaubigung vorgenommen wurde; bei Beglaubigungen ist aber – wenn nichts anderes angegeben ist – für die Lösung stets davon auszugehen, dass der Entwurf vom Notar gefertigt wurde. In den „Lösungshinweisen" ist Nr. 24100–24102 in der Regel nicht mit angegeben. Bei der Aufstellung einer Kostenrechnung sollte KV 24100–24102 jedoch bei Entwürfen stets mit angegeben werden, und er *muss* natürlich in allen „förmlichen" Kostenrechnungen angegeben werden, die aber glücklicherweise nur selten erforderlich sind (→ Rn. 394). **40**

2. Mehrere Erklärungen in einer Urkunde

Bevor man sich an das Aufstellen konkreter Kostenrechnungen macht, muss man sich noch mit zwei Bestimmungen beschäftigen, die (und noch dazu voneinander getrennt) mitten im GNotKG stehen, aber im Grunde unter die allgemeinen Bestimmungen gehören: §§ 94 und 109, die regeln, wie zu verfahren ist, wenn mehrere Erklärungen in einer Urkunde abgegeben werden. Man braucht §§ 94 und 109 schon für die einfachsten Bewertungen, insbesondere für den Grundstückskaufvertrag, der im nächsten Abschnitt vorgestellt wird: Eine Grundstücksveräußerung geschieht, wie die Veräußerung einer beweglichen Sache, bekanntlich durch *zwei* Verträge: einen schuldrechtlichen Vertrag, durch den sich der Verkäufer zur Verschaffung von Besitz und Eigentum und der Käufer zur Zahlung des Kaufpreises verpflichtet (§ 433 BGB) und einen dinglichen Vertrag, durch den sich Verkäufer und Käufer über den Übergang des Eigentums einigen (Auflassung, § 925 BGB). Jeder Grundstückskaufvertrag enthält daneben die Bewilligung und den Antrag, dass der Käufer als neuer Eigentümer in das Grundbuch eingetragen werde. In den meisten Fällen, also bei Beteiligten, die sich nicht sehr gut kennen oder sehr großes Vertrauen zueinander haben oder der Kaufpreis nicht sehr niedrig ist, bewilligt der Verkäufer ferner eine Auflassungsvormerkung zugunsten des Käufers, und der Käufer bewilligt die Löschung dieser Vormerkung nach Eigentumsumschreibung auf ihn. Ist der Kaufgegenstand mit einer Grundschuld belastet, stimmt der Verkäufer deren Löschung zu; benötigt der Käufer eine Finanzierung, um den Kaufpreis zahlen zu können, erteilt ihm der Verkäufer eine Finanzierungsvollmacht. **41**

42 Dieser Grundstückskaufvertrag ist gewissermaßen der Schulfall des § 109 Abs. 1: Alle diese Erklärungen haben denselben „Gegenstand" – was hier nicht technisch zu verstehen ist, sondern jedes Geschäft meint, das der Erfüllung, Sicherung oder sonstigen Durchführung eines anderen Geschäfts dient. Die Auflassung dient der Erfüllung, die Vormerkung dient der Sicherung und die Belastungsvollmacht der sonstigen Durchführung des Kaufvertrags. Auch die Löschungszustimmung, eine etwa mitbeurkundete Abtretung der Kaufpreisforderung an einen Grundschuldgläubiger und die Belastungsvollmacht haben denselben Gegenstand (→ Rn. 57). Die Vertragsgebühr ist nur *einmal* aus dem Kaufpreis zu berechnen und gilt alle anderen Erklärungen mit ab.

43 Nicht immer liegen die Verhältnisse allerdings so einfach wie beim Grundstückskauf; häufig kann zweifelhaft sein, ob tatsächlich „derselbe Gegenstand" im Sinne des § 109 betroffen ist. Auch wenn man statt „derselbe Gegenstand" **„dasselbe Rechtsverhältnis"** setzt, ist im Grunde nicht viel gewonnen. Das GNotKG unternimmt den rührenden Versuch, die Fälle, über deren richtige Behandlung jahrzehntelang viel Tinte vergossen worden ist, in das Prokrustesbett eines Katalogs zu zwängen und nennt sicherheitshalber in §§ 110, 111 die Fälle, in denen es sich nicht um denselben Gegenstand handeln soll. Es versteht sich von selbst, dass dieses Bemühen genauso zum Scheitern verurteilt ist wie der Versuch des Preußischen Allgemeinen Landrechts, alle Lebenssachverhalte so detailliert zu regeln, dass nichts mehr zu kommentieren bliebe und die Rechtsgelehrten arbeitslos würden. Immerhin braucht man über die Katalogfälle selbst nicht mehr zu diskutieren, auch wenn absehbar ist, dass auch bei diesen die künftige Rechtsprechung auf die Besonderheiten des einzelnen Geschäfts und nicht zuletzt auf die Gebührengerechtigkeit abstellen wird. Ketzerisch gesagt: Um einen Anwendungsfall des § 109 handelt es sich immer dann, wenn es angemessen ist, die Gebühr für die Erklärungen in einer Urkunde nur einmal zu erheben. Wenn man diese Angemessenheit bejaht, dann wird sich schon ein Weg finden, wie man unter den Begriff „derselbe Gegenstand" subsumiert: constructio facit iurisconsultum!

44 Haben die mehreren Erklärungen in einer Urkunde dagegen verschiedenen Gegenstand, betreffen sie also verschiedene Rechtsverhältnisse, dann werden ihre Werte zusammengerechnet, wenn die Erklärungen dem **gleichen Gebührensatz** unterliegen (diese Regel hat der Gesetzgeber sinnigerweise nochmals an einer anderen Stelle im GNotKG versteckt: § 35 Abs. 1), hingegen werden sie nach § 94 Abs. 1 behandelt, wenn die Erklärungen **verschiedenen Gebührensätzen** unterliegen. Verkauft also A in einer Urkunde 100 qm zum Kaufpreis von 30,– EUR je Quadratmeter als Gehsteigfläche an die Gemeinde Hintertupfing und 150 qm zum gleichen Quadratmeterpreis als Straßenfläche an den Landkreis, dann sind die Geschäftswerte von 3000 EUR für den Kaufvertrag der Gemeinde und 4500 EUR für den Kaufvertrag mit dem Landkreis zusammenzurechnen; aus dem zusammengerechneten Betrag von 7500 EUR ist die Gebühr zu berechnen.

45 Bestellt A dagegen der Bank Grasshopper & Wealth eine Grundschuld zu 50 000 EUR und unterwirft er sich wegen dieses Grundschuldbetrags der sofortigen Zwangsvollstreckung aus der Urkunde in sein gesamtes Vermögen, stimmt aber in der gleichen Urkunde der Löschung einer eingetragenen Grundschuld zu 10 000 EUR für die Sparkasse Kleinziegenbach zu, dann ist folgende **Vergleichsberechnung** aufzumachen und die für den Kostenschuldner günstigere Berechnungsweise zu wählen:

III. Beurkundungen und Beglaubigungen

(a) Wenn man den höheren Gebührensatz (1,0 Gebühr für die Erklärung der Zwangsvollstreckungsunterwerfung) aus dem zusammengerechneten Wert der Gegenstände (50 000 EUR + 10 000 EUR) ansetzt, dann ergibt sich eine Gebühr von 192,- EUR.

(b) Setzt man hingegen beide Gegenstände getrennt an, so ergibt sich eine 1,0 Gebühr aus 50 000 EUR (165,- EUR) und eine 0,5 Gebühr aus 10 000,- EUR (37,50 EUR), also insgesamt ein Betrag von 202,50 EUR.

Eine Zusammenrechnung der Gegenstände ist in diesem Fall also für den Kostenschuldner günstiger.

Würde die Grundschuld, deren Löschung zugestimmt wird, dagegen 31 000 EUR betragen, dann ergäbe sich folgende Vergleichsberechnung:

(a) Die 1,0 Gebühr aus dem zusammengerechneten Wert von 81 000 EUR beträgt 246,- EUR.

(b) Die 1,0 Gebühr aus 50 000 EUR (165,- EUR) zuzüglich der 0,5 Gebühr aus 31 000 EUR (67,50 EUR) ergibt einen Betrag von 232,50 EUR.

Hier ist also eine getrennte Berechnung der Gebühren für den Kostenschuldner günstiger.

Diese Vergleichsberechnung ist in allen Fällen anzustellen, in denen § 94 Abs. 1 zur Anwendung kommt. Natürlich kann man mit der Zeit ein gewisses Gespür dafür entwickeln, bei welchen Wertverhältnissen eine Zusammenrechnung oder eine getrennte Berechnung bestimmt günstiger für den Kostenschuldner ist. Aber Vorsicht: Gerade bei kleinen Werten täuscht man sich hier wegen der Sprünge in der Kostentabelle leicht, und nichts ist peinlicher, als wenn eine Kostenrechnung deshalb mit Recht beanstandet wird, weil der Notar eine Bestimmung übersehen hat, die – wie § 94 – zum kleinen Einmaleins des Kostenrechts gehört. 46

Und was ist mit § 94 Abs. 2? Er regelt das Zusammentreffen mehrerer gegenstandsgleicher Erklärungen mit verschiedenem Geschäftswert und Gebührensatz. Widerruft C sein Testament, das sein ganzes Vermögen von 500 000 EUR betroffen hat, macht aber nur hinsichtlich seines Oldtimers (Wert: 50 000 EUR) ein neues Testament, so müsste nach § 109 „an sich" eine 1,0 Gebühr (Nr. 21200) aus 500 000 EUR (935,00 EUR) berechnet werden. Damit würde sich aber der Zweck des § 109, Zusammengehöriges nur einmal zu berechnen, in sein Gegenteil verkehren. Deshalb ordnet § 94 Abs. 2 an, dass hier separat bewertet wird: Eine 1,0 Gebühr (Nr. 21200) aus 50 000 EUR und eine 0,5 Gebühr (Nr. 21201) aus 500 000 EUR, also 165 EUR + 467,50 EUR = 632,50 EUR. 47

§§ 35, 94 gelten ausnahmslos, nicht nur für das Zusammentreffen rechtsgeschäftlicher Erklärungen unter Lebenden. Deshalb sind auch die Werte von Ehevertrag und Erbvertrag, wenn sie in einer Urkunde zusammenbeurkundet werden (vgl. dazu unten → Rn. 170), zusammenzurechnen, ebenso Gesellschafterbeschlüsse mit rechtsgeschäftlichen Erklärungen der Gesellschafter (zB Übernahme eines Geschäftsanteils). 48

§§ 35, 94 gelten nicht für die Vollzugs- und die Betreuungsgebühr; diese werden für jedes Verfahren nur einmal erhoben (§ 93 Abs. 1). Mehrere Vollzugs- und Betreuungstätigkeiten lösen also jeweils nur eine Gebühr nach KV 22110–22200 aus. Anders ist es bei den Treuhandgebühren (Nr. 22201) und bei Vertretungsbescheinigungen (Nr. 25200): müssen mehrere Treuhandaufträge beachtet und/oder mehrere Registerblätter eingesehen werden, dann fallen mehrere Gebühren an. 49

50 Wollen Beteiligte mehrere miteinander zusammenhängende Rechtsgeschäfte beurkunden lassen, steht die Wahl des kostengünstigsten Wegs im Spannungsfeld von nicht weniger als fünf Vorschriften: Grundsätzlich ist es wegen der Kostendegression richtig, nur eine Urkunde zu errichten, weil dann die Werte wegen § 35 Abs. 1 zusammengerechnet werden, womit das Gebot der Wahl des kostengünstigsten Wegs (§ 21; → Rn. 365) beachtet wird. Allerdings darf die Zusammenbeurkundung nicht willkürlich erfolgen (§ 93 Abs. 2); geschieht dies doch, sind auch bei Aufnahme in eine Urkunde getrennte Gebühren zu berechnen. Umgekehrt muss eine erlaubte und sinnvolle Zusammenbeurkundung mitunter dann unterbleiben, weil sie wegen der verunglückten Regelung der §§ 112, 113 zu höheren Gebühren als bei getrennter Beurkundung führt, nämlich dann, wenn von den mehreren Geschäften nur eines des Vollzugs oder der Betreuung bedarf.

Bei der Wahl des kostengünstigsten Wegs darf das materielle Recht nicht aus den Augen verloren werden: Soll bei mehreren in eine Urkunde aufgenommenen Rechtsgeschäften jedes für sich wirksam sein, sollte das ebenso ausgesprochen werden wie die Regelung, dass die mehreren Geschäfte miteinander stehen und fallen sollen. Wird wegen §§ 112, 113 Zusammengehöriges getrennt, muss in beiden Urkunden angeordnet werden, dass die Erklärungen nur sämtlich wirksam oder unwirksam sein sollen. Weil dieser Vorrang des Beteiligtenwillens nicht beachtet wurde, ist auch *BGH* 26.9.2017 – II ZB 27/16, NJW-RR 2018, 103 zum falschen Ergebnis gelangt: Wenn die Zustimmungsbeschlüsse von zwei Gesellschaften, die alle dieselbe Alleingesellschafterin haben, in einer Urkunde zusammengefasst werden, entscheidet zuallererst der Wille der Alleingesellschafterin, ob die Wirksamkeit der Erklärungen voneinander abhängt, und eine solche Abhängigkeit liegt nahe. Nur wenn festgestellt worden wäre, dass dies nicht der Fall ist, hätte § 93 Abs. 2 überhaupt erst angewendet werden können.

3. Änderungen beurkundeter Erklärungen

51 Eigentlich sollten sich die Beteiligten, wenn sie ihre Erklärung beim Notar beurkunden lassen, ihren Willen so endgültig gebildet haben, dass keine Änderungen und Ergänzungen erforderlich sind. Wenn sie doch nötig sind, erhalten die Beteiligten keinen Rabatt: Die Änderungsurkunde ist Gegenstand eines neuen Beurkundungsverfahrens, für das dieselbe Gebühr anfällt wie für die ursprüngliche Urkunde, allerdings möglicherweise aus einem geringeren Wert. Die frühere Privilegierung der Vertragsänderung in der Kostenordnung ist abgeschafft. Am liebsten hätten die Beteiligten Änderungen und Ergänzungen natürlich ganz umsonst. Sie meinen, für den Vertrag bereits bezahlt zu haben und verstehen nicht recht, warum sie für „dieselbe Sache" noch einmal Gebühren entrichten sollen. Damit haben sie nur dann recht, wenn der Nachtrag durch Schlamperei oder Unkenntnis des Notars erforderlich geworden ist, dann nämlich müssen die Kosten nach § 21 unerhoben bleiben (→ Rn. 363). In aller Regel haben es sich die Beteiligten aber schlicht anders überlegt; sie vereinbaren Änderung von Kaufpreis, Zahlungsweise oder Besitzübergabetermin oder ändern die Ausmaße der verkauften Teilfläche, weil anders der Käufer keine Baugenehmigung bekommen würde. Hier handelt es sich um Nachträge, deren Notwendigkeit ausschließlich in der Sphäre der Beteiligten liegt, so dass eine Gebühr zu erheben ist.

III. Beurkundungen und Beglaubigungen

Die Änderung einer beurkundeten Erklärung und die Beurkundung etwas **52** völlig Neuen, das nur in losem sachlichem Zusammenhang mit einer früheren Beurkundung steht, unterscheiden sich heute also nur noch hinsichtlich des Geschäftswerts: bei ersterer ist der Geschäftswert nach dem Umfang der Änderung, im anderen Fall der volle Geschäftswert zu nehmen. Insofern hat die frühere Rechtsprechung auch heute noch Bedeutung: „Bestätigung" eines früheren Vertrags nach Ausübung des Rücktrittsrechts (*OLG Karlsruhe* Rpfleger 1985, 417) oder eines Vertrags, der infolge Verweigerung einer erforderlichen Zustimmung nicht wirksam geworden ist (*OLG Hamm* JurBüro 1999, 490) sind keine Nachträge, sondern Neubeurkundungen, daher ist die Gebühr Nr. 21100 aus dem vollen Wert zu erheben, und ebenso ist es, wenn der Vertragspartner ausgewechselt wird (*LG Hannover* Büro 2002, 154), zB statt einer GmbH in Gründung deren Gründungsgesellschafter Vertragspartei werden, oder wenn bei Planungsänderungen Straßenflächen statt an das Bundesland an den Landkreis veräußert werden. Allerdings darf man wirtschaftliche Gesichtspunkte dabei nicht völlig außer Betracht lassen. Es geht deshalb zu weit, wenn *KG* JurBüro 1998, 430 auch einen „Nachtrag", in dem statt an A und B zum Miteigentum zu je 0,5 an A und B in BGB-Gesellschaft verkauft wird, kostenrechtlich für eine Neubeurkundung (Gebühr Nr. 21100 aus dem vollen Wert!) hält. Zu Änderungen des Gesellschaftsvertrags einer GmbH → Rn. 239.

Gewissermaßen „zwangsläufig" sind **Nachtragsurkunden**, wenn eine **Grund- 53 stücksteilfläche** verkauft wird, die noch nicht vermessen ist. Zwar könnten die Vertragsteile auch hinsichtlich der nicht vermessenen Teilfläche bereits die Auflassung erklären, wenn diese zweifelsfrei bezeichnet werden kann; es muss dann nur in einer „**Identitätserklärung**" nach Vorliegen des Messungsergebnisses die Identität von vermessener und veräußerter Fläche von den Vertragsteilen oder ihren Bevollmächtigten oder vom Notar durch Eigenurkunde festgestellt werden (Bewertung der Eigenurkunde: Nr. 25204, 24102 aus einem geringen Teilwert [10 %] des aufgelassenen Grundstücks).

Häufiger wird jedoch die Auflassung selbst der Nachtragsurkunde vorbehalten; das ist korrekt und nicht (wie beim vermessenen Grundstück, → Rn. 58) falsche Sachbehandlung (*OLG Düsseldorf* ZNotP 2000, 261): bei nicht erkannter Unwirksamkeit der (vorher erklärten) Auflassung erwürbe der Käufer kein Eigentum! Nach heutigem Verständnis dient die Messungsanerkennung nicht dazu, die vertragsgemäße Erfüllung des Kaufvertrags festzustellen, sondern nur dazu, die Identität der vermessenen mit der verkauften Teilfläche zu bestätigen; sie kann deshalb nicht aus anderen Gründen als dem fehlender Identität verweigert werden (*BGH* 1.10.2015 – V ZB 181/14, MDR 2015, 1413).

Kostenrechtlich bedeutet das, dass (wenn der gleiche Notar tätig wurde) nur **54** eine 0,5 Gebühr Nr. 21101 für die Auflassung nach dem Wert der aufgelassenen Fläche zu berechnen ist. Die Kostenberechnung für den Kaufvertrag ändert sich nicht; sie ist und bleibt richtig und ist nicht etwa auf den endgültigen Betrag zu „berichtigen". Wenn in der Nachtragsurkunde der endgültige Kaufpreis rechnerisch wiedergegeben und angegeben wird, in welcher Höhe der Käufer eine Nachzahlung zu leisten hat oder vom Verkäufer eine Erstattung erhält, ist dies ohne Auswirkung. Die in der 9. Aufl. in Übereinstimmung mit der früher herrschenden Praxis vertretene abweichende Auffassung gebe ich auf.

Zweiter Teil: Einzelne Beurkundungsgeschäfte

Der Hauptteil dieser Einführung ist anders gegliedert als das GNotKG und andere Erläuterungsbücher, da er nicht von der Systematik des Gesetzes, sondern von den einzelnen in der Notariatspraxis vorkommenden Typen von Beurkundungsgeschäften ausgeht. Jedem Abschnitt sind Fallbeispiele angefügt, deren Kostenberechnungen man selbst aufstellen und mit der vorgeschlagenen Lösung vergleichen sollte. Da es, wie schon erwähnt, im Kostenrecht fast mehr Streitfragen als klare Fälle gibt, ist die Lösung in diesem Buch mitunter nicht die einzig richtige.

Die Auslagen, deren Einzelheiten im Dritten Teil (Abschnitt III) behandelt werden, sind grundsätzlich nicht mit zu berechnen, außer dort, wo es ausdrücklich angegeben ist. Man sollte aber bei einer Gebührenauskunft (→ Rn. 389a) daran denken, dass diese noch zu den angegebenen Kosten dazukommen. Das gilt besonders für die Dokumentenpauschale, wohinter sich übrigens nicht etwa (wie man denken könnte) ein Pauschalbetrag verbirgt, sondern ein Entgelt für die Anfertigung der Ausfertigungen und Kopien, das innerhalb eines Beurkundungsverfahrens 15c pro Seite beträgt (Nr. 32001). Außer bei dem Rechenbeispiel 74 nicht mit zu berechnen (aber bei überschlägiger Kostenschätzung zu berücksichtigen!) ist auch die Mehrwertsteuer, die der Notar nach Nr. 32014 überwälzen kann.

Wie der Besondere Teil im Schuldrecht des BGB beginnt auch dieser Teil mit dem Kaufvertrag.

I. Kaufvertrag

Die Bewertung des **Grundstückskaufvertrags** dürfte der häufigste Fall in der notariellen Kostenpraxis sein. Der Gebührensatz ist – wie für jeden Vertrag – eine 2,0 Gebühr Nr. 21100. Diese Gebühr gilt alles ab, was zum Kaufvertrag gehört, also den obligatorischen Kaufvertrag, die Zwangsvollstreckungsunterwerfung des Käufers wegen des Kaufpreises, die dingliche Sicherstellung eingegangener Verpflichtungen, die Auflassung, die Bewilligung der Eintragung einer Auflassungsvormerkung, deren Löschung Zug um Zug mit der Eintragung der Auflassung, die Vollmacht eines Beteiligten zur Erklärung der Auflassung und die Abtretung von Auszahlungsansprüchen des Käufers an den Verkäufer zum Zwecke der Kaufpreissicherung. Im Grunde müsste also bei fast jedem Kaufvertrag als Gebührenbestimmung nicht „Nr. 21100", sondern „Nr. 21100, 21101, 21200, 21201; § 109 Abs. 1 S. 1, 4 Nr. 1" angegeben werden – aber das wäre natürlich höchst sinnloser Perfektionismus.

Gegenstandsgleich sind auch die Zustimmung des Verkäufers zur Löschung der eingetragenen Grundpfandrechte, die im Vollzug des Kaufvertrags gelöscht werden sollen (§ 109 Abs. 1 S. 4 Nr. 1 Buchst. b), und die Vollmacht des Verkäufers für den Käufer, das Kaufgrundstück schon vor der Eigentumsumschreibung mit Grundpfandrechten zu belasten und zwar gleichgültig, für welchen Zweck („*jede*

Vollmacht", § 109 Abs. 1 S. 4 Nr. 1 Buchst. c). Das gilt ohne Rücksicht darauf, ob die eingetragenen Grundpfandrechte den Kaufpreis übersteigen und ob die Vollmacht auf die Kaufpreishöhe oder einen anderen Betrag beschränkt ist oder zur Belastung in beliebiger Höhe berechtigt; § 94 Abs. 2 (der an sich zu einer Berücksichtigung des höheren Betrags einer zu löschenden Grundschuld oder einer auf einen höheren Betrag lautenden Vollmacht führen würde) wird hier infolge (heute durch § 109 Abs. 1 S. 5 angeordneter) teleologischer Reduktion nicht angewendet. Diese früher sehr umstrittenen Fragen hat der BGH durch zwei Entscheidungen vom 9.2.2006 (V ZB 172/05 und V ZB 152/05, NJW 2006, 2045) geklärt.

58 Die Auflassung ist nur dann nicht gesondert zu berechnen, wenn sie im Kaufvertrag mitbeurkundet ist. Wünschen die Beteiligten ausdrücklich, dass die Auflassung ausgesetzt wird, bis der Kaufpreis bezahlt ist, oder erwerben sie eine Teilfläche, so dass in der Regel die Auflassungserklärung nicht mitbeurkundet wird, dann entsteht für die Beurkundung der Auflassung (beim gleichen Notar) eine 0,5 Gebühr Nr. 21101. Seit vielen Jahren wird darüber gestritten, ob es ein Kunstfehler ist, die Auflassung auszusetzen, ohne dass der Verkäufer dies ausdrücklich verlangt hat oder der Notar auf die Kostenfolge hingewiesen hat (und die Beteiligten sich daraufhin mit diesem Verfahren einverstanden erklärt haben). Eine neue Entscheidung des BGH (1.10.2020 – V ZB 67/19, BeckRS 2020, 30692) sieht hier einen „Gestaltungsspielraum" des Notars und keinen Fehler. Das überzeugt nicht: Wer meint, dass die Aussetzung der Auflassung allgemein oder im konkreten Fall sachgerecht ist, kann das mit den Beteiligten besprechen; ihnen eine teure Sicherung aufzudrängen, ohne dass sie sich der Mehrkosten bewusst sind, geht nicht an, auch nicht beim Bauträgervertrag. Es liegt dann falsche Sachbehandlung vor, so dass die Auflassung nicht bewertet werden darf (so auch vor der Entscheidung des BGH die ganz überwiegende Rechtsprechung, zB *KG* RNotZ 2019, 412; *OLG Jena* NJW-RR 1998, 645; *OLG Karlsruhe* JurBüro 1998, 155; *OLG Düsseldorf* DNotZ 1996, 324; *OLG Schleswig* OLGR 1997, 163).

Bei einem anderen Notar als demjenigen, der den Kaufvertrag beurkundet hat, fällt für die Auflassung eine 1,0 Gebühr Nr. 21102 an. Umstritten ist, ob die Ermäßigung der Auflassungsgebühr nach Nr. 21102 nur dann erfolgt, wenn der Kaufvertrag vor einem *deutschen* Notar beurkundet wurde oder auch dann, wenn die Beurkundung im Ausland erfolgte. Da das Gesetz für die Notwendigkeit der Beurkundung vor einem deutschen Notar keinen Anhaltspunkt gibt, spricht mehr für die in der Rechtsprechung überwiegende Auffassung (zB *OLG Celle* FGPrax 2002, 88), dass dies keine Rolle spielt. „Beurkundet" muss der Kauf allerdings auf alle Fälle sein. Wenn er in einem ausländischen Staat, der kein Beurkundungserfordernis kennt, privatschriftlich abgeschlossen wurde, ist die Auflassung ein „normaler", mit einer 2,0 Gebühr Nr. 21100 zu vergütender Vertrag. Mit im Ausland abgeschlossenen Grundstückskaufverträgen, zu denen die Beteiligten die Auflassung zu erklären wünschen, wird man am Anfang allerdings ohnehin nur recht selten zu tun haben.

Probleme beim Grundstückskaufvertrag ergeben sich mitunter bei der Bewertung und beim Ansatz von Zusatzgebühren.

I. Kaufvertrag

1. Bewertung

a) Vergleich von Kaufpreis und Grundstückswert

Für die Bewertung gilt § 47. Es sind also **Kaufpreis** und **Wert des Grundstücks** 59 miteinander zu vergleichen; der höhere Wert ist maßgebend. Ein solcher Vergleich ist aber nur ausnahmsweise veranlasst, wenn Anhaltspunkte für ein Zurückbleiben des Kaufpreises hinter dem Verkehrswert bestehen (*OLG Jena* BWNotZ 2020, 105); im Regelfall kann man davon ausgehen, dass der Kaufpreis dem tatsächlich realisierbaren Verkehrswert entspricht (*OLG Düsseldorf* Rpfleger 2002, 47). Auf den Einheitswert kommt es in keinem Fall an. Erhält der Verkäufer bei der Abtretung einer Teilfläche zum Straßenbau eine Entschädigung für Anschneidung, Bewirtschaftungserschwerung u. dgl., so ist diese dem Kaufpreis hinzuzurechnen (*BayObLG* JurBüro 1992, 184), während eine Nebenentschädigung, die eine Verzinsung des Kaufpreises für die Zeit zwischen Besitzübergang und Kaufpreiszahlung darstellen soll, jedenfalls nach *OLG München* MittBayNot 2008, 152 nicht berücksichtigt wird.

b) Option zur Umsatzsteuer

Abweichend von der Rechtsprechung zur Kostenordnung (*BGH* 2.12.2010 – 60 V ZB 52/10, NJW-RR 2011, 591), die eine Option zur Umsatzsteuer als geschäftswertneutral behandelt hatte, bestimmt § 110 Nr. 2 Buchst. c, dass die Umsatzsteueroption neben dem Kaufvertrag ein besonderer Beurkundungsgegenstand ist. Wie sie zu bewerten ist, sagt § 110 Nr. 2 Buchst. c allerdings nicht. Einhellige Meinung inzwischen: Es handle sich um eine einseitige Erklärung des Verkäufers, deren Geschäftswert der Steuerbetrag ist. Zu erheben ist also zusätzlich eine 1,0 Gebühr Nr. 21200 aus dem Steuerbetrag, wenn nicht die Vergleichsberechnung (→ Rn. 45) dazu führt, dass die Berechnung einer 2,0 Gebühr Nr. 21100 aus der Summe von Kaufpreis und Steuer für den Kostenschuldner günstiger ist (aA 9. Aufl.). Vereinbarungen über einen Verzicht auf Widerruf der Option sind wegen der Rechtsprechung der Finanzgerichte, dass ein solcher Widerruf ohnehin unwirksam ist, überflüssig und dürfen deshalb wegen unrichtiger Sachbehandlung nicht bewertet werden (*LG Münster* 23.7.2020 – 5 OH 6/20, BeckRS 2020, 19027).

c) Verkauf auf Rentenbasis

Dass der Wert des Kaufgegenstands, wie er nach dem GNotKG zu berechnen 61 ist, vom Kaufpreis abweicht, kommt vornehmlich beim Kauf auf Rentenbasis vor. Dann ist die Rentenleistung nämlich nach § 52 zu bewerten:

(1) Bei Rechten von **bestimmter Dauer** ist der Wert die Summe der einzelnen Jahreswerte, höchstens jedoch der 20fache Jahresbetrag.
(2) Bei Rechten von **unbestimmter Dauer** – wenn also der Wegfall des Rechts gewiss, der Zeitpunkt des Wegfalls aber ungewiss – ist vom 10fachen des Jahreswerts auszugehen.
(3) Bei Rechten von **unbeschränkter Dauer** – wenn also ein Ende der Leistungsverpflichtung nicht abzusehen ist – muss der 20fache Jahresbetrag angenommen werden.

Der praktisch wichtigste Fall ist jedoch der, dass die Leistung auf die Lebensdauer einer Person beschränkt ist; in diesem Fall ist für die Kostenbewertung der auf das Lebensalter der Person abgestellte Multiplikator aus § 52 Abs. 4 heranzuziehen. Das Finanzamt rechnet dagegen nach § 14 Abs. 1 S. 4 BewG mit der Sterbetafel 2015/7 und trotz der langen Niedrigzinsperiode immer noch mit 5,5 % – wogegen aber niemand Einwände erhebt, da bei einem niedrigeren Zinsfuß höhere Grunderwerbsteuer gezahlt werden müsste. Kostenwert und Steuerwert können dabei erheblich voneinander abweichen, wie das Beispiel 3 zeigt.

c) Übernahme von Belastungen

62 In welcher Weise der Kaufpreis beglichen wird, ist für die Bewertung ohne Bedeutung, denn § 47 S. 2 bestimmt die **Hinzurechnung** zu übernehmender Rechte zum bar zu begleichenden Kaufpreis.

Es macht daher kostenrechtlich keinen Unterschied, ob jemand den vereinbarten Kaufpreis von 120 000 EUR durch bare Zahlung des gesamten Betrags begleicht oder ob er nur 40 000 EUR bar an den Verkäufer zahlt und dafür eine Grundschuld zu 80 000 EUR samt dem zugrundeliegenden Darlehen übernimmt (§ 109 Abs. 1 S. 4 Nr. 1 Buchst. a).

Das gilt aber dann nicht, wenn – was heute die Regel ist – das der Grundschuld zugrundeliegende Darlehen (des Verkäufers) aus dem Kaufpreis abgelöst wird und der Käufer die (dann unvalutierte) Grundschuld für eigene Kreditzwecke, nämlich ein neues, seiner Kaufpreisfinanzierung dienendes Darlehen übernimmt und erklärt, dass er wegen eines der übernommenen Grundschuld entsprechenden Betrags die **persönliche Haftung** gegenüber der Bank übernehme und sich hier wegen der Zwangsvollstreckung unterwerfe, also – was heute viele Banken verlangen – ein abstraktes Schuldanerkenntnis abgibt. Aus dem Betrag des Schuldanerkenntnisses ist dann eine weitere Gebühr Nr. 21200 zu erheben (§ 110 Nr. 2 Buchst. a). Nach *OLG Zweibrücken* FGPrax 2000, 43 gilt das auch für die schlichte Übernahmeerklärung einer nicht valutierten Grundschuld (ohne abstraktes Schuldanerkenntnis) – nicht überzeugend, weil es sich um eine Vereinbarung der Vertragsteile handelt und keine Erklärung gegenüber der Bank abgegeben wird.

63 Bei der Übernahme von Rechten in Abteilung II des Grundbuchs ist zu unterscheiden:

(1) Rechte, die sich der Verkäufer im Kaufvertrag vorbehält, gehören zur Gegenleistung. Wird also ein Mehrfamilienhaus für 200 000 EUR verkauft und behält sich der 63jährige Verkäufer ein Wohnungsrecht an einer bestimmten Wohnung vor, deren Mietwert 250 EUR beträgt, so ist ein Betrag von 250 × 12 × 10 = 30 000 EUR (§ 52) dem Kaufpreis hinzuzurechnen, so dass der Geschäftswert 230 000 EUR beträgt. Ebenso ist es, wenn der Käufer eine Teilfläche kauft und dem künftigen Eigentümer der Restfläche ein Geh- und Fahrtrecht oder ein Hammerschlagsrecht bestellt. Der Wert eines solchen Rechts ist – mangels anderer Anhaltspunkte nach § 36 Abs. 3 auf 5000 EUR – zu schätzen und dem Kaufpreis hinzuzurechnen. Zu Vorkaufsrechten → Rn. 143.

(2) Anders ist es, wenn ein Grundstück gekauft wird, das bereits mit einem Geh- und Fahrtrecht oder einem Hammerschlagsrecht belastet ist: Eine solche bereits bestehende, zeitlich unbefristete und vom Verpflichteten nicht

I. Kaufvertrag

einseitig ablösbare Belastung ist keine übernommene Leistung und erhöht den Geschäftswert nicht.

Übernommene Leistungen brauchen nicht notwendig im Grundbuch eingetragen zu sein. So übernimmt bei Baugrundstücken der Käufer häufig die Verpflichtung, dem Verkäufer die Vermessungskosten zu ersetzen. Dann sind diese (mit ihrem geschätzten Betrag) dem Kaufpreis hinzuzurechnen, denn auch wenn § 448 Abs. 1 BGB (anders als § 449 BGB aF) „die Kosten des Messens und Wägens" nicht mehr ausdrücklich nennt, ist die Vermessung nach der gesetzlichen Regel doch nach wie vor Sache des Verkäufers (*LG Bremen* 6.1.2020 – 4 T 685/15, BeckRS 2020, 4227). 64

Häufig verpflichtet sich der Käufer auch zur Tragung bereits angefallener **Erschließungskosten** und/oder Kommunalabgaben, von deren zahlenmäßiger Erwähnung im Kaufvertrag die Beteiligten gerne absehen, weil sie – nicht immer zu Unrecht – hoffen, das Finanzamt werde die nicht ziffernmäßig ausgedrückte Vereinbarung übersehen und die Grunderwerbsteuer nur aus dem ausgewiesenen Kaufpreis erheben. Für die Notarkosten gilt jedenfalls, dass es sich um eine vom Käufer übernommene, dem Kaufpreis hinzuzurechnende Leistung handelt. Aber auch hier ist Vorsicht geboten! „Übernommen" sind nur solche Erschließungskosten, die bereits fällig geworden sind. Das setzt bei Erschließungskosten nach dem BauGB Zustellung des Bescheids (§ 135 BauGB) voraus; bei den Kommunalabgaben ist das Landesrecht maßgeblich. Dass die Erschließungsanlage bereits hergestellt ist, führt – solange der Verkäufer noch keine Bescheide zugestellt bekommen hat – nicht zu einer Erhöhung des Kostenwerts für den Kaufvertrag, denn deren Übernahme ist eine gesetzliche Verpflichtung des Käufers und daher nicht gesondert zu bewerten. Deshalb dürfen auch vereinbarte Vorauszahlungen auf künftige Erschließungskosten, wenn diese zB im Kaufvertrag mit einer Gemeinde vereinbart werden, dem Kaufpreis nicht voll hinzugerechnet werden, sondern nur mit einem Bruchteil, der nach dem „Vorteil" zu schätzen ist, den die Gemeinde durch die Vereinbarung gegenüber der gesetzlichen Verpflichtung zur Zahlung von Erschließungskosten erlangt (*BayObLG* MittBayNot 1998, 370 hat 20 % gebilligt; sehr umstritten!)

Ebenso wie die Übernahme bereits bezahlter Erschließungskosten ist es bei der Übernahme vom Verkäufer geschuldeter **Maklerprovision:** Es handelt sich um eine zusätzliche Vereinbarung der Vertragsteile, die mit dem übernommenen Betrag dem Kaufpreis hinzuzurechnen ist (*OLG Zweibrücken* JurBüro 1998, 602). Möglichst wird man natürlich in solchen Fällen stattdessen bereits den Maklervertrag in der Weise abschließen, dass eine originäre Verpflichtung des Käufers begründet wird; die Übernahme erhöht ja nicht nur die Notarkosten, sondern auch die Grunderwerbsteuer. 65

Dagegen ist die Erwähnung im Kaufvertrag, der Vertrag sei durch den Makler X vermittelt worden und der Käufer werde an diesen eine Maklerprovision in gewisser Höhe zahlen, sowohl grunderwerbsteuerlich als auch kostenrechtlich irrelevant. Anders ist es, wenn eine selbständige Verpflichtung des Käufers gegenüber dem Makler begründet werden soll, womöglich gar mit Zwangsvollstreckungsunterwerfung. In diesem Fall handelt es sich – ähnlich dem abstrakten Schuldanerkenntnis gegenüber einem Grundschuldgläubiger – um eine Verpflichtung gegenüber einem Dritten, die selbständig mit einer Gebühr Nr. 21200 zu bewerten ist (lesenswert zu dieser Problematik *Frohne* NotBZ 2008, 58). Makler wünschen solche Formulierungen nicht selten; ein Hinweis des Notars auf die

Kostenfolge wird die Beteiligten aber regelmäßig davon abhalten, diesem Wunsch zu entsprechen; Beurkundung der Klausel ohne Hinweis auf die Mehrkosten ist falsche Sachbehandlung: Selbst wenn die Ausübung eines Vorkaufsrechts in Rede steht, begünstigt die Aufnahme der Bestimmung nicht etwa einen Vertragsteil, sondern ausschließlich den Makler (*OLG Hamm* FGPrax 2012, 269). Seit der BGH sich in einer Disziplinarsache sehr dezidiert zu fragwürdigen Maklerklauseln geäußert hat (24.11.2014 – NotSt 1/14, NJW 2015, 1883), dürfte das Problem rein tatsächlich entschärft sein.

65a Zu den vom Käufer übernommenen **Bauverpflichtungen** und/oder Selbstnutzungsverpflichtungen (häufig bei Verkauf und Bauland durch Gemeinden) oder **Investitionsverpflichtungen** und Arbeitsplatzgarantien (häufig beim Verkauf durch die Bundesanstalt für Immobilienaufgaben) gab es früher eine umfangreiche und völlig uneinheitliche Rechtsprechung, an deren Stelle § 50 Nr. 3 und 4 dankenswerterweise feste Werte gesetzt hat: Bauverpflichtung bei Wohngebäuden (wozu – selbstverständlich, aber trotzdem bis zum BGH getrieben – auch solche gehören, die vom Hersteller zum Verkauf oder zur Vermietung bestimmt sind; *BGH* 16.11.2017 – V ZB 124/17, JurBüro 2018, 86): 20 % des Werts des unbebauten Grundstücks, Bauverpflichtung bei Gewerbeimmobilien: 20 % der voraussichtlichen Herstellungskosten, Investitionsverpflichtung: 20 % der Investitionssumme. Arbeitsplatzgarantien werden nicht genannt; hier werden aber 20 % der für die Erfüllung anfallenden Kosten eine angemessene Schätzung nach § 36 Abs. 1 darstellen; angesichts § 50 Nr. 3 und 4 dürfte es sich in jedem Fall um eine vermögensrechtliche Angelegenheit handeln; das ist bei „großen Sachen" wegen der (nur für nichtvermögensrechtliche Angelegenheiten geltenden) Wertgrenze von 1 000 000 EUR in § 36 Abs. 2 von Bedeutung. Ein zur Sicherung eingeräumtes Rückerwerbs- oder Wiederkaufsrechts ist gegenstandsgleich; bewertet wird also die Verpflichtung nach § 50, nicht etwa das Wiederkaufsrecht nach § 51.

Ebenfalls geklärt ist die Bewertung eines **Wohnungsbesetzungsrechts.** Als Verpflichtung zur eingeschränkten Nutzung des Grundstücks ist es mit 20 % des Grundstückswerts anzusetzen (§ 50 Nr. 2). Übernimmt der Käufer einen **Energielieferungsvertrag**, ist hingegen das Interesse des Verkäufers an der Vertragsübernahme maßgebend (*OLG Hamm* RNotZ 2016, 478).

65b Verkauft eine **Gesellschaft** ein Grundstück, das ihr wesentliches Vermögen darstellt, beurkunden bestimmte Notare gerne noch einen Beschluss aller Gesellschafter, die diesem Verkauf zustimmen und verdoppeln damit nahezu die anfallenden Kosten, denn für diesen Beschluss fällt dieselbe Gebühr an wie für den Kaufvertrag selbst. Ansatzpunkt für diese wundersame Gebührenvermehrung ist die analoge Anwendung von § 179a AktG. Allerdings kann man sich als verkaufende Gesellschaft diese Mehrkosten getrost sparen: Ist schon die analoge Anwendung von § 179a AktG an den Haaren herbeigezogen, fehlt jedenfalls jeder Anhaltspunkt, dass ein solcher Beschluss notariell beurkundet werden müsste. Zumindest im Rheinland müssen sich Gesellschaften gegen eine solche Gebührenschinderei aktiv wehren: nach Meinung von *OLG Düsseldorf* NZG 2016, 589 ist eine derartige Beurkundung nämlich keine falsche Sachbehandlung, die zur Niederschlagung der Mehrkosten führen würde.

I. Kaufvertrag

d) Bebauung für Rechnung des Erwerbers

Die Kostenordnung hatte vorgesehen, dass eine für Rechnung des Erwerbers 66
vorgenommene Bebauung bei der Berechnung des Grundstückswerts außer Betracht bleibe. Diese Bestimmung hat das GNotKG ersatzlos beseitigt und zwingt den Notar damit zu Bewertungen, die für die Beteiligten schlechterdings unverständlich sind: Haben Kinder in Erwartung der späteren Übertragung auf dem elterlichen Grundstück gebaut und erwerben dieses später, dann ist der Wert des vom Erwerber selbst errichteten Bauwerks dem Wert des Grundstücks hinzuzurechnen. Ebenso ist es – wenn nicht § 95 BGB eingreift – im Fall des Erwerbs durch einen Mieter oder Pächter, der bereits gebaut hat. *LG Leipzig* NotBZ 2019, 319 wendet diesen Grundsatz selbst auf einen Kaufvertrag in der in → Rn. 59 beschriebenen Fallgestaltung an – das groteske Ergebnis spricht für sich.

e) Vorvertrag

Schließen die Vertragsteile statt des eigentlichen Kaufvertrags einen Vertrag 67
ab, durch den sich beide Teile oder auch nur ein Teil zum Abschluss des eigentlichen Kaufvertrags verpflichten (Vorvertrag), so ist der gleiche Geschäftswert wie für den endgültigen Vertrag zu nehmen; § 51 Abs. 1 S. 2 (→ Rn. 140 ff.) ist nicht anwendbar. Auch der Hauptvertrag wird durch den Abschluss eines Vorvertrags nicht billiger: Anders als die alte Kostenordnung sieht das GNotKG keine Gebührenermäßigung für die Beurkundung eines Vertrags vor, zu dessen Abschluss sich (mindestens) ein Vertragsteil schon zuvor verpflichtet hatte.

2. Nebengebühren

Während die Berechnung der Vertragsgebühr beim Grundstückskaufvertrag 67a
unproblematisch ist und sie deshalb auch meist anstandslos bezahlt wird, gilt das für die Nebengebühren nicht. Hier stellen sich mehrere Zweifelsfragen.

a) Vollzugsgebühr, Nr. 22110

Bei nahezu jedem Grundstückskaufvertrag kann der Notar eine Vollzugsge- 68
bühr nach Nr. 22110 verdienen. Voraussetzung ist nicht, dass die betreffende Tätigkeit für den Vollzug erforderlich oder zweckmäßig ist, sondern dass eine der Ziffern der Nr. 22110 einschlägig ist (**Enumerationsprinzip**). Eine gute Idee war das nicht, denn wie jeder von uns, der eine Liste macht, hat auch der Gesetzgeber bei dieser etliche Geschäfte vergessen: die Stellung des Vermessungsantrags durch den Notar beim Kauf einer Grundstücksteilfläche, aber auch die später in den → Rn. 211 und 237 besprochenen Fälle. Die Stellung des Vemessungsantrags ist sicherlich eine den Vollzug fördernde Handlung – die aber unter keine der Ziffern der Nr. 22110 fällt; die Vollzugsgebühr fällt also nicht deswegen (aber möglicherweise aus einem anderen Grund) an. Die Möglichkeit, etwas zu bewerten, was der Gesetzgeber zu erwähnen vergessen hat, gibt es nicht: Das Analogieverbot (→ Rn. 9) verbietet die Anwendung der Nr. 22110; eine dem § 147 Abs. 2 Kostenordnung entsprechende Bestimmung gibt es im heutigen Notarkostenrecht nicht.

Für den Anfall der Vollzugsgebühr in Betracht kommt dagegen die **Einholung von Genehmigungen;** etwa der Teilungsgenehmigung nach landesrechtlichen Bauordnungen, nach der Grundstücksverkehrsordnung, dem GrdstVG, des Familien- oder Betreuungsgerichts oder der kirchlichen Aufsichtsbehörde und zwar einschließlich ihrer Entgegennahme durch den Notar. Ebenfalls Vollzugstätigkeit ist die Einholung eines Vorkaufsrechtszeugnisses nach § 28 Abs. 1 BauGB und die Einholung von Bescheinigungen über das Nichtbestehen von Vorkaufsrechten nach weiteren Natur-, Wasser-, Wald- und Denkmalschutzgesetzen wie zB § 30 ThürDSchG; § 66 BNatSchG und entsprechende landesrechtliche Regelungen; § 99a WHG; § 25 WaldG Baden-Württemberg. Es kommt es nicht darauf an, ob die entsprechende Bescheinigung Vollzugsvoraussetzung ist oder nicht. Allerdings können nicht einfach wahllos Bescheinigungen (mit entsprechender Kostenfolge) angefordert werden, sondern nur dann, wenn die Tätigkeit des Notars auch sinnvoll ist (→ Rn. 364). Bei Kaufverträgen über Eigentumswohnungen anzufragen, ob ein Vorkaufsrecht nach dem Naturschutzgesetz besteht, ist offensichtlich dummes Zeug, und dafür kann eine Gebühr nicht erhoben werden. Und ganz peinlich wäre es natürlich, wenn der Notar eine Bescheinigung beantragt (und als Vollzugstätigkeit berechnet), obwohl das betreffende Vorkaufsrecht in den letzten Jahren abgeschafft wurde (so geschehen in Berlin, Hessen, Nordrhein-Westfalen, Schleswig-Holstein).

68a Soweit beim Grundbuchamt der elektronische Rechtsverkehr eingeführt ist und eine entsprechende landesrechtliche Rechtsverordnung nach § 135 Abs. 1 Nr. 4 Buchst. b GBO erlassen wurde, sind die Notare verpflichtet, die Eintragungsdaten in strukturierter maschinenlesbarer Form zu übermitteln (sog. **XML-Daten**). Für die Erzeugung der strukturierten Daten gibt es zusätzliche Gebühren, nämlich die 0,2 Gebühr Nr. 22114, wenn der Notar eine Entwurfs- oder Beurkundungsgebühr, aber keine weitere Vollzugsgebühr erhalten hat, die 0,1 Gebühr Nr. 22115, wenn der Notar eine Entwurfs- oder Beurkundungsgebühr und eine Vollzugsgebühr erhalten hat und die 0,5 Gebühr Nr. 22125, wenn der Notar weder eine Entwurfs- noch eine Beurkundungsgebühr erhalten hat, und zwar ohne „besonderen Auftrag" (Vorbem. 2.2 Abs. 1), weil der Notar bei entsprechendem Landesrecht gar keine Wahl hat, ob er die Übermittlung mit oder ohne XML-Daten vornimmt. Die Gebühren Nr. 22114 und 22115 sind auf 125 EUR, die Gebühr Nr. 22125 ist auf 250 EUR gedeckelt. Eine besondere Regelung besteht für die Gebühr Nr. 25101, die insbesondere bei der Löschung einer Grundschuld anfällt, die der Gläubiger bereits bewilligt hat (→ Rn. 165). Wie diese – durch das KostRÄG 2021 herabgesetzten – Mehrkosten gegenüber der herkömmlichen Übermittlung an das Grundbuchamt die Akzeptanz des elektronischen Rechtsverkehrs bei den Bürgern fördern sollen, ist schleierhaft. Anders als in Grundbuchsachen ist die Rechtslage in Handels- und anderen Registersachen, obwohl die gleichen Gebührenvorschriften gelten; → Rn. 236a.

69 Vorbem. 2.2.1.1 nennt die Fälle, in denen die Gebühr sonst noch ausgelöst wird: durch die Einholung von **Zustimmungen** mittelbar Beteiligter (Eigentümer eines Erbbaugrundstücks bei Veräußerung des Erbbaurechts, Verwalter nach dem WEG), für die Einholung von Pfandfreigabe- oder Löschungserklärungen für die vom Verkäufer geschuldete **Lastenfreistellung**, für den Antrag an einen Gläubiger, eine Schuldübernahme nach §§ 415, 416 BGB zu genehmigen. Dabei ist es gleichgültig, ob der Notar in diesem Zusammenhang Entwürfe der benötigten Erklärungen fertigt, da diese Entwürfe in jedem Fall mit der Vollzugsgebühr abgegolten sind. Eine Gebührenvervielfachung durch ein Nebeneinander von Vollzugs- und Entwurfsgebühren ist also ausgeschlossen (Vorbem. 2.2 Abs. 2). Das bedeutet zugleich, dass die Fertigung der entsprechenden Entwürfe bei bereits angefallener Vollzugsgebühr kostenrechtlich ein Muss ist: Würden sie nicht gefertigt, würde der Entwurf bei der späteren Abgabe der Erklärung gefertigt werden müssen und dann meist wesentlich höhere Kosten auslösen, als wenn nur die Unterschrift unter dem bereits vorliegenden Entwurf zu beglaubigen ist (→ Rn. 89).

Dagegen sollte der Notar in den Fällen, in denen die Vollzugsgebühr *lediglich* wegen der Einholung einer Lastenfreistellungserklärung anfiele (zB Kauf von Wohnungseigentum, wenn keine Verwalterzustimmung erforderlich ist) überhaupt nicht mit dem Vollzug, sondern (nur) mit dem Entwurf der Lastenfreistellungserklärungen beauftragt werden, wenn das zu löschende Recht niedriger ist als der Kaufpreis, weil der Gebührensatz für die Gebühren Nr. 22110 und Nr. 24102 (in Verbindung mit § 92 Abs. 2) gleich, der Geschäftswert der Entwurfsfertigung aber geringer ist. Diese Möglichkeit ist durch Nr. 22110 nicht ausgeschlossen (ebenso *Tondorf/Schmidt* § 6 Rn. 8 f.), denn der Beteiligte, nicht der Notar bestimmt, was beauftragt wird (aA *OLG Nürnberg* JurBüro 2018, 27, das unverständlicherweise die Rechtsbeschwerde nicht zugelassen und daher die Klärung dieser alltäglichen Frage durch den BGH sabotiert hat). **69a**

Eine wesentlich heiklere Frage ist, ob der Notar überhaupt auf die Gebühr der Nr. 22110 hinweisen muss. Die Gebühr entsteht nur bei einem „besonderen Auftrag" an den Notar (Vorbem. 2.2 Abs. 1), und keine der zahlreichen Vollzugstätigkeiten, die diese Gebühr auslösen, ist ein Privileg des Notars; die Beteiligten können die entsprechenden Anträge selbst stellen, die Genehmigungen selbst einholen und das Vorkaufsrechtsnegativzeugnis selbst beschaffen. In der kostengerichtlichen Rechtsprechung ist die Frage umstritten. Während sich das *OLG Stuttgart* (DNotZ 1983, 642) auf den Standpunkt gestellt hat, der Notar müsse zwar nicht im allgemeinen darüber aufklären, dass für seine Tätigkeit Gebühren anfielen, wohl aber müsse er auf die Vollzugsgebühr Nr. 22110 deshalb hinweisen, weil diese Gebühr vermeidbar sei, hat das *BayObLG* (JurBüro 1985, 1851) die gegenteilige Meinung vertreten und für Nr. 22110 dasselbe gelten lassen wie für die Beurkundungsgebühren, auf die der Notar sicherlich nicht hinweisen muss. Zweifelsfrei ist natürlich, dass der Notar auf Befragen offenlegen muss, dass für die Vollzugstätigkeit eine besondere Gebühr entsteht und dass sie durch eigene Tätigkeit der Beteiligten vermeidbar ist. Darüber hinaus sollte es jedenfalls bei ersichtlich geschäftsgewandten Beteiligten ein nobile officium des Notars sein, auf die Kostenfolge hinzuweisen, wenn er annehmen darf, dass in Kenntnis dieser Folge auf seine Vollzugstätigkeit verzichtet werden wird. Dass man dies aber – so das OLG Stuttgart – verallgemeinern kann, halte ich zumindest in den Fällen für unrichtig, in denen eine weitere, von den Beteiligten gewünschte Betreuungstätigkeit des Notars von der Vollzugstätigkeit abhängt. Machen beim Grundstückskaufvertrag etwa die Beteiligten die Kaufpreisfälligkeit vom Vorliegen des Vorkaufsrechtsnegativattests abhängig, so kann dessen Einholung wohl schwerlich dem Käufer überlassen werden, der sonst durch Verzögerung der Vorkaufsrechtsanfrage den Zeitpunkt der Kaufpreisfälligkeit in gewissem Umfang selbst bestimmen könnte. **70**

Es kommt auch immer darauf an, ob bei unbefangener Würdigung der Notar davon ausgehen kann, dass die Beteiligten ihn auch in Kenntnis der Kostenfolge mit der Einholung beauftragen würden. Davon wird er bei geringen Geschäftswerten, bei mehreren Vollzugstätigkeiten eher ausgehen können als in Fällen, wo nur eine Vollzugstätigkeit erforderlich oder der Geschäftswert sehr hoch ist.

71 Nachdem die Vollzugsgebühr für ganz unterschiedliche Tätigkeiten anfallen kann, ist auch nicht ohne weiteres vorgegeben, ob sie der Käufer oder der Verkäufer tragen soll. Naheliegend ist eine Anknüpfung an den Gegenstand des Vollzugs: soweit es sich um Lastenfreistellung handelt, sind die Kosten regelmäßig Sache des Verkäufers, im übrigen regelmäßig Sache des Käufers. Letztlich entscheiden dies aber die Beteiligten, nicht der Notar, der sich nicht damit zufrieden geben darf, dass ihm gegenüber gesamtschuldnerisch gehaftet wird (§ 32 Abs. 1), sondern vielmehr durch eine geeignete Formulierung sicherstellen muss, dass auch über die interne Kostenverteilung kein Streit unter den Parteien des Kaufvertrags entsteht (zB „Die Kosten des Vollzugs trägt der Käufer mit Ausnahme der durch die Lastenfreistellung verursachten Mehrkosten, die der Verkäufer trägt.").

72 Der **Geschäftswert** für die Gebühr Nr. 22110 ist der Geschäftswert des Beurkundungsverfahrens (§ 112 Satz 1). Es kommt also nicht auf den Wert der Grundstücksveräußerung an. Bei gemischten Verträgen (zB Grundstückskaufvertrag mit Vorkaufsrechtsbestellung oder Bierlieferungsvertrag) wird die Vollzugsgebühr nun aus dem vollen Geschäftswert erhoben, beim Verkauf einer **Eigentumswohnung,** wenn der Käufer bewegliche Sachen mitkauft, aus dem Kaufpreis einschließlich der beweglichen Gegenstände. Unter den vielen missglückten Regelungen des GNotKG ist § 112 König. Die Idee war wieder einmal Vereinfachung, die Folge unbezahlte Zusatzarbeit durch eine sinnlose und arbeitsaufwendige Vergleichsberechnung: Der Notar muss in solchen Fällen jeweils prüfen, ob es kostengünstiger ist, wenn die Teile des Vertrages, die keine Vollzugsgebühr auslösen, in eine gesonderte Urkunde genommen werden (wobei der rechtliche Zusammenhang dann durch wechselseitige Verweisungen gesichert werden muss!). Beim mitverkauften Inventar ist das wegen der Kostendegression in der Gebührentabelle eher selten der Fall. Dagegen kann § 112 bei einem Kaufvertrag mit Rechtswahl (→ Rn. 176f.) und anderen zusammengesetzten Urkunden zu einer Trennung zwingen (vgl. zum Übergabevertrag unten Beispiel 17, zur GmbH unten Beispiel 58).

72a Die Gebühr aus Nr. 22110 fällt für jede Grundstücksveräußerung nur einmal an, auch wenn zum Vollzug Genehmigungen durch Familiengericht, den Sanierungsträger nach § 144 BauGB und die kirchliche Aufsichtsbehörde gebraucht werden (§ 93 Abs. 1 S. 1). Für die Höhe der Gebühr kann der Gegenstand des Vollzugs aber bedeutsam werden. Grundsätzlich fällt eine 0,5 Gebühr an; diese ist aber durch Nr. 22112 auf 50 EUR gedeckelt („**kleine Vollzugsgebühr**"), wenn nur eine behördliche (Vorbem. 2.2.1.1 Abs. 1 Nr. 1) oder „einfache" gerichtliche Bescheinigung (Vorbem. 2.2.1.1 Abs. 1 Nr. 2) benötigt wird. Sollten allerdings mehrere solche Bescheinigungen benötigt werden (zB sanierungsrechtliche Genehmigung und Beschaffung einer Erbscheinsausfertigung), kann die gedeckelte Gebühr ein Mehrfaches von 50 EUR betragen. Familien-, betreuungs- und nachlassgerichtliche Genehmigungen sind „qualifizierte" gerichtliche Bescheinigungen; hier ist die Gebühr nicht gedeckelt (Vorbem. 2.2.1.1 Abs. 1 Nr. 4). Wegen dieser Unterscheidung kann sich die Frage, ob man den Notar bei notwendiger Lastenfreistellung von einer kleinen Grundschuld insgesamt mit dem Vollzug oder insoweit nur mit dem Entwurf der Löschungsbewilligung beauftragen soll,

I. Kaufvertrag

auch stellen, wenn die „kleine Vollzugsgebühr" in jedem Fall anfällt. Ist der Nominalbetrag des zu löschenden Rechts wesentlich geringer als der Kaufpreis, kann dieses Vorgehen auch hier zu einer Kostenersparnis führen (vgl. die bei Beispiel 9 dargestellte Berechnung).

b) Betreuungsgebühr, Treuhandgebühr(en) Nr. 22200, 22201

Auch die Betreuungsgebühr unterliegt dem Enumerationsprinzip. Was nicht unter eine der Ziffern des Katalogs der Nr. 22200 subsumiert werden kann, ist gebührenfrei. 73

Beim Kaufvertrag ist allerdings der Anfall der Betreuungsgebühr eher die Regel als die Ausnahme; es können daneben auch eine oder gar mehrere Treuhandgebühren anfallen (Anm. zu Nr. 22201 Satz 2); deshalb sind diese Gebühren bei den Notaren besonders beliebt. 74

Beim Kaufvertrag kommen vor allem folgende Fälle in Betracht: 75

- die Mitteilung des **Eintritts der Rechtswirksamkeit** des Vertrags (Ziff. 1),
- die Mitteilung der **Kaufpreisfälligkeit** (Ziff. 2),
- die Entgegennahme der **Anweisung**, den Kaufvertrag erst nach Vorliegen bestimmter Voraussetzungen, insbesondere der Zahlung des Kaufpreises, zur Eigentumsumschreibung vorzulegen (Haftungsübernahme); eine Ausnahme besteht aber in dem Fall, dass die Vorlage ausschließlich von der Bestätigung des Verkäufers abhängt, dass der Kaufpreis bezahlt ist (Ziff. 3),
- die Prüfung der Voraussetzungen für die Auszahlung **hinterlegter Gelder** (Ziff. 4).

Die Betreuungsgebühr fällt für jede Kaufvertragsbeurkundung nur einmal an (§ 93 Abs. 1 S. 1), obwohl ja, wenn die Beteiligten die Kaufpreiszahlung nicht über ein Notaranderkonto, sondern in der Weise abwickeln, dass der Käufer eines belasteten Grundstücks die eingetragenen Belastungen unmittelbar durch Zahlung an die eingetragenen Gläubiger ablöst, üblicherweise *zwei* Tätigkeiten anfallen: 76

Zunächst muss der Notar dem Käufer mitteilen, dass die Kaufpreisfälligkeit eingetreten ist und dabei die von den eingetragenen Gläubigern zur Wegfertigung der Belastungen benötigten Beträge mitteilen, verbunden mit der Aufforderung, insoweit an die Gläubiger, den Kaufpreisrest dagegen an den Verkäufer zu bezahlen. *Sodann* muss er überprüfen, ob ihm alle Zahlungsempfänger die Zahlung bestätigt haben und den Kaufvertrag dem Grundbuchamt zur Eigentumsumschreibung vorlegen. Beide Tätigkeiten zusammen werden durch *eine* Betreuungsgebühr vergütet. Es spielt keine Rolle, ob die eine Tätigkeit, die andere Tätigkeit oder beide Tätigkeiten ausgeführt werden mussten. Ist Voraussetzung für die Eigentumsumschreibung *nur* die Anweisung des Verkäufers zum Vollzug, ist der Tatbestand von Nr. 22200 Ziff. 3 abweichend von der früheren Rechtsprechung (*BGH* 12.5.2005 – V ZB 40/05, JurBüro 2005, 485) nicht erfüllt. 77

Der **Geschäftswert** der Betreuungsgebühr ist der Geschäftswert des Kaufvertrags (§ 113 Abs. 1). Das zum Geschäftswert der Vollzugsgebühr Gesagte (→ Rn. 72) gilt also auch hier. 78

An der Bewertung ändert sich nichts, wenn der Notar die Sicherung des Verkäufers durch die „beurkundungsrechtliche Lösung" vornimmt, also im Kaufvertrag die Auflassung erklärt wird, aber die Eintragungsbewilligung erst auf 79

Nachweis der Kaufpreiszahlung in einer Eigenurkunde des Notars abgegeben werden soll. Auch hier entsteht eine Gebühr Nr. 22200; die Eigenurkunde darf nicht nach Nr. 25204 berechnet werden (Anm. zu Nr. 25204). Allerdings ist hier Nr. 22200 Ziff. 3 immer erfüllt, da ja nicht „lediglich" die Anweisung des Verkäufers Vorlagevoraussetzung ist.

80 Da die Betreuungsgebühr in aller Regel meist bereits durch die Mitteilung der Kaufpreisfälligkeit (Ziff. 2) angefallen ist, stellt sich heute kaum noch die früher vieldiskutierte Frage, wann die Gebühr Nr. 22200 im Fall der Ziff. 3 des Katalogs hier fällig wird. Mit der Beurkundung, weil von da an die Gefahr besteht, dass verfrüht vorgelegt wird? Oder erst mit der Vorlage als dem Ende der Überwachungstätigkeit – mit der Folge, dass sie bei einem Vertrag, der nicht vollzogen wird, überhaupt nicht berechnet werden darf? *BGH* 26.7.2012 – V ZB 288/11, NJW-RR 2012, 1457 hatte sich zur Kostenordnung für die erstgenannte Auffassung entschieden. Dann handelt es sich um die einzige Gebühr des GNotKG, die der Notar dafür erhalten kann, *nichts* zu tun. Trotzdem hat diese Auffassung etwas für sich: Wenn der Vertrag überhaupt nicht vollzogen werden soll, ist die Gefahr, dass er versehentlich vollzogen wird, am größten.

81 Ist ein Kaufvertrag ohne Auflassung beurkundet, dem Personal des Notars von beiden Vertragsteilen Auflassungsvollmacht erteilt und der Notar angewiesen, die Beurkundung der Auflassung erst dann entgegenzunehmen, wenn die Kaufpreiszahlung nachgewiesen ist (beurkundungsrechtliche Fragen seien dahingestellt!), so fällt ebenfalls die Betreuungsgebühr an, allerdings nicht nach Nr. 3, sondern nach Nr. 2: Der Notar muss die Fälligkeit des Auflassungsanspruchs prüfen.

82 Übersendet ein abzulösender Gläubiger dem Notar die Lastenfreistellungserklärungen unter einem **Treuhandauftrag,** dann fällt für dessen Beachtung zusätzlich zur Betreuungsgebühr die Treuhandgebühr Nr. 22201 an, allerdings nicht aus dem vollen Geschäftswert, sondern aus dem „Wert des Sicherungsinteresses" (§ 113 Abs. 2), also dem Betrag, den der Gläubiger berechtigterweise verlangen kann (*OLG Hamm* FGPrax 2015, 229). Wenn mehrere Banken abzulösen sind, die sämtlich Ansprüche haben, entsteht eine entsprechende Mehrzahl von Gebühren, so dass die Summe der Treuhandgebühren wegen der Kostendegression durchaus die Betreuungsgebühr übersteigen kann.

3. Angebot und Annahme

83 Natürlich können nicht nur Kaufverträge, sondern auch andere Verträge durch Angebot und Annahme zustandekommen; beim Kaufvertrag dürfte diese Form des Vertragsschlusses aber am häufigsten vorkommen. Nach der alten Kostenordnung sollte die Aufspaltung eines Vertrags in Angebot und Annahme keine Erhöhung der Kosten zur Folge haben. Damit ist nach dem GNotKG Schluss: die (auch beurkundungsrechtlich nicht eben erwünschte) Aufspaltung des Vertrags in Angebot und Annahme löst stets höhere Kosten als die einheitliche Beurkundung aus – wieviel höher, richtet sich nach der konkreten Ausgestaltung. Für das Angebot fällt nämlich die 2,0 Gebühr Nr. 21100 wie für den Vertrag selbst an, für die Annahme eine 0,5 Gebühr Nr. 21101.

84 Damit ist es aber nicht getan: Die Erfüllung des Kaufvertrags, die Erklärung der Auflassung, kann nämlich nach § 925 BGB nicht in der Form von Angebot

I. Kaufvertrag

und Annahme erfolgen, sondern nur bei gleichzeitiger, aber nicht notwendig persönlicher Anwesenheit beider Vertragsteile. Der Annehmende braucht also eine **Auflassungsvollmacht**. Diese Vollmacht betrifft aber das gleiche Rechtsverhältnis und ist deshalb nach § 109 Abs. 1 nicht besonders zu bewerten. Und ebenso sind Annahme und Auflassung gegenstandsgleich. Für die Auflassung fällt aber nur dann (nur) die 0,5-Gebühr Nr. 21101 an, wenn sie bei demselben Notar erfolgt. Beurkundet ein anderer Notar die Annahme und Auflassung, dann erhebt er dafür die 1,0 Gebühr Nr. 21102 (§ 94 Abs. 2 S. 1).

Auch wenn nur ein Notar eingeschaltet ist, kann aber eine 1,0 Gebühr für die Annahme anfallen. Materiell-rechtlich ist es völlig gleichgültig, ob der Verkäufer das Angebot macht und es vom Käufer angenommen wird oder ob das Angebot vom Käufer ausgeht und vom Verkäufer angenommen wird. In aller Regel wird der Verkäufer im ersten Fall aber verlangen, dass sich der Käufer wegen des Kaufpreises der sofortigen **Zwangsvollstreckung** unterwirft. Da es sich hierbei nicht um ein Rechtsgeschäft, sondern eine Prozesshandlung handelt, kann diese ebenfalls nicht durch Angebot und Annahme erfolgen. Durch die Annahme eines Kaufvertragsangebots allein, das die Unterwerfung unter die Zwangsvollstreckung enthält, ist der Käufer ihr deshalb nicht unterworfen. Der sicherste Weg zur wirksamen Zwangsvollstreckungsunterwerfung ist zweifellos, sie den Käufer bei der Annahme ausdrücklich erklären zu lassen. Ob dafür eine 1,0 Gebühr nach Nr. 21200 zu berechnen sei, war vor Inkrafttreten des GNotKG eine vieldiskutierte Streitfrage. Der Gesetzgeber meint sie beantwortet zu haben (sagt jedenfalls die amtliche Begründung), und zwar – was vermutlich kein Leser an dieser Stelle noch ernsthaft bezweifelt hat – zugunsten des Notars: § 109 Abs. 1 Nr. 4 bestimmt, dass die Begründung eines Anspruchs und die Vollstreckungsunterwerfung gleichen Gegenstand haben. Das wird allerdings auch niemand bestreiten. Es geht vielmehr darum, ob hier teleologische Reduktion geboten und die Zwangsvollstreckungsunterwerfung als gebührenfreies Nebengeschäft der Annahme anzusehen ist (so *BayObLG* JurBüro 1997, 157). Wenn der Gesetzgeber diese teleologische Reduktion ausschließen wollte, hat er sich jedenfalls sehr ungeschickt ausgedrückt. Keine Probleme ergeben sich, wenn das Angebot vom Käufer ausgeht und der Verkäufer es annimmt.

Angesichts dieser Kostenfolgen ist es jedenfalls im Kosteninteresse oft günstiger, einen Kaufvertrag vorbehaltlich Genehmigung des (nicht anwesenden oder noch nicht zum Vertragsschluss entschlossenen) Vertragsteils beurkunden zu lassen, da dafür lediglich die 2,0 Gebühr Nr. 21100 für den Vertragsschluss und die 0,2 Gebühr Nr. 25100 für die Beglaubigung der Unterschrift unter die Genehmigungserklärung anfällt; das ist jedenfalls dann günstiger, wenn die Gebühr für den Entwurf der Genehmigungserklärung wegen Vorbem. 2.2 Abs. 2 von der aus anderen Gründen ohnehin anfallenden Vollzugsgebühr Nr. 22110 konsumiert wird. Aber Vorsicht: die Genehmigung wirkt im Zweifel zurück (§ 184 Abs. 1 BGB); wenn das (zB aus steuerlichen Gründen) nicht gewünscht ist, muss dies durch die Formulierung im Vertrag ausdrücklich ausgeschlossen werden.

Materiellrechtlich ein „neues Angebot" ist die „Verlängerung" eines Angebots nach **Ablauf der** vorgesehenen **Bindungsfrist**. Aus § 148 BGB ergibt sich, dass nach Fristablauf das Angebot nicht mehr verlängert werden kann. Konsequenterweise müsste also für die Verlängerung erneut eine Gebühr aus dem vollen Wert berechnet werden. Ob sich aber hier das Kostenrecht sklavisch am materiellen Recht orientieren sollte und es angesichts der Bedeutung der Sache nicht angemessener ist, die Gebühr aus einem nach § 36 Abs. 1 zu schätzenden Bruchteil von vielleicht 10 oder 20 % des Kaufpreises zu berechnen, darüber kann man streiten. Kein „neues" Angebot liegt dagegen vor, wenn ein Angebot verlängert wird, das durch Ablauf der Bindungsfrist nicht automatisch erloschen ist, sondern lediglich widerrufen werden konnte und durch die Verlängerung für einen weiteren Zeitraum unwiderruflich wird; hier darf zweifelsfrei nur ein Bruchteil des Kaufpreises angesetzt werden (*LG Schwerin* NotBZ 2015, 117).

87   Keine Zweifel bestehen dagegen, wenn die Änderung innerhalb der Angebotsfrist erfolgt. In diesem Fall ist eine Gebühr aus einem angemessenen Bruchteil des Kaufpreises zu nehmen, soweit nicht ein fester Geldbetrag Geschäftswert ist, wie etwa, wenn A das dem B gemachte Kaufvertragsangebot dahingehend abändert, dass der Kaufpreis von 800 000 EUR auf 700 000 EUR herabgesetzt wird, weil B zu erkennen gegeben hat, dass er nicht mehr zahlen will. Dann ist als Geschäftswert der Differenzbetrag zu nehmen.

88   Solche Änderungen können auch noch bei der Annahme erfolgen, was voraussetzt, dass dann beide Vertragsteile anwesend sind, wie etwa, wenn im vorhergehenden Beispiel B dem A angeboten hatte, das Grundstück für 600 000 EUR zu kaufen, A aber erklärt, unter 700 000 EUR nicht zu verkaufen und sich beide auf dieser Basis einigen. Kommen dann A und B gleichzeitig zum Notar, wird in einer Urkunde das Angebot auf einen Kaufpreis von 700 000 EUR erhöht und von A angenommen. Hier sind die Änderung und die Annahme getrennt zu berechnen; es ist aber die Vergleichsberechnung nach § 94 Abs. 1 anzustellen, denn unter Umständen steht sich der Kostenschuldner besser, wenn einheitlich eine 2,0 Gebühr aus dem zusammengerechneten Wert berechnet wird.

4. Zustimmung und Vollmacht

89   Auch die Zustimmung (als nachträgliche Zustimmung Genehmigung genannt) nicht erschienener Beteiligter und die Vollmacht zum Abschluss eines Vertrags ist nicht auf Kaufverträge beschränkt, wird aber auch hier behandelt. Für beide Rechtsgeschäfte gilt, wie man sich aus dem ersten Abschnitt vielleicht noch erinnert (→ Rn. 28), kein anderer Gebührensatz als für einseitige Erklärungen im Allgemeinen. Es fällt also eine 1,0 Gebühr Nr. 21200 an, allerdings aus einem anderen Geschäftswert als „normal": Es darf nur der halbe Wert des Rechtsgeschäfts genommen werden, dem zugestimmt wird (§ 98 Abs. 1), und der Höchstwert beträgt bei Vollmachten wie bei Zustimmungen 1 000 000 EUR (§ 98 Abs. 4). Praktisch wird diese Kostenvorschrift beim Kaufvertrag allerdings nur bei vor Vertragsbeurkundung erteilten Zustimmungen und Vollmachten: Bei nachträglichen Zustimmungen kann es bei korrektem Vorgehen des Notars, der den Kaufvertrag beurkundet hat, gar nicht zum Anfall der Gebühr Nr. 21100 kommen, da bereits ein (mit der Vollzugsgebühr abgegoltener, → Rn. 69) Entwurf der betreffenden Erklärung gefertigt wurde und nur die Gebühr Nr. 25100 anfällt (→ Rn. 336b).

90   Der Geschäftswert einer Zustimmungserklärung oder Vollmacht entspricht dem Wert der Erklärung des Vertretenen. Häufig ist der nicht Erschienene **Mitberechtigter**: Verkauft etwa A an die Eheleute Emma und Erich ein Hausgrundstück je zur Hälfte um einen Kaufpreis von 100 000 EUR, kann aber zum Termin nur Emma erscheinen und gibt Erich seine Genehmigungserklärung eine Woche

I. Kaufvertrag

später ab, dann ist für die Beglaubigung der Genehmigungserklärung von Erich nur ein Geschäftswert von 25 000 EUR in Ansatz zu bringen, da er nur Mitberechtigter zur Hälfte ist (§ 98 Abs. 2). Daran ändert sich übrigens nichts dadurch, dass sich – wie häufig – Emma und Erich im Kaufvertrag als Gesamtschuldner der Zwangsvollstreckung wegen des Kaufpreises unterworfen haben. Eine Mitverpflichtung schadet nämlich nach überwiegender Meinung *neben* einer Mitberechtigung nichts. Bestellen Emma und Erich zur Kaufpreisfinanzierung eine Grundschuld und erscheint wieder nur Emma, während Erich nachträglich genehmigt, dann ist es erstaunlicherweise anders; → Rn. 106. Wären Emma und Erich die Verkäufer des Grundstücks, das ihnen zum Miteigentum je zur Hälfte gehört, würde sich an dem Ergebnis nichts ändern. Teurer wird es – was man auch dem interessierten Laien nur schwer erklären kann –, wenn Erich als Alleineigentümer verkauft und Emma nachträglich zustimmen muss, weil das Hausgrundstück nahezu das ganze Vermögen von Erich ist (§ 1365 BGB). Dann hat die Genehmigungserklärung von Emma den halben Geschäftswert des Vertrags, also 50 000 EUR.

Kostenrechtlich unterscheidet sich die Vollmacht, wie bereits erwähnt, nicht 91 von der Zustimmung. Typischerweise wird die Zustimmung nachträglich erteilt, die Vollmacht im Voraus. Notwendig ist das aber nicht. Da die Vollmacht nicht formbedürftig ist (§ 167 Abs. 2 BGB), kann auch bereits aufgrund einer Vollmacht gehandelt werden, wenn diese noch nicht schriftlich vorliegt. Der Bevollmächtigte bestätigt dann die von ihm erteilte Vollmacht in öffentlich beglaubigter Form, um dem § 29 GBO Genüge zu tun. Kostenrechtlich ist eine solche **Vollmachtsbestätigung** wie eine Vollmacht zu behandeln.

Während sich die nachträgliche Genehmigung immer auf ein bestimmtes 92 Rechtsgeschäft bezieht, kann eine Vollmacht auch für eine bestimmte Art von Geschäften oder gar als **Generalvollmacht** für alle Geschäfte des Vollmachtgebers erteilt werden. Hier kann man den Geschäftswert nur schätzen, wie § 98 Abs. 3 ausdrücklich bestimmt; das halbe Vermögen des Vollmachtgebers bildet die Obergrenze. Man muss hier die Vorstellungen der Beteiligten zugrunde legen, in welchem Umfang von der Vollmacht voraussichtlich Gebrauch gemacht werden wird. Bei einer Generalvollmacht kann es angemessen sein, das halbe Aktivvermögen des Vollmachtgebers zugrunde zu legen; das muss aber nicht immer so sein. Häufig werden nämlich Generalvollmachten aus Bequemlichkeit erteilt – des Notars, nicht etwa der Beteiligten. Da in jedem Notariat ein Formular „Allgemeine Vollmacht" vorhanden sein dürfte, ist es natürlich einfacher, in dieses Formular nur den Namen des Bevollmächtigten einzusetzen, als eine Vollmacht zu entwerfen, die dann auch das enthält, was die Beteiligten eigentlich beurkundet haben wollten. Das ist schon von der Sache her bedenklich, denn womöglich missbraucht der frischgebackene Generalbevollmächtigte, der eigentlich nur ein Grundstück veräußern sollte, seine nach außen hin ja unbeschränkte Macht. Davon ganz abgesehen darf eine solche „Generalvollmacht" aber nur nach dem Wert der Geschäfte berechnet werden, die der Bevollmächtigte tatsächlich abschließen soll. Bei Vollmachten für andere als vermögensrechtliche Angelegenheiten bleibt nur der Rückgriff auf den Auffangwert von 5000 EUR (§ 98 Abs. 3 S. 3). Zu Vorsorgevollmachten → Rn. 192.

5. Aufhebung von Kaufverträgen

93 Die meisten Kaufverträge enden glücklicherweise mit der Eintragung des Käufers als neuem Eigentümer in das Grundbuch, aber eben nicht alle. Mitunter gibt es Abwicklungsschwierigkeiten, die die Vertragsteile dann zur Vertragsaufhebung veranlassen. Die in ihrer Hoffnung, das Geschäft werde zustande kommen, ohnehin schon getäuschten Beteiligten erleben meistens beim Notar eine weitere Überraschung: Die Aufhebung des Kaufvertrags löst noch einmal eine erhebliche Gebühr aus, und zwar die Hälfte der Gebühr für den Abschluss des Vertrags (1,0 Gebühr Nr. 21102).

94 Ob der Vertrag schon ganz oder teilweise erfüllt war, spielt – anders als früher nach der Kostenordnung – keine Rolle. Allerdings deckt die Gebühr Nr. 21102 nur die schlichte Vertragsaufhebung; werden Vereinbarungen über die Rückgewähr von Leistungen beurkundet, führt das zur normalen 2,0 Vertragsgebühr Nr. 21100. Die Aufhebung eines Kaufvertrags und seine Neubeurkundung in derselben Urkunde haben verschiedenen Gegenstand im Sinne des § 109, denn „Gegenstand" ist ja der Beurkundungsgegenstand, nicht das Vertragsobjekt. Das gilt auch dann, wenn die Vertragsparteien identisch sind.

95 Nach der Rechtsprechung des BGH kann die Aufhebung in der Regel nicht ohne weiteres privatschriftlich vorgenommen werden. Der BGH nimmt bekanntlich an, es genüge für die Annahme eines Anwartschaftsrechts, wenn die Auflassung beurkundet und die Auflassungsvormerkung entweder eingetragen oder vom Käufer zur Eintragung beantragt ist – und das ist eben, wenn es zur Aufhebung des Kaufvertrags kommt, regelmäßig bereits der Fall. Der Notar kann sparsamen Beteiligten hier aber folgenden Weg empfehlen: Der Käufer bewilligt nur die Löschung seiner Auflassungsvormerkung (0,5 Gebühr Nr. 21201 Ziff. 4) und lässt diese im Grundbuch vollziehen. Damit geht das Anwartschaftsrecht unter, und der Vertrag kann privatschriftlich aufgehoben werden. Warum der Notar das nicht vorschlagen dürfen soll (so *Lehmann* DNotZ 1987, 142, 150), vermag ich nicht zu erkennen.

1.
Das Ehepaar A verkauft an B einen Bauplatz von 639 qm um einen Kaufpreis von 26,– EUR/qm. Der Kaufpreis soll fällig sein, sobald die Auflassungsvormerkung zugunsten des Käufers im Grundbuch eingetragen ist und die Bescheinigung der Gemeinde nach § 28 BauGB vorliegt. Gleichzeitig wird die Auflassung beurkundet. Der Notar wird beauftragt, den Vertragsteilen die Kaufpreisfälligkeit mitzuteilen, die Bescheinigung der Gemeinde einzuholen, dass kein Vorkaufsrecht besteht oder es jedenfalls nicht ausgeübt wird; er wird angewiesen, den Vertrag dem Grundbuchamt erst dann zur Eigentumsumschreibung vorzulegen, wenn der Verkäufer die Zahlung des Kaufpreises schriftlich bestätigt hat. Der Vertrag umfasst 8 Seiten; es sind 7 Ausfertigungen bzw. Abschriften zu fertigen. B möchte wissen, wie hoch sich die Gebühren und die Dokumentenpauschale belaufen werden.
Bewertung:
Geschäftswert: 16 614,– EUR (§ 47).

2,0 Gebühr Nr. 21100	198,– EUR
0,5 Gebühr Nr. 22112, 22110 (Vollzugsgebühr)	49,50 EUR
0,5 Gebühr Nr. 22200 (Betreuungsgebühr)	49,50 EUR
Dokumentenpauschale Nr. 32001 (56 Seiten)	8,40 EUR
	305,40 EUR

I. Kaufvertrag

2. (Fortsetzung)
Der Bauplatz in Fallbeispiel 1 sei noch nicht vermessen. Es wird eine Teilfläche von ca. 639 qm verkauft, der Notar soll den Messungsantrag stellen, die Auflassung wird einer Nachtragsurkunde vorbehalten. Die Vermessung ergibt eine Fläche von 607 qm; in einem vom gleichen Notar beurkundeten Nachtrag wird die Auflassung erklärt, und der Verkäufer verpflichtet sich, den Kaufpreisausgleich von 832,– EUR sofort zurückzubezahlen. Wie verändert sich die Kostenrechnung für den Kaufvertrag gegenüber Nr. 1 und welche Kosten (ohne Auslagen) fallen für die Auflassungsurkunde an?
Bewertung:
Die Kostenrechnung für den Kaufvertrag ändert sich nicht; die Stellung des Messungsantrags ist nicht gebührenpflichtig. Falsch wäre es, die Kostenrechnung für den Kaufvertrag nachträglich zu „berichtigen" und nach einem Wert von 15 782,– EUR neu abzurechnen (→ Rn. 54).
Auflassungsurkunde:
Geschäftswert: 15 782,– EUR
0,5 Gebühr Nr. 21101 Nr. 2   45,50 EUR
Keine Bewertung der Kaufpreisänderung und Rückzahlungsverpflichtung.

3.
Ein Hausgrundstück soll nach der Einigung von Verkäufer und Käufer auf Rentenbasis so verkauft werden, dass der Steuerwert, den die Beteiligten als mit dem Grundstückswert identisch ansehen, 120 000 EUR beträgt. Wie hoch ist die monatliche Rente für den 63jährigen Verkäufer (männlich) und wie hoch ist die Beurkundungsgebühr?
Bewertung:
Der Barwertdivisor nach der Sterbetafel 2015/7 beträgt für einen 63jährigen Mann 12,032. Hieraus ergibt sich als monatliche Rente ein Betrag von 120 000 : 12 : 12,032 = 831,12 EUR.
Der Kostenwert dieser Rente beträgt dagegen 10 x 12 x 831,12 = 99 734,40 EUR (§ 52 Abs. 4). Er ist niedriger als der von den Beteiligten angenommene Grundstückswert, so dass der Grundstückswert maßgebend ist (§ 97 Abs. 3).
Geschäftswert: 120 000 EUR.
2,0 Gebühr Nr. 21100   600,00 EUR.

Das gleiche Haus wird von einer 28jährigen Verkäuferin verkauft. Wie hoch ist jetzt die Rente und wie hoch die Beurkundungsgebühr?
Bewertung:
Der Barwertdivisor nach der Sterbetafel 2015/7 beträgt für eine 28jährige Frau 17,735. Hieraus ergibt sich als monatliche Rente ein Betrag von 120 000 EUR : 12 : 17,735 = 563,86 EUR.
Der Kostenwert dieser Rente beträgt dagegen 20 x 12 x 563,86 = 135 326,40 EUR. Er ist höher als der von den Beteiligten angenommene Grundstückswert, so dass der Rentenwert maßgebend ist.
Geschäftswert: 135 326,40 EUR.
2,0 Gebühr Nr. 21100   654,00 EUR.

4.
A verkauft sein Anwesen, eine landwirtschaftliche Hofstelle, an die Eheleute B. Als barer Kaufpreis sind 300 000 EUR vereinbart, ferner eine Leibrente von monatlich 300 EUR auf Lebenszeit des 69jährigen Verkäufers. Inventar ist mit 30 000 EUR im Kaufpreis enthalten. In Anrechnung auf den Kaufpreis wird eine Grundschuld zu 50 000 EUR samt dem zugrundeliegenden Darlehen übernommen. Zum Beurkundungstermin kann Frau B nicht erscheinen; sie genehmigt die

Erklärungen ihres Ehemanns nachträglich in einer besonderen Erklärung, die der Notar beglaubigt. Der Notar wird beauftragt, den Vertragsteilen die Fälligkeit des Kaufpreises (nach Eintragung der Auflassungsvormerkung und Vorliegen der Genehmigung nach dem GrdstVG) mitzuteilen und erforderliche Genehmigungen und das Vorkaufsrechtszeugnis einzuholen. Man erstelle die Kostenrechnung!
Bewertung:
Geschäftswert: 300 000,– EUR + 300,– × 12 × 10 EUR = 336 000,– EUR.

2,0 Gebühr Nr. 21100	1370,00 EUR
0,5 Gebühr Nr. 22110 (Vollzugsgebühr)	342,50 EUR
0,5 Gebühr Nr. 22200 (Betreuungsgebühr)	342,50 EUR
0,2 Gebühr Nr. 25100 (Wert: 168 000 EUR), höchstens	70,00 EUR
	2125,00 EUR

Die Übernahme der Grundschuld ist nicht gesondert zu bewerten, da das Darlehen mit übernommen wird. Der Entwurf der Genehmigung von Frau B ist mit der Vollzugsgebühr abgegolten. Die Vollzugsgebühr ist nicht gedeckelt, da ein Fall von Vorbem. 2.2.1.1 Nr. 5 vorliegt.

5.
Die Eheleute V haben an die Eheleute K ihr Hausgrundstück um einen Kaufpreis von 95 000 EUR verkauft. Da die Eheleute K die Finanzierung nicht aufzubringen vermögen, heben die Vertragsteile den Vertrag in notarieller Urkunde wieder auf; die Eheleute K bewilligen die zu ihren Gunsten bereits eingetragene Auflassungsvormerkung zur Löschung. Die Auflassung war bereits erklärt; bezahlt war noch nichts.
Bewertung:
Geschäftswert: 95 000,– EUR.
1,0 Gebühr Nr. 21102 Nr. 2   246,– EUR.
Die Löschungsbewilligung für die Auflassungsvormerkung hat gleichen Gegenstand.

6.
Die hochverschuldeten Eheleute M verkaufen ihr Hausgrundstück um einen Kaufpreis von 120 000 EUR an C. Für die Bank Grasshopper & Wealth sind Grundschulden zu 25 000 EUR und 60 000 EUR eingetragen, für die Bausparkasse Steppengrün eine Grundschuld zu 40 000 EUR, deren Löschung die Eheleute M zustimmen. Der Notar, der zur Einholung der Löschungsbewilligungen beauftragt wird, erhält diese unter der Auflage, dass insgesamt 85 000 EUR an die Bank und 35 000 EUR an die Bausparkasse bezahlt werden. Er hat außerdem auftragsgemäß die Vorkaufsrechtsbescheinigung nach dem BauGB eingeholt, die Kaufpreisfälligkeit mitgeteilt und den Treuhandauftrag angenommen, dass die Auflassung erst zum Grundbuchamt vorgelegt werden darf, wenn die Kaufpreiszahlung nachgewiesen ist. Der Verkäufer erteilt dem Käufer Vollmacht, das Grundstück noch vor Eigentumsumschreibung mit Grundpfandrechten von bis zu 200 000 EUR zu belasten.
Bewertung:
Geschäftswert: 120 000 EUR

2,0 Gebühr Nr. 21100	600,00 EUR
0,5 Gebühr Nr. 22110 (Vollzugsgebühr)	150,00 EUR
0,5 Gebühr Nr. 22200 (Betreuungsgebühr)	150,00 EUR
0,5 Gebühr Nr. 22201 (Treuhandgebühr 1, Geschäftswert: 85 000 EUR)	123,00 EUR
0,5 Gebühr Nr. 22201 (Treuhandgebühr 2, Geschäftswert: 35 000 EUR)	67,50 EUR
	1090,50 EUR

I. Kaufvertrag

Die Vollmacht und die Löschungszustimmungen sind nicht gesondert zu bewerten, auch dann nicht, wenn die Belastungen und der bewilligte Betrag den Kaufpreis übersteigen. Die Vollzugsgebühr ist nicht gedeckelt, da Lastenfreistellungserklärungen beschafft werden müssen.

7.
Viktor verkauft an Karl eine im Grundbuch lastenfrei vorgetragene Wiese zum Kaufpreis von 6500 EUR. Da sie sich seit Kindesbeinen kennen, verpflichtet sich Karl zur Zahlung binnen vier Wochen nach Beurkundung ohne vorherige Eintragung einer Auflassungsvormerkung. Der Notar wird beauftragt, das Vorkaufsrechtsnegativattest der Gemeinde und die Genehmigung nach dem GrdstVG einzuholen. Den Kaufvertrag soll er dem Grundbuchamt erst dann vorlegen, wenn Viktor ihn dazu anweist; dieser verpflichtet sich, diese Anweisung nach Erhalt des Kaufpreises zu erteilen.
Bewertung:
Geschäftswert:

2,0 Gebühr Nr. 21100	114,00 EUR
mindestens aber	120,00 EUR
0,5 Gebühr Nr. 22110, 22112 (Vollzugsgebühr)	28,50 EUR
	148,50 EUR

Keine Betreuungsgebühr, da weder Fälligkeitsmitteilung erforderlich noch Nr. 22200 Ziff. 3 anwendbar!

8.
A hatte ein Grundstück auf 20 Jahre gepachtet und dem Eigentümer B außer der Pacht einen Baukostenzuschuss von 70000 EUR für ein massives Fabrikgebäude gezahlt. Der reine Grundstückswert beträgt 20000 EUR, der durch die Bebauung erhöhte Wert 80000 EUR. B ist nun zum Verkauf bereit und verkauft das Grundstück zum Kaufpreis von 25000 EUR an A. Der Kaufpreis wird bei der Beurkundung bar bezahlt. Der Notar soll die Löschungsbewilligung für ein eingetragenes Vorkaufsrecht des C und für eine noch eingetragene Hypothek über 1500 DM anfordern und das zum Vollzug Erforderliche tun.
Bewertung:
Geschäftswert: 80000 EUR (Verkehrswert höher als Kaufpreis)

2,0 Gebühr Nr. 21100	438,00 EUR
0,5 Gebühr Nr. 22110 (Vollzugsgebühr)	109,50 EUR
	547,50 EUR

9. (Fortsetzung)
Was wäre den Beteiligten zu raten, wenn kein Vorkaufsrecht eingetragen ist und sie ausdrücklich kostengünstigste Abwicklung wünschen?
Bewertung:
In diesem Fall sollte der Notar nicht mit dem Vollzug der Löschung, sondern nur mit der Anforderung der Löschungsbewilligung unter Übersendung eines Entwurfs an den Gläubiger beauftragt werden. Dann ist die Vollzugsgebühr des Kaufvertrags gedeckelt, da lediglich das Vorkaufsrechtsnegativattest der Gemeinde beschafft werden muss. Der Entwurf muss dann aber berechnet werden.

2,0 Gebühr Nr. 21100	438,– EUR
0,5 Gebühr Nr. 22110, 22112 (Vollzugsgebühr)	50,– EUR
0,5 Gebühr Nr. 24102 (Entwurf der Löschungsbewilligung, Geschäftswert: 766,94 EUR)	30,– EUR
	518,– EUR

II. Grundpfandrechte

1. Die Grundschuld

96 Nach dem Gesetz ist der Normalfall eines Grundpfandrechts die Hypothek (§ 1113 BGB), während die Grundschuld nur sehr stiefmütterlich behandelt wird und einige wenige Sondervorschriften bestehen, während im übrigen § 1192 BGB auf die Vorschriften über die Hypothek verweist. Da die Grundschuld heute die Hypothek aus der Beurkundungspraxis fast völlig verdrängt hat, befasst sich dieses Buch aber zunächst mit der Grundschuld. Dabei empfiehlt es sich, Grundschulden mit und ohne Zwangsvollstreckungsunterwerfung gesondert zu behandeln.

a) Grundschulden ohne Zwangsvollstreckungsunterwerfung

97 Nach dem BGB ist die Bestellung einer Grundschuld formfrei, für die Eintragung in das Grundbuch bedarf es aber nach § 29 GBO notarieller **Beglaubigung**. Bringt der Beteiligte also bereits eine Eintragungsbewilligung, die hinsichtlich des Grundbuchbeschriebs, des Betrags und etwaiger weiterer Daten im Formular des Gläubigers bereits ergänzt ist, zum Notar mit, so fällt für die Beglaubigung lediglich eine 0,2 Gebühr Nr. 25100, beschränkt auf die Höchstgebühr von 70 EUR, an. Das ist allerdings in der Praxis die Ausnahme. Meist werden die Angaben zum Pfandobjekt so lückenhaft sein, dass der Notar erst eine Grundbucheinsicht veranlassen muss, bevor er das Formular insoweit ergänzen kann. Wird die Grundschuld vom Käufer unter Mitwirkung des Verkäufers oder aufgrund Vollmacht des Verkäufers im Kaufvertrag zur Kaufpreisfinanzierung bestellt, so sind die entsprechenden Bestimmungen (Einschränkung der Zweckbestimmung, Abtretung der Auszahlungsansprüche) zu ergänzen. In diesem Fall hat der Notar den Entwurf gefertigt, also eine Gebühr nach § 92 Abs. 2, Nr. 24102, 21201 zu berechnen, die 0,5 beträgt; die Beglaubigung der Unterschrift des Grundschuldbestellers ist inbegriffen (Vorbem. 2.4.1 Abs. 2). Soweit der Notar sich auf Änderungen und Ergänzungen aufgrund der Überprüfung eines vorgelegten Entwurfs beschränkt, ergibt sich nur bei hohen Werten eine etwas niedrigere Gebühr. Der Notar erhebt dann nämlich eine Satzrahmengebühr nach Vorbem. 2.4.1 Abs. 3, Nr. 24102, 21201 in Höhe von 0,3–0,5. Selbst wenn man am unteren Rand des Gebührenrahmens bleibt, kommt dann noch die 0,2 Gebühr Nr. 25100 hinzu, so dass eine Gebührenersparnis erst bei Geschäftswerten über 140 000 EUR beginnt, weil dann die Gebühr Nr. 25100 nicht weiter ansteigt.

98 Zu bedenken ist weiter, dass es mit der Gebühr Nr. 21201 nur dann getan ist, wenn die beglaubigte Erklärung ausschließlich **Grundbucherklärungen** enthält; andernfalls wäre die Gebühr nach Nr. 24101, 21200 (1,0) im Falle der Entwurfsfertigung anzusetzen bzw., im Fall der Entwurfsergänzung, 0,3–1,0 nach Nr. 24101, 21200 und 0,2 nach Nr. 25100. Viele Gläubigerformulare enthalten über die Grundbucherklärungen hinaus abstrakte Schuldanerkenntnisse, Abtretungen von Rückgewährsansprüchen, Zweckerklärungen und dergleichen. Dann ist also die doppelte Gebühr wie für die reinen Grundbucherklärungen anzuset-

II. Grundpfandrechte

zen. Das haben auch die Grundschuldgläubiger gemerkt, weshalb sich nunmehr in manchen Formularen vor den „außergrundbuchamtlichen Erklärungen" der drohende Vermerk findet: „Nicht für das Grundbuchamt bestimmt!" oder: „Auf die folgenden Erklärungen bezieht sich der Beglaubigungsvermerk nicht!"

Man kann natürlich mit Recht fragen, warum diese Abreden dann ausgerechnet in der Eintragungsbewilligung stehen müssen und die Gläubiger diese nicht auf einem gesonderten Blatt von den Kunden unterzeichnen lassen. Fest steht jedenfalls, dass eine Beglaubigung insoweit nicht erforderlich und es deshalb angebracht ist, in jedem Fall nur die 0,5 Gebühr Nr. 21201 zu erheben, zumal der Verzicht auf die Zwangsvollstreckungsunterwerfung ja nicht im Interesse der Schonung der Stimmbänder des Notars, sondern im Kosteninteresse erfolgt (*OLG München* 22.10.2009 – 32 Wx 84/09). Schließlich müsste der Notar, der den Beteiligten unter den sicheren Wegen zum billigsten raten muss, andernfalls empfehlen, die Erklärungen auf dem zu beglaubigenden Formular zu streichen, auf ein besonderes Blatt zu setzen und dort – ohne Beglaubigung – zu unterzeichnen. Das ist selbstverständlich wenig praktisch. 99

Ohne Bedeutung ist in allen diesen Fällen, ob eine Buchgrundschuld oder eine Briefgrundschuld bestellt wird. Die Vorliebe der Gläubiger für die eine oder andere Form scheint vorwiegend landschaftlich bedingt zu sein: In Norddeutschland überwiegt die Briefgrundschuld, in Süddeutschland die Buchgrundschuld. Da sich der Gläubiger in aller Regel bereits eine feste Meinung gebildet haben wird, welches Recht bestellt werden soll, kann der Notar darauf nur wenig Einfluss nehmen. Kann er es ausnahmsweise doch, so wird er angesichts der Tatsache, dass für die Eintragung einer Briefgrundschuld beim Grundbuchamt eine 1,3 Gebühr Nr. 14120, für eine Buchgrundschuld dagegen nur eine 1,0 Gebühr Nr. 14121 erhoben wird, und wegen der immer wieder auf der Post oder anderswo auf rätselhafte Weise verschwindenden Grundschuldbriefe und der sich anschließenden zeitaufwendigen und kostenintensiven Aufgebotsverfahren dringend die Bestellung eines Buchrechts nahelegen. 100

Soll nachträglich ein Buchrecht in ein Briefrecht oder ein Briefrecht in ein Buchrecht umgewandelt werden, ist nicht der Wert der Grundschuld maßgeblich, sondern vielmehr eine Schätzung nach § 36 Abs. 1 vorzunehmen. 10–20 % des Nominalbetrags sind angemessen (*OLG Bamberg* Rpfleger 2017, 593 mAnm *Simon*). Da in beiden Fällen, also sowohl bei der Umwandlung von Buchrechten in Briefrechte als auch umgekehrt, nur eine Grundbucherklärung erforderlich ist, fällt nur eine 0,5 Gebühr Nr. 21201 an.

b) Grundschulden mit Zwangsvollstreckungsunterwerfung

Keine Bewertungsprobleme weisen Grundschulden auf, die in der Form einer Niederschrift beurkundet werden sollen und die Unterwerfung des Bestellers unter die sofortige Zwangsvollstreckung nach § 800 ZPO enthalten. Meist enthalten derartige Urkunden auch noch ein abstraktes Schuldversprechen wegen des Grundschuldbetrags und auch insoweit Unterwerfung des Bestellers unter die Zwangsvollstreckung in sein gesamtes Vermögen. Hier treffen drei Erklärungen des Bestellers zusammen: 101

a) Eintragungsbewilligung wegen der Grundschuld, die mit Nr. 21201 zu bewerten wäre,

b) Unterwerfung unter die sofortige Zwangsvollstreckung und etwaige weitere einseitige Erklärungen, die mit Nr. 21200 zu bewerten wären,
c) das abstrakte Schuldversprechen, das ebenfalls mit Nr. 21200 zu bewerten wäre.

Alle diese Erklärungen haben aber **denselben Gegenstand,** so dass insgesamt eine 1,0 Gebühr Nr. 21200 anzusetzen ist. In einer vollständigen Kostenrechnung müssten als Kostenbestimmungen „§ 109 Abs. 2 Nr. 3; Nr. 21200, 21201" angeführt werden. Eine Grundschuld mit Zwangsvollstreckungsunterwerfung verursacht also deutlich höhere Kosten als eine ohne. Da die Banken aber oft nicht bereit sind, auf die Vollstreckungsunterwerfung ganz zu verzichten, bietet sich als Kostensparstrategie nur die Beschränkung der Unterwerfung auf einen Teil der Grundschuld an, was aber nach der Rechtsprechung (*BGH* 29.3.2007 – V ZB 160/06, Rpfleger 2007, 488) wegen der Gefahr des Titelverbrauchs wiederum für den Gläubiger riskant ist.

Die Einholung einer Genehmigung (Familiengericht, § 144 BauGB und dergleichen) oder einer zur rangrichtigen Eintragung erforderlichen Rangrücktrittserklärung löst die Vollzugsgebühr Nr. 22111 aus, die bei der Grundschuld anders als beim Kaufvertrag 0,3 beträgt, aber in gleicher Weise gedeckelt sein kann, wenn nur „einfache" Vollzugsgeschäfte erforderlich sind.

c) Auszahlungsbestätigung

102 Manche Banken und Bausparkassen verlangen für die Valutierung einer Grundschuld vor Eintragung in das Grundbuch eine Bestätigung des beurkundenden Notars, dass er die Grundschuld eingereicht hat und der ranggerechten Eintragung keine Hindernisse entgegenstehen, wie er den Grundakten entnommen habe (**Rangbescheinigung**).

103 Für die Bestätigung gibt es eine 0,3 Gebühr Nr. 25201 aus dem (vollen) Wert des zur Eintragung beantragten Rechts (§ 122); nach Nr. 25104 kann hier auch dann nicht bewertet werden, wenn statt des zu erwartenden Ranges nur nackte Tatsachen bescheinigt werden; Nr. 25201 geht vor, weniger Leistung kann nicht mehr kosten (richtig *KG* JurBüro 1998, 323).

d) Grundschulden zur Kaufpreisfinanzierung

104 Grundschulden werden häufig im Zusammenhang mit Kaufverträgen auf Veranlassung des Käufers zur Finanzierung des Kaufpreises bestellt und sollen daher noch vor der Eigentumsumschreibung auf den Käufer eingetragen werden. Deshalb erfolgt die Grundschuldbestellung noch durch den Verkäufer, entweder selbst handelnd oder aufgrund einer in den Kaufvertrag aufgenommenen Vollmacht durch den Käufer vertreten (1), die Übernahme der persönlichen Haftung dagegen durch den Käufer, der auch die Beurkundungskosten trägt (2). Auf die Belastung des Kaufgegenstands wird sich der Verkäufer regelmäßig nur einlassen, wenn die Auszahlungsansprüche aus der Grundschuld an ihn abgetreten sind (3), und die finanzierende Bank wird regelmäßig verlangen, dass der Käufer mit seiner Vormerkung im Rang hinter die Grundschuld zurücktritt (4). Für alle vier genannten Erklärungen ist lediglich die 1,0 Gebühr Nr. 21200 zu berechnen. Grundschuldbestellung und Übernahme der persönlichen Haftung für den

II. Grundpfandrechte

Grundschuldbetrag sind **gegenstandsgleich** (§ 109 Abs. 2 Nr. 3), und zwar auch dann, wenn sie von verschiedenen Personen – aber zur Sicherung desselben Darlehens – abgegeben werden. Die Abtretung der Auszahlungsansprüche in der Grundschuldbestellungsurkunde an den Verkäufer (also einen Dritten) ist dagegen *nicht* gegenstandsgleich und müsste gesondert bewertet werden (*OLG Stuttgart* MittRhNotK 1991, 263; umstritten!). Allerdings verstößt der Notar, der die Abtretung in die Grundschuldbestellungsurkunde aufnimmt, gegen das Gebot, den kostengünstigsten Weg zu wählen. Die Abtretung gehört nämlich in den *Kaufvertrag*, wo sie Sicherungsgeschäft zugunsten des Verkäufers, also eines Vertragsteils ist und deshalb nicht gesondert bewertet werden darf. Steht sie trotzdem in der Grundschuldbestellung, dann ist sie nach § 21 unbewertet zu lassen (*LG Hannover* JurBüro 1992, 554). Dort sollte man die Abtretung aber historisch erwähnen („Der Schuldner hat in der Kaufvertragsurkunde seine Auszahlungsansprüche an den Verkäufer abgetreten."); das kostet nichts und verhindert die Berufung des Kreditgebers auf Unkenntnis von der Abtretung. Auch der Rangrücktritt mit der Auflassungsvormerkung ist schließlich wegen § 109 Abs. 1 Nr. 3 nicht gesondert zu bewerten. Anders als im früheren Recht ist ein Rangrücktritt auch beim Grundbuchamt gebührenfrei: Nr. 14150 bestimmt nur noch eine Gebühr für die Eintragung einer Vormerkung; Veränderungen kosten mangels eines Gebührentatbestands nichts. Rangvorbehalte bei der Auflassungsvormerkung zur Ermöglichung der rangrichtigen Eintragung eines Finanzierungsgrundpfandrechts sind also jetzt überflüssig.

105 Ausschließlich zur Generierung einer zusätzlichen 0,5 Gebühr dienen zwei weitere Geschäfte: Zum einen kann der Grundschuldgläubigerin die **Abtretung** der Auszahlungsansprüche bzw. die **Einschränkung der Sicherungsabrede** über die Übersendung des Kaufvertrags und die in die Grundschuldbestellungsurkunde aufgenommenen Hinweise hinaus noch besonders anzeigen (0,5 Gebühr Nr. 22200 Ziff. 5 aus dem vollen Grundschuldbetrag; wegen Vorbem. 2.5.3 gilt das auch bei Kaufpreishinterlegung). Zum anderen kann man eine Ausfertigung der Grundschuldurkunde für die Gläubigerin zur Herbeiführung der Bindung nach § 873 Abs. 2 BGB entgegennehmen (ebenfalls Gebühr Nr. 22200, diesmal Ziff. 7). Auch wenn beides geschieht, fällt die Gebühr selbstverständlich nur einmal an (§ 93 Abs. 1 S. 1). Während die Rechtsprechung (*OLG Bamberg* MittBayNot 2019, 295) diese dreiste Kostenschinderei toleriert, handelt es sich richtigerweise bei beiden Handlungen um falsche Sachbehandlung: Die Ausfertigung für den Gläubiger sofort in die Post zu geben, erfüllt praktisch immer denselben Zweck wie die Entgegennahme für ihn (und wenn dies ausnahmsweise nicht der Fall sein sollte, ist die Grundschuldbestellung meist anfechtbar), und ähnlich sinnlos sind Formularbriefe an den Gläubiger – der doch meistens des Lesens kundig ist –, in denen nichts anderes steht, als was sich aus der übersandten Urkunde ohnehin ergibt.

Noch etwas dreister ist der Versuch, durch gesonderte Bewertung der in manchen Grundschuldformularen enthaltenen Vollmachten zur Umwandlung eines Buchrechts in ein Briefrecht und/oder die gegenseitige Vollmacht mehrerer Grundschuldbesteller zur Entgegennahme von Zustellungen. Beide Vollmachten sind selbstverständlich gegenstandsgleich mit der Grundschuldbestellung und erhöhen den Geschäftswert nicht (*LG Frankfurt/Oder* NotBZ 2018, 478).

106 Bestellen mehrere Käufer eine Grundschuld, übernehmen sie für den Grundschuldbetrag gesamtschuldnerisch die persönliche Haftung und kann einer von ihnen nicht erscheinen, so ist für die Einholung seiner nachträglichen Genehmigung die 0,3 Gebühr Nr. 22111 aus dem vollen Grundschuldbetrag zu berechnen. Der Wert der Beglaubigung bei einem anderen Notar ist der halbe Grundschuldbetrag (§ 98 Abs. 1; nicht etwa nur der Bruchteil von der Hälfte, der seiner Beteiligung am belasteten Grundstück entspricht); das ist hier anders als beim Kaufvertrag (→ Rn. 90), weil (nur) Mitverpflichtung, aber **keine Mitberechtigung** vorliegt und § 98 Abs. 2 deshalb nicht anwendbar ist.

e) Abtretung

107 Während es für die bisher behandelten Geschäfte ohne Bedeutung ist, ob eine Buch- oder eine Briefgrundschuld bestellt wird, gewinnt dieser Unterschied bei der Abtretung Bedeutung, und dieser kostenrechtliche Unterschied ist im materiellen Recht begründet. Die Abtretung einer Buchgrundschuld erfolgt durch Einigung und Eintragung (§ 873 BGB), die Einigung ist dabei materiell-rechtlich formlos, und es ist nur wegen § 29 GBO die Beglaubigung der Unterschrift erforderlich; es handelt sich somit um eine Grundbucherklärung, so dass die 0,5 Gebühr Nr. 21201 anzusetzen ist. Dagegen erfordert die Abtretung einer Briefgrundschuld Abtretungserklärung in schriftlicher Form und Briefübergabe (§§ 1192, 1154 BGB). Die Abtretungserklärung ist deshalb aus materiellen Gründen erforderlich und löst eine 1,0 Gebühr aus (Nr. 21200). Die mit einer Teilabtretung zwangsläufig verbundene Teilung der Grundschuld darf (ohne Rücksicht darauf, ob die entstehenden Teile gleichen oder verschiedenen Rang erhalten) nicht besonders bewertet werden.

108 In der kostenrechtlichen Behandlung der Abtretung einer Briefgrundschuld ist der Grund zu sehen, warum zumindest aus Kostengründen auf keinen Fall zur Bestellung von **Eigentümerbriefgrundschulden** und deren nachträglicher Abtretung an den eigentlich vorgesehenen Gläubiger geraten werden kann. Wird, wie regelmäßig, Zwangsvollstreckungsunterwerfung gewünscht, die Abtretungserklärung vom Notar entworfen und die Umschreibung der vollstreckbaren Ausfertigung vom Gläubiger verlangt, so fallen an: eine 1,0 Gebühr Nr. 21200 für die Beurkundung der Grundschuld, eine 1,0 Gebühr Nr. 21200 für die Abtretungserklärung und eine 0,5 Gebühr für die Umschreibung der Vollstreckungsklausel (Nr. 23803), insgesamt also 2,5 Gebühren, statt der bei unmittelbarer Bestellung für den Gläubiger anfallenden Gebühr Nr. 21200 (1,0). Außerdem fällt – wenn der Gläubiger bei unmittelbarer Bestellung mit einer Buchgrundschuld einverstanden gewesen wäre – beim Grundbuchamt unnützerweise die 1,3 Gebühr Nr. 14120 statt der 1,0 Gebühr Nr. 14121 an. Die Eigentümerbriefgrundschuld mit nachfolgender Abtretung ist deshalb schon aus kostenrechtlichen Gründen ein ganz unzweckmäßiges Sicherungsmittel, von den Gefahren für den Gläubiger bei nachrangigen Rechten einmal ganz abgesehen. Der Notar, an den der Wunsch nach derartiger Beurkundung herangetragen wird, sollte ihn deshalb dem Kreditsuchenden auszureden versuchen, was freilich nicht immer gelingt.

f) Löschungszustimmung

109 Im Zusammenhang mit der Beurkundung oder Beglaubigung einer Grundschuld werden häufig andere bereits eingetragene Rechte in Abteilung II und III

des Grundbuchs zur Löschung gebracht, indem der Eigentümer und Grundschuldbesteller der vorliegenden oder noch einzuholenden Löschungsbewilligung zustimmt. Diese Löschungszustimmung hat nicht den gleichen Gegenstand wie die Grundschuldbestellung und ist deshalb **gesondert** zu bewerten (0,5 Gebühr Nr. 21201 Ziff. 4, § 109 Abs. 1 Nr. 3; *OLG Frankfurt* ZNotP 2011, 399). **Vorsicht:** Da es sich bei den zu löschenden Rechten oft um alte Rechte und damit kleine Beträge handelt, wird hier getrennte Berechnung der 1,0 Gebühr für die Grundschuldbestellung und 0,5 Gebühr für die Löschung nicht selten ungünstiger sein als die Berechnung einer 1,0 Gebühr aus dem addierten Betrag, wie sie dann nach § 94 Abs. 1 vorgeschrieben ist. Geben mehrere Miterben oder Miteigentümer die Löschungszustimmung in getrennten Erklärungen ab, so ist nach § 98 Abs. 2 bei jedem von ihnen nur der Anteil am Wert des zu löschenden Rechts maßgeblich, der seinem (rechnerischen) Anteil entspricht (anders hier die 6. Aufl.; diese Ansicht gebe ich auf). Zur isolierten Grundschuldlöschung → Rn. 165.

g) Rangänderung

Für die Zustimmung zu einer Rangänderung gilt erstaunlicherweise anderes: **110** Wird an einem in Abteilung III des Grundbuchs bereits belasteten Grundstück eine Grundschuld bestellt, die die erste Rangstelle erhalten soll und stimmt der Eigentümer in der Grundschuldbestellungsurkunde dem Rangrücktritt des Gläubigers zu, so ist diese Erklärung nach § 109 Abs. 1 Nr. 3 **nicht gesondert** zu bewerten. Gibt der Gläubiger des zurücktretenden Rechts in der Urkunde die Rangrücktrittserklärung ab, dann ist auch diese Erklärung nicht besonders zu bewerten. Bei Banken und Sparkassen ist der zuletzt genannte Fall reine Theorie, dagegen muss der Notar bei Rangrücktrittserklärungen von Privatleuten (vor allem Verwandten des Grundschuldbestellers, die mit einem Leibgeding oder Wohnungsrecht zurücktreten sollen) auf diese Vergünstigung achten, will er nicht gegen das Gebot verstoßen, den billigsten Weg zu gehen: Erfolgt der Rangrücktritt in der Grundschuldbestellung, dann ist seine Beurkundung gebührenfrei, bei gesonderter Beurkundung fallen dagegen Kosten an.

Praktisch wichtiger ist folgende Neuerung: Da bei *jedem* Beurkundungsverfahren eine Vollzugsgebühr anfallen kann, ist die Einholung einer solchen Rangrücktrittserklärung nicht mehr wie früher gebührenfreies Nebengeschäft, sondern löst die Vollzugsgebühr Nr. 22110 (hier nach Vorbem. 2.2.1.1 Nr. 9) aus – aus dem vollen Betrag der „neuen" Grundschuld, ohne Rücksicht auf die Höhe des zurücktretenden Rechts! Auch hier kann es deshalb deutlich kostengünstiger sein, den Notar mit der Fertigung des Entwurfs der Rangrücktrittserklärung zu beauftragen, um die Vollzugsgebühr zu vermeiden (und entsprechend eine Verpflichtung des anständigen Notars bestehen, auf diese Möglichkeit hinzuweisen).

Tritt die Bank Grasshopper & Wealth mit ihrer Grundschuld zu 50 000 EUR **111** hinter eine Grundschuld zu 70 000 EUR der Raiffeisenbank Kleinziegenbach zurück und tritt sie die Grundschuld in der gleichen Urkunde an die Sparkasse ab, ist das dagegen strenggenommen kein Fall des § 109 Abs. 1 Nr. 3 (anders bei der Vorgängervorschrift in der Kostenordnung). Ob man analog § 109 Abs. 1 Nr. 3 nur *eine* Erklärung mit einem Geschäftswert von 50 000 EUR bewertet oder aber *zwei*, darüber kann man streiten.

Soweit das zurücktretende Recht ein sog. „Altrecht" ist, also eine Grund- **112** schuld, die vor dem 1.1.1978 zur Eintragung beantragt wurde, wird der zurücktretende Gläubiger beim Rangrücktritt die Eintragung einer **Löschungsvormerkung** für den Fall der Vereinigung der vortretenden Grundschuld mit dem Eigentum in einer Person verlangen. Auch die Bewilligung dieser Löschungsvormerkung ist nicht besonders zu bewerten (Verweisung auf § 45 Abs. 2 in § 109 Abs. 1 Nr. 3).

Was bei den „Altrechten" besonders eingetragen werden muss, gilt bei später eingetragenen, oder, genau genommen: später beim Grundbuchamt zur Eintragung beantragten Rechten automatisch nach § 1179 a BGB. Soll dieser Löschungsanspruch gegenüber vorgehenden Rechten einmal ausgeschlossen werden (was nach § 1179 a Abs. 5 BGB stets möglich ist, aber nur bei Eigentümerbriefgrundschulden praktisch vorkommt), dann ist auch dieser Ausschluss als Inhalt der Grundschuld nicht gesondert zu bewerten.

h) Rangvorbehalt

113   Der bei einer Grundschuldbestellung erklärte Rangvorbehalt gehört zum Inhalt der Grundschuld und wird daher nicht bewertet. Bei nachträglicher Beurkundung eines Rangvorbehalts oder isolierter Bewilligung der Löschung eines nicht ausgenutzten Rangvorbehalts ist ein Bruchteil des Betrags des Rangvorbehalts oder des betroffenen Rechts anzunehmen, je nachdem, welcher Betrag der geringere ist (umstritten!).

i) Verpfändung des Auflassungsanspruchs

114   Erwirbt ein Käufer eine Grundstücksteilfläche und muss er den Grundstückskaufpreis oder die Baukosten des darauf zu errichtenden Hauses finanzieren, so könnte eine Grundschuld nur an dem ganzen Grundstück eingetragen werden. Das ist wegen der Notwendigkeit der späteren Freigabe der im Ergebnis nicht zu belastenden Fläche und wegen der Schwierigkeiten beim Verkauf der weiteren Teilflächen meist nicht sehr praktisch. Hier erklären sich viele Banken damit einverstanden, dass die Grundschuld, die zu ihren Gunsten eingetragen werden soll, zunächst nur bestellt, aber nicht im Grundbuch eingetragen wird und ihr stattdessen die Ansprüche des Käufers aus dem Kaufvertrag verpfändet werden und diese Verpfändung bei der Auflassungsvormerkung des Käufers im Grundbuch vermerkt wird.

Zu vergleichen ist für die Bewertung der Wert des Pfandes mit dem Betrag der Forderung: Geschäftswert ist der Betrag der Forderung, höchstens aber der Wert des Pfandes (§ 53 Abs. 2). Sind Grundschuld und Verpfändung wegen desselben Betrags erklärt, so spielt diese Berechnung keine Rolle, da Gegenstandsgleichheit vorliegt und in jedem Fall der Grundschuldbetrag zu nehmen ist. Ist dagegen – etwa wegen Zwischenfinanzierung – der Verpfändungsbetrag höher als die Grundschuld, so führt dies nur dann zu einer Erhöhung des Geschäftswerts, wenn entweder die Forderung oder der Wert des Pfandes höher sind als der Grundschuldbetrag. Letzteres ist selten, da im typischen Fall der Verpfändung eine noch unbebaute Teilfläche zum Zweck der Bebauung erworben wird und der Kredit nicht nur die Grundstückskosten, sondern vor allem auch die späteren Baukosten decken soll.

Manche Formulare für Verpfändungen führen jedoch in solchen Fällen für den Kostenschuldner zu einer unnötigen Gebührenerhöhung: Verpfändet der

II. Grundpfandrechte

Käufer nicht seine Ansprüche aus dem Kaufvertrag zur Sicherung der Ansprüche des Kreditgebers aus jedwedem Rechtsgrund, sondern erklärt er im Wege des abstrakten Schuldanerkenntnisses, den Verpfändungsbetrag zu schulden und verpfändet *hierwegen* die Kaufvertragsansprüche, dann ist jener höhere Betrag wegen des abstrakten Schuldanerkenntnisses anzusetzen. Der sparsame Kunde muss also darauf achten, dass nicht ohne Notwendigkeit (manche Banken verlangen allerdings auch das abstrakte Schuldanerkenntnis wegen des – höheren – Verpfändungsbetrags!) ein kostentreibendes Formular verwendet wird.

2. Die Hypothek

Grundsätzlich gelten für die Hypothek dieselben Überlegungen wie für die Grundschuld; es ist also für die Beglaubigung eines vollständig ausgefüllten Eintragungsantrags die Gebühr Nr. 25100, für den Entwurf eines Antrags die Gebühr Nr. 21201 Ziff. 4 und für eine Hypothek mit Unterwerfung unter die Zwangsvollstreckung eine Gebühr Nr. 21200 anzusetzen. Und wie bei der Grundschuld darf bei der Abtretung einer Buchhypothek nur die Grundbuchbewilligung mit einer 0,5 Gebühr Nr. 21201 Ziff. 4 bewertet werden (bestritten; dass nicht „die Hypothek", sondern nur die Forderung abgetreten werden kann, ist richtig, aber kostenrechtlich irrelevant, da die Abtretung formfrei ist), während bei der Briefhypothek eine 1,0 Gebühr Nr. 21200 anfällt. 115

3. Vollstreckbare Ausfertigungen

Vollstreckbare Ausfertigungen können zwar von jeder Urkunde erteilt werden, aus der die Zwangsvollstreckung erfolgen kann, haben aber bei den Grundpfandrechten die größte praktische Bedeutung, da der Gläubiger hier häufig eine vollstreckbare Ausfertigung verlangt, auch wenn keine Vollstreckung beabsichtigt ist. Eine besondere Gebühr für die erstmalige Erteilung einer vollstreckbaren Ausfertigung fällt normalerweise nicht an, und zwar auch dann nicht, wenn es sich um die Urkunde eines ausgeschiedenen Notars handelt, dessen Urkunden verwahrt werden. Dennoch ist die Möglichkeit, vollstreckbare Ausfertigungen von Urkunden des Amtsvorgängers zu erteilen, einer der Gründe, warum gerne ein bestehendes Notariat statt eines neuen übernommen wird. 116

Eine 0,5 Gebühr Nr. 23803 fällt nämlich an, wenn die Erteilung oder Umschreibung einer vollstreckbaren Ausfertigung die Prüfung einer **Rechtsnachfolge** voraussetzt. Das kann schon bei der erstmaligen Erteilung einer vollstreckbaren Ausfertigung der Fall sein, zB dann, wenn die Bank, für die eine Grundschuld bestellt wurde, in der Zeit zwischen Beurkundung und Erteilung der vollstreckbaren Ausfertigung durch Verschmelzung in einer anderen aufgegangen ist (*LG Amberg* MittBayNot 1995, 246). Die Rechtsnachfolge kann sowohl auf der Schuldner- als auch auf der Gläubigerseite eingetreten sein. Auf der Gläubigerseite tritt Rechtsnachfolge ein, wenn die finanzierende Bank die Grundschuld an einen anderen Kreditgeber abgetreten hat. Auf der Schuldnerseite tritt Rechtsnachfolge ein, wenn das Eigentum an dem belasteten Grundstück gewechselt hat. Zwar erfolgt die Unterwerfung unter die sofortige Zwangsvollstreckung in der 117

Regel nach § 800 ZPO, also mit Wirkung gegen den jeweiligen Grundstückseigentümer; das ändert aber nichts daran, dass eine Vollstreckung gegen den neuen Eigentümer nur aufgrund einer umgeschriebenen Vollstreckungsklausel möglich ist. Dies ist der Fall, wenn eine Grundschuld zur Kaufpreisfinanzierung noch durch den Verkäufer als dinglichen Schuldner (und den Käufer als nur persönlichen Schuldner) bestellt wurde. Soll hier nach der Eigentumsumschreibung auf den Käufer in das Grundstück vollstreckt werden, so muss die Vollstreckungsklausel gegen den Käufer umgeschrieben werden, und es fällt die Gebühr Nr. 23803 an (*BayObLG* DNotZ 1976, 59). Diese Gebühr lässt sich durch zweckmäßige Formulierung der Grundschuldbestellung vermeiden. Bestellen „der Verkäufer als gegenwärtiger Eigentümer und der Schuldner als künftiger Eigentümer" das dingliche Recht, dann ist eine Umschreibung entbehrlich.

118 Die Gebühr Nr. 23803 fällt auch an, wenn der Eintritt einer Tatsache zu prüfen ist, von der die Vollstreckung abhängt. Das kommt bei notariellen Urkunden aber so gut wie nie vor, entweder weil das Recht oder der Anspruch, deretwegen vollstreckt wird, ohnehin fällig ist oder weil, wenn das – besonders wegen § 1193 Abs. 2 S. 2 BGB – nicht zulässig ist, formularmäßig vereinbart wird, dass die Erteilung der vollstreckbaren Ausfertigung ohne weitere Nachweise erfolgen soll, um dem Notar die oft recht schwierige Prüfung zu ersparen, ob die Tatsachen, von denen die Fälligkeit abhängt, eingetreten sind. Aus *diesem* Grund entsteht die Gebühr Nr. 23803 also normalerweise nicht.

119 **Kein Fall der Prüfung einer Rechtsnachfolge** ist es, wenn sich bei fortbestehender Identität der Name des Schuldners (zB durch Eheschließung) geändert hat oder wenn das Grundstück auf eine neue Grundbuchstelle umgeschrieben wurde und der Gläubiger dies in der Vollstreckungsklausel festgehalten haben will. Solche vollstreckbaren Ausfertigungen lösen nur die Dokumentenpauschale aus (so dieses Buch schon immer und heute wohl allgemeine Meinung: *OLG Schleswig* JurBüro 1992, 483; *KG* JurBüro 1993, 226).

120 Keine 0,5 Gebühr wie nach der Kostenordnung, sondern nur eine Festgebühr von 22 EUR (Nr. 23804; bis 31.12.2020: 20 EUR) fällt für die Erteilung einer **zweiten vollstreckbaren Ausfertigung** an, was etwa in Betracht kommt, wenn die erste vollstreckbare Ausfertigung beim Gläubiger in Verlust geraten ist oder versehentlich dem Schuldner ausgehändigt wurde. Es gibt also auch Dinge, die das GNotKG billiger gemacht hat; man muss sie aber schon mit der Lupe suchen.

121 Der Geschäftswert richtet sich nach der Höhe des Betrags, dessentwegen die Zwangsvollstreckung aus der Urkunde möglich ist. Wird eine Grundschuld teilweise abgetreten und wünscht der neue Gläubiger eine vollstreckbare Ausfertigung für den abgetretenen Teil, der alte Gläubiger für den Rest, so ist die Vollstreckungsklausel für den alten Gläubiger durch gebührenfreie Erteilung einer neuen Vollstreckungsklausel, die sich auf die nicht abgetretene Summe beschränkt, einzuschränken, während dem neuen Gläubiger eine gebührenpflichtige Ausfertigung für den abgetretenen Betrag zu erteilen ist. Da die Gebühr Nr. 23803 nicht für die Erteilung, sondern für das Verfahren erhoben wird, entsteht neben der Gebühr die Dokumentenpauschale Nr. 32000 (aA 8. Aufl.).

10.
Die Ehegatten A bestellen eine Grundschuld zu 100 000 EUR für die Kleinziegenbacher Hypothekenbank AG, die die erste Rangstelle erhalten soll; die Eltern des A treten in der Grundschuldbestellungsurkunde mit ihrem Wohnrecht

II. Grundpfandrechte

im Rang hinter die Grundschuld zurück und bewilligen die Eintragung des Rangrücktritts in das Grundbuch; der Notar fordert weiterhin auftragsgemäß eine Rangrücktrittserklärung der Kleinziegenbacher Volksbank eG an, die mit ihrer Grundschuld zu 110 000 EUR im Rang hinter die neubestellte Grundschuld zurücktreten soll. Die Ehegatten A unterwerfen sich in der Urkunde der sofortigen Zwangsvollstreckung sowohl dinglich als auch persönlich.

Bewertung:
Geschäftswert: 100 000,– EUR.

1,0 Gebühr Nr. 21200	273,00 EUR
0,3 Gebühr Vorbem. 2.2.1.1 Nr. 9, Nr. 22112 (Vollzugsgebühr)	81,90 EUR
	354,90 EUR

Der Rangrücktritt der Eltern des A ist nicht besonders zu bewerten (§ 109 Abs. 1 Nr. 3). Die Fertigung des Entwurfs der Rangrücktrittserklärung der Kleinziegenbacher Volksbank wäre nicht kostengünstiger.

11.

A bestellt eine Buchgrundschuld zu 80 000 EUR zugunsten der Bank Grasshopper & Wealth mit 12 % Zinsen und 8 % einmaliger Nebenleistung. Die Grundschuld soll die erste Rangstelle erhalten. Im Grundbuch sind zwei Grundschulden zu 8000 DM für die B-Sparkasse an erster und 17 000 DM für die C-Bausparkasse an zweiter Rangstelle aufgrund Bewilligung vom 20.5.1958 eingetragen. Hinsichtlich der Grundschuld zu 8000 DM stimmt A der bereits vorliegenden Löschungsbewilligung der B-Sparkasse zu, hinsichtlich der Grundschuld zu 17 000 DM der bereits vorliegenden Rangrücktrittserklärung der C-Bausparkasse zu und bewilligt zu deren Gunsten die Eintragung einer Löschungsvormerkung für den Fall der Vereinigung mit dem Eigentum.

Bewertung:
Geschäftswert: a) Grundschuldbestellung: 80 000 EUR
b) Löschungszustimmung: 4090,34 EUR.

1,0 Gebühr Nr. 21200	219,– EUR.
0,5 Gebühr Nr. 21201 Ziff. 4 mindestens	30,– EUR.

Zusammenrechnung:
1,0 Gebühr Nr. 21200 aus einem Geschäftswert von 84 090,34 EUR:	246,– EUR.

Die Zusammenrechnung ist also für den Kostenschuldner günstiger und deshalb vorzunehmen.

Die Zustimmung zur Rangänderung und die Bewilligung der Löschungsvormerkung sind nicht gesondert zu bewerten (§ 109 Abs. 1 Nr. 3, § 45 Abs. 2).

12.

C hat eine Teilfläche von ca. 800 qm vorbehaltlich Vermessung zum Kaufpreis von 125 EUR/qm erworben. Er bestellt in einer Urkunde eine Grundschuld zu 250 000 EUR und verpfändet gleichzeitig für die Zeit bis zur Vermessung seine Ansprüche aus dem Kaufvertrag wegen aller Ansprüche aus der Geschäftsverbindung. Wegen eines der Grundschuldsumme entsprechenden Betrags übernimmt er die persönliche Haftung und unterwirft sich hierwegen der sofortigen Zwangsvollstreckung.

Bewertung:
Grundschuldbestellung, Übernahme der persönlichen Haftung und Verpfändung haben gleichen Gegenstand. Der Wert der Verpfändung wird begrenzt durch den Wert des Pfandes (100 000 EUR), ist also geringer als der der Grundschuld. Geschäftswert also 250 000 EUR

1,0 Gebühr Nr. 21200	535,– EUR.

13.
D tritt die für ihn am Grundstück seines Bruders E eingetragene, vollstreckbare Buchgrundschuld zu 100 000 EUR an die Bank Grasshopper & Wealth ab. Weitere Erklärungen sollen nicht bekundet werden.
Bewertung:
Geschäftswert: 100 000 EUR
0,5 Gebühr Nr. 21201 Ziff. 4   136,50 EUR.

14.
Am Besitz der Murks AG ist eine Buchgrundschuld zu 35 000 000 EUR eingetragen, die an den Eigentümer abgetreten wurde. Nunmehr wird der Ausschluss der Erteilung eines Grundschuldbriefs aufgehoben.
Bewertung:
Geschäftswert: angenommen 10 % des Nominalbetrags
(§ 36 Abs. 1) = 3 500 000 EUR
0,5 Gebühr Nr. 21201 Ziff. 4   2867,50 EUR.

15.
Die Bank Grasshopper & Wealth übersendet dem Notar vollstreckbare Ausfertigungen seiner Urkunden 101–106 (ohne 104), wobei es sich jeweils um Grundschulden zu 100 000 EUR handelt, mit der Bitte, folgendes zu veranlassen:
a) Die Grundschuld Urk.R.Nr. 101 wurde nur von A als dinglichem Schuldner und B als persönlichem Schuldner zur Kaufpreisfinanzierung bestellt. Nunmehr ist das Grundstück auf B zum Eigentum übergegangen; die Bank möchte gegen B vollstrecken und bittet um Umschreibung der Vollstreckungsklausel.
b) Der Eigentümer D, der die Grundschuld Urk.R.Nr. 102 bestellt hat, hat nach Beurkundung Frau C. geheiratet und führt jetzt den Familiennamen D.-C. Gegen Herrn D.-C. soll die Vollstreckungsklausel umgeschrieben werden.
c) Das Grundstück Fl.Nr. 571, das mit der Grundschuld Urk.R.Nr. 103 belastet ist, hat seinen Beschrieb geändert. Er lautete früher:
„Kutschenremise, Hofraum zu 1912 qm".
Er lautet jetzt:
„Zwei Wohnblocks, Nebengebäude, Hofraum, Grünfläche zu 1912 qm".
Die Bank wünscht, dass dies in der Vollstreckungsklausel festgestellt wird.
d) Zu Urk.R.Nr. 104 schreibt die Bank: „... wurde die vollstreckbare Ausfertigung von uns versehentlich an den Eigentümer übersandt, obwohl die Forderung noch längst nicht getilgt ist. Wir bitten um Erteilung einer weiteren vollstreckbaren Ausfertigung, da der Eigentümer die an ihn gesandte nicht aufzufinden vermag."
e) Zur Urkunde Urk.R.Nr. 105 legt die Bank Abtretungserklärung über 60 000 EUR an die Raiffeisenbank Kleinwasserbach eG vor und bittet um Erteilung einer vollstreckbaren Ausfertigung wegen 60 000 EUR an die Raiffeisenbank Kleinwasserbach und anschließende Rückgabe der vollstreckbaren Ausfertigung an sich.
f) Bei der Grundschuld Urk.R.Nr. 106 lautet die Gläubigerbezeichnung „Gier & Raff". Im Jahre 2003 wurde die Firma der Bank in „Grasshopper & Wealth" geändert; amtlicher Ausdruck aus dem Handelsregister liegt vor. Die Bank Grasshopper & Wealth wünscht, dass die Klausel auf sie umgeschrieben wird.
Bewertung:
Geschäftswert: je 100 000 EUR zu a) bis d); 60 000 EUR zu e).
a) Prüfung der Rechtsnachfolge des B erforderlich.
0,5 Gebühr Nr. 23803   136,50 EUR.

> b) Fortbestehende Identität des Schuldners; es ist nur dessen neuer Name einzusetzen; gebührenfrei.
> c) Feststellung eines neuen Grundbuchbeschriebs; keine Rechtsnachfolge; gebührenfrei.
> d) Weitere vollstreckbare Ausfertigung; keine Rechtsnachfolge.
> Festgebühr Nr. 23804   22,00 EUR.
> e) Umschreibung wegen 60 000 EUR
> 0,5 Gebühr Nr. 23803   96,00 EUR,
> die Einschränkung der Vollstreckungsklausel für die Bank Grasshopper & Wealth auf 40 000 EUR ist gebührenfrei.
> f) Fortbestehende Identität des Gläubigers; es ist nur dessen neue Firma einzusetzen; gebührenfrei.

III. Überlassungs- und Übergabeverträge

Überlassungs- und Übergabeverträge werden aus den unterschiedlichsten Motiven heraus geschlossen: Teils handelt es sich um Übertragung an Abkömmlinge aus Altersgründen, manchmal auf den Ehegatten aus Gründen nahender Zahlungsunfähigkeit oder der Insolvenz. Der Gebührensatz ist, wie bei jedem Vertrag, 2,0, die Gebühr Nr. 21100.   122

1. Geschäftswert

Wie der Kaufvertrag ist auch der Überlassungsvertrag ein **Austauschvertrag**, durch die dem Veräußerer eine – meist nicht vollwertige – Gegenleistung zugesagt wird; es kann natürlich auch vereinbart sein, dass die Überlassung ganz unentgeltlich im Wege der Schenkung erfolgt. Im letzteren Fall ist Geschäftswert der Wert des überlassenen Besitzes; wird dagegen eine Austauschleistung vereinbart, dann ist der Wert der Leistung des einen Teils mit dem Wert der Leistung des anderen Teils zu vergleichen; der höhere dieser beiden Werte ist der Geschäftswert (§ 97 Abs. 3). Einer Vergleichsberechnung bedarf es natürlich nur, wenn es ernsthaft in Frage kommt, dass der Wert der Gegenleistung höher ist als der Wert der Leistung des Übergebers. Bei „normalen" Überlassungsverträgen ist das regelmäßig nicht der Fall. Dort haben Überlegungen, wie ein eingeräumtes Wohnungsrecht, der Anspruch auf Wart und Pflege, auf Tischkost und auf Übernahme der Beerdigungskosten, Grabpflege sowie das Lesen einer Anzahl von heiligen Messen auf viele Jahre hinaus bewertet werden sollen, keine praktische Bedeutung – die Leistung des Veräußerers ist allemal höher.   123

Anders ist es dagegen bei **landwirtschaftlichen Übergaben**, bei denen die Leistung des Übergebers nicht mit ihrem Verkehrswert, sondern nur mit dem vierfachen Einheitswert bewertet werden darf (§ 48). Da die Auswirkung auf die Kosten oft sehr erheblich ist, gab es zu der Frage, wann ein landwirtschaftlicher Betrieb vorliegt, zur Vorgängervorschrift eine umfangreiche, teils wenig überzeugende Rechtsprechung, in der alles Mögliche problematisiert wird (ein Beispiel für die inzwischen übliche Rabulistik: *OLG München* FGPrax 2003, 97).   124

125　Einige Fragen sind im § 48 nun ausdrücklich geklärt, etwa dass eine Verpachtung die Privilegierung ausschließt (keine beabsichtigte „unmittelbare" Fortführung „durch den Erwerber selbst"). Eine Betriebsführung durch den Ehegatten des Erwerbers ist aber unschädlich (*OLG Nürnberg* MittBayNot 2017, 422). Im Geltungsbereich der Höfeordnung kommt es nicht auf die Eintragung in die Höferolle an (*OLG Celle* FGPrax 2018, 92), und es gibt zwar eine gewisse Mindestgröße (nicht nur unwesentlicher Teil der Existenzgrundlage des zukünftigen Inhabers, was anzunehmen sein dürfte, wenn die Mindestgröße für die Beitragspflicht nach dem ALG erreicht ist; *OLG Hamm*, NJW-RR 2001, 1367), nicht dagegen eine Obergrenze: Auch Großgrundbesitzer profitieren von der Gebührenbegünstigung. Die jetzt Gesetz gewordene Regelung ist offenbar sinnwidrig und (wieder einmal) ein schönes Beispiel für die soziale Schieflage des GNotKG: Je kleiner die Landwirtschaft, desto teurer die Übergabe!

126　Sinnvoll dagegen: Begünstigt ist nur die Übergabe einer Landwirtschaft *mit Hofstelle*; *BayObLG* MittBayNot 2002, 127 verlangt zusätzlich, dass sich darin eine für die bäuerliche Familie geeignete Wohnung befindet. Die Übergabe zahlreicher landwirtschaftlicher Grundstücke ohne ein Wohnhaus ist deshalb nicht privilegiert. Wer gerne rechnet, sollte auch feststellen, ob im Einheitswert nicht Flächen enthalten sind, die unter § 69 Abs. 1 BewG fallen und deshalb nicht zum landwirtschaftlichen Vermögen gehören. Diese können aus dem Einheitswert herausgerechnet und mit ihrem Verkehrswert angesetzt werden. Und betrifft die Übergabe nicht einen „normalen" landwirtschaftlichen Familienbetrieb, sondern eine Schweinefleischfabrik oder einen Massenkäfighuhnhalter, dann ist daran zu denken, dass auch die über die Grenzen des § 51 Abs. 1 BewG hinausgehenden Tierbestände nicht zum landwirtschaftlichen Vermögen zählen, sondern mit ihrem Verkehrswert dazuzurechnen sind.

127　In allen anderen Fällen ist bei der Bewertung der Übergeberleistungen *nicht* der Einheitswert, sondern der tatsächliche **Verkehrswert** des Anwesens in Ansatz zu bringen; die Zugrundelegung des Einheitswerts wäre nach § 125 unzulässige Gebührenermäßigung (→ Rn. 361).

128　Ein Abzug der auf dem überlassenen Gegenstand ruhenden Verbindlichkeiten kommt nicht in Betracht (§ 38). Das hat insbesondere dann Bedeutung, wenn ein Gewerbebetrieb oder ein **Handelsgeschäft** Vertragsgegenstand ist. Hier ist die Aktivseite der Bilanz (unter Abzug echter Wertberichtigungen) anzusetzen, nicht etwa der Betriebseinheitswert. Bei Unternehmen mit hohem Fremdkapitalanteil kann das zu im Verhältnis zum tatsächlichen Wert der übergebenen Vermögensmasse gewaltigen Kosten führen; das ist aber ein allgemeines Bewertungsproblem bei Personengesellschaften und einzelkaufmännischen Handelsgeschäften (→ Rn. 268).

129　Oft ist die Austauschleistung ein **Erb- oder Pflichtteilsverzicht** des Übernehmers (→ Rn. 138 für die Geschwister). In diesem Fall ist der Wert der Gegenleistung die Beteiligung des Verzichtenden am Nachlass unter der Annahme, dass der Erblasser sogleich versterben werde (im einzelnen → Rn. 205).

129a　Kauft der Vater eine Immobilie und überträgt sie in der gleichen Urkunde schenkungsweise auf seinen Sohn, so liegen zwei gegenstandsverschiedene Geschäfte vor mit der Konsequenz, dass Geschäftswert der Urkunde der doppelte Kaufpreis ist (§ 35 Abs. 1). Allerdings ist eine Gestaltung nur dann korrekt, wenn ein solcher „Durchgangserwerb" des Vaters aus steuerlichen oder anderen wirtschaftlichen Gründen tatsächlich gewünscht wurde.

III. Überlassungs- und Übergabeverträge

2. Wiederkehrende Leistungen

Oft ist die Austauschleistung eine Leibrente, eine dauernde Last oder sonst eine wiederkehrende Leistung. Hier gelten die Bewertungsgrundsätze des § 52, die bereits im Abschnitt über den Kaufvertrag vorgestellt wurden. 130

Für Überlassungs- und Übergabeverträge muss man folgendes beachten:

(a) Das **Verwandtenprivileg** der Kostenordnung ist abgeschafft; der Kostenwert von wiederkehrenden Leistungen hängt also nicht davon ab, wem sie eingeräumt werden. 131

(b) Ist eine feste Rente auf die Lebensdauer mehrerer Personen bestellt, gilt die Vereinfachungsregelung des § 52 Abs. 4 S. 2. Diese hilft aber nicht weiter in dem nicht seltenen Fall, dass sich jemand eine Rente auf Lebenszeit ausbedingt und nach seinem Tod sein Partner eine niedrigere Rente erhalten soll. Für die Berechnung gibt es hier verschiedene Methoden, die mitunter zu verschiedenen Ergebnissen führen, wegen der sehr geringen Zahl der Altersstufen in § 52 aber oft auch zum selben Resultat. Man kann entweder zunächst den Wert der Rente des älteren Berechtigten ermitteln und dazu den geringeren Betrag der Rente des jüngeren Berechtigten addieren, wobei man hier den Jahresrentenbetrag mit der Differenz der Vervielfältiger multipliziert. Man kann aber auch die zweite Rente für die Zeit ab dem – voraussichtlichen – Tod des Erstversterbenden berechnen (*LG Hagen* Rpfleger 2001, 569). Wählt man die letztere Möglichkeit, kann man den Multiplikator des § 52 Abs. 4 für die erste Rente mit der Zahl der Jahre bis zum Beginn der zweiten Rente gleichsetzen oder aber die statistische Lebenserwartung des Erststerbenden einer Sterbetafel zu entnehmen. Jedenfalls darf sich aber bei der Zusammenrechnung kein höherer Betrag ergeben, als wenn die (ursprüngliche) Rente auf die Lebensdauer des Längstlebenden vereinbart worden wäre; ist diese Berechnung für den Kostenschuldner günstiger, dann würde der Notar sein Ermessen nach § 52 Abs. 6 S. 3 missbrauchen, wenn er anders rechnen würde. Wem das jetzt alles zu theoretisch war, findet alle drei möglichen Methoden im Beispiel 20 vorgerechnet. 132

(c) Besteht eine wiederkehrende Leistung in der Nutzung eines Grundstücks oder eines anderen Gegenstands (insbesondere: **Nießbrauch**), so bestimmt § 52 Abs. 5 einen pauschalen Nutzungswert von 5 %, der aber nur herangezogen werden darf, wenn sich der Nutzungswert nicht konkret ermitteln lässt (*OLG München* JurBüro 2016, 200). Eine „Rückrechnung" aus dem (bekannten) Nutzungswert auf den (unbekannten) Grundstückswert ist nicht statthaft; → Rn. 19. 133

3. Wertsicherung

Werden wiederkehrende Leistungen für einen längeren Zeitraum, insbesondere auf die Lebensdauer einer Person versprochen, so will sich der Berechtigte nicht selten gegen Geldwertverschlechterungen absichern. Ob dazu dienende Klauseln den Geschäftswert erhöhen, war früher sehr umstritten, wobei teilweise nach der Art der Wertsicherungsklausel differenziert wurde. § 52 Abs. 7 hat die Sache sehr vereinfacht: Preisklauseln jeder Art lassen den Geschäftswert unberührt. 134

4. Rückforderungsrecht

135 Bei **bedingten Übernehmerleistungen** ist der Geschäftswert richtigerweise nach den Umständen zu bestimmen (§ 36 Abs. 1); insbesondere ist auf die Wahrscheinlichkeit des Eintritts der Bedingung abzustellen. Dabei kann ein geringer Prozentsatz ebenso in Frage kommen wie ein nahe am vollen Wert der Leistung liegender Betrag. Besonders deutlich wird das bei der Vereinbarung von Rückforderungsrechten: Ein freies Rückforderungsrecht hat den vollen Wert des übertragenen (und wieder rückforderbaren) Grundbesitzes; ein Recht, dessen Voraussetzungen nur ausnahmsweise eintreten (Vorversterben des wesentlich jüngeren Erwerbers) mindert den Wert der Übertragung praktisch nicht und ist deswegen mit einem geringen Bruchteil des Werts der Schenkung (Vorschlag: 10%) richtig bewertet.

136 Die Rechtsprechung wendet auf die üblichen – also nur ausnahmsweise eintretenden – Rückforderungsfälle stattdessen § 51 an, und zwar regelmäßig § 51 Abs. 1 S. 2 analog, setzt also den halben Wert der rückforderungsfähigen Zuwendung an (so zB *OLG Dresden* NotBZ 2017, 272; anders *OLG Köln* FGPrax 2016, 188: voller Wert). Richtiger erscheint – wenn man schon von § 51 ausgehen will – die Anwendung des § 51 Abs. 3: Verglichen mit einem „normalen" Vorkaufsrecht ist die Wahrscheinlichkeit des Bedingungseintritts so gering, dass besondere Umstände des Einzelfalls vorliegen, die eine wesentlich niedrigere Bewertung rechtfertigen (ebenso *OLG Frankfurt* 24.10.2017 – 20 W 358/16, BeckRS 2017, 141310).

5. Geschwister

137 Oft wird in einem Übergabevertrag ein **Erb- oder Pflichtteilsverzicht der Geschwister** des Übernehmers mitbeurkundet. Im Gegensatz zu einem solchen Verzicht des Übernehmers selbst, der Gegenleistung ist (→ Rn. 129), ist der Verzicht dritter Personen gesondert zu bewerten, weil er einen anderen Gegenstand hat. Das gilt auch für die sog. „gegenständlich beschränkten Pflichtteilsverzichte", also eine Vereinbarung zwischen den Eltern und den Geschwistern des Übernehmers, dass bei der Pflichtteilsberechnung die Zuwendung an den Übernehmer im vorliegenden Vertrag außer Ansatz bleiben soll, und die „Gleichstellungserklärung", wonach Erwerber und Geschwister erklären, unter Berücksichtigung der jetzigen und früherer Zuwendungen einander gleichzustehen (Vertrag nach § 311b Abs. 5 BGB).

138 Der Geschäftswert bestimmt sich nach § 36 Abs. 1 (*LG Amberg* MittBayNot 2019, 79 mAnm *Sikora*). Anhaltspunkte für die Schätzung können dabei sein: die Höhe des Pflichtteilsanspruchs, der bestanden hätte, wenn nicht übergeben worden wäre; das Alter des Übergebers und damit die „Gefahr" des Entstehens von Pflichtteilsergänzungsansprüchen (wegen § 2325 Abs. 3 BGB). Umstritten ist dagegen, ob die Hinauszahlung, die der weichende Erbe erhält, Austauschleistung und deshalb nach § 97 Abs. 3 maßgeblich ist, wenn sie höher ist als der Wert des Verzichts. Nach richtiger Auffassung (*OLG Frankfurt* JurBüro 1998, 430) handelt es sich dabei um eine Leistung des Übernehmers, die Gegenleistung für die Übergabe ist; die gegenteilige Meinung des *BGH* (18.4.2013 – V ZB 77/12, NJW-RR 2013, 1080), der Übergeber zahle die vereinbarten Beträge „durch die Leistung des Übernehmers", ist nicht gerade sehr lebensnah.

III. Überlassungs- und Übergabeverträge

16.
Die 63 und 67 Jahre alten Eltern Alfons und Babette übergeben an ihren Sohn Caesar ihr Hausanwesen, das einen Verkehrswert von etwa 180 000 EUR hat, gegen Zahlung eines monatlichen Betrags von 300,- EUR als dauernde Last, die bis zum Lebensende des Längerlebenden zu zahlen ist und sich nach dem Ableben des Erststerbenden nicht vermindert. Das Anwesen ist noch mit einer Grundschuld zu 80 000 EUR für die Sparkasse belastet, auf die noch 3500 EUR geschuldet sind. Caesar übernimmt diese Darlehensschuld im Innenverhältnis; Erklärungen gegenüber der Sparkasse gibt er nicht ab.
Bewertung:
Wert der Übergeberleistung: 180 000 EUR
Wert der Übernehmerleistung: 10 × 12 × 300,- EUR = 36 000,- EUR (§ 52 Abs. 4) + 3500,- EUR = 39 500,- EUR.
Geschäftswert: 180 000,- EUR (§ 97 Abs. 3).
2,0 Gebühr Nr. 21100   816,- EUR.

17. (Fortsetzung)
Abwandlung: C übernimmt außer dem Restdarlehen für eigene Kreditzwecke gegenüber der Sparkasse für den Grundschuldbetrag von 80 000 EUR die persönliche Haftung und unterwirft sich hierwegen der sofortigen Zwangsvollstreckung. Der Notar soll eine Bestätigung der Sparkasse einholen, dass Alfons und Babette mit Eigentumsumschreibung aus jeder Haftung entlassen sind.
Bewertung:
2,0 Gebühr Nr. 21100 (aus 180 000,- EUR)   816,- EUR
2,0 Gebühr Nr. 21200 (aus 80 000,- EUR)   219,- EUR
0,5 Gebühr Nr. 22110 (Vollzugsgebühr, Vorbem. 2.2.1.1 Nr. 8;
aus 260 000,- EUR; § 112)   267,50 EUR
                                                                                                    ─────────
                                                                                                    1302,50 EUR

Zusammenrechnung der Geschäftswerte und Erhebung einer 2,0 Gebühr aus 260 000,- EUR ist nicht günstiger. Aber: Der Notar muss die Übernahme der persönlichen Haftung des C im Kosteninteresse in eine besondere Urkunde nehmen, weil sich dann die Vollzugsgebühr für den Übergabevertrag nur aus 180 000 EUR berechnet und dann nur 204,- EUR beträgt.

18.
Bauer Albert (65) übergibt seinen Hof von 34 Hektar mit dem gesamten lebenden und toten Inventar an seinen Sohn Bertram. Der Einheitswert beträgt 18 600 EUR, den Wert der Grundstücke geben die Beteiligten mit 0,50 EUR/qm an, dazu 80 000 EUR für die Gebäude und 12 000 EUR für das Inventar. Die Gegenleistungen Bertrams sind folgende:
(a) Er bestellt an einem Waldgrundstück (5,34 ha) den lebenslänglichen Nießbrauch für Albert.
(b) Ferner erhält Albert ein Leibgeding, bestehend aus Wart und Pflege, Wohnungsrecht und Tischkost; Jahreswert 8000 EUR.
(c) Die Geschwister Bertrams, vier an der Zahl, erhalten je 20 000 EUR ausgezahlt.
(d) Die altjüngferliche Schwester Dagmar (39) erhält zusätzlich ein Wohnungsrecht auf die Dauer ihres ledigen Standes, Jahreswert 2400 EUR.
(e) Bertram verzichtet auf seinen Pflichtteil am Nachlass seines Vaters. Der Wert des diesem verbleibenden Vermögens beträgt etwa 40 000 EUR, A ist verwitwet.

Bewertung:
Wert der Übergeberleistung: 4 × 18 600 = 74 400 EUR (Verkehrswert 262 000 EUR ist höher).
Wert der Übernehmerleistungen:
(a) Jahreswert des Nießbrauchs: 5 % von 26 700 EUR = 1335 EUR (§ 52 Abs. 5);
 Wert der Übernehmerleistung 10 × 1335 EUR = 13 350 EUR.
(b) 10 × 8000 EUR = 80 000 EUR.
(c) 80 000 EUR.
(d) 10 × 2400 EUR = 24 000 EUR (§ 52 Abs. 3 S. 2).
(e) Erbteil des A: 40 000 EUR : 5 = 8000 EUR, hiervon $\frac{1}{2}$ = 4000 EUR.
Der Wert der Übernehmerleistungen ist also 201 350 EUR.
Geschäftswert: 201 350 EUR (§ 97 Abs. 3).

2,0 Gebühr Nr. 21100	970,– EUR
0,5 Gebühr Nr. 22112, 22110 (Genehmigung GrdstVG), gedeckelt auf:	50,– EUR
	1020,– EUR

19. (Fortsetzung)
Sachverhalt wie Nr. 18. Jedoch erscheinen die vier Geschwister mit zur Beurkundung und erklären, dass sie auf Pflichtteils- und Pflichtteilsergänzungsansprüche im Umfang der Überlassung an Bertram verzichten.
Bewertung:
Diese Vereinbarung hat einen anderen Gegenstand als die Übergabe und ist gesondert zu bewerten. Angemessen wohl 30–50 % des Pflichtteilsanspruchs, der bestanden hätte, wenn nicht übergeben worden wäre.
Übergebenes Vermögen des A: 340 000 × 0,50 + 80 000 + 12 000 = 262 000 EUR.
Pflichtteil pro Kind = 0,5 × 0,2 × 262 000,– EUR = 26 200 EUR, hiervon vorgeschlagen 30 % = 7860 EUR.
Bei vier Kindern ergeben sich 31 440 EUR.

2,0 Gebühr Nr. 21100 ist deshalb aus 232 790 EUR (statt aus 201 350 EUR) zu berechnen:	1070,– EUR
0,5 Gebühr Nr. 22112 unverändert	50,– EUR
	1120,– EUR

Nach der Gegenmeinung (→ Rn. 138) beträgt der Wert (201 350 + 80 000 + 24 000 =) 305 350 EUR und die 2,0 Gebühr demnach 1270,– EUR)

20.
Gesellschafter der Ott und Söhne OHG sind Peter Ott, der Vater, und seine Söhne Ludwig und Theodor Ott. Der Einheitswert des Betriebsvermögens beträgt 112 000 EUR; die Aktivseite der Bilanz 580 000 EUR; die Wertberichtigungen sind mit 10 000 EUR in Ansatz gebracht.
Peter Ott scheidet nun aus der Gesellschaft aus; sein Anteil wächst beiden Söhnen zur Hälfte an; die Gesellschaft zahlt ihm für sein Ausscheiden eine lebenslange Rente von 1800 EUR, seiner Ehefrau nach seinem Ableben eine Rente von 1000 EUR. Peter ist 71 Jahre alt, seine Ehefrau 65 Jahre. Beide Renten sollen wertgesichert sein.
Bewertung:
Wert der Übergeberleistung: Mangels anderer Vereinbarung Beteiligung nach Köpfen, also (580 000 EUR – 10 000 EUR) : 3 = 190 000 EUR.
Wert der Rente:
Rente für Peter (71 Jahre, also Multiplikator 5):
 1800 EUR × 12 × 5 = 108 000 EUR.

> Rente für die Ehefrau (65 Jahre, also Multiplikator 10):
> Berechnungsweg 1 (Multiplikation ihres Rentenbetrags mit der Differenz der Vervielfältiger):
> 　　1000 EUR × 12 × (10–5) = 60 000 EUR.
> 　　Summe: 168 000 EUR.
> Berechnungsweg 2 (Multiplikation ihres Rentenbetrags mit ihrem Alter, erhöht um den angewendeten Multiplikator (jetzt 65 Jahre, also nach 5 Jahren 70 Jahre):
> 　　1000 EUR × 12 × 10 = 120 000 EUR.
> 　　Summe: 228 000 EUR.
> Aber Korrektur:
> Bewertung als Rente von 1800 EUR auf die Lebensdauer des jüngeren Berechtigten ist für den Kostenschuldner günstiger:
> 　　1800 EUR × 12 × 10 = 216 000 EUR.
> Berechnungsweg 3 (Multiplikation ihres Rentenbetrags mit ihrem Alter beim voraussichtlichen Tod des Erststerbenden nach der Sterbetafel (Erststerbender stirbt hiernach nach 13 Jahren, also 65 + 13 = 78 Jahre).
> 　　1000 EUR × 12 × 5 = 60 000 EUR.
> 　　Summe: 168 000 EUR.
> Geschäftswert:
> nach Berechnungsweg 1: 190 000 EUR,
> nach Berechnungsweg 2: 216 000 EUR,
> nach Berechnungsweg 3: 190 000 EUR (§ 97 Abs. 3).
> Die Wertsicherung darf nicht bewertet werden (§ 52 Abs. 7).
> 2,0 Gebühr Nr. 21100
> nach Berechnungsweg 1: 870,– EUR,
> nach Berechnungsweg 2: 970,– EUR,
> nach Berechnungsweg 3: 870,– EUR.

IV. Weitere Grundstücksgeschäfte

1. Vorkaufsrecht

Jahrzehntelang ging man davon aus, die von Anfang an wirksame Einräumung von Vorkaufsrechten könne nur durch beurkundeten Vertrag erfolgen, da es sich um eine – wenn auch bedingte – Verpflichtung zur Verfügung über Grundbesitz handle und daher § 311b BGB anwendbar sei. *BGH 8.4.2016 – V ZR 73/15, NJW 2016, 2035* hat zur allgemeinen Überraschung gegenteilig entschieden und lässt die wirksame Bestellung eines dinglichen Vorkaufsrechts (§ 1098 BGB) durch schlichte Bewilligung des Eigentümers (0,5 Gebühr Nr. 21201 Ziff. 4) zu. Ein beurkundeter Vertrag (2,0 Gebühr Nr. 21100) ist nur dann erforderlich, wenn ein schuldrechtliches Vorkaufsrecht gewünscht wird, Vorkaufsrechte voneinander abhängen sollen (→ Rn. 142) oder es den Beteiligten auf die sofortige Wirksamkeit des Rechts auch schon vor Grundbucheintragung ankommt. **139**

Der Geschäftswert der Vorkaufsrechtsbestellung ist der **halbe Grundstückswert** (§ 51 Abs. 1 S. 2). Diese Vorschrift gilt auch für das Wiederkaufsrecht. Die meisten praktisch vorkommenden Wiederkaufsrechte sind solche für die öffentliche Hand, die diese überhaupt nicht ausüben will, sondern die mehr oder (meist) **140** weniger als Druckmittel zur Erfüllung irgendwelcher Verpflichtungen des Käufers dienen. Hier ist auch bei langer Dauer des Rechts die Wahrscheinlichkeit der Ausübung ungewöhnlich gering.

141 Trotzdem darf hier – anders als nach der früheren Regelung – kein anderer Wert angenommen werden. Dafür genügt es nämlich nicht, dass die Wahrscheinlichkeit der Ausübung des Vorkaufsrechts größer oder kleiner ist als im Normalfall. Ein anderer Ansatz darf nach § 51 Abs. 3 nur erfolgen, wenn „besondere Umstände des **Einzelfalls**" dazu führen, dass der Ansatz des halben Werts unbillig wäre. Beim Wiederkaufsrecht ist die geringe Wahrscheinlichkeit der Ausübung aber kein Einzelfall-, sondern ein allgemeines Phänomen. Zu einer Fallgestaltung mit „besonderen Umständen" → Rn. 154; zu Wiederkaufsrechten zur Sicherung einer Bauverpflichtung → Rn. 65a.

142 Bei der gegenseitigen Einräumung von Vorkaufsrechten ist zu beachten, dass bei Austauschleistungen immer nur die höhere der beiden Leistungen zu bewerten ist. Das bedeutet: Sind A und B Miteigentümer je zur Hälfte eines Grundstücks und bestellen sich gegenseitig am Hälfteanteil des anderen ein Vorkaufsrecht, so ist Geschäftswert die Hälfte des Werts des Miteigentumshälfteanteils, also ein Viertel des Werts des Grundstücks. Ist A Miteigentümer zu $2/3$ und B zu $1/3$, dann ist Geschäftswert die Hälfte von $2/3$, also $1/3$ des Grundstückswerts. Und sind A, B und C Miteigentümer zu je $1/3$ und räumt jeder den beiden anderen ein Vorkaufsrecht an seinem Miteigentumsanteil ein, so ist $2 \times 1/3$ des Grundstückswerts und hiervon die Hälfte zu nehmen; der Geschäftswert beträgt also auch hier $1/3$ des Grundstückswerts.

143 Vorkaufsrechte werden häufig in Miet- oder Pachtverträgen sowie in Kaufverträgen eingeräumt. Die kostenrechtliche Behandlung ist unterschiedlich:

(1) Ein Vorkaufsrecht im Miet- oder Pachtvertrag dient nicht der Sicherung der Miete oder Pacht, sondern ist rechtlich selbständig. Die Geschäftswerte des Miet- oder Pachtvertrags und der Vorkaufsrechtsbestellung sind also zu addieren (Berechnungsbeispiel 80 nach → Rn. 323c).
(2) Anders ist der Fall zu beurteilen, wenn sich in einem Grundstückskaufvertrag der Verkäufer ein subjektiv-persönliches Vorkaufsrecht (also ein Vorkaufsrecht für den Verkäufer persönlich) vorbehält. Hier geht die hM davon aus, dass es sich dabei um eine Beschränkung der dem Käufer übertragenen Rechte handelt, nicht um eine selbständige Leistung des Käufers, die deshalb dem Kaufpreis auch nicht hinzuzurechnen ist (*OLG Hamm* FGPrax 2016, 40). Anders soll es nur sein, wenn sich aus dem Zusammenhang ergibt, dass das betreffende Recht über die Sicherung hinaus einen wirtschaftlichen Wert hat (*LG Trier* JurBüro 2002, 431). Der Wert eines subjektiv-dinglichen Vorkaufsrechts (also eines Vorkaufsrechts für den jeweiligen Eigentümer eines dem Verkäufer verbleibenden Grundstücks) muss dagegen immer zum Kaufpreis dazu addiert werden (§ 110 Nr. 2 Buchst. b).

2. Ankaufsrecht und ähnliche Geschäfte

144 Das Ankaufsrecht gibt es zwar nicht im BGB, wohl aber im GNotKG: Während nach der Kostenordnung (in der das Ankaufsrecht nicht geregelt war) meist die entsprechende Anwendung der Bewertungsregeln des Vorkaufsrechts befürwortet wurde, bestimmt § 51 Abs. 1 jetzt den vollen Wert des Gegenstands, auf

IV. Weitere Grundstücksgeschäfte

den sich das Recht bezieht. Auch hier reicht für eine andere Bewertung (die hier logischerweise nur eine *niedrigere* sein kann) nur eine ungewöhnlich geringe Wahrscheinlichkeit der Ausübung, die sich aus den „besonderen Umständen des Einzelfalls" ergibt (§ 51 Abs. 3).

Die gesetzliche Regelung ist für Fälle angemessen, in denen die Ausübung des Ankaufsrechts ausschließlich vom freien Willen des Berechtigten abhängt. Bestehen zusätzliche Erfordernisse, wäre ein Abschlag wie beim Vorkaufsrecht angemessen. Hier sollte man also keine zu hohen Anforderungen an die „besonderen Umstände" stellen.

3. Wohnungseigentum

a) Begründung von Wohnungseigentum

Wohnungseigentum wird entweder nach § 3 WEG durch **Vertrag** unter den Miteigentümern begründet oder durch **Teilungserklärung** des Grundstückseigentümers nach § 8 WEG. Im Falle des § 3 WEG steht fest, dass eine 2,0 Gebühr Nr. 21100 zu erheben ist. Enthält die Teilungserklärung nach § 8 WEG *ausschließlich* die zur Entstehung des Wohnungseigentums erforderlichen Grundbucherklärungen, so ist eine 0,5 Gebühr Nr. 21201 anzusetzen. Regelmäßig wird aber in der Teilungserklärung die Gemeinschaftsordnung enthalten sein, die das Verhältnis der Miteigentümer zueinander regelt. Das ist dann eine einseitige Erklärung, und die Teilungserklärung ist insgesamt mit einer 1,0 Gebühr Nr. 21200 zu bewerten. 145

Der sparsame Kunde kann hier bei großen Objekten eine Menge Geld sparen: Entwirft er die Eintragungsbewilligung samt der Gemeinschaftsordnung selbst, dann braucht er nur die Unterschrift des Grundstückseigentümers darunter beglaubigen zu lassen; es fällt nur eine 0,2 Gebühr Nr. 25100 (die zudem auf 70 EUR gedeckelt ist) statt der 1,0 Gebühr Nr. 21200 an. Die Erklärungen sind nämlich *nicht* beurkundungspflichtig; lediglich wegen § 29 GBO ist die öffentliche Beglaubigung erforderlich. In der Regel lassen die Beteiligten die Teilungserklärung aber vom Notar aufsetzen; dann ist die 1,0 Gebühr fällig. Die Beurkundung kann sich allerdings auch für den selbst Sachkundigen empfehlen, weil – wenn aus dem Bauvorhaben bereits vor Vollzug der Teilungserklärung im Grundbuch verkauft werden soll – gemäß § 13 a BeurkG auf die Teilungserklärung in den Kaufverträgen Bezug genommen werden kann, andernfalls dagegen der Vorvollzug der Teilungserklärung abgewartet oder sie jedes Mal mit verlesen werden muss.

Als **Geschäftswert** bestimmt § 42 Abs. 1 den Wert des bebauten Grundstücks. Auch wenn die Gebäude erst errichtet werden sollen, ist von der Summe von Grundstückswert und veranschlagten Baukosten auszugehen, da die Einräumung von Wohnungseigentum sich bereits auf das – wie in der Teilungserklärung vorgesehen – bebaute Grundstück bezieht, mag auch Sondereigentum erst mit der Bebauung entstehen. Das gilt selbst dann, wenn bereits feststeht, dass nicht mehr gebaut wird (*OLG Zweibrücken* Rpfleger 2004, 321). Auch bei beabsichtigtem Einzelverkauf ist nicht die Summe der Werte der entstehenden Eigentumswohnungen maßgebend (aA *OLG München* MittBayNot 2020, 76 in Abweichung von der zutreffenden Entscheidung *BayObLG* DNotZ 1991, 325). 146

147 Mit der Gebühr für die Beurkundung der Wohnungseigentumsbegründung ist alles abgegolten, was zum Inhalt des Wohnungseigentums gehört. Werden in der gleichen Urkunde Erwerbs- oder Veräußerungsverträge abgeschlossen, gegenseitige Vorkaufsrechte bestellt oder Werkverträge über die Errichtung der Gebäude abgeschlossen, dann haben diese Vereinbarungen verschiedenen Gegenstand und müssen gesondert bewertet werden.

148 Wenn der Notar bei der Begründung von Wohnungs- und Teileigentum eine Vollzugstätigkeit entfalten muss, ist zusätzlich die Vollzugsgebühr Nr. 22110 zu erheben. Es handelt sich dabei aber um Ausnahmefälle, da normalerweise zum Vollzug der Wohnungseigentumsbegründung im Grundbuch keine Vollzugstätigkeit erforderlich ist. Gedacht ist hier vor allem an den Fall, dass bei Beurkundung die Abgeschlossenheitsbescheinigung noch nicht vorliegt und der Notar mit deren Einholung beauftragt wird oder dass Genehmigungspflicht nach § 22 BauGB besteht. Ob die Tätigkeit vor oder nach der Beurkundung vorgenommen wird, spielt keine Rolle (Vorbem. 2.2.1.1 Abs. 1 Satz 3).

b) Veräußerung von Wohnungseigentum

149 Die Veräußerung von Wohnungseigentum erfolgt durch einen Kaufvertrag, für den all das gilt, was im Abschnitt über den Grundstückskaufvertrag gesagt wurde. Besonderheiten ergeben sich nicht. Die Meinung, das kapitalisierte Wohngeld sei eine Gegenleistung des Käufers und zum Kaufpreis dazuzurechnen, wird seit einer Entscheidung des *Kammergerichts* aus dem Jahre 1965 nicht mehr vertreten.

Trotzdem sind Kaufverträge über Eigentumswohnungen oft teurer als Kaufverträge über Bauplätze oder Häuser mit gleichem Kaufpreis, weil vor allem bei älteren Anlagen nicht selten vorgesehen ist, dass die Veräußerung von Wohnungseigentum der Zustimmung des Verwalters bedarf. Wird der Notar nun im Kaufvertrag beauftragt, diese Zustimmung einzuholen, dann entsteht die Vollzugsgebühr Nr. 22110 mit 0,5 oder aber die Entwurfsgebühr für die Zustimmungserklärung (1,0 Gebühr Nr. 21200 aus dem halben Wert, § 98 Abs. 1), und, letzterenfalls nur wenn der Verwalter bei einem anderen Notar unterschreibt, noch einmal die 0,2 Gebühr Nr. 25100. Mit Ausnahme dieser 0,2 Gebühr lassen sich die durch die notwendige Verwalterzustimmung verursachten Mehrkosten für den sparsamen Wohnungskäufer sparen, wenn er dem Notar insoweit keinen Vollzugsauftrag erteilt. Und noch billiger ist es natürlich, wenn es gelingt, den Verwalter zu veranlassen, bei der Beurkundung des Kaufvertrags anwesend zu sein. Da die Zustimmung mit dem Kaufvertrag gegenstandsgleich ist, fallen dann überhaupt keine zusätzlichen Kosten an.

c) Teileigentum, Wohnungs- und Teilerbbaurecht

150 Alles Angeführte gilt natürlich auch bei der Begründung oder Veräußerung von Teileigentum, Wohnungs- und Teilerbbaurechten. Dazu muss man sich aber in den letzten beiden Fällen erst mit Bewertungen zum Erbbaurecht allgemein beschäftigen. Man findet sie im folgenden Abschnitt.

4. Erbbaurecht

a) Begründung des Erbbaurechts

Der Vertrag über die Begründung eines Erbbaurechts entspricht einem Grundstückskaufvertrag: Er umfasst einen schuldrechtlichen Teil und seine dingliche Erfüllung durch Einigung über das Entstehen des Erbbaurechts. In beiden Fällen bedarf der obligatorische Vertrag der Beurkundung, denn § 311 b BGB gilt auch für Erbbaurechte (§ 11 Abs. 2 ErbbauRG). Öffentliche Körperschaften haben ein Schlupfloch entdeckt, wie sie die – wegen der typischerweise recht hohen Geschäftswerte nicht unerheblichen – Notarkosten bei Erbbaurechtsbestellungen umgehen können: Zwar entsprechen die sachlich-rechtlichen Bestimmungen über das Erbbaurecht denen über das Eigentum an Grundstücken – aber § 925 BGB gilt für Erbbaurechte nicht! Wenn sich die Vertragspartner also einig sind, dass es nichts ausmacht, wenn der Vertrag bis zur Eintragung des Erbbaurechts nichtig bleibt, dann können sie ihn privatschriftlich abschließen, und der Eigentümer bewilligt und beantragt sodann die Eintragung des Erbbaurechts ins Grundbuch, desgleichen der Erbbauberechtigte die Eintragung des Erbbauzinses und etwaiger weiterer Rechte. Wenn Eigentümer und Erbbauberechtigter siegelführend sind (§ 29 Abs. 3 GBO), fallen nicht einmal Beglaubigungskosten an; wenn nicht, ist die Sache bei gleichzeitiger Beglaubigung der Unterschriften beider Vertragsteile jedenfalls mit 70 EUR abgetan (Nr. 25100). Von Seiten des Grundbuchamts ist dagegen nichts zu machen; die Eintragung *muss* aufgrund der schlichten Bewilligungen erfolgen; Vorlage eines wirksamen Erbbaurechtsbestellungsvertrags darf das Grundbuchamt nicht verlangen (*OLG Oldenburg* DNotZ 1985, 712).

151

Gewöhnliche Sterbliche bestellen Erbbaurechte dagegen, indem sie beim Notar einen Erbbaurechtsvertrag aufsetzen lassen. Für dessen Geschäftswert gelten §§ 43, 49 Abs. 2; hiernach sind **80 % des Grundstückswerts** und der **kapitalisierte Erbbauzins** miteinander zu vergleichen; der höhere der beiden Werte stellt den Geschäftswert dar. Wenn die Ausübung des Erbbaurechts auf eine Teilfläche beschränkt ist, sind 80 % des Werts dieser Fläche maßgebend (§ 49 Abs. 2 Halbs. 2; so auch schon bisher die Rechtsprechung).

152

Ist während der Dauer des Erbbaurechts der Erbbauzins verschieden hoch, dann ist die Summe der Erbbauzinsen der ersten (maximal) 20 Jahre maßgebend (§ 52 Abs. 2). Die Gebühr für die Erbbaurechtsbestellung gilt alles ab, was üblicherweise vereinbart wird: die Bauverpflichtung des Erbbauberechtigten, die Übernahme der öffentlichen Lasten und Abgaben und der Erschließungskosten (*OLG Schleswig* SchlHAnz. 1998, 59), Heimfallrecht, Erneuerungsvorrecht, Zustimmungserfordernis bei Belastung oder Veräußerung des Erbbaurechts. Auch das Vorkaufsrecht des Erbbauberechtigten am Grundstück ist eine mitabgegoltene Vereinbarung ebenso wie ein entsprechendes Ankaufsrecht.

153

Für die Bewertung eines bereits entstandenen ist es unerheblich, ob die Gebäude bereits errichtet sind oder erst noch errichtet werden sollen; stets stellen 80 % der Summe von Grundstückswert und Wert der Bauwerke den Wert des Erbbaurechts dar (§ 49 Abs. 2). Der Erbbauzins spielt dagegen keine Rolle mehr, sobald das Erbbaurecht bestellt ist. Die Zusammenrechnung von Bau- und Grundstückswert ist wirtschaftlich absurd: Wer ein Erbbaurecht nach Errichtung des Gebäudes kauft, erwirbt nicht mehr das Recht bauen zu dürfen; er kauft ein Haus und kalkuliert den Kaufpreis auch so. Der Wert des Grundstücks – das der Käufer

154

gar nicht kauft – ist für diesen Kaufvertrag ohne jede Relevanz; allenfalls kann sich ein besonders günstiger oder besonders hoher Erbbauzins auf die Kalkulation des Käufers auswirken, aber der ist ja gerade irrelevant. Wie so oft im GNotKG hat das Bestreben, zu möglichst hohen Werten zu kommen, den Blick für die wirtschaftlichen Zusammenhänge verstellt.

Neben dem Erbbaurecht zu bewerten ist ein **Vorkaufsrecht am Erbbaurecht.** Hier ist der genannte Wert nach § 51 Abs. 1 S. 2 zu halbieren, ohne Rücksicht darauf, ob das Erbbaurecht frei veräußerlich ist oder der Erbbauberechtigte zur Veräußerung der Zustimmung des Grundstückseigentümers bedarf und daher das Vorkaufsrecht trotz der Möglichkeit, die Zustimmung des Grundstückseigentümers nach § 7 ErbbauRG zu ersetzen, geringere Bedeutung hat. Das ergibt sich aus § 51 Abs. 3, wonach nur „besondere Umstände des Einzelfalls" eine andere Bewertung rechtfertigen können, nicht aber allgemein übliche Gestaltungen. Solche besonderen Umstände liegen etwa dann vor, wenn ein Gebäude ausschließlich öffentlichen Zwecken gewidmet ist, zweckgebundene Fördermittel für den Bau bewilligt wurden und deshalb als Kaufinteressenten nur Träger öffentlicher Verwaltung in Betracht kommen. In einem solchen Fall ist der Vorkaufsfall so unwahrscheinlich, dass ein solches Vorkaufsrecht mit 10 % des Werts des Erbbaurechts richtig bewertet ist (*BGH* 6.10.2011 – V ZB 52/11, NJW-RR 2012, 209). Maßgeblicher Bautenstand ist der Tag der Bestellung des Erbbaurechts; Bauwerke, die erst noch errichtet werden sollen, können nur unter dem Gesichtspunkt der Unbilligkeit nach § 51 Abs. 3 berücksichtigt werden (*OLG München* Rpfleger 2019, 288; vgl. Beispiel 25).

155 Wie bei den Überlassungs- und Übergabeverträgen (→ Rn. 134) ist auch bei der Erbbaurechtsbestellung die Vereinbarung einer **Wertsicherungsklausel** nicht besonders zu bewerten (§ 52 Abs. 7).

156 Auch bei der Bestellung von Erbbaurechten kann die Vollzugsgebühr Nr. 22110 anfallen, vorausgesetzt natürlich, dass eine Vollzugstätigkeit auch erforderlich ist. Ein gemeindliches Vorkaufsrecht nach dem BauGB besteht ja nicht; allerdings kann beispielsweise wegen § 144 BauGB eine Genehmigung erforderlich sein.

157 Erteilt der Grundstückseigentümer bereits im Erbbaurechtsbestellungsvertrag seine Zustimmung zur Belastung mit bestimmten Grundpfandrechten und/oder tritt er mit seinen Rechten im Rang hinter solche Belastungen zurück, dann sind diese Erklärungen gegenstandsgleich mit der Erbbaurechtsbestellung und nicht gesondert zu bewerten. Werden sie später gesondert abgegeben, dann müssen sie selbständig bewertet werden und zwar Zustimmungen mit dem halben Wert des Geschäfts, dem zugestimmt wird (§ 98 Abs. 1).

b) Folgegeschäfte

158 Bewertungsprobleme werfen auch die Geschäfte auf, die ein bereits entstandenes Erbbaurecht betreffen.

(1) Bei Abschluss eines Kaufvertrags über ein bestehendes Erbbaurecht übernimmt der Käufer fast immer auch die Verpflichtung zur Zahlung des Erbbauzinses. Dieser bleibt bei der Bewertung aber außer Ansatz, da es sich um eine nicht einseitig ablösbare Last handelt; der Fall liegt kostenrechtlich nicht anders, als wenn eine Dienstbarkeit übernommen würde (→ Rn. 63). Trotzdem wirkt sich hier die wirtschaftlich absurde Regelung des § 49 Abs. 2

IV. Weitere Grundstücksgeschäfte

(→ Rn. 154) aus: Nach § 97 Abs. 3 sind nämlich Kaufpreis und Wert des Erbbaurechts zu vergleichen. Da der Käufer an den Verkäufer aber nur etwas für das Gebäude bezahlt (für die Nutzung des Grundstücks zahlt er ja den Erbbauzins an den Eigentümer!), ist der nach § 49 Abs. 2 berechnete Wert des Erbbaurechts und damit der Geschäftswert des Kaufvertrags meist höher als der Kaufpreis, was jeder Kostengerechtigkeit widerspricht; zudem muss der Notar einen Wert ermitteln, ohne dass ihm die Beteiligten dabei viel helfen können, selbst wenn sie wollten: wieviel 80 % des Grundstückswerts sind, ist hier sowohl dem Verkäufer als auch dem Käufer herzlich gleichgültig. Die Praxis ignoriert § 49 Abs. 2 meist (vgl. *OLG Celle* NotBZ 2015, 150; diese Entscheidung ist zumindest insoweit falsch, als dort bei der Vergleichsberechnung die mitverkaufte Küche beim „Wert des Erbbaurechts" mitberücksichtigt wird). Begründen lässt sich das durch eine teleologische Reduktion des § 49 Abs. 2, und sogar der BGH hat in einer Vollstreckungssache beiläufig erwähnt, der Kostenwert eines Erbbaurechts sei „80 % des im Zwangsversteigerungsverfahren festgesetzten Verkehrswerts" (*BGH* 13.7.2017 – V ZB 186/15, Rn. 30, BeckRS 2017, 123293), was ja nichts anderes heißt, als dass der Grundstückswert außer Betracht gelassen wird.

(2) Wird die Erklärung des Grundstückseigentümers, der Veräußerung zuzustimmen und sein Vorkaufsrecht nicht auszuüben, im Kaufvertrag abgegeben, so ist sie kostenrechtlich irrelevant. Die Regel wird aber sein, dass diese Erklärungen in einer gesonderten Urkunde abgegeben werden. Sie haben dann den halben Wert des Erbbaurechts, und, wenn man mag, kann man noch einen nach § 36 Abs. 1 zu schätzenden Bruchteil (10 %; *OLG Celle* NotBZ 2015, 150) für die Erklärung zum Vorkaufsrecht dazurechnen; fairer ist es wohl, vor allem im Hinblick auf die Formfreiheit, die Erklärung zum Vorkaufsrecht neben der Veräußerungszustimmung nicht besonders zu bewerten. **159**

(3) Wird der Belastung eines Erbbaurechts zugestimmt und gleichzeitig der **Rangrücktritt** mit Erbbauzins, etwaiger Vormerkung auf Erhöhung des Erbbauzinses und Vorkaufsrecht erklärt, dann war nach der Kostenordnung die Erklärung des Rangrücktritts auf die zur Eintragung kommenden Belastungen zu beziehen und deshalb nicht besonders zu bewerten; heute fehlt eine solche Bestimmung; die Kommentarliteratur nimmt auch zum GNotKG ohne weitere Begründung Gegenstandsgleichheit an (Korintenberg/*Diehn* GNotKG § 109 Rn. 139); gedacht ist möglicherweise an analoge Anwendung von § 109 Abs. 1 Nr. 3. **160**

(4) Wird ein Erbbaurecht **geteilt,** dann ist der Wert nach § 36 Abs. 1 zu schätzen; 10 bis 20 % des Werts des Erbbaurechts dürften als Geschäftswert angemessen sein. Wird gleichzeitig der Erbbauzins auf die neugebildeten Erbbaurechte verteilt – um die gesamtschuldnerische Haftung auszuschließen, wenn die Erbbaurechte später in verschiedene Hände übergehen –, dann ist allerdings der volle Kapitalbetrag für die Aufteilung in Ansatz zu bringen. **161**

(5) Wird ein Erbbaurecht **aufgehoben,** was insbesondere dann vorkommt, wenn das Grundstück an den Erbbauberechtigten verkauft wird, dann genügt hierzu die Bewilligung des Berechtigten, so dass nur eine 0,5 Gebühr Nr. 21201 Ziff. 4 zu berechnen ist. Der Geschäftswert für die Löschungsbewilligung richtet sich nach dem Wert des Erbbaurechts; deshalb sind wieder 80 % des Werts des Bauwerks und 80 % des Grundstückswerts zu addieren (*OLG Celle* Rpfleger 2004, 652 ist überholt). Mit der Aufhebung des Erbbaurechts **162**

werden alle daran bestehenden Belastungen beseitigt, so dass eine besondere Berechnung nicht in Betracht kommt. Dagegen muss, wenn ein Vorkaufsrecht für den Erbbauberechtigten am Grundstück eingetragen ist, dieses besonders gelöscht werden, da es nicht zusammen mit dem Erbbaurecht untergeht.

5. Grundbuchberichtigungen und Löschungen

163 Grundbuchberichtigungen und Löschungen können formbedürftig oder formfrei sein. Erfordern sie eine Bewilligung des Berechtigten, dann muss diese wegen § 29 GBO öffentlich beglaubigt werden. Werden dagegen die Unrichtigkeit des Grundbuchs oder die Löschbarkeitsvoraussetzungen durch öffentliche Urkunden nachgewiesen oder sind sie offenkundig, dann bedarf es keiner Bewilligung, sondern lediglich eines Berichtigungs- oder Löschungsantrags, für den, im Gegensatz zur Bewilligung, keine Formvorschriften bestehen. Da aber der Unterschied zwischen beglaubigungsbedürftiger Bewilligung und formlosem Antrag dem Laien in der Regel nicht bekannt ist, wendet er sich regelmäßig doch an den Notar. Wird der Berichtigungs- oder Löschungsantrag vom Notar entworfen, dann ist eine 0,5 Gebühr Nr. 21201 (Ziff. 4) zu erheben. Wenn sich aus dem folgenden ergibt, dass von einem Geschäftswert von 0 auszugehen ist, dann ist es angesichts einer Gebühr von 30 EUR nicht erforderlich, dass der Notar die Beteiligten im einzelnen darüber belehrt, dass der Antrag formfrei ist; wenn dagegen für den Berichtigungs- oder Löschungsantrag erhebliche Kosten anfallen, ist es eine Anstandspflicht, auf die Vermeidbarkeit der Kosten für eine meist ganz einfache, keinerlei juristischen Scharfsinn erfordernde Erklärung hinzuweisen.

Folgende Fallgruppen sind zu unterscheiden:

164 (1) Ein **noch bestehendes Recht** in Abteilung II oder III des Grundbuchs soll gelöscht werden. Der Berechtigte bewilligt beispielsweise die Löschung eines Wohnungsrechts, das auf Lebenszeit bestellt ist, eine Bank die Löschung einer zu ihren Gunsten eingetragenen Grundschuld zu 100 000 EUR. Hier bedarf es der Bewilligung des Berechtigten; **Geschäftswert** ist der Wert des Rechts: Bei einer Auflassungsvormerkung ist der Wert des Grundstücks maßgeblich, bei einem Wohnungsrecht oder einer Reallast – überhaupt bei allen wiederkehrenden Leistungen – der Wert des Rechts im Zeitpunkt der Abgabe der Löschungsbewilligung (§ 52 Abs. 6 S. 2), bei Grundpfandrechten der Nominalwert des Rechts, bei der Löschung von Auflassungsvormerkungen zur Sicherung von Ankaufs- oder Rückerwerbsrechten in der Regel der volle Grundstückswert (§ 51 Abs. 1 S. 1 entsprechend). Ob das Recht, das gelöscht werden soll, noch ausgeübt wird und ob die Grundschuld, die gelöscht werden soll, zum Zeitpunkt der Löschung noch valutiert ist, ist für die Berechnung der Kosten unerheblich. Die Löschung einer Grundschuld, die noch voll valutiert ist und gelöscht wird, weil der Kredit umgeschuldet wird, und die Löschung eines voll getilgten Grundpfandrechts werden also gleich behandelt. Bei der Löschung von Hypotheken ist noch zu beachten, dass die 0,5 Gebühr Nr. 21201 nur die schlichte Löschung deckt. Benötigt der Eigentümer eine „löschungsfähige Quittung", weil er die Hypothek auf sich umschreiben lassen will – ein heute sehr seltener Fall –, dann handelt es sich um eine kostenrechtlich nicht privilegierte einseitige Erklärung, für die eine 1,0 Gebühr Nr. 21200 zu erheben ist.

IV. Weitere Grundstücksgeschäfte

Eine Besonderheit gilt für die Löschung von Gesamtrechten, die bereits an mindestens einem Grundstück gelöscht wurden: Der Wert ihrer Löschung ist – wie bei einer Freigabe (→ Rn. 24) – maximal der Wert der noch belasteten Grundstücke (§ 44 Abs. 1 S. 1 und 2). Es kann deshalb – vor allem auch im Hinblick auf die Gerichtsgebühren – bei der Löschung von Rechten, deren Nominalbetrag höher ist als der Grundstückwert, sinnvoll sein, von einem Gesamtrecht zuerst ein Grundstück freizugeben und es dann an dem oder den verbliebenen löschen zu lassen (vgl. Berechnungsbeispiel 31).

(2) Ein Recht in Abteilung III des Grundbuchs ist nicht mehr valutiert. Die Löschung bedarf der Zustimmung des Eigentümers (§ 27 GBO). Holt der Notar hier die Löschungsbewilligung ein, umfasst der entworfene Text üblicherweise sowohl die Bewilligung der Bank als auch die Zustimmung des Eigentümers, wofür nur einmal die 0,5 Entwurfsgebühr Nr. 24102, 21201 Ziff. 4 anfällt; zur Beglaubigung der Unterschrift des Eigentümers in diesem Fall → Rn. 336b. Liegt die Löschungsbewilligung schon vor, entsteht für die Eigentümerzustimmung eine Festgebühr von 20 EUR (Nr. 25101). Aber **Vorsicht**: Das gilt nur für die schlichte Beglaubigung, d.h. der Satz „Der Eigentümer stimmt der Löschung zu und beantragt den Vollzug." muss bereits auf der Löschungsbewilligung stehen (oder vom Eigentümer vor Aufsuchen des Notars dort ergänzt werden); wird er vom Notar hinzugesetzt, kann dieser die Gebühr Nr. 24102 ansetzen! Dass die Gebühr Nr. 25101 nur einmal anfällt, auch wenn die Löschungsbewilligung, der zugestimmt wird, mehrere Rechte zur Löschung bewilligt, sollte eigentlich nicht erst einer Entscheidung des BGH bedurft haben (*BGH* 23.1.2020 – V ZB 70/19, JurBüro 2020, 307 mAnm *H. Schmidt*): Es heißt in Nr. 25101 „*eine* Zustimmung", nicht etwa „Zustimmung zur Löschung *eines* Grundpfandrechts".
Dort, wo die Übermittlung an das Grundbuchamt noch in Papierform erfolgt, kommt zur Gebühr Nr. 25101 (nur) noch die Gebühr Nr. 22124 hinzu, so dass insgesamt 40 EUR fällig werden.
Dort, wo der elektronische Rechtsverkehr eingeführt und für den Notar obligatorisch ist (→ Rn. 68a), wurde es bis 31.12.2020 absurd teuer. Für die Erzeugung der XML-Daten anlässlich der elektronischen Übermittlung entstand zusätzlich die Gebühr Nr. 22125, die damals eine 0,6 Gebühr aus dem Grundschuldbetrag war, bei einer Grundschuld von 100 000 EUR also beispielsweise zu Kosten von weiteren 163,80 EUR führte. Diese Gebühr hat das KostRÄG 2021 für den Fall der Nr. 25101 ersatzlos gestrichen, so dass seitdem ebenfalls 40 EUR fällig werden. Aber wieder **Vorsicht**: Nur die Gebühr Nr. 22125 ist entfallen; übermittelt der Notar eine von ihm entworfene Erklärung mit den XML-Daten, fällt die Gebühr Nr. 22114 (bzw., wenn noch eine andere Vollzugsgebühr entsteht, Nr. 22115) in Höhe von maximal 125 EUR an.
Der sparsame Eigentümer wird allerdings weder 40 EUR noch eine Gebühr Nr. 22114/22115 bezahlen, sondern die Aushändigung der Löschungszustimmung verlangen und diese selbst an das Grundbuchamt senden; das ist bisher noch in allen Bundesländern möglich.

(3) Dagegen reicht für die Löschung eines Rechts, das im Grundbuch als bis zu einem bestimmten Tag oder bis zu einem bestimmten Ereignis befristet ist (gegenstandsloses Recht), ein schlichter Löschungsantrag, beim Eintritt eines Ereignisses aber nur dann, wenn es durch öffentliche Urkunden nachgewiesen werden kann.

Wird die Erklärung vom Notar entworfen, dann ist hinsichtlich des Geschäftswerts zu unterscheiden:

(a) Ist ein Recht auf bestimmte Zeit oder die Lebensdauer einer Person beschränkt und ist die Zeit abgelaufen oder diese Person verstorben, dann ist der Wert des Rechts 0 EUR (§ 52 Abs. 6 S. 4); bei Rechten, die auf die Dauer des ledigen Standes einer Person beschränkt sind, kann – wenn die Person geheiratet hat – nichts anderes gelten.

(b) Anders (geringer Teilwert des Grundstückswerts) entscheidet die herrschende Meinung, wenn das Recht (oder – bei einer Vormerkung – der gesicherte Anspruch) durch Eintritt einer auflösenden Bedingung erloschen ist (*BayObLG* DNotZ 1996, 395: 10 %).

166a (4) Bewertungsfragen zur **Gesellschaft bürgerlichen Rechts** gehörten lange Zeit zu den meistdiskutierten Kostenproblemen. Richtig dürfte folgendes sein: Für die Berichtigung des Grundbuchs durch Eintragung des Eintritts oder des Ausscheidens eines Gesellschafters ist eine 0,5 Gebühr Nr. 21201 (Ziff. 4) zu erheben – und zwar aus dem Anteil des Eintretenden oder Ausscheidenden. Das gilt allerdings nicht, wenn nur noch ein Gesellschafter übrigbleibt, der das Gesellschaftsvermögen mit allen Aktiven und Passiven übernimmt. Da die GbR als solche Eigentümerin ist, aber mit dem Ausscheiden des vorletzten Eigentümers nicht mehr existiert, hat diese Berichtigungsbewilligung den vollen Wert des Grundstücks.

6. Tauschverträge und Auseinandersetzungsverträge

167 Keine Schwierigkeiten ergeben sich in der Regel bei der Bewertung von Tauschverträgen. Es handelt sich gewissermaßen um den „Musterfall" eines in § 97 Abs. 3 geregelten Austauschvertrags: die gegenseitig eingetauschten Gegenstände sind miteinander zu vergleichen; maßgebend ist der höhere Wert. Das gilt auch für einen Tausch unter mehr als zwei Beteiligten („Ringtausch"); es handelt sich um ein einheitliches Rechtsgeschäft, und der Wert des höchstwertigen Tauschgegenstands ist maßgebend.

168 Umstritten ist die Behandlung eines Vertrags, durch den sich Miteigentümer nach Bruchteilen über eine Sache auseinandersetzen. Ist hier die Aufhebung der Gemeinschaft zu bewerten und demnach die Gebühr aus dem gesamten Wert zu erheben (so *OLG Düsseldorf* MittRhNotK 1996, 96), oder liegt ein Austauschvertrag vor, durch den die Miteigentümer wechselseitig ihre Bruchteile austauschen, so dass die Gebühr nach dem Wert des höchstwertigen Miteigentumsanteils zu berechnen ist (so *OLG Stuttgart* RdL 1977, 333)? Die besseren formalen Argumente (§ 752 BGB!) sprechen für die erste Meinung, trotzdem dürfte sie falsch sein. Es steht nämlich außer Frage, dass dann, wenn Miteigentümer ihre Anteile an selbständigen, im Grundbuch bereits als solchen eingetragenen Grundstücken austauschen, die in ihrem Bestand unverändert bleiben, ein Austauschvertrag vorliegt (*BayObLG* JurBüro 1991, 1527 und ZNotP 2001, 367). Soll die kostenrechtliche Behandlung wirklich davon abhängen, ob die Miteigentümer sich erst auseinandersetzen und dann vermessen lassen oder erst vermessen lassen und dann tauschen? Vor allem aber: Wenn die Miteigentümer ausdrücklich einen Tausch verlangen und formulieren lassen – was sie sicher können –, darf, wie immer, nur bewertet werden, was beurkundet ist. Soll es also von der Überschrift

IV. Weitere Grundstücksgeschäfte

abhängen, was der Spaß kostet? Wenn man stets einen Austauschvertrag berechnet, vermeidet man solche zufälligen Ergebnisse.

7. Gemeinschaftsaufhebungsverbot und Benutzungsregelung

Erwerben mehrere Personen Grundbesitz, den sie selbst gemeinsam nutzen wollen, dann wünschen sie nicht selten, dass in Abweichung von § 749 BGB die Aufhebung der Gemeinschaft für eine bestimmte Zeit oder auch für immer ausgeschlossen sein soll. Befinden sich in dem erworbenen Objekt mehrere Wohnungen, so wird oft vereinbart, dass die Benutzung in bestimmter Weise geregelt ist, wenn die Begründung von Wohnungseigentum nicht gewünscht wird oder nicht möglich ist. Beide Vereinbarungen fallen unter § 1010 BGB und damit unter die Kostenvorschrift des § 51 Abs. 2, wonach sie mit 30 % des Grundstückswerts zu bewerten sind. Leider ist damit aber die Frage nicht beantwortet, ob diese 30 % zweimal zu berechnen sind, wenn beide Regelungen zusammen getroffen werden. Die bisherige Praxis (die allerdings nur je 10–20 % des Grundstückswerts in Ansatz gebracht hat), ist von Gegenstandsverschiedenheit ausgegangen; deshalb ist auch das nachfolgende Berechnungsbeispiel 22 so berechnet.

168a

8. Dienstbarkeiten

Für die Beurkundung von Dienstbarkeiten wird häufig ohne große Überlegung der Auffangwert von 5000 EUR (§ 36 Abs. 3) angenommen und dabei unnötig Geld verschenkt, denn es handelt sich oft um wirtschaftlich durchaus bedeutsame Befugnisse (siehe etwa *OLG München* NotBZ 2018, 157: Benutzung eines Parkplatzes für 1000 Fahrzeuge durch den Eigentümer des Nachbargrundstücks). Solche Rechte (zB Masterrichtungsrechte für Mobilfunknetze, Photovoltaikanlagen-, Tankstellen-, Hochspannungsleitungs- und Gasversorgungsrechte, Windkraftanlagenerrichtungsrechte) haben gemeinsam: Sie fallen unter § 52 Abs. 1. Es kommt also für den Geschäftswert *nicht* auf die dadurch hervorgerufene Wertminderung des Grundstücks an, sondern auf den Wert, den das Recht für den Berechtigten hat. Bei unentgeltlicher Einräumung kann man diesen Wert nur schätzen (zB nach dem verkehrsüblichen Mietwert eines Stellplatzes); bei entgeltlicher Einräumung ist die für die gewährte Gegenleistung ein sicheres Anzeichen dafür, was die Dienstbarkeit dem Berechtigten wert ist (zB der nach § 52 Abs. 1 vervielfachte jährliche Pachtzins; *OLG Celle* FGPrax 2012, 178). Der Wert einer „Mieterdienstbarkeit" ist bei einem Mietvertrag auf unbestimmte Dauer die Miete für zehn Jahre (§ 52 Abs. 3 S. 2; *OLG München* FGPrax 2019, 90).

168b

21.
Die Gemeinde G verkauft einen Bauplatz an A um einen Kaufpreis von 50 000 EUR. Ferner hat A der Gemeinde bereits angefallene Erschließungskosten von 12 000 EUR zu erstatten. Binnen fünf Jahren muss er das Grundstück bezugsfertig mit einem Einfamilienhaus bebauen. Sollte er der Verpflichtung nicht fristgemäß nachkommen, ist die Gemeinde zum Wiederkauf berechtigt. Unabhängig von der Erfüllung der Verpflichtung wird der Gemeinde ein Vorkaufsrecht für den ersten Verkaufsfall auf die Dauer von 30 Jahren bestellt.
Bewertung:
Geschäftswert: 50 000,- EUR + 12 000,- EUR + Bauverpflichtung, 12 400,- EUR (§ 50 Nr. 3 Buchst. a) = 74 400,- EUR.
2,0 Gebühr aus § 36 Abs. 2 438,- EUR.

Das Vorkaufsrecht und das Wiederkaufsrecht dürfen als der Sicherung des Verkäufers dienende Rechte *nicht* gesondert bewertet werden.

22.
A verkauft an die Käufer K1 und K2 ein Zweifamilienhaus zum Preis von 180 000 EUR. Begründung von Wohnungseigentum ist nicht möglich, da die Wohnungen nicht in sich abgeschlossen sind. K1 und K2 räumen sich aber gleichzeitig das subjektiv-persönliche Vorkaufsrecht für alle Verkaufsfälle jeweils am Hälfteanteil des anderen ein, bestimmen, dass die Aufhebung der Gemeinschaft für immer ausgeschlossen ist, und dass mit dem Hälfteanteil des K1 die Benutzung der unteren und dem Hälfteanteil des K2 die Benutzung der oberen Wohnung verbunden ist. Der Notar wird auch beauftragt, die Bescheinigung der Gemeinde über das Nichtbestehen eines Vorkaufsrechts nach dem BauGB einzuholen.
Bewertung:
Geschäftswert:
a) Kaufvertrag: 180 000,- EUR
b) Vorkaufsrechtsbestellung
   $1/2$ von $1/2$ von 180 000 EUR = 45 000,- EUR
c) Gemeinschaftsaufhebungsverbot
   30 % von 180 000,- EUR (§ 51 Abs. 2) = 54 000,- EUR
d) Benutzungsregelung
   30 % von 180 000,- EUR (§ 51 Abs. 2) = 54 000,- EUR
   (§ 35 Abs. 1) 333 000,- EUR
   2,0 Gebühr Nr. 21100 1370,- EUR
   0,5 Gebühr Nr. 22112, höchstens 50,- EUR
   1420,- EUR

Da es sich nicht um Einräumung von Vorkaufsrechten für den Verkäufer handelt, muss gesondert bewertet werden, auch wenn es sich nicht um subjektiv-dingliche Rechte handelt.

23.
Die Firma Immobilia GmbH teilt ihr unbebautes Grundstück Fl.Nr. 212 in 47 Eigentumswohnungen gemäß vorliegenden Plänen auf. Das Grundstück hat einen Wert von 480 000 EUR, die Baukosten werden auf 3 000 000 EUR veranschlagt. Die Teilungserklärung und Gemeinschaftsordnung bringt sie voll ausgearbeitet zum Notar mit. Ein Verkauf vor Vollzug der Teilungserklärung im Grundbuch kommt nicht in Betracht. Die Immobilia GmbH wünscht möglichst billige Abwicklung.
Bewertung:
Geschäftswert: 3 480 000 EUR (§ 42 Abs. 1)

IV. Weitere Grundstücksgeschäfte

0,2 Gebühr Nr. 25100
(Unterschriftsbeglaubigung genügend), höchstens   70,– EUR

24.
Das Ehepaar Alfred und Elfriede teilt sein Mehrfamilienhaus in drei Eigentumswohnungen auf. Teilungserklärung und Gemeinschaftsordnung werden vom Notar entworfen. Der Urkunde werden die von den Ehegatten vorgelegten Pläne beigefügt, der Notar wird beauftragt, die Abgeschlossenheitsbescheinigung der Verwaltungsbehörde einzuholen. Der Verkehrswert des Grundstücks mit Gebäuden beträgt 400 000 EUR.
Bewertung:
Geschäftswert: 400 000 EUR (§ 42 Abs. 1)

1,0 Gebühr Nr. 21200	835,00 EUR
0,3 Gebühr Nr. 22111	250,50 EUR
	1085,50 EUR

25.
An dem Grundstück Fl.Nr. 101 zu 2400 qm wird ein Erbbaurecht auf die Dauer von 99 Jahren bestellt. Der Erbbauzins beträgt für die ersten 10 Jahre 2 %, ausgehend von einem Grundstückspreis von 24,– EUR/qm, für die Folgezeit 5 %. Er soll wertgesichert sein. Der Erbbauberechtigte bedarf zur Veräußerung der Zustimmung des Eigentümers; beide Beteiligte räumen sich subjektiv-dingliche Vorkaufsrechte für alle Verkaufsfälle ein. Ferner darf eine Belastung des Erbbaurechts nur mit Zustimmung des Eigentümers erfolgen. Die Baukosten betragen 300 000,– EUR.
Bewertung:
Geschäftswert:
Kapitalisierter Erbbauzins: 10 x 1152,– EUR + 10 x 2880,– EUR = 40 320,– EUR, aber:

80 % des Grundstückswerts 0,8 x 24 x 2400 =	46 080,– EUR
sind höher.	
Kein Zuschlag für Wertsicherung!	
Vorkaufsrecht am Erbbaurecht (§ 51 Abs. 1 S. 2)	
50 % von 80 % (Grundstückswert, aber Hinzurechnung der halben Baukosten, § 51 Abs. 3)	83 040,– EUR
	129 120,– EUR
2,0 Gebühr Nr. 21100	654,– EUR

26. (Fortsetzung)
Das genannte Grundstück wurde geteilt in drei Bauplätze zu 800 qm, weil die ursprünglich vorgesehene Bebauung mit einem Mietshaus nicht zu realisieren war. Erbbauberechtigter und Eigentümer vereinbaren nunmehr:
Das Erbbaurecht wird in drei Erbbaurechte aufgeteilt, der Erbbauzins wird in drei gleiche Teile aufgeteilt und die Vorkaufsrechte bestehen künftig für jeden Eigentümer am jeweiligen Erbbaurecht und jeden Erbbauberechtigten am jeweiligen Grundstück.
Bewertung:
Geschäftswert:
Teilung des Erbbaurechts, § 36 Abs. 1, angenommen

10 % des Werts des Erbbaurechts	28 608,– EUR
Verteilung des Erbbauzinses, Kapitalwert	40 320,– EUR
	68 928,– EUR
2,0 Gebühr Nr. 21100	438,– EUR

Die Regelung zu den Vorkaufsrechten bleibt als notwendige Durchführungserklärung unbewertet.

27. (Fortsetzung)
Auf einem der geschaffenen Bauplätze wurde ein Einfamilienhaus errichtet. Dieses Erbbaurecht wird jetzt an den Käufer K um 210 000 EUR verkauft. Der Erbbauzins, wie in Fall 26, wird vom Käufer als Alleinschuldner übernommen, desgleichen die Wertsicherung und das Vorkaufsrecht.
Bewertung:
Geschäftswert: 80 % von (Wert des Gebäudes 210 000,- EUR + Grundstückswert 19 200,- EUR) = 183 360,- EUR ist nicht höher als der Kaufpreis, daher: 210 000 EUR
2,0 Gebühr Nr. 21100   970,- EUR
Die Übernahme des Erbbauzinses darf nicht gesondert bewertet werden!

28. (Fortsetzung)
Der Grundstückseigentümer erteilt nunmehr seine Zustimmung zur Belastung des Erbbaurechts mit Grundschulden zu 50 000 EUR und zu 54 360 EUR und tritt mit dem Erbbauzins und seinem Vorkaufsrecht im Rang hinter die neubestellten Rechte zurück.
Bewertung:
Geschäftswert: 52 180 EUR (§ 98 Abs. 1)
1,0 Gebühr Nr. 21200   192,- EUR
Falls man den Rangrücktritt gesondert bewertet (→ Rn. 160):
Summe der vortretenden Rechte: 50 000 € + 54 360 € = 104 360 €
Summe der zurücktretenden Rechte: 13 440 € (Erbbauzins) + 91 680 € (Vorkaufsrecht) = 105 120 EUR
0,5 Gebühr Nr. 21201 aus 104 360 EUR   136,50 EUR

29. (Fortsetzung)
Der Käufer K konnte den Grundstückseigentümer überreden, ihm das Grundstück um einen Kaufpreis von 24 000 EUR zu verkaufen. Der Käufer unterstellt das Grundstück den Grundschulden aus Nr. 26 als weiteres Pfand und unterwirft es der Zwangsvollstreckung. Der Grundstückseigentümer bewilligt die Löschung des Vorkaufsrechts am Erbbaurecht und des Erbbauzinses, der Erbbauberechtigte bewilligt die Löschung des Vorkaufsrechts am Grundstück.
Bewertung:
Zu bewerten sind: 1. der Kaufvertrag,
　　　　　　　　　　2. die Pfandunterstellungen,
　　　　　　　　　　3. die Löschungen.
Geschäftswert zu 1.: 24 000,- EUR
Geschäftswert zu 2.: 24 000,- EUR + 24 000,- EUR (beide Grundschulden sind höher als der Wert des nachverpfändeten Pfandgegenstands) = 48 000,- EUR
Geschäftswert zu 3.: 183 360,- EUR　(Wert des Erbbaurechts)
　　　　　　　　　　+ 12 000,- EUR　(50 % des Werts des Grundstücks für die Löschung des Vorkaufsrechts am Grundstück)
　　　　　　　　　　―――――――――
　　　　　　　　　　195 360,- EUR

Die Löschung der Nebenrechte ist nicht gesondert zu bewerten, da sie mit dem Erbbaurecht automatisch untergehen.

IV. Weitere Grundstücksgeschäfte

2,0 Gebühr Nr. 21100 für 1.:	230,00 EUR
1,0 Gebühr Nr. 21200 für 2.:	165,00 EUR
0,5 Gebühr Nr. 21201 (Ziff. 4) für 3.:	217,50 EUR
	612,50 EUR

Eine Zusammenrechnung würde zu höheren Gebühren führen, daher getrennte Berechnung.

30.
An dem Grundbesitz des A sind eingetragen:
a) ein Leibgeding für seine Eltern B und C, auf Lebensdauer,
b) ein Wohnungsrecht für die Tante T (51) auf die Dauer ihres ledigen Standes,
c) eine Rückauflassungsvormerkung für die Baugenossenschaft „Schönes Heim" auf die Dauer von 10 Jahren seit 15.6.1959,
d) eine Grundschuld zu 70000 EUR für die Sparkasse Kleinziegenbach,
e) ein Vorkaufsrecht für alle Verkaufsfälle zugunsten des E,
f) eine Auflassungsvormerkung für eine Teilfläche von 700 qm für die Stadt F.

B und C sind verstorben. Die Tante T ist noch immer ledig, hat ihr Wohnungsrecht aber in öffentlich beglaubigter Form zur Löschung bewilligt, desgleichen E und die Stadt F, weil die Straße, für die die Fläche benötigt wurde, endgültig nicht mehr gebaut wird; die Sparkasse hat die Grundschuld wunschgemäß an A abgetreten. Der Wert des Grundbesitzes beträgt 90000 EUR, der Wert der 700 qm beträgt 8400 EUR; der Jahreswert des Leibgedings 6000 EUR, des Wohnungsrechts 2400 EUR.
A bewilligt und beantragt die Löschung aller Belastungen.
Bewertung:
Geschäftswert:
a) 0 (§ 52 Abs. 6 S. 4)
b) 24000 EUR (nicht gegenstandslos; 10 × 2400 EUR; § 52 Abs. 3 S. 2)
c) 0 (§ 52 Abs. 6 S. 4)
d) 70000 EUR (§ 53 Abs. 1 S. 1),
e) 45000 EUR (§ 51 Abs. 1 S. 2),
f) 8400 EUR,
zusammen 147400 EUR.

0,5 Gebühr Nr. 21201 (Ziff. 4)	177,– EUR

Beglaubigungsbedürftig ist nur der Löschungsantrag (= Löschungsbewilligung) zu d).

31.
A hatte 1993 beim Erwerb zweier Eigentumswohnungen in Plauen/Vogtl. zur Finanzierung der seinerzeitigen Kaufpreise von 110000 DM und 120000 DM eine Gesamtgrundschuld zu 260000 DM (132935,88 EUR) eintragen lassen. Er möchte sie löschen lassen und bittet den Notar um einen entsprechenden Entwurf für seine Bank, der auch sogleich die notwendigen Eigentümererklärungen enthalten soll. Der heutige Verkehrswert der Wohnungen beträgt 22000 EUR und 25000 EUR. A wünscht angesichts dieser Verluste möglichst preiswerte Abwicklung.
Bewertung:
Entwurf einer Löschungsbewilligung und Löschungszustimmung für das Gesamtrecht
Geschäftswert: 132935,88 EUR (nur *ein* Entwurf)

0,5 Gebühr Nr. 21201 (Ziff. 4)	163,50 EUR

Aber:
Entwurf einer Pfandfreigabe für die Wohnung 2 und einer danach zu vollziehenden Löschungsbewilligung für die Wohnung 1 ist preisgünstiger.
Geschäftswert: 25 000 EUR.
0,5 Gebühr Nr. 21201 (Ziff. 4)   57,50 EUR
Geschäftswert: 22 000 EUR.
0,5 Gebühr Nr. 21201 (Ziff. 4)   53,50 EUR

zusammen: 111,- EUR

(Für die Notarkosten ist es gleichgültig, welche Wohnung freigegeben und an welcher die Löschung vollzogen wird, nicht aber für die Grundbuchkosten, vgl. Nr. 14140 mit Nr. 14142).

32.
Die Gesellschaft bürgerlichen Rechts „Hessen-Immobilienfonds Nr. 242" beantragt in öffentlich beglaubigter Form Berichtigung des Grundbuchs dahin, dass der Gesellschafter B GmbH ausgeschieden und die Gesellschafter C und D in die Gesellschaft eingetreten sind. Der Wert des Grundbesitzes beträgt 800 000 EUR, der Anteil der B GmbH 80 000 EUR, der Anteil von C 20 000 EUR und der Anteil von D 60 000 EUR.
Bewertung:
Geschäftswert: 80 000 EUR (obwohl Bewilligung *aller* Gesellschafter erforderlich!)
0,5 Gebühr Nr. 21201 (Ziff. 4)   109,50 EUR

33.
A und B sind Miteigentümer je zur Hälfte eines Bauplatzes von 2 400 qm in Schlitz (Hessen). Sie setzen sich in der Weise auseinander, dass A die nördliche, B die südliche Grundstückshälfte erhält; das Vermessungsamt soll die Grundstücksflächen möglichst gleich herausmessen, ein Ausgleich in Geld ist von keiner Seite zu leisten. Der Grundstückswert wird mit 20,– EUR/qm angegeben. Der Notar wird beauftragt, die nach hessischem Landesrecht erforderliche Teilungsgenehmigung einzuholen.
Bewertung (s. → Rn. 168):
a) nach der Ansicht des OLG Düsseldorf: 48 000 EUR (voller Grundstückswert)
b) nach der Ansicht des OLG Stuttgart: 12 000 EUR (Wert des Miteigentumsanteils)

2,0 Gebühr Nr. 21100	166,– EUR	bzw.	330,– EUR	
0,5 Gebühr Nr. 22112	41,50 EUR	bzw.	50,– EUR	
	207,50 EUR	bzw.	380,– EUR	

34.
Pilz ist Eigentümer eines landwirtschaftlichen Grundstücks in für die Bewirtschaftung ziemlich ungünstiger Berghanglage, das mit einem Mal sehr begehrt geworden ist. Jeweils in Vertragsform bestellt er der Weltfirma Lemon gegen einmalige Zahlung von 20 000 EUR ein Recht zur Errichtung eines Mastes auf der Bergspitze für deren Mobilfunknetz D 12 und seinem Sohn Siegfried in derselben Urkunde unentgeltlich ein Betriebsrecht für eine Windkraftanlage an der windigsten Stelle. Jedes der beiden – auf jeweils 20 Jahre eingeräumten – Rechte mindert den Wert des Grundstücks infolge der jetzt noch schlechteren Bewirtschaftungsmöglichkeiten um je 2000 EUR; Siegfried würde, wenn er das Recht von einem Fremden pachten müsste, jährlich 7000 EUR zahlen. Erstellen Sie die Kostenrechnung!

IV. Weitere Grundstücksgeschäfte

Bewertung:	
Geschäftswert	
a) Masterrichtungsrecht:	20 000 EUR
b) Windkraftanlagendienstbarkeit:	
20 × 7000 EUR = 140 000 EUR (§ 52 Abs. 4)	
zusammen (§ 35 Abs. 1):	160 000 EUR
2,0 Gebühr Nr. 21100	762,– EUR
Auf die Wertminderung des Grundstücks kommt es nicht an.	

V. Ehe- und Lebenspartnerschaftsverträge sowie Scheidungsvereinbarungen

Von den Beurkundungsgeschäften in der Überschrift erwähnt das GNotKG nur die erstgenannten, aber da Eheverträge ja nichts anderes sind als vorsorgliche Scheidungsvereinbarungen, gehören diese in dieselbe Rubrik. Für die kostenrechtliche Behandlung ist eine Scheidungsvereinbarung im Grunde nichts anderes als ein Ehevertrag, der manchmal noch einige „scheidungsspezifische" weitere Vereinbarungen enthält. **169**

In Eheverträgen werden die güterrechtlichen, versorgungsrechtlichen und unterhaltsrechtlichen Themen geregelt, in denen die Partner von der gesetzlichen Regelung abweichen oder diese bekräftigen wollen; letzteres hat eine bis ins Pharaonenreich zurückgehende Tradition: Die Pharaonen sicherten ihrer Ehefrau routinemäßig zwei Krüge Bier täglich zu; eine Prinzessin hatte nur Anspruch auf einen Krug. Für alle diese aus mehreren Punkten bestehenden Verträge gilt, dass die einzelnen Regelungen **gesondert** zu bewerten, ihre Geschäftswerte jedoch nach § 35 Abs. 1 zusammenzurechnen sind. Für Scheidungsvereinbarungen gilt nichts anderes; allerdings können diese ausnahmsweise auch Austauschverträge sein, für die dann § 97 gilt. **170**

Eheverträge und Scheidungsvereinbarungen enthalten weiterhin oft erbrechtliche Vereinbarungen, nämlich Erbverträge oder Erb- und Pflichtteilsverzichte (Einzelheiten → Rn. 203 ff.). Auch deren Wert muss hinzugerechnet werden; mit der seit dem preußischen Kostenrecht von 1895 bewährten und für das interessierte Publikum „selbstverständlichen" Praxis, dass Ehe- und Erbvertrag, wenn sie gleichzeitig abgeschlossen werden, eine *einheitliche* Angelegenheit sind, hat das GNotKG gebrochen; unangemessen hohe Gebühren kann man hier nur durch vorsichtige Bemessung des Geschäftswerts „korrigieren". Der Wegfall der Gebührenbegünstigung hat eine weitere unerfreuliche Folge: Bisher änderte die Aufnahme der ehevertraglichen und der erbvertraglichen Regelungen in *zwei* am gleichen Tag aufgenommene Urkunden (Zweck: überholte erbrechtliche Regelungen durch Rücknahme des Erbvertrags aus der Verwahrung spurlos beseitigen können; vgl. § 2300 Abs. 2 BGB), nichts an den Kosten, weil auch dann die Verträge „gleichzeitig" beurkundet wurden (*OLG München* RNotZ 2010, 146). Jetzt führt diese sinnvolle Trennung wegen des dann eintretenden Wegfalls der Kostendegression zu zusätzlichen Kosten (vgl. Berechnungsbeispiel 36 mit Berechnungsbeispiel 37).

1. Güterrechtliche Regelungen

171   Die meisten Eheverträge enthalten zunächst güterrechtliche Regelungen: die Vereinbarung von **Gütertrennung, Gütergemeinschaft** oder Modifikationen des gesetzlichen Güterstands. Für den Geschäftswert bestimmt § 100 Abs. 1, dass der Reinwert des Vermögens der Vertragschließenden zum Zeitpunkt der Beurkundung maßgeblich ist; dient der Ehevertrag der Fortführung eines landwirtschaftlichen Betriebs (was sowohl bei Gütertrennung als auch bei Gütergemeinschaft in Frage kommt!), muss § 48 Abs. 1 beachtet werden. Junge Eheleute tun also schon aus kostenrechtlichen Erwägungen gut daran, ihren Ehevertrag abzuschließen, bevor sie nennenswertes Vermögen erwerben, das dann später „automatisch" mitgeregelt wird. Künftig erhofftes Vermögen sollte man im Vertrag nur „konkret bezeichnen", wenn es unbedingt nötig ist: Es erhöht nämlich den Geschäftswert, und zwar um 30 % des Wertes, mit dem es zu berücksichtigen wäre, wenn es schon vorhanden wäre (§ 100 Abs. 3). Dass ein künftiger Vermögenserwerb voraussehbar oder gar schon sicher ist, rechtfertigt die Anwendung dieser Ausnahmevorschrift dagegen nicht. Der Notar, der mit der Beurkundung eines Ehevertrags und einer Grundstücksbeschenkung beauftragt wird, muss daher – wenn nicht ausnahmsweise sachliche Gründe dagegen sprechen – zuerst den Ehevertrag und dann die Grundstücksschenkung beurkunden; sonst verstößt er gegen das Gebot, den billigsten Weg zu wählen.

172   § 100 gilt (weil kein sachlicher Unterschied zur Vereinbarung von Gütertrennung besteht) auch dann, wenn die güterrechtliche Vereinbarung der Ehegatten darin besteht, den Güterstand der Zugewinngemeinschaft auszuschließen oder aufzuheben oder den Ausgleich des Zugewinns auszuschließen, wodurch automatisch Gütertrennung eintritt (§ 1414 BGB).

173   Schulden können vom Aktivvermögen **abgezogen** werden; der Schuldenabzug ist aber auf die Hälfte des Aktivvermögens desjenigen Ehegatten begrenzt, der die Schulden hat (§ 100 Abs. 1 S. 3, 4). Ist künftiges Vermögen zu berücksichtigen, erfolgt der Abzug *nach* der Hinzurechnung; die teilweise vertretene Gegenmeinung würde zu dem absurden Ergebnis führen, dass künftiges Vermögen höher zu bewerten ist als gegenwärtiges (richtig *Wudy* notar 2013, 299).

> Verfügt also der Ehemann über ein Aktivvermögen von 10 000 EUR, Schulden von 50 000 EUR und demnächst zu erwartendes Vermögen von 100 000 EUR, die Ehefrau über ein Aktivvermögen von 35 000 EUR, dann beträgt der Geschäftswert 10 000 + 30 000 – 20 000 + 35 000 = 55 000 EUR; trotz der Überschuldung des Ehemanns wirkt die Hälfte seines (um 30 % der Vermögenserwartung vermehrten) Aktivvermögens geschäftswerterhöhend. Falsch wäre es, erst die Aktivvermögen zusammenzurechnen und davon die Schulden bis zur Hälfte abzuziehen (40 000 + 35 000 – 37 500 = 37 500 EUR), und genauso falsch, zunächst den Geschäftswert nach dem tatsächlichen Vermögen zu bestimmen und 30 % von 100 000 EUR anschließend hinzuzurechnen (5000 + 35 000 + 30 000 = 70 000 EUR).

174   Der Reinwert des Vermögens ist maßgebend, wenn ein anderer als der bisherige Güterstand vereinbart wird. Da die Vereinbarung von Gütergemeinschaft heute aber zu den Exoten der Beurkundungspraxis gehört und auch die Gütertrennung ein Auslaufmodell ist, sind die praktisch häufigsten Eheverträge solche, in denen es die Ehegatten beim gesetzlichen Güterstand der Zugewinngemein-

IV. Weitere Grundstücksgeschäfte

schaft belassen und nur einzelne Bestimmungen abändern (sog. „**modifizierte Zugewinngemeinschaft**"). Wie diese zu bewerten sind, war zum früheren Recht umstritten (für das Gesamtvermögen *OLG Hamm* FamRZ 2015, 166) und ist es trotz Neuformulierung der Kostenvorschrift immer noch. Ich meine: Hier handelt es sich nicht um „Eheverträge im Sinne von § 1408 BGB" (das sind nur solche, die den Güterstand ändern), für die § 100 Abs. 1 gilt, sondern um Verträge über „bestimmte güterrechtliche Ansprüche" (§ 100 Abs. 2). Deshalb ist nicht das volle Reinvermögen maßgebend; vielmehr muss der Wert dieser Ansprüche nach § 36 Abs. 1 geschätzt werden. Das gilt bei einer Herabsetzung der Ausgleichsquote, die der Ausgleichsverpflichtete an den Berechtigten im Fall der Durchführung des Zugewinnausgleichs zu leisten hat, einer vom Gesetz abweichenden Bestimmung des Anfangsvermögens oder – als häufigster Fall – einem Ausschluss des Zugewinnausgleichs nur für den Fall der Scheidung (nicht aber für den Fall des Todes); hier bietet es sich an, die allgemeine Scheidungswahrscheinlichkeit von etwa einem Drittel der geschlossenen Ehen als Rechengröße zu verwenden. Ausdrücklich geregelt (wenn auch an durchaus unerwarteter Stelle) ist die Aufhebung der Verfügungsbeschränkung über das Vermögen im Ganzen nach § 1365 BGB; hier sind stets 30 % des betroffenen Vermögens anzusetzen (§ 51 Abs. 2).

Der in § 100 Abs. 1 S. 2 erwähnte Fall, dass ein Ehevertrag nur das Vermögen **175** eines Ehegatten betrifft, ist selten. Häufiger kommt es vor, dass ein Ehevertrag nur bestimmte Gegenstände umfasst (zB Erklärung zu Vorbehaltsgut; Vereinbarung, dass ein bestimmter Vermögensgegenstand weder dem Anfangs- noch dem Endvermögen zugerechnet werden soll. Hier darf nicht ohne weiteres der volle Wert dieser Gegenstände angenommen werden, vielmehr ist zu differenzieren: Bei der Erklärung zu Vorbehaltsgut sind die Gegenstände selbst Gegenstand der Vereinbarung, bei Modifizierungen der Zugewinngemeinschaft dagegen nicht sie, sondern ein möglicher Ausgleichsanspruch. Richtig ist hier deshalb die Annahme eines Bruchteils des betroffenen Vermögens ohne Schuldenabzug; es darf aber kein höherer Wert herauskommen, als wenn über das Vermögen im Ganzen verfügt worden wäre (§ 100 Abs. 2). Der Gebührensatz beträgt 2,0 nach Nr. 21100.

Ehevertrag ist auch die in Ehen mit Auslandsberührung mögliche „**Rechts- 176 wahl**" nach der EuGüVO. Die früheren Zweifelsfragen, ob die Rechtswahl und das Geschäft, auf das sie sich bezieht, gegenstandsgleich oder gegenstandsverschieden und welcher Geschäftswert hier anzunehmen ist, beantwortet das GNotKG ausdrücklich:

§ 104 Abs. 1 bestimmt einen **Teilwert von 30 %** des Werts eines entsprechenden **177** Ehevertrags, und § 111 Nr. 4 fingiert („gilt") Gegenstandsverschiedenheit von Ehevertrag und Rechtswahl. Voraussetzung für eine Bewertung ist allerdings stets, dass tatsächlich eine Regelung getroffen wird. Eine „vorsorgliche" Rechtswahl, die nur feststellt, was nach dem EGBGB oder der EuGüVO ohnehin gelten würde, darf nicht bewertet werden. Maßgebend ist der Wert, der sich aus § 100 ergibt; bei einer Rechtswahl, die sich auf künftiges Vermögen bezieht, sind also nur 30 % des Werts dieses Vermögens maßgebend, von denen dann nach § 104 nochmals 30 % genommen werden (also im Ergebnis 9 %). Deshalb sollte man die Rechtswahl nicht *beim*, sondern immer *vor* einem Erwerb treffen; es wird dann deutlich billiger.

Ebenfalls aufgrund gesetzlicher Fiktion (§ 111 Nr. 3) gegenstandsverschieden **178** von der güterrechtlichen Vereinbarung ist der nach § 1560 BGB formbedürftige

Antrag auf **Eintragung in das Güterrechtsregister.** Solche Eintragungen sind außerordentlich selten geworden und werden von den Beteiligten nur in Ausnahmefällen gewünscht; den Antrag routinemäßig in die Urkunde aufzunehmen, wäre wegen der kostenrechtlichen Auswirkung deshalb falsche Sachbehandlung. Eine gegenseitige Vollmacht des Inhalts, dass jeder Ehegatte allein zur Stellung des Antrags berechtigt ist, genügt.

179 Gelegentlich kommt es vor, dass Ehegatten ihre güterrechtlichen Verhältnisse nicht abweichend vom gesetzlichen Güterstand regeln wollen, sondern nur klarstellen, welche Vermögensgegenstände jedem von ihnen gehören, um ihr Anfangsvermögen festzustellen.

180 Hier liegt kein nach Nr. 21100 zu bewertender Ehevertrag vor, sondern es handelt sich (nur) um die Mitwirkung als Urkundsperson bei der Aufnahme eines **Vermögensverzeichnisses,** für die eine 1,0-Gebühr nach Nr. 23502 zu erheben ist (→ Rn. 306). Umgekehrt ist die Beifügung eines Inventars zu einem Vertrag, durch den Gütertrennung vereinbart wird, Teil des Ehevertrags und kostenrechtlich ohne Auswirkung (Anmerkung zu Nr. 23500).

181 Wechseln die Ehegatten aus dem Güterstand der Gütergemeinschaft in den gesetzlichen Güterstand oder in Gütertrennung, dann müssen sie das **Gesamtgut auseinandersetzen;** selbst wenn sie wirtschaftlich nichts ändern wollen, besteht jetzt nicht mehr Gesamthandseigentum, sondern Miteigentum nach Bruchteilen.

182 Wird diese Auseinandersetzung in derselben Urkunde vorgenommen, dann war zur Kostenordnung überwiegende Auffassung, dass sie gleichen Gegenstand hat und nicht besonders zu bewerten ist. Wenn man § 111 Nr. 2 wörtlich nimmt, könnte man zwar meinen, dass das jetzt anders ist; aus der amtlichen Begründung ergibt sich aber, dass der Gesetzgeber bei seiner Anordnung an andere Fälle gedacht hat, nämlich daran, dass güterrechtliche und unterhaltsrechtliche Regelungen verschiedenen Gegenstand haben. § 111 Nr. 2 ist deswegen teleologisch dahin zu reduzieren, dass Güterstandswechsel und die dadurch veranlasste Auseinandersetzung gleichen Gegenstand haben. Allerdings kann die Auseinandersetzung einen höheren Geschäftswert haben, da hier kein Schuldenabzug vorgenommen werden darf.

183 Diese Grundsätze gelten auch bei anderen Güterstandswechseln: Vereinbaren im gesetzlichen Güterstand lebende Ehegatten Gütertrennung, und führen sie in der gleichen Urkunde den Zugewinnausgleich durch, dann hat dieser gleichen Gegenstand wie der Ehevertrag (*OLG Köln* JurBüro 1997, 206). Will man dem nicht folgen, darf man zur Kostenersparnis in Scheidungsvereinbarungen keine Gütertrennung mehr vereinbaren, sondern nur noch Vereinbarungen über die Ausgleichsforderung (§ 1378 Abs. 3 BGB) treffen; das sind keine Eheverträge und deswegen auch kein Fall des § 111 Nr. 2 (Korintenberg/*Tiedtke* GNotKG § 100 Rn. 36a).

2. Regelungen zum Versorgungsausgleich

184 In einem Ehevertrag können die Ehegatten auch den Versorgungsausgleich ausschließen oder modifizieren (§ 1408 Abs. 2 BGB; §§ 6, 8 VersAusglG). Auf den Güterstand hat diese Vereinbarung nach heutigem Recht keinen Einfluss mehr.

185 Der Ausschluss des Versorgungsausgleichs wird – zumindest, wenn er vor der Ehe vereinbart wurde, also noch keinerlei Versorgungsanwartschaften auszuglei-

IV. Weitere Grundstücksgeschäfte

chen sind und sich deren Entwicklung auch nicht vorhersagen lässt – in aller Regel mangels anderer Anhaltspunkte nur mit dem Auffangwert von 5000 EUR (§ 36 Abs. 3) angesetzt werden können (abweigig *LG Wuppertal* MittRhNotK 1986, 26: 20 000 DM, bei Studenten!).

Nachdem bereits Anwartschaften entstanden sind, also insbesondere bei Vereinbarungen in Scheidungsvereinbarungen, ist Geschäftswert der Wert dieser Anwartschaften. Da nicht die Differenz zweier Anwartschaften übertragen, sondern beide Anwartschaften geteilt werden, ist bei einem gegenseitigen Verzicht nicht die Differenz, sondern der Wert der höheren Anwartschaft maßgebend (§ 97 Abs. 3; *LG Schwerin* NotBZ 2014, 399). Wenn die Anwartschaften (insbesondere durch die Auskünfte der Versorgungsträger) ermittelt sind, kann deren Kapitalwert als Geschäftswert genommen werden. Bei geringen auszugleichenden Anwartschaften erfolgt aber mitunter ein gegenseitiger Verzicht auf die Durchführung des Versorgungsausgleichs, ohne dass die Anwartschaften betragsmäßig ermittelt sind. Dessen Geschäftswert ist dann nach § 36 zu schätzen. Es kann aber auch eine Ablösung des eigentlich durchzuführenden Versorgungsausgleichs durch Begründung von Anwartschaften in einer privaten Versicherung, Erhöhung des Unterhaltsanspruchs, um selbst Vorsorge treffen zu können, Überlassung von Grundbesitz oder Zahlung eines einmaligen Kapitalbetrags erfolgen. In diesem Fall bestimmt sich der Geschäftswert nach der Höhe der Ausgleichsleistung; bei der Begründung von Versicherungsansprüchen nach dem Einmalbeitrag, der zur Begründung der gewünschten Leistung erforderlich wäre. **186**

3. Unterhaltsvereinbarungen

Unterhaltsvereinbarungen fanden sich schon immer besonders in Scheidungsvereinbarungen. Immer häufiger werden aber heute auch in Eheverträgen bei Eingehung der Ehe unterhaltsrechtliche Bestimmungen für den Scheidungsfall getroffen. Soweit auf Unterhalt ganz oder teilweise, ein- oder gegenseitig verzichtet wird oder umgekehrt Unterhaltsansprüche über das nach der Unterhaltsreform geschuldete Maß hinaus verlängert oder erhöht werden, kommt, da sich zum Zeitpunkt des Vertragsschlusses nicht absehen lässt, wer in welcher Höhe unterhaltsberechtigt sein wird, in der Regel nur eine Bewertung nach § 36 Abs. 2 in Betracht. Sind in einer Scheidungsvereinbarung dagegen Unterhaltsverpflichtungen in bestimmter Höhe vertraglich festgelegt, so werden sie nach den allgemeinen Regeln wiederkehrender Leistungen (§ 52) bewertet. Auch der Wert eines Unterhaltsverzichts kann hier ziffernmäßig bestimmt werden: er ist gleich dem ohne den Verzicht bestehenden Unterhaltsanspruch. **187**

4. Weitere Vereinbarungen in Eheverträgen und Scheidungsvereinbarungen

Schon in Eheverträgen werden über die güterrechtlichen, unterhaltsrechtlichen und versorgungsrechtlichen Bestimmungen hinaus gerne allgemeine Bestimmungen über die eheliche Lebensgemeinschaft getroffen. So wünschen Verlobte mitunter in ihrer Urkunde zu lesen, dass die Küchenarbeit von beiden Partnern **188**

Zweiter Teil: Einzelne Beurkundungsgeschäfte

zu gleichen Teilen erledigt wird oder jeder berechtigt sein soll, jährlich einen zweiwöchigen Urlaub allein zu verbringen. Solange nicht vereinbart wird, dass durch entsprechende Maßnahmen sicherzustellen ist, dass aus der Ehe keine Kinder hervorgehen oder umgekehrt sich jeder Ehegatte im Voraus mit einer bestimmten Zahl von Kindern einverstanden erklärt, bestehen gegen die Beurkundung solcher Bestimmungen, die freilich nur Absichtserklärungen sein können, keine Bedenken. Ob man sie überhaupt selbständig bewerten soll, ist die Frage; jedenfalls nur mit einem sehr mäßigen Geschäftswert, der dem der anderen Teile des Vertrags nach § 35 Abs. 1 hinzuzurechnen ist.

189 Das gleiche gilt für Vereinbarungen mit ausländischen Staatsangehörigen, namentlich Moslems, in denen festgeschrieben wird, dass dem Ehemann nicht gestattet sein soll, eine zweite Frau zu ehelichen. Auch dies ist eine nichtvermögensrechtliche Vereinbarung, die mit einem nach § 36 Abs. 2 zu bestimmenden Geschäftswert den anderen Vereinbarungen hinzuzurechnen ist.

190 In Scheidungsvereinbarungen wird nur noch gelegentlich – weil von § 133 FamFG für die einverständliche Scheidung nicht mehr zwingend verlangt – festgestellt, dass der **Hausrat** geteilt sei und eine gemeinsame **Ehewohnung** nicht mehr bestehe. Diese Erklärung ist nicht rechtsgeschäftlicher Art und auch keine Tatsachenfeststellung des Notars, da es sich um Erklärungen der Beteiligten handelt. Eine gesonderte Bewertung ist nicht veranlasst.

191 Vereinbaren die Scheidungskandidaten, dem Familiengericht eine bestimmte Regelung des **Sorge-, Umgangs- oder Aufenthaltsbestimmungsrechts** für ihre gemeinschaftlichen Kinder vorzuschlagen, handelt es sich um eine selbständige nichtvermögensrechtliche Vereinbarung, deren Geschäftswert nach § 36 Abs. 2 zu bestimmen ist (Vorschlag: 1000–2000 EUR je Kind).

35.
Die kinderlosen Verlobten A und B vereinbaren Gütertrennung, Ausschluss des Versorgungsausgleichs, gegenseitigen Unterhaltsverzicht für den Scheidungsfall und einen gegenseitigen Erb- und Pflichtteilsverzicht, weil sie wirtschaftlich völlig selbständig bleiben wollen. Das Reinvermögen des Ehemanns wird mit 10 000 EUR, das der Ehefrau mit 30 000 EUR angegeben; die Schulden übersteigen bei beiden die Hälfte des Vermögens nicht. A und B sind beide Einzelkinder, ihre Eltern und Großeltern sind jeweils verstorben.
Bewertung:
Geschäftswert: a) Gütertrennung: 40 000 EUR
                b) Ausschluss des Versorgungsausgleichs: 5000 EUR
                c) Unterhaltsverzicht: 5000 EUR
                d) Erbverzicht: 30 000 EUR (nur der Verzicht des Ehemanns ist zu berechnen; der Verzicht der Ehefrau ist Austauschleistung);
                zusammen: 80 000 EUR
2,0-Gebühr Nr. 21100   438,– EUR

36. (Fortsetzung)
Wie im vorhergehenden Beispiel. A und B setzen sich aber in der gleichen Urkunde (statt des Erb- und Pflichtteilsverzichts) gegenseitig zum alleinigen und ausschließlichen Erben ein.
Bewertung:
Geschäftswert: a) Gütertrennung: 40 000 EUR
                b) Ausschluss des Versorgungsausgleichs: 5000 EUR

c) Unterhaltsverzicht: 5000 EUR
d) Gegenseitige Erbeinsetzung: 40000 EUR;
zusammen 90000 EUR

2,0 Gebühr Nr. 21100   492,– EUR

37. (Fortsetzung)
A und B wünschen die Aufnahme der gegenseitigen Erbeinsetzung in eine besondere Urkunde 2, damit sie diese gegebenenfalls aus der Verwahrung des Notars zurücknehmen können (§ 2300 Abs. 2 BGB).
Bewertung:
Geschäftswert Urkunde 1: 50000 EUR
Geschäftswert Urkunde 2: 40000 EUR

2,0 Gebühr Nr. 21100 für Urkunde 1	330,– EUR
2,0 Gebühr Nr. 21100 für Urkunde 2	290,– EUR
zusammen:	620,– EUR

38.
Die im gesetzlichen Güterstand lebenden Ehegatten A und B vereinbaren den Ausschluss des Versorgungsausgleichs, bestimmen, dass es beim gesetzlichen Güterstand bleiben soll und erklären, dass im Falle der Durchführung des Zugewinnausgleichs das dem Ehemann gehörende Unternehmen sowohl bei der Berechnung des Anfangs- wie auch des Endvermögens völlig unberücksichtigt bleiben soll. Die Aktiva des Geschäftsvermögens betragen 150000 EUR, der Wert nach Abzug der Verbindlichkeiten 60000 EUR; das Gesamtreinvermögen beider Ehegatten 180000 EUR.
Bewertung:
Geschäftswert: a) Ausschluss des Versorgungsausgleichs: 5000 EUR
                 b) Modifizierung des Zugewinnausgleichs: 20 % von 150000 EUR = 30000 EUR (kein Schuldenabzug, da einzelner Gegenstand); Gesamtvermögen ist höher;
                 zusammen: 35000 EUR

2,0 Gebühr Nr. 21100   270,– EUR

39.
Paul und Virginie wollen sich scheiden lassen. Sie lebten bisher im gesetzlichen Güterstand; der Ehemann ist Alleineigentümer eines Hausgrundstücks mit einem Wert von 400000 EUR, das mit Grundschulden belastet ist, die noch mit 128000 EUR valutieren. Sonst ist kein nennenswertes Vermögen vorhanden.
Paul und Virginie vereinbaren:
a) es soll Gütertrennung eintreten,
b) zum Ausgleich des Zugewinns zahlt Paul an Virginie den baren Betrag von 70000 EUR,
c) es wird einverständlich festgestellt, dass der Hausrat geteilt ist und keine gemeinsame Ehewohnung mehr besteht,
d) Paul zahlt an Virginie monatlich 700,– EUR Unterhalt auf die Dauer von drei Jahren; im übrigen wird auf Unterhalt beiderseits völlig verzichtet,
e) dem Familiengericht wird übereinstimmend vorgeschlagen, dass die elterliche Sorge für das Kind Silvia, 16, gemeinsam ausgeübt wird und der gewöhnliche Aufenthalt des Kindes beim Vater ist.
Bewertung:
Geschäftswert: a) 272000 EUR (§ 100 Abs. 1)
                 b) gegenstandsgleich mit a)
                 c) nicht gesondert zu bewerten

> d) 25 200 EUR (§ 52 Abs. 1) + 5000 EUR (§ 36 Abs. 3)
> e) Vorschlag: 1000 EUR (§ 36 Abs. 2);
> zusammen 303 200 EUR
>
> 2,0 Gebühr Nr. 21100   1270,– EUR
> Die Zusammenrechnung einer 1,0 Gebühr aus 25 200 EUR und einer 2,0 Gebühr aus 278 000 EUR ergäbe 1295,– EUR, ist also für den Kostenschuldner ungünstiger.
>
> **40. (Fortsetzung)**
> Paul und Virginie leben in Gütergemeinschaft und wollen sich auch nicht scheiden lassen. Sie erklären aber das besagte Hausgrundstück zum Vorbehaltsgut des Ehemanns. Das Gesamtvermögen betrage 350 000 EUR.
> Bewertung:
> Geschäftswert: 400 000 EUR (kein Schuldenabzug, da einzelner Gegenstand), aber Reinvermögen mit 350 000 EUR niedriger
> 2,0 Gebühr Nr. 21100   1370,– EUR

VI. Erbrechtliche Beurkundungen

1. Vorsorgevollmacht, Patientenverfügung, Betreuungsverfügung

192   Vorsorgevollmachten, Patientenverfügungen und Betreuungsverfügungen gehören selbstverständlich systematisch nicht zu den erbrechtlichen Beurkundungen, sondern sind Rechtsgeschäfte unter Lebenden. Die Beteiligten sehen aber sehr oft einen Zusammenhang, und nicht selten ergibt sich aus der Beurkundung einer Vorsorgevollmacht die einer letztwilligen Verfügung und umgekehrt. Immerhin ist es für die Vorsorgevollmacht typisch, dass sie über den Tod hinaus gilt, was rein tatsächlich einen gewissen Zusammenhang begründet. Der Patient hört dagegen mit dem Tod sicherlich auf, Patient zu sein; allerdings finden sich Patientenverfügungen sehr häufig als Bestandteil einer Vorsorgevollmacht und hatten nach früherer Rechtsprechung sogar gleichen Gegenstand im Sinne des (heutigen) § 109. Dieses Verhältnis ist jetzt allerdings anders geregelt: Patientenverfügung und Betreuungsverfügung werden als gegenstandsgleich behandelt (§ 109 Abs. 2 Nr. 1), sie sind aber jeweils gegenstandsverschieden zur Vorsorgevollmacht (§ 110 Nr. 3). Da alle diese Rechtsgeschäfte den gleichen Gebührensatz (1,0 nach Nr. 21200) haben, sind die Werte von Vorsorgevollmacht einerseits und Patienten-/Betreuungsverfügung andererseits gegebenenfalls zu addieren (§ 35 Abs. 1). Die Patientenverfügung hat stets einen Wert von 5000 EUR (§ 36 Abs. 2, 3), ebenso eine Vorsorgevollmacht, die ausschließlich für die persönlichen und ausdrücklich nicht für die vermögensrechtlichen Angelegenheiten erteilt wird (§ 98 Abs. 3 S. 3). Zwar gestattet § 36 Abs. 2 – anders als die Vorgängervorschrift – auch in nichtvermögensrechtlichen Angelegenheiten die Berücksichtigung der „Einkommens- und Vermögensverhältnisse"; bei der Patientenverfügung und der Vorsorgevollmacht für den persönlichen Bereich sind diese aber offensichtlich kein geeigneter Anknüpfungspunkt (*LG Bremen* NJW-RR 2019, 894: „Der Wunsch nach würdevollem Sterben ist nicht vermögensabhängig zu bewerten."). Dagegen können diese bei einer Betreuungsverfügung durchaus zu einer Abweichung vom Auffangwert führen.

VI. Erbrechtliche Beurkundungen

Bei der Vorsorgevollmacht, die umfassend ist, also das gesamte Vermögen des Vollmachtgebers betrifft, haben die Gelehrten schon zur Kostenordnung gestritten: Ist das gesamte (jetzt: das gesamte hälftige, § 98 Abs. 3 S. 2) Aktivvermögen jedenfalls dann der Geschäftswert, wenn die Vorsorgevollmacht nach außen hin Generalvollmacht ist und dem Bevollmächtigten auch sogleich eine Ausfertigung erteilt werden soll (so *OLG Frankfurt* ZNotP 2007, 198)? Oder – was mir richtiger erscheint – ist in jedem Fall ein Abschlag von 30–50 % (bezogen auf das hälftige Vermögen!) im Hinblick darauf zu machen, dass jeder, der eine solche Vollmacht erteilt, hofft – und dies in einer großen Zahl von Fällen nicht zu Unrecht –, der Vorsorgefall werde nie eintreten und deshalb die Vollmacht auch nie verwendet werden (so *OLG Stuttgart* JurBüro 2000, 428). Sicher ist wieder: Die wunschgemäße Übermittlung der Vollmachtsdaten an das Zentrale Vorsorgeregister ist gebührenfrei, wenn die Vorsorgevollmacht beurkundet oder entworfen wird; beglaubigt der Notar nur die Unterschrift unter ein vom Vollmachtgeber ausgefülltes Internet-Formular, ist sie mit der allgemeinen Übermittlungsgebühr von 20 EUR belegt (die Gebühr Nr. 22124 entsteht nur, wenn keine Beurkundungs- oder Entwurfsgebühr angefallen ist; Vorbem. 2.2.1.2 Ziff. 1). 193

Auch wenn sich zwei Personen gegenseitig eine Vorsorgevollmacht erteilen, entspricht es gängiger Praxis, zwei Urkunden zu errichten, um den Vollmachtgebern möglichst Dispositionsfreiheit bei Verwendung, Änderung und Widerruf ihrer Vollmachten zu verschaffen. Die (wegen der Kostendegression) damit verbundenen Mehrkosten rechtfertigen daher keinesfalls den Vorwurf falscher Sachbehandlung i.S. des § 21 (*OLG Brandenburg* NotBZ 2020, 265).

2. Testament

Für die Beurkundung eines Testaments wird eine 1,0 Gebühr nach der allgemeinen Bestimmung Nr. 21200 erhoben; Geschäftswert ist grundsätzlich der **Reinwert** des Vermögens des Erblassers; Schulden können aber maximal nur bis zur Hälfte des Vermögens abgezogen werden (§ 102 Abs. 1). Das ist beispielsweise dann von Bedeutung, wenn das Testament der Fortführung eines landwirtschaftlichen Betriebs dient und die Verbindlichkeiten – wie nicht selten – den vierfachen Einheitswert übersteigen, der für die Wertbestimmung des Betriebs maßgebend ist (§ 48 Abs. 1). Geschäftswert eines solchen Testaments ist demnach der zweifache Einheitswert. Eine hochverschuldete Landwirtschaft zu übergeben, kann – wie wir gesehen haben (→ Rn. 17a) – teuer werden; nur wenn dieser Landwirt ein Testament macht, kommen ihm die Wohltaten zugute, die das Kostengesetz eigentlich für ihn vorgesehen hat. 194

Die früher geltenden Sonderregeln für die Ermittlung des Geschäftswerts – nach der Kostenordnung waren grundsätzlich die Angaben des Testierenden zugrundezulegen – sind aufgehoben; nach § 95 Satz 1 sind die Beteiligten zur Mitwirkung an der Feststellung des „richtigen" Geschäftswert verpflichtet; verhalten sie sich unkooperativ, kann der Notar ihre Mitwirkung nicht erzwingen, aber schätzen (§ 95 Satz 3). Jedenfalls wird der Notar wohl bei wenigen Beurkundungsgeschäften so schamlos belogen wie bei der Angabe des Geschäftswerts letztwilliger Verfügungen. Sollte der Testator allerdings versterben, bevor die Kosten verjährt sind (→ Rn. 392), und dann der wirkliche Bestand seines Vermögens zum Vorschein kommen, können Kosten von den Erben nachgefordert werden. 195

196 Die Vorschrift über den Schuldenabzug gilt nicht nur, wenn über den gesamten Nachlass oder einen Bruchteil davon verfügt wird. Auch bei Vermächtnissen einzelner Gegenstände können nach § 102 Abs. 3, Abs. 2 S. 2 die vom Bedachten zu übernehmenden Verbindlichkeiten bis zur Hälfte des Wertes abgezogen werden. Damit hat der Gesetzgeber die Inkonsequenz beseitigt, dass ein Testament, das nur Vermächtnisse anordnet, kostspieliger sein konnte als eine umfassende Verfügung, und die Regelung mit derjenigen zu den Eheverträgen (s. oben → Rn. 175) harmonisiert. Wird eine Erbeinsetzung für den ganzen Nachlass getroffen, bleiben daneben angeordnete Vermächtnisse unberücksichtigt, bei einer Verfügung einen Teil werden sie nur hinsichtlich des Teils berechnet, über den nicht verfügt wird (§ 102 Abs. 1 S. 3). Enthält ein Testament ohne Erbeinsetzung nur die Anordnung einer Testamentsvollstreckung, ist nach § 36 Abs. 1 zu bewerten; nach dem Rechtsgedanken des § 40 Abs. 5 sind 20 % des nach § 102 Abs. 1 ermittelten Vermögens angemessen (aA *OLG Naumburg* NotBZ 2018, 114: 30 % nach § 51 Abs. 2).

§ 102 Abs. 2 überträgt die für Eheverträge geltende Regelung zu Gegenständen, die dem Erblasser noch nicht gehören, auf letztwillige Verfügungen. Solche Gegenstände werden – aber wieder nur, wenn sie „konkret bezeichnet" sind – dem Nachlasswert hinzugerechnet, und zwar voll, nicht nur zu 30 %; zur Berechnungsweise → Rn. 173). Ist eine erbrechtliche **Rechtswahl** möglich, gelten auch für diese §§ 104, 111 Nr. 4 (→ Rn. 176f.). Im Hinblick auf die EuErbVO enthalten viele Formulare für letztwillige Verfügungen eine vorsorgliche Rechtswahl für deutsches Recht. Im Hinblick darauf, dass Art. 21 Abs. 2 EuErbVO in den allermeisten Fällen selbst beim Mallorca-Rentner zum deutschen Recht führen würde, ist eine Aufnahme ohne Hinweis auf die Mehrkosten falsche Sachbehandlung (§ 21).

197 Enthält ein Testament vermögensrechtliche und nichtvermögensrechtliche Bestimmungen (zB Einsetzung des Erben und Anordnung von Testamentsvollstreckung), so bleiben die nichtvermögensrechtlichen Bestimmungen kostenmäßig unberücksichtigt. Werden *nur* nichtvermögensrechtliche Bestimmungen getroffen (zB Benennung eines Vormunds), dann ist der Wert nach § 36 Abs. 2 zu bestimmen.

198 Für den **Widerruf** eines Testaments beträgt der Gebührensatz 0,5 (Nr. 21201 Ziff. 1). Der isolierte Widerruf eines einseitigen Testaments kommt aber nur selten in Betracht, da sich der Erblasser billiger von seiner Verfügung lösen kann, indem er das Testament aus der amtlichen Verwahrung beim Amtsgericht zurückfordert; dann gilt es bekanntlich als aufgehoben (§ 2256 BGB). Dagegen wird der Widerruf häufig mit einer neuen Verfügung verbunden; in diesem Fall wird die Gebühr für den Widerruf oder die Aufhebung nur insoweit erhoben, als die neue Verfügung einen niedrigeren Geschäftswert hat als die aufgehobene bzw. widerrufene (§ 109 Abs. 2 Nr. 2 fingiert Gegenstandsgleichheit, soweit sich die Verfügungen decken).

199 Mitunter soll der Notar die Unterschrift des Erblassers unter einem eigenhändigen Testament beglaubigen, entweder, weil der Erblasser Kosten sparen will, weil er weiß, dass für eine Unterschriftsbeglaubigung nur eine 0,2 Gebühr Nr. 25100, maximal 70 EUR, für das Testament dagegen die 1,0 Gebühr Nr. 21200 zu erheben ist, oder aber, weil der Testator aus irgendwelchen Gründen auf keinen Fall wünscht, dass das Testament in die amtliche Verwahrung beim Amtsgericht gegeben wird, was ihm der Notar beim öffentlichen Testament nicht ersparen kann (§ 34 Abs. 1 BeurkG). Solche Unterschriftsbeglaubigungen sind nicht ausdrücklich verboten. Trotzdem sind sie eine sehr heikle Sache: Der Notar muss nämlich prüfen, ob es sich wirklich um ein Eigenhändiges Testament handelt; das ergibt sich aus § 40 Abs. 2 BeurkG. Vor allem wird aber den Beteiligten durch die notarielle Beglaubigung eine Sicherheit vorgespiegelt, die sie nicht haben: Die Eigenhändigkeit und damit Formgültigkeit ist durch die Beglaubigung nicht mit urkundlicher Beweiskraft festgestellt und ebensowenig die Testierfähigkeit des Erblassers. Nicht jeder, der noch mit starker Stimme erklären kann, dass er ein Schriftstück eigenhändig geschrieben und unterschrieben habe, ist noch so bei geistigen Kräften, dass er ein Testament machen kann. Ich meine deshalb, dass man – ohne mit § 15 BNotO in Konflikt zu geraten – ein derartiges Ansinnen ablehnen kann.

Keine Bedenken bestehen dagegen natürlich, für einen Erblasser ein Testament zu entwerfen, das dieser dann Wort für Wort abschreibt: Das ist dann aber ein eigenhändiges Testament, eine Urkundstätigkeit des Notars erfolgt nicht. Eine Ersparnis für den Beteiligten ist damit nicht verbunden, da die Gebühr Nr. 24101 iVm § 92 Abs. 2 ebenso eine 1,0 Gebühr ist wie die Gebühr Nr. 21200 (zu den Entwurfsgebühren → Rn. 333 ff.). **200**

3. Gemeinschaftliches Testament und Erbvertrag

Für die Beurkundung eines gemeinschaftlichen Testamentes wird eine 2,0 Gebühr erhoben (Vorbem. 2.1.1 Nr. 2 iVm Nr. 21100); Geschäftswert ist der Wert des zusammengerechneten Vermögens der Ehegatten, wobei bei jedem Ehegatten *dessen* Verbindlichkeiten bis zur Hälfte seines Vermögens abgezogen werden können (§ 102 Abs. 1 S. 2). Ein sachlicher Grund für diese kostenmäßige Benachteiligung gemeinschaftlicher Testamente ist nicht ersichtlich. Ein Kommentar zur Kostenordnung versuchte sie so zu rechtfertigen: „Ein gemeinschaftliches Testament kostet die doppelte Gebühr. Denn es enthält die Verfügungen beider Ehegatten von Todes wegen." Wenn aber ein gemeinschaftliches Testament überhaupt typischerweise mehr Arbeit machen sollte als ein einseitiges Testament – was ich zu bezweifeln wage –, so wird diese „Mehrbelastung" des Notars schließlich schon dadurch berücksichtigt, dass der Geschäftswert beim gemeinschaftlichen Testament typischerweise doppelt so hoch ist wie beim einseitigen Testament. Bei der Fortführung eines landwirtschaftlichen Betriebs gilt auch für das Gemeinschaftliche Testament § 48 Abs. 1 (vierfacher Einheitswert). **201**

Auch die Bestimmung über die Bewertung noch nicht vorhandenen Vermögens (§ 102 Abs. 2) gilt natürlich auch für gemeinschaftliche Testamente und Erbverträge. Nur für diese ist § 102 Abs. 2 S. 3 relevant, der einen Perfektionismus zeigt, der dem GNotKG-Gesetzgeber sonst eher fremd ist: Zum „noch nicht vorhandenen Vermögen" gehören nicht solche Gegenstände, über die ein anderer Testator in derselben Urkunde verfügt. Bestimmen also Eltern sich gegenseitig zu Erben und ihre Kinder zu Erben des Längerlebenden („Berliner Testament"), dann hat dadurch der Längerlebende nicht etwa im Sinne des Kostenrechts über „noch nicht vorhandenes Vermögen" verfügt (das er erst von seinem Partner erben wird). Man hätte aber auch ohne § 102 Abs. 2 S. 3 wohl kaum anders entscheiden können. **202**

203 Ebenfalls 2,0 ist der Gebührensatz für die Beurkundung eines **Erbvertrags**, was sich hier ebenso schwer rechtfertigen lässt wie bei gemeinschaftlichen Testamenten, und wer diese merkwürdige Vorschrift „korrigieren" will, kann das nur durch maßvolle Festsetzung des Geschäftswerts. Die Begünstigung gleichzeitiger Aufhebung und neuer Verfügungen durch § 109 Abs. 2 Nr. 2 gilt hier in gleicher Weise wie beim Testament (→ Rn. 198).

Erbverträge werden gelegentlich mit anderen rechtsgeschäftlichen Erklärungen zusammen beurkundet; in Betracht kommen hier vor allem Erbverzichte und Pflichtteilsverzichte. Dann werden die Werte des Erbvertrags und des Erb- oder Pflichtteilsverzichts zusammengerechnet (§ 35 Abs. 1) und dem Kostenschuldner kommt die Kostendegression zugute. Dasselbe gilt für die Verbindung eines Ehevertrags mit einem Erbvertrag (→ Rn. 170).

204 Zwei Beurkundungsgegenstände liegen auch beim Abschluss eines Ehevertrags unter gleichzeitiger Aufhebung eines früher geschlossenen Erbvertrags vor. Hier muss allerdings die Vergleichsberechnung nach § 94 Abs. 1 durchgeführt werden, da der Ehevertrag die 2,0 Gebühr Nr. 21100, die Aufhebung des Erbvertrags dagegen die 1,0 Gebühr Nr. 21102 auslöst. Allerdings ist die vollständige Aufhebung meist kostenrechtlich falsche Sachbehandlung (von *LG Düsseldorf* 3.12.2018 – 25 T 2/17, BeckRS 2018, 33821 übersehen): Ist in dem Erbvertrag der Rücktritt vorbehalten, ist dessen Erklärung günstiger: 0,5 Gebühr Nr. 21201 Ziff. 2. Die materiell-rechtliche Wirkung von Aufhebung und Rücktritt ist beim sog. „gegenseitigen Erbvertrag" dieselbe (§ 2298 Abs. 2 S. 1 BGB). Soll ein Erbvertrag nur teilweise aufgehoben werden, ist Nr. 21102 aber nicht anwendbar (*BGH* 9.9.2020 – IV ZB 9/20, FGPrax 2020, 288), sondern es fällt die 2,0 Gebühr Nr. 21100 an; der Rücktritt ist hier keine Alternative.

204a Noch günstiger als der Rücktritt und bei Erbverträgen, die keine anderen Regelungen enthalten, immer möglich ist die Rücknahme des Erbvertrags aus der Verwahrung: Gemeinschaftliche Testamente müssen in die amtliche Verwahrung des Nachlassgerichts gebracht werden, bei Erbverträgen ist es Sache der Beteiligten zu bestimmen, ob sie die Verwahrung bei Gericht oder Notar wünschen (§ 34 BeurkG). Für den kostenbewussten Beteiligten ist die Entscheidung klar: Verwahrung beim Notar, da diese kostenlos, während beim Gericht eine Gebühr anfällt. Sollte der Erbvertrag aber später aus der amtlichen Verwahrung zurückgegeben werden sollen, ist es genau umgekehrt: Die **Rückgabe** bei Gericht ist gebührenfrei, beim Notar löst sie die 0,3 Gebühr Nr. 23100 aus, die (wenn man die Mehrwertsteuer berücksichtigt) bei einem Geschäftswert von über 65 000 EUR höher ist als die Gerichtsgebühr für die amtliche Verwahrung (Nr. 12100; 75 EUR). Die – wieder einmal! – völlig missglückte Regelung führt also dazu, dass der Notar, der um die Rückgabe ersucht wird, ein Heiliger sein sollte, der sich selbst unvergütete Arbeit macht und der Gerichtskasse eine Gebühr zuschustert: Er muss nämlich den Vertragschließenden – wenn sie nicht ganz unvermögend sind – empfehlen, lieber zunächst die amtliche Verwahrung zu verlangen (beim Notar mangels Gebührentatbestands kostenlos) und dafür 75 EUR zu investieren, sich dann aber den Vertrag sofort kostenlos vom Gericht zurückgeben zu lassen.

Auch wenn sich Nr. 23100 „Verfahrensgebühr" nennt, setzt der Anfall voraus, dass die Rückgabe erfolgt; nehmen die Beteiligten von ihrem Wunsch wieder Abstand, fällt keine Gebühr an (*OLG Düsseldorf* JurBüro 2019, 35).

4. Erb- und Pflichtteilsverzichte

Erb- und Pflichtteilsverzichte sind keine einseitigen Erklärungen des Verzichtenden, sondern Verträge; richtige Gebührenvorschrift ist deshalb Nr. 21100. Problematisch war früher die Ermittlung des **Geschäftswerts**. Jetzt beantwortet § 102 Abs. 4 die Frage im Sinne der schon bisher herrschenden Auffassung: Es ist eine Momentbetrachtung durchzuführen: Wie hoch wäre der Erb- bzw. Pflichtteil des Verzichtenden am Nachlass des Erblassers, wenn dieser im Zeitpunkt des Verzichts versterben würde? Dabei ist auf das Reinvermögen, mindestens aber das halbe Aktivvermögen abzustellen.

205

Das gilt aber aus Billigkeitsgründen auch nach neuem Recht nicht ausnahmslos: Eine Herabsetzung des Geschäftswerts ist dann angebracht, wenn die Vereinbarung nur ausnahmsweise praktische Bedeutung erlangen wird, insbesondere wenn Ehegatten in einer Scheidungsvereinbarung auf ihr Erbrecht gegenseitig verzichten (so zum bisherigen Recht *OLG München* MittBayNot 2006, 354; umstritten!).

206

Ein praktisch häufiger Fall sind Pflichtteilsverzichte von Kindern am Nachlass des **erstversterbenden Elternteils**. Die überwiegende Meinung rechnet hier das Vermögen beider Elternteile zusammen mit der Begründung, bedingte Rechte seien wie unbedingte zu behandeln (zB *OLG Düsseldorf* JurBüro 2019, 35). Dabei wird übersehen, dass das nur gilt, wenn eine Bedingung überhaupt eintreten kann, was hier nicht der Fall ist: Wenn die Eltern gleichzeitig versterben, ist der Verzicht bedeutungslos, sterben sie nacheinander, kann der Verzicht am Nachlass des Längerlebenden nicht mehr wirksam werden. Und anders als bei einem Kaufvertrag mit Käuferwahlrecht (Käufer kann entweder Fl.Nr. 10 oder Fl.Nr. 11 kaufen), kann das Kind auch nicht beeinflussen, auf welches Pflichtteilsrecht es verzichtet. Richtig ist deswegen: Geschäftswert ist die Pflichtteilsquote am Nachlass des Elternteils mit dem höheren Vermögen.

206a

Bei einem entgeltlichen Erbverzicht handelt es sich um einen Austauschvertrag; es ist also der Wert der Leistung des Verzichtenden mit dem Wert der Gegenleistung zu vergleichen und der höhere Wert als Geschäftswert anzusetzen. Austauschvertrag ist auch ein gegenseitiger Erbverzicht: Nur der Verzicht mit dem höheren Wert ist zu bewerten; der andere Verzicht ist Gegenleistung. Wenn ein Pflichtteilsverzicht unter der Bedingung einer bestimmten Zahlung erfolgt, der Erblasser sich aber nicht zu dieser Zahlung verpflichtet, dann erhöht der Zahlbetrag den Gegenstandswert auch dann nicht, wenn er höher ist als der Pflichtteilsanspruch. Zum Pflichtteilsverzicht von Geschwistern in einer Übergabe → Rn. 138.

207

5. Erbscheinsantrag

Wer einen Erbschein aufgrund Testaments oder Gesetzes beantragt, hat eine **eidesstattliche Versicherung** abzugeben, wenn sie ihm nicht ausnahmsweise vom Nachlassgericht erlassen wird (§ 2356 BGB). Die Gebühr ist eine 1,0-Gebühr Nr. 23300, und als Geschäftswert ist nach § 40 Abs. 1 der reine Nachlasswert nach Abzug der Verbindlichkeiten anzusetzen – allerdings nur solcher, die „vom Erblasser herrühren", so dass die alte Streitfrage, ob dazu die Erbschaftsteuer

208

gehört, geklärt ist: nein! Auch die Beerdigungskosten und die Kosten für die Erfüllung von Vermächtnissen, Auflagen und Pflichtteilsansprüchen rühren nicht vom Erblasser her, können also ebenfalls nicht abgezogen werden. Ein häufiger Fehler: Wenn nur ein Miterbe einen gemeinschaftlichen Erbschein beantragt, wird der Geschäftswert nach dessen Anteil am Nachlass bestimmt, wohl aus der Erwägung heraus, es müssten ja auch die übrigen Miterben noch eine eidesstattliche Versicherung abgeben, und hierfür würden erneut Gebühren anfallen. Das ist aber nicht richtig: Zum einen verlangt das Nachlassgericht in der Regel nur *eine* eidesstattliche Versicherung; sollte aber ausnahmsweise auch die eidesstattliche Versicherung weiterer Miterben verlangt werden, so ist hierfür ihr Anteil am Reinnachlass als Geschäftswert anzusetzen (§ 40 Abs. 2 S. 2), während für die erste eidesstattliche Versicherung in jedem Fall der gesamte Reinnachlass maßgebend ist.

209 Immer kommt es allerdings darauf an, ob auch wirklich ein Erbschein für den ganzen Nachlass beantragt wird. Beantragt ein Miterbe beispielsweise keinen gemeinschaftlichen Erbschein für alle Miterben zu seinen Händen, sondern, zB weil ein Miterbe verschollen, aber noch nicht für tot erklärt ist, einen **Mindestteilerbschein** des Inhalts, dass er mindestens zu einem Drittel den Erblasser beerbt hat, so ist auch nur ein Drittel des reinen Nachlasses als Geschäftswert der dafür abzugebenden eidesstattlichen Versicherung anzusetzen. Entsprechendes gilt, wenn ein Erbschein beantragt wird, der nur für einen Teil des Nachlasses Wirkungen entfaltet. Hat daher ein amerikanischer Erblasser ein deutsches Grundstück hinterlassen, auf das nach seinem Heimatrecht das Recht der belegenen Sache anzuwenden ist, und beantragen die hiernach berufenen Erben einen Erbschein, so ist ausschließlich der Wert dieses Grundstücks als Geschäftswert für den Erbscheinsantrag zugrundezulegen (§ 40 Abs. 2, 3). Die früher zu geringeren Kosten erhältlichen Erbscheine nur für **Grundbuchzwecke** sind **abgeschafft.** Auch das war keine gute Idee, weil dadurch in den Fällen, in denen der Erblasser dem Erben für sein sonstiges Vermögen eine über den Tod hinausreichende Vollmacht erteilt hat, so dass er für die Verfügung über das Kapitalvermögen keinen Erbschein braucht, die im öffentlichen Interesse an aktuellen Grundbüchern liegende Berichtigung künftig dann oft unterbleiben wird, wenn sie sich nicht „lohnt", weil die Kosten außer Verhältnis zum Wert des Grundbesitzes stehen. Dass das Grundbuchamt die Grundbuchberichtigung erzwingen kann (§ 82 GBO), ist zwar richtig, setzt aber voraus, dass die Erben erst einmal ermittelt sind, was bei unkooperativen, weil wirtschaftlich uninteressierten Beteiligten nicht immer einfach ist. Mit dem Totschlagsargument der „Vereinfachung" ist auch hier bewährtes Kostenrecht abgeschafft worden; verfassungswidrig ist das allerdings nicht (*OLG München* JurBüro 2020, 533). Bei geringwertigem Grundbesitz und verständnisvollem Grundbuchamt wird mitunter eine eidesstattliche Versicherung der erbrechtlichen Verhältnisse als Kostensparstrategie akzeptiert (→ Rn. 310); einen Rechtsanspruch darauf hat man in keinem Fall.

210 Bei der Ermittlung des Geschäftswerts muss sich der Notar naturgemäß weitgehend auf die Angaben des Antragstellers verlassen; es braucht an dieser Stelle des Buches wohl nicht mehr besonders betont zu werden, dass Grundstücke mit ihrem Verkehrswert anzusetzen sind, und dass beim Abzug der Verbindlichkeiten nicht der Nominalbetrag eingetragener Grundpfandrechte, sondern ihre tatsächliche Valutierung maßgebend sind. Will der Erbe einen zum Nachlass gehörenden landwirtschaftlichen Betrieb fortführen, so ist er jedoch nur mit dem vierfachen

VI. Erbrechtliche Beurkundungen

Einheitswert anzusetzen (§ 48 Abs. 1). Als Nachlassverbindlichkeiten abzuziehen sind nur die Schulden des Erblassers (§ 40 Abs. 1 S. 2), allerdings mangels einer Regelung, die das zulassen würde, in voller Höhe, nicht etwa in dem Verhältnis, in dem der vierfache Einheitswert zum Verkehrswert des Nachlasses steht (umstritten!).

Dass mit der Gebühr für die eidesstattliche Versicherung auch der Erbscheinsantrag – der ja nicht formgebunden ist – abgegolten ist, sagt das GNotKG nach der Devise „doppelt genäht hält besser" gleich zweimal: Vorbem. 2.3.3 Abs. 2 und Anm. zu Nr. 21201. Wird der Notar gebeten, im Zusammenhang mit dem Erbscheinsantrag Personenstandsurkunden zu beschaffen, dann wird er das normalerweise tun; eine Gebühr dafür gibt es allerdings nicht (kein Gebührentatbestand vorhanden, da für Vollzugshandlungen das Enumerationsprinzip gilt; → Rn. 68). **211**

Sind zwei Personen, die die gleichen Erben haben, kurz nacheinander verstorben, so wird oft mit einem Erbscheinsantrag ein Erbschein nach beiden Erblassern beantragt. Auch hier hat sich eine alte Streitfrage erledigt: Es fallen nicht zwei Gebühren aus dem jeweiligen Nachlasswert an, sondern eine Gebühr aus dem zusammengerechneten Wert. **212**

Hat der Erblasser in seinem Testament Testamentsvollstreckung angeordnet, so ist auch zur Erlangung des **Testamentsvollstreckerzeugnisses** regelmäßig eine eidesstattliche Versicherung erforderlich (§ 2368 Abs. 3 BGB); auch für sie gilt § 40. Den Geschäftswert, den man früher schätzen musste, legt § 40 Abs. 5 fest und zwar – wundert sich jemand? – an der oberen Grenze der bisher gegebenen Empfehlungen: 20 % der Nachlassaktiva. **213**

6. Erklärungen gegenüber dem Nachlassgericht

Zu den Erklärungen gegenüber dem Nachlassgericht gehören solche Exoten wie die Ablehnung der fortgesetzten Gütergemeinschaft oder die Ernennung von Mitvollstreckern durch den eingesetzten Testamentsvollstrecker (§ 2199 BGB), aber auch eine der häufigsten Beurkundungen überhaupt: die Ausschlagung der Erbschaft, vorzugsweise dann vorkommend, wenn der Nachlass überschuldet ist und es nichts zu erben gibt. Für alle diese Erklärungen wird eine 0,5 Gebühr Nr. 21201 (Ziff. 7) erhoben. Der Geschäftswert berechnet sich nach § 103 Abs. 1 – es ist also der Wert des Nachlasses bzw. Nachlassanteils anzusetzen, auf den verzichtet wird, unter Abzug der Schulden zum Zeitpunkt der Beurkundung (also hier unter Abzug *aller* Nachlassverbindlichkeiten), im praktisch wichtigsten Fall damit die spezifische Mindestgebühr für Beurkundungen der Nr. 21201 (30 EUR). Dafür ist die Entgegennahme der Ausschlagung bei Gericht jetzt gebührenfrei. Ist der Wert 0, spielt die Frage, wie bei der Ausschlagung mehrerer nacheinander berufener Personen in einer Urkunde zu rechnen ist, keine Rolle. Wird ausnahmsweise eine werthaltige Erbschaft (zB gegen Abfindung durch den Begünstigten) ausgeschlagen, sah die Kostenordnung für die Gerichtsgebühr ausdrücklich vor, dass bei gleichzeitiger Ausschlagung die Gebühr nur einmal nach dem Wert der ausgeschlagenen Erbschaft erhoben werden darf; auf die Notargebühr wurde diese Vorschrift entsprechend angewendet. Das GNotKG enthält keine solche Vorschrift mehr – was sich zwanglos damit erklärt, dass keine Gebühr anfällt. Nimmt man an, dass es sich dabei ohnehin nur um eine **214**

Klarstellung handelt, hätte sich auch für die Notargebühr nichts geändert. Die herrschende Meinung zum GNotKG geht allerdings davon aus, dass die Werte zu addieren sind. Zur Aufnahme mehrerer Ausschlagungserklärungen in mehrere Urkunden → Rn. 365.

7. Erbteilsübertragung

215 Erbschaftskäufe (§ 2371 BGB) kommen nur selten vor. Desto häufiger sind Erbteilsübertragungen (Erbteilsabtretungen) eines Miterben. Die Erbteilsübertragung ist Vertrag; Gebührensatz ist also 2,0 (Nr. 21100).

216 Die Berechnung des **Geschäftswerts** war früher umstritten. § 38 Satz 2 bestimmt jetzt aber, dass das Abzugsverbot auch für „Verbindlichkeiten eines Nachlasses" gilt. Diese Formulierung ist reichlich schräg: Es gibt zwar „Nachlassverbindlichkeiten", aber ein Nachlass kann ebensowenig Verbindlichkeiten haben wie ein Hund; Nachlassverbindlichkeiten sind – wie sich aus § 1967 BGB ergibt – Verbindlichkeiten des Erben. Gemeint ist aber offenbar: Bei Geschäften, die einen Nachlass zum Gegenstand haben, dürfen die Nachlassverbindlichkeiten nicht abgezogen werden. Geschäftswert ist also der Verkehrswert der Nachlassaktiva. Wird ausnahmsweise eine Gegenleistung bezahlt, die höher ist als der Wert des Erbteils, dann ist sie selbstverständlich maßgebend (§ 97 Abs. 3).

Die Erbteilsübertragung und der Antrag auf Grundbuchberichtigung auf den Erbteilserwerber haben denselben Gegenstand. Ist dagegen im Grundbuch noch der Erblasser eingetragen und wird in der Erbteilsübertragungsurkunde die Berichtigung des Grundbuchs auf dessen Erben beantragt, dann hat dieser Berichtigungsantrag einen anderen Gegenstand und löst deshalb eine 0,5 Gebühr Nr. 21201 Ziff. 4 aus. Da der Antrag aber formfrei ist, wird ihn der sparsame Beteiligte allerdings nicht mit aufnehmen lassen, sondern selbst beim Grundbuchamt stellen. Aufnahme durch den Notar ohne Hinweis auf die Kostenfolge ist zumindest hart an der Grenze zur falschen Sachbehandlung. Ich nehme aber an, dass die meisten Notare den Antrag deshalb nicht berechnen, weil sie nicht wissen, dass sie ihn berechnen könnten.

217 In der Regel ist in Erbteilsübertragungen vorgesehen, dass eine Abschrift nach § 2384 BGB an das Nachlassgericht gesandt werden soll. Das kostet beim Notar – außer der Dokumentenpauschale – nichts (sie mit einem Anschreiben zu versehen, um die Gebühr Nr. 22200 Ziff. 5 berechnen zu können, ist eine rechte Kostenschinderei). Es ist aber trotzdem nicht immer sinnvoll. Beim Nachlassgericht fällt nämlich für die Entgegennahme dieser Mitteilung die Gebühr Nr. 12410 an, die zwar eine Festgebühr von nur 15 EUR, aber oft überflüssig ist: Die Verpflichtung nach § 2384 BGB besteht nur „gegenüber den Nachlassgläubigern", dementsprechend ist die einzige Sanktion bei ihrer Verletzung, dass der Nachlassgläubiger, dem aus ihrer Unterlassung Schaden entsteht, diesen ersetzt verlangen kann. Nun ist es aber in aller Regel so, dass ein derartiger Schaden gar nicht denkbar ist, sei es, weil keine Nachlassgläubiger vorhanden, sei es, weil sie alle bekannt sind. Hier wird der sparsame Beteiligte auf die Anzeige nach § 2384 BGB verzichten.

218 Wird in dem häufigen Fall der Erbteilsabtretung an einen oder mehrere verbleibende Miterben die Beurkundung der Gegenleistung nicht gewünscht und ist eine Sicherung eines Vertragsteils wegen seiner Leistungen entbehrlich, bietet sich im Kosteninteresse eine Lösung an, die früher wegen ihrer rechtlichen Zweifel-

haftigkeit nicht empfohlen werden konnte, seit *BGH* NJW 1998, 1557 aber als rechtlich einwandfrei abgesegnet ist: Die Beteiligten vereinbaren privatschriftlich das Ausscheiden des Veräußerers aus der Erbengemeinschaft (sog. **Abschichtung**) und müssen dann lediglich eine Grundbucherklärung beglaubigen lassen, für die eine 0,5 Gebühr Nr. 21201 Ziff. 4 anfällt. Hier gibt es zwar, soweit ich sehe, keine Rechtsprechung zum „richtigen" Geschäftswert; im Gegensatz zur BGB-Gesellschaft (→ Rn. 165) darf aber – da die Erbengemeinschaft nicht rechtsfähig ist – auch dann, wenn nur ein Erbe verbleibt, nur der Nachlassanteil des oder der Ausscheidenden, nicht der volle Nachlasswert genommen werden (aA 6. Aufl.). Von sich aus braucht der Notar – jedenfalls nach Ansicht von *OLG Hamm* FamRZ 2017, 471 – diese kostensparende Lösung aber nicht anzusprechen, so dass der sparsame Beteiligte sie ausdrücklich verlangen muss.

8. Erbauseinandersetzungsverträge

Weder Erbteilsübertragung noch Abschichtung kommen in Betracht, wenn nur ein Teil des Nachlasses auseinandergesetzt werden soll oder wenn mehrere Miterben Bruchteilseigentümer werden wollen. Dann muss das Gesamthandseigentum der Erbengemeinschaft aufgehoben werden; Vertragsgegenstand ist in diesem Fall die ganze Erbschaft bzw. der ganze erbengemeinschaftliche Gegenstand, und zwar ohne Schuldenabzug (§ 38). Das gilt sogar dann, wenn *alle* Miterben beteiligt bleiben wollen und lediglich Bruchteilseigentum entsprechend den wertmäßigen Beteiligungen an der Erbengemeinschaft begründet werden soll; eine dem § 70 für die Eintragung ins Grundbuch entsprechende Bestimmung gibt es für die Notargebühren nicht. Auch ist nicht etwa § 97 Abs. 3 für den Geschäftswert anwendbar, denn ein Austausch von Leistungen liegt nicht vor, vielmehr eine Verteilung vorhandenen Vermögens. Allerdings kann – wenn Schwierigkeiten bei der Wertfeststellung bestehen – aus den vom Übernehmer der Nachlassgegenstände an die ausscheidenden Miterben bezahlten Abfindungen auf deren Wert geschlossen werden. Für die Erbauseinandersetzung über einen landwirtschaftlichen Betrieb, der fortgeführt werden soll, gilt die Begünstigungsvorschrift des § 48 Abs. 1 (vierfacher Einheitswert). 219

9. Amtliche Vermittlung der Auseinandersetzung

Von Erbauseinandersetzungsverträgen, die eine Einigung aller Beteiligten voraussetzen, ist die Amtliche Vermittlung der Auseinandersetzung zu unterscheiden, die seit 1.9.2013 bundesweit ein Notargeschäft ist. Je nachdem, wie weit das Verfahren gedeiht, steht dem Notar eine 6,0, eine 3,0 oder eine 1,5 Gebühr zu; dies ist der einzige Fall im GNotKG, in dem eine 6,0 Gebühr zum Ansatz kommt. 220

Trotz dieser Besonderheit wird die außerordentliche Seltenheit dieses Beurkundungsgeschäfts von kaum einem Notar bedauert. Wären alle Beteiligten der Erbauseinandersetzung bekannt und wären sie sich einig, so würden sie einen Erbauseinandersetzungsvertrag abschließen. Die amtliche Vermittlung wird nur dann in Anspruch genommen, wenn erst noch Beteiligte ermittelt werden müssen oder Einigkeit hergestellt werden muss. Das macht die amtliche Vermittlung zu 221 einem regelmäßig recht langwierigen und arbeitsintensiven Geschäft. Wen es trifft, sollte beachten: für den Kostenschuldner gibt es in § 31 Abs. 3 eine Sondervorschrift, für den Geschäftswert in § 118a.

10. Vermächtniserfüllung, Teilungsanordnung

222 Hat ein Erblasser in einer Verfügung von Todes wegen ein Vermächtnis angeordnet, dann wird der Bedachte nach dem BGB bekanntlich nicht automatisch Eigentümer des ihm zugewendeten Gegenstandes („Damnationslegat"), sondern er muss sich den Gegenstand vom Erben übertragen lassen („Vindikationslegat"). Vermächtnisse müssen also erfüllt werden, bei beurkundungspflichtigen Vorgängen, insbesondere Grundstücken und GmbH-Anteilen, im Weg der notariellen Beurkundung.

223 Für die kostenrechtliche Behandlung ist entscheidend, ob das Vermächtnis in einem **öffentlichen Testament** oder einem Erbvertrag einerseits oder in einem **privatschriftlichen** Testament andererseits angeordnet ist. Im ersten Fall bedarf es – wenn ein Grundstück zugewendet ist – nur einer 1,0 Gebühr Nr. 21102 für die Auflassung des Grundstücks an den Bedachten, da das Grundgeschäft bereits beurkundet ist. Handelt es sich dagegen um ein privatschriftliches Testament, so greift diese Begünstigung nicht ein, und es ist die gewöhnliche 2,0 Vertragsgebühr Nr. 21100 zu erheben, selbst wenn weitere Bestimmungen als die Eigentumsübertragung im Vertrag nicht enthalten sind.

224 Wie Vermächtniserfüllungen sind auch **Teilungsanordnungen** zu behandeln: Sind sie im öffentlichen Testament oder im Erbvertrag enthalten, so genügt – wenn bei Gelegenheit der Übertragung nicht noch andere schuldrechtliche Bestimmungen getroffen werden – die gebührenbegünstigte Auflassung von der Erbengemeinschaft an den Bedachten; beim privatschriftlichen Testament ist ohne Rücksicht auf den Inhalt eine 2,0 Gebühr nach Nr. 21100 zu erheben.

41.
A lässt eine Vorsorgevollmacht beurkunden, die eine im Innenverhältnis auf den Fall der fehlenden Handlungsfähigkeit beschränkte Generalvollmacht, eine Betreuungsverfügung sowie eine Patientenverfügung beinhaltet. Das Aktivvermögen des A beträgt 100 000 EUR; Schulden hat er keine. Der Notar wird angewiesen, die Registrierung beim Zentralen Vorsorgeregister zu veranlassen.
Bewertung:
Geschäftswert:
a) Patientenverfügung: 5000 EUR (§ 36 Abs. 2, 3)
   Die Betreuungsverfügung ist gegenstandsgleich.
b) Vorsorgevollmacht:
   Ausgangswert: 50 % von 100 000 EUR, nach richtiger Auffassung weiterer Abschlag von (vorgeschlagen) 50 %, somit 25 000 EUR
   zusammen: 30 000 EUR
   1,0 Gebühr Nr. 21200   125,– EUR
Keine Gebühr für die Übermittlung an das Zentrale Vorsorgeregister.

42.
A testiert: „Mein Testament vom 12.3.1975 widerrufe ich seinem ganzen Inhalt nach. Es soll gesetzliche Erbfolge eintreten. Frau B vermache ich das Grund-

stück Fl.Nr. 12 Gemarkung C; sie hat alle darauf ruhenden Belastungen zu übernehmen."
In dem Testament vom 12.3.1975 war über das gesamte Vermögen des A verfügt worden. Sein Aktivvermögen beträgt 200 000 EUR, der Wert von Fl.Nr. 12 beträgt 50 000 EUR, die darauf lastenden Grundschulden sind noch mit 30 000 EUR valutiert; weitere Verbindlichkeiten hat A nicht.
Bewertung:
Geschäftswert:
a) Widerruf des Testaments:
200 000 EUR – 30 000 EUR – 25 000 EUR (Hälfte von 50 000 EUR; wegen neuer Verfügung) = 145 000 EUR
b) Neue Verfügung: 25 000 EUR (Schuldenabzug bis zur Hälfte des Werts)

0,5 Gebühr Nr. 21201 aus Wert a	177,– EUR
1,0 Gebühr Nr. 21200 aus Wert b	115,– EUR
	292,– EUR

43. (Fortsetzung)
Gesetzliche Erben des A aufgrund des Testaments in Nr. 42 werden X zu $3/8$ und Y zu $5/8$. X gibt die erforderliche eidesstattliche Versicherung ab und beantragt einen gemeinschaftlichen Erbschein, der die Erbfolge wie angegeben ausweist.
Bewertung:
Geschäftswert: 170 000 EUR (kein Abzug des Vermächtnisses, weil es keine „vom Erblasser herrührende" Nachlassverbindlichkeit ist, § 40 Abs. 1)
1,0 Gebühr Nr. 23300   381,– EUR
Maßgeblich ist der Nachlasswert, nicht der Anteil des X.

44. (Fortsetzung)
X überträgt seinen Anteil am Nachlass des A gegen Zahlung eines Betrags von 50 000 EUR.
Bewertung:
Geschäftswert:
$3/8$ von 200 000 EUR = 75 000 EUR; die Gegenleistung ist niedriger.
2,0 Gebühr Nr. 21100   438,– EUR

45.
A und B sind im gesetzlichen Güterstand kinderlos verheiratet. In einem Erbvertrag heben sie das in einer früheren Verfügung zugunsten ihrer Haushälterin C ausgesetzte Vermächtnis im Betrag von 5000 EUR auf und setzen dafür dem Word Wildlife Fund ein beim Tod des Letztversterbenden fälliges Vermächtnis von 50 000 EUR aus. In der gleichen Urkunde verzichten die Eltern D und E der A auf ihren Pflichtteil beim Ableben ihrer Tochter. Das Reinvermögen von A und B beträgt je 50 000 EUR.
Bewertung:
Geschäftswert:
a) Wert der neuen Verfügung: 50 000 EUR; der Widerruf löst keine zusätzliche Gebühr aus;
b) Wert des Pflichtteilsverzichts: $1/8$ von 50 000 EUR = 6250 EUR, zusammen 56 250 EUR (Zusammenrechnung findet auch zwischen erbrechtlichen und lebzeitigen Vertragsbestimmungen statt)
2,0 Gebühr Nr. 21100   384,– EUR

46.
A schließt mit seinem Neffen B einen Erbvertrag, in dem er ihm ein Haus mit einem Einheitswert von 72 000 EUR vermacht, das mit einer erststelligen Grundschuld von 240 000 EUR belastet ist. Der Nominalwert der Grundschuld entspricht nach Angabe der Beteiligten dem Verkehrswert des Hausgrundstücks.
Bewertung:
Geschäftswert: 120 000 EUR (Schuldenabzug nur bis zum halben Aktivwert!)
2,0 Gebühr Nr. 21100   600,– EUR

47.
A setzt seinen Sohn B erbvertragsmäßig zum Alleinerben ein. B verpflichtet sich, dem Vater bis zu dessen Ableben einen monatlichen Betrag von 1000 EUR als Leibrente zu bezahlen. Der Vater ist 63 Jahre alt. Die Beteiligten geben den Reinwert des Vermögens mit 80 000 EUR an.
Bewertung:
Geschäftswert: a) Erbvertrag: 80 000 EUR
                 b) Unterhaltsverpflichtung:
                    1000,– EUR × 12 × 10 =   120 000,– EUR (§ 52 Abs. 4)
2,0 Gebühr Nr. 21100 aus 200 000 EUR (§ 35 Abs. 1)   870,– EUR
Die Verpflichtung zur Zahlung der Leibrente ist zwar möglicherweise wirtschaftlich, aber nicht rechtlich „Gegenleistung" für die Erbeinsetzung, daher Zusammenrechnung.

48.
A, B und C sind Miterben zu je ⅓ der Witwe Bolte. Sie hatte ein Grundstück im Wert von 73 000 EUR als einziges nennenswertes Vermögen und Nachlassverbindlichkeiten von 6000 EUR. C überträgt seinen Anteil am Nachlass der Bolte auf den Miterben B. Auf Wunsch der Beteiligten beurkundet der Notar: „Über die für die Erbteilsabtretung zu erbringende Gegenleistung haben sich die Beteiligten außeramtlich geeinigt." Sodann wird die Berichtigung des Grundbuchs beantragt.
Bewertung:
Die Kosten bleiben gemäß § 21 unerhoben! Der Notar hat einen kapitalen Bock geschossen. Auch wenn das Grundbuchamt das Ausscheiden des C aus der Erbengemeinschaft eintragen sollte, bleibt C Miterbe und B hat nichts erworben. Bei der Erbteilsabtretung muss nämlich der *ganze* Vertrag beurkundet werden und damit auch die vereinbarte Gegenleistung (§ 2371 BGB). Und während beim formnichtigen Grundstückskauf wenigstens Heilung nach § 311 b Abs. 1 S. 2 BGB eintritt, ist bei der formnichtigen Erbteilsübertragung nach hM jede Heilung ausgeschlossen.

49.
A, B und C beantragen einen gemeinschaftlichen Erbschein des Inhalts, dass der verstorbene E von seinen 4 Kindern (A, B, C, D) zu je einem Viertel beerbt worden ist. Der Nachlass des E besteht aus seinem Wohnhaus im Wert von 200 000 EUR, das mit einer Grundschuld zu 120 000 EUR belastet ist, auf die noch 56 000 EUR geschuldet werden; im übrigen sind Nachlassgegenstände im Betrag von 20 000 EUR vorhanden. Nachlassverbindlichkeiten bestehen sonst nicht.
Bewertung:
Geschäftswert: 164 000 EUR (maßgeblich ist nicht die Grundschuld, sondern ihre Valutierung).
1,0 Gebühr Nr. 23300   381,– EUR

VI. Erbrechtliche Beurkundungen

50. (Fortsetzung)
Im Fall 49 beantragt daraufhin D, der meint, der Erblasser habe B wirksam enterbt, seinerseits einen Teilerbschein, dass er Miterbe des E zu $1/3$ geworden sei.
Bewertung:
Geschäftswert: $1/3$ von 164 000 EUR = 54 666,67 EUR (§ 40 Abs. 2 S. 1)
1,0 Gebühr Nr. 23300   192,– EUR
(Hier ist nur das zur Feststellung beantragte Erbrecht maßgeblich!)

51.
A, B und C sind die drei Kinder der verstorbenen T, die ein Wertpapierdepot von 1 000 000 EUR und ein Wohnhaus im Wert von 200 000 EUR hinterlassen hat, das mit noch 56 000 EUR belastet ist. Die Beerdigungskosten machen 7000 EUR, ein angeordnetes Vermächtnis 20 000 EUR aus. A, B und C brauchen den Erbschein nur für die Grundbuchberichtigung, da sie für das Depot Vollmacht haben.
Bewertung:
Geschäftswert: 1 200 000 EUR – 56 000 EUR = 1 144 000 EUR
(Das Vermächtnis und die Beerdigungskosten können nicht als Nachlassverbindlichkeit abgezogen werden, da sie nicht vom Erblasser herrühren; eine Ermäßigung unter dem Gesichtspunkt des beabsichtigten Verwendungszwecks ist ausgeschlossen.)
1,0 Gebühr Nr. 23300   1975,– EUR

52.
A ist verstorben und wurde von seiner Witwe W zur Hälfte und seinen Kindern K1, K2 und K3 zu je einem Sechstel kraft Gesetzes beerbt. Kurz darauf stirbt aus Kummer auch W und wird von K1, K2 und K3 zu je einem Drittel beerbt. Die Kinder beantragen in einem einheitlichen Antrag Erbscheine für beide Erbfälle. Der Reinnachlass beträgt jeweils 125 000 EUR.
Bewertung:
Geschäftswert: 250 000 EUR (2 x 125 000 EUR; Zusammenrechnung nach § 35 Abs. 1).
1,0 Gebühr Nr. 23300   535,– EUR

53.
Blaß, der im gesetzlichen Güterstand gelebt hatte, wurde von seiner Ehefrau Elfriede und seinen 3 Kindern Anton, Caesar und Daniel beerbt, und zwar nach der gesetzlichen Erbfolge. Die Erben setzen sich nun in der Weise über ein – lastenfreies – Grundstück auseinander, dass es Elfriede zum Alleineigentum erhält und an jedes Kind 20 000 EUR auszahlt. Angaben über den Wert machten sie nicht.
Bewertung:
Geschäftswert: 120 000 EUR (ermittelt aus den Abfindungsbeträgen als Wert des ganzen Grundstücks)
2,0 Gebühr Nr. 21100   600,– EUR

54. (Fortsetzung)
Welche kostengünstigeren Lösungen könnte man den Erben vorschlagen, wenn das Grundstück der einzige verbliebene Nachlassgegenstand wäre und wie sähen dann die Kostenrechnungen aus?
Es könnte dann entweder
a) eine Erbteilsabtretung der Kinder an die Mutter vorgenommen oder
b) lediglich die Grundbucherklärung beglaubigt werden, dass A, C und D aus der Erbengemeinschaft ausscheiden.

> Bewertung zu a)
> Geschäftswert: 60 000 EUR (Wert der übertragenen Erbanteile)
> 2,0 Gebühr Nr. 21100   384,- EUR
> Bewertung zu b)
> Geschäftswert: 60 000 EUR
> 0,5 Gebühr Nr. 21201   96,- EUR.
>
> **55. (Fortsetzung)**
> Anton, Caesar und Daniel sollen im vorstehenden Beispiel nicht aus der Erbengemeinschaft ausscheiden, sondern es wird Umwandlung aus dem erbengemeinschaftlichen Eigentum in Bruchteilseigentum (1/2, 1/6, 1/6, 1/6) gewünscht.
> Bewertung:
> Geschäftswert: 120 000 EUR
> 2,0 Gebühr Nr. 21100   600,- EUR
>
> § 70 darf nicht angewendet werden, der gilt nur für die Gerichtsgebühren!

VII. Gesellschaft mit beschränkter Haftung

225 Das Kostenrecht der GmbH (wie auch der übrigen Handelssachen) wird durch europäisches Gemeinschaftsrecht beeinflusst: Zur Staatskasse fließende Kosten dürfen nach einer Richtlinie, die Handelsregistereintragungen betrifft, aber auch zur Eintragung in das Handelsregister erforderliche Beurkundungen, also alle Handelsregisteranmeldungen und die zugrundeliegenden Verträge und Beschlüsse, soweit sie beurkundungspflichtig sind, den mit der Tätigkeit verbundenen Aufwand nicht übersteigen. Konsequenterweise hat der Europäische Gerichtshof festgestellt, dass Kostenrechnungen der Notare in Baden, soweit sie den mit der Beurkundung verbundenen Aufwand überstiegen, gegen Europäisches Gemeinschaftsrecht verstießen – weil sie nämlich nicht den Notaren zuflossen, sondern direkt in die Staatskasse. Durch die Notariatsreform in Baden-Württemberg hat sich das Problem erledigt: Die Gebühren fließen jetzt den Notaren in voller Höhe selbst zu. Dagegen sind alle Gerichtsgebühren in denjenigen Handelssachen, die tatbestandlich unter die Richtlinie fallen (und noch einige mehr) jetzt Festgebühren, die nicht im GNotKG, sondern in der HRegGebVO geregelt sind – für den Notar nur insoweit von Bedeutung, als sich die Beteiligten bei ihm nicht nur nach den Notarkosten erkundigen, sondern auch danach, was die Sache beim Registergericht kosten wird.

1. Die Neugründung einer GmbH

a) Gründungsvertrag

226 Der Gesellschaftsvertrag einer GmbH ist ein gegenseitiger Vertrag, aber kein Austauschvertrag im Sinne des § 97 Abs. 3: Es werden keine Leistungen ausgetauscht, sondern Einlagen für einen gemeinschaftlichen Zweck vereinigt. Der Geschäftswert ist daher die Summe der Leistungen, zu denen sich die Gesellschafter verpflichten.

VII. Gesellschaft mit beschränkter Haftung

Eine GmbH kann entweder durch einen Gesellschafter (**Einpersonen-GmbH**) oder durch mehrere Gesellschafter errichtet werden. Materiell-rechtlich gehört zur Gründung in beiden Fällen ein Gesellschaftsvertrag: Mehrere Gesellschafter schließen ihn ab; ist nur ein Gesellschafter vorhanden, so stellt er ihn fest. Kostenrechtlich macht es aber durchaus einen Unterschied. Ist nämlich nur ein Gesellschafter vorhanden, so handelt es sich nur formell um einen Vertrag, in Wahrheit aber um eine einseitige Erklärung. Daher ist für die Gründungsurkunde einer Einpersonen-GmbH eine 1,0 Gebühr Nr. 21200, für die Gründungsurkunde einer aus mehreren Gesellschaftern bestehenden GmbH dagegen eine 2,0 Gebühr Nr. 21100 anzusetzen. Das ist hier wesentlich leichter einzusehen als die Tatsache, dass für ein Testament eine 1,0 Gebühr, für einen Erbvertrag aber eine 2,0 Gebühr anfällt (→ Rn. 202 f.): der Regelungsbedarf der Einpersonen-GmbH ist wesentlich geringer als der einer Gesellschaft mit zwei oder mehr Gesellschaftern. Im praktisch wichtigsten Fall, der GmbH mit dem Mindeststammkapital von 25 000 EUR gilt aber eine Besonderheit: Hier gilt der **Mindestwert** von 30 000 EUR (§ 107 Abs. 1 S. 1).

Der **Geschäftswert** der GmbH-Gründung ist bei der Bargründung das Stammkapital, also die Summe aller Stammeinlagen. Die Übernahme der Stammeinlagen ist gegenüber der Gründung der Gesellschaft nicht besonders zu bewerten, denn sie ist zwangsläufig damit verbunden; eine GmbH-Gründung ohne Übernahme der Stammeinlagen gibt es nicht. Zusätzlich zu bewerten ist dagegen die – nach § 26 GmbHG mögliche – Vereinbarung einer Nachschusspflicht der Gesellschafter bereits in der Gründungsurkunde; ist sie betragsmäßig beschränkt, dann ist dieser Betrag hinzuzurechnen, andernfalls ist ihr Wert zu schätzen. 227

Keine Besonderheiten ergeben sich, wenn statt einer Bargründung eine **Sachgründung** durch Einbringung einzelner Gegenstände erfolgt. Deren Annahmewert kann zugleich als tatsächlicher Verkehrswert angesehen und deshalb der Kostenbewertung zugrundegelegt werden. Allerdings wird hier häufig der Formwechsel in eine GmbH bevorzugt (→ Rn. 286). Bei Einbringung von Unternehmen mit hohem Fremdkapitalanteil können beide Verfahren zu erheblichen Gebühren führen. Bringt ein Gesellschafter beispielsweise sein Handelsgeschäft in die GmbH ein, dessen Aktiva 2 000 000 EUR und dessen Passiva 1 850 000 EUR betragen und erhält dafür eine Stammeinlage von 150 000 EUR, so ist die 2,0 Gebühr Nr. 21100 aus 2 000 000 EUR zu berechnen und beträgt also 6670 EUR, während die entsprechende Bargründung mit 150 000 EUR nur Kosten von 708 EUR (und bei der Einpersonen-GmbH gar nur von 354 EUR) auslöst. Gehören Grundstücke zur eingebrachten Vermögensmasse, dann ist die Erfüllung der Übertragungsverpflichtung durch Auflassung nach der ausdrücklichen Regelung des § 109 Abs. 1 Nr. 2 gegenstandsgleich und nicht gesondert zu bewerten. 228

Sind an einer GmbH-Gründung mehrere Gesellschafter beteiligt und ist einer gehindert, gleichzeitig mit den anderen zu erscheinen, dann nimmt die überwiegende Auffassung jetzt an, Geschäftswert der Zustimmungserklärung oder Vollmachtsbestätigung sei die Stammeinlage dieses Gesellschafters (also nicht das volle Stammkapital). Die dafür gegebene Begründung, dieser Gesellschafter sei künftiger Mitberechtigter am Vermögen der GmbH und daher § 98 Abs. 2 S. 1 anwendbar, setzt sich darüber hinweg, dass die GmbH als juristische Person (und nur sie) an ihrem Vermögen berechtigt ist. Richtigerweise handelt es sich um analoge Anwendung von § 98 Abs. 2 S. 1 zugunsten des Kostenschuldners – und die möchte ich ebenfalls bejahen (aA 5. Aufl.). 229

b) Bestellung der Geschäftsführer

230 Ebenfalls bereits bei der Gründung der GmbH müssen der oder die Geschäftsführer der Gesellschaft bestellt werden. Das kann nach dem Gesetz durch Beschluss der Gesellschafter oder im Gesellschaftsvertrag geschehen (§ 6 Abs. 3 S. 2 GmbHG); der Beschluss ist **nicht beurkundungspflichtig.** Es gibt deshalb drei Möglichkeiten der Geschäftsführerbestellung, die kostenrechtlich völlig unterschiedlich zu behandeln sind:

231 (aa) Sparsame Beteiligte bringen zur GmbH-Gründung bereits einen schriftlich niedergelegten Beschluss mit, welche Personen zu Geschäftsführern bestellt werden, wie sie vertreten und ob sie von den Beschränkungen des § 181 BGB befreit sind. Dann erübrigt sich jede weitere notarielle Tätigkeit, und es darf deshalb auch nichts berechnet werden.

232 (bb) Die teuerste Lösung ist es, den Beschluss über die Geschäftsführerbestellung beurkunden zu lassen. Dieser Beschluss ist nicht gegenstandsgleich mit der Gründung, sondern ein weiteres Geschäft, das nach § 35 Abs. 1 mit der Gründung zusammenzurechnen ist. Es spielt dabei, wie sich aus § 109 Abs. 2 Nr. 4 Buchst. d ergibt, keine Rolle, ob ein Geschäftsführer bestellt wird oder ob mehrere Geschäftsführer bestellt werden.
Diese 2,0 Gebühr wird aber nicht aus dem Stammkapital erhoben; hierfür gilt vielmehr die Wertvorschrift des § 108 Abs. 1 S. 1, der auf § 105 Abs. 4 verweist. Es kommt für bestimmte Handelssachen nicht auf das Kapital einer Handelsgesellschaft an, sondern auf bestimmten Bruchteil, wobei allerdings Mindestwerte bestimmt sind. Unter dem Gesichtspunkt der Gebührengerechtigkeit handelt es sich dabei um eine höchst bedenkliche Sache, wie gerade die Geschäftsführerbestellung zeigt: Im Fall des Beschlusses über die Geschäftsführerbestellung der GmbH ist nämlich § 105 Abs. 4 Nr. 1 einschlägig, und der ordnet an: Der Geschäftswert ist 1 % des Stammkapitals, mindestens aber 30 000 EUR. Bei der „normalen" GmbH mit 25 000 EUR Stammkapital ist also zu rechnen: 1 % von 25 000 EUR = 250 EUR, mindestens aber 30 000 EUR; hieraus die 2,0 Gebühr Nr. 21100 = 250 EUR, also ebenso viel wie für die GmbH-Gründung selbst. Bei einer außergewöhnlich großen GmbH mit 3 000 000 EUR Stammkapital ist zu rechnen: 1 % von 3 000 000 EUR = 30 000 EUR, mit der paradoxen Folge desselben Geschäftswerts und desselben Gebührenbetrags. Obwohl § 108 den Buchstaben nach am System der Staffelgebühren (→ Rn. 4) festhält, hat er den Grundsatz der Sache nach aufgegeben und eine Festgebühr für Beschlüsse bei der GmbH eingeführt. Dafür gibt es keine Rechtfertigung. Im Regelfall werden GmbH-Gründung und Geschäftsführerbestellung in einer Urkunde erfolgen; dann sind die Geschäftswerte nach § 35 Abs. 1 zusammenzurechnen; es ist also für die Standardgründung eine 2,0 Gebühr Nr. 21100 aus einem Wert von 60 000 EUR zu erheben.

233 (cc) Schließlich kann die Bestellung der Geschäftsführer auch im Gesellschaftsvertrag erfolgen, wie dies bei der Verwendung des Musterprotokolls „automatisch" geschieht (→ Rn. 256). Sie ist dann (lediglich formeller) Satzungsbestandteil und deshalb nicht gesondert zu bewerten; die Wirkung ist die gleiche wie bei der Geschäftsführerbestellung durch Beschluss. Da das aber nicht jeder weiß, ist es – wenn der Geschäftsführer, wie nicht selten, zugleich Gesellschafter ist – zweckmäßig, bei dieser Art der Bestellung einen klar-

VII. Gesellschaft mit beschränkter Haftung

stellenden Zusatz beizufügen, dass durch die Bestellung des Geschäftsführers in dieser Form diesem kein Sonderrecht eingeräumt sein soll und der Geschäftsführer von der Gesellschafterversammlung mit der Mehrheit abberufen werden kann, wie sie auch für alle anderen Beschlüsse gilt (und nicht etwa nur mit der satzungsändernden Mehrheit).

Sicher ist, dass die Beteiligten verlangen können, nach → Rn. 233 statt nach → Rn. 232 zu verfahren. Meist tun sie das aber nicht, und dann lässt die überwiegende Rechtsprechung (zB *OLG Oldenburg* Rpfleger 1989, 331; *KG* JurBüro 2006, 266) dem Notar trotz der erheblichen Auswirkungen auf die Kostenhöhe freie Hand: Bestellung der Geschäftsführer durch beurkundeten Beschluss sei zumindest dann keine unrichtige Sachbehandlung, wenn die bestellten Geschäftsführer gleichzeitig Einzelvertretungsbefugnis und/oder Befreiung von den Beschränkungen des § 181 BGB erhalten. Ich halte das nach wie vor für falsch: Auch das gehört zur „Bestellung der Geschäftsführer", und die ist im Gesellschaftsvertrag eben kostenlos (richtig *LG Bamberg* 6.8.2007 – 1 T 2/07). **233a**

c) Anmeldung

Die Gründung der GmbH muss durch **sämtliche Geschäftsführer** zum Handelsregister angemeldet werden. Da ein bestimmter Geldbetrag, nämlich das Stammkapital der Gesellschaft, in das Handelsregister einzutragen ist, ist das auch der Geschäftswert der Anmeldung; auch hier beträgt der **Mindestwert 30 000 EUR** (§ 105 Abs. 1 Nr. 1). Zu erheben ist eine 0,5 Gebühr Nr. 21201 Ziff. 5. Die zusammen mit dem Gesellschaftsvertrag beurkundete Anmeldung ist nicht gegenstandsgleich (§ 111 Nr. 3), so dass sich die früher diskutierte Frage, ob die Trennung von Gesellschaftsvertrag und Anmeldung falsche Sachbehandlung ist, nicht mehr stellt. Oder vielmehr: Sie stellt sich jetzt anders, es kann nämlich jetzt gerade die Verbindung von Gesellschaftsvertrag und Anmeldung falsche Sachbehandlung sein (→ Rn. 236). Übrigens: An die Vorgesellschaft können die Einlagen der Gesellschafter, wenn man es genau nimmt, erst geleistet werden, wenn sie als solche existiert, also mit der Unterschrift unter den Gesellschaftsvertrag. Erst danach – also nicht schon gleichzeitig mit der Gründung – kann der Geschäftsführer die Versicherung abgeben, dass die Einlagen endgültig zu seiner freien Verfügung stehen. Damit verhindert schon das materielle Gesellschaftsrecht, Gründung und Anmeldung in einer Urkunde zu verbinden. **234**

Die Erstanmeldung der GmbH ist eine einheitliche Anmeldung. Deshalb ist die Anmeldung der Geschäftsführer und ihrer abstrakten und konkreten Vertretungsbefugnis Bestandteil der Anmeldung und nicht gesondert zu bewerten. In der Anmeldung müssen die Geschäftsführer jedoch zusätzlich das Nichtvorliegen der Umstände versichern, die sie zu Geschäftsführern untauglich machen würden, nämlich die Bestrafung wegen eines Insolvenzdelikts oder ein gerichtliches oder behördliches Berufsverbot. Der Notar muss die Geschäftsführer über die unbeschränkte Auskunftspflicht gegenüber dem Registergericht belehren, und diese **Belehrung** ist nach § 8 Abs. 3 GmbHG in die Versicherung der Geschäftsführer aufzunehmen. Die Belehrung hat mit der Beglaubigung der Unterschriften nichts zu tun. Sie ist aber trotzdem gebührenfrei, auch wenn der Notar die Anmeldung nicht entworfen hat: Es fehlt dafür schlicht an einem Gebührentatbestand. **235**

Mit der Anmeldung der GmbH zum Handelsregister ist auch eine **Liste der Gesellschafter** vorzulegen. Die alte Streitfrage, ob es sich um ein gebührenfreies **236**

Nebengeschäft oder um eine selbständige Vollzugstätigkeit handle, ist durch Vorbem. 2.2.1.1 Abs. 1 Nr. 3 im letzteren Sinne beantwortet, es fällt die Gebühr Nr. 22113 an, die Frage ist nur, in welcher Höhe. Handelt es sich um Vollzugstätigkeit zum Gesellschaftsvertrag (dann 0,5 Gebühr Nr. 22110) oder zur Handelsregisteranmeldung (dann 0,3 Gebühr Nr. 22111)? Da die Liste (erst) mit der Anmeldung vorzulegen ist (also überhaupt entbehrlich ist, wenn diese unterbleibt), ist die Meinung richtig, dass es sich um Vollzugstätigkeit zur Anmeldung handle (*Wudy* NotBZ 2013, 201, 243). Der BGH ist allerdings gegenteiliger Auffassung (4.6.2019 – II ZB 16/18 – NJW-RR 2019, 1002); deshalb folgen die Berechnungsbeispiele Nr. 56, 58 und 59 dieser Entscheidung. Ganz gleich, was man für richtig hält: Gesellschaftsvertrag und Anmeldung dürfen keinesfalls in einer Urkunde zusammengefasst werden, sonst würde die Vollzugsgebühr aus der Summe der Geschäftswerte anfallen (§ 112 Abs. 1). Sparsame Beteiligte fertigen die Liste ohnehin selbst an und bringen sie zur Beurkundung beim Notar mit.

Zweckmäßig zur Beschleunigung des Registerverfahrens ist oft die Einholung einer **Stellungnahme der IHK** zur Firma der Gesellschaft. Auch diese können die Beteiligten natürlich selbst beschaffen; fraglich ist, ob eine Gebühr berechnet werden kann, wenn sie den Notar bitten, für sie tätig zu werden. Zur Kostenordnung war höchstrichterlich entschieden, dass es sich um eine Betreuungstätigkeit handle (*BGH* 14.2.2012 – II ZB 18/10, DNotZ 2012, 389). Um die Tätigkeit nach dem GNotKG ebenso einordnen zu können, müsste sie nach dem Enumerationsprinzip (→ Rn. 68) unter Nr. 22200 subsumiert werden können – und dieser Versuch scheitert. Aber auch um Vollzugstätigkeit handelt es sich nicht: Die Anfrage bei der IHK ist freiwillig, und dass die IHK antwortet, ist ihr ebenfalls nicht durch eine Rechtsvorschrift aufgegeben. Hat der Notar nicht angefragt, wird das Registergericht dort anfragen (Rechtsgrundlage: § 380 Abs. 2 FamFG: „in zweifelhaften Fällen") oder auch nicht. Eine „Erklärung nach öffentlich-rechtlichen Vorschriften" im Sinn von Vorbem. 2.2.1.1 Abs. 1 Satz 1 Nr. 1 erfolgt jedenfalls nicht, wenn der Notar um Vorprüfung bittet, sondern nur, wenn das Registergericht anfragt.

Da manche Registergerichte bei Handelsregisteranmeldungen einen besonderen Ehrgeiz entwickeln, dem Anmelder formelle oder materielle Fehler vorzuhalten, enthalten viele Anmeldungen umfassende Vollmachten mit dem Ziel, dass der Notar und/oder seine Angestellten vorgekommene Fehler ohne Mitwirkung der Beteiligten zu beheben (sog. **Reparaturvollmachten**). Abgesehen davon, dass sie wegen § 378 Abs. 2 FamFG meist unnötig sind, sollte es eigentlich selbstverständlich sein, dass diese Vollmachten – deren Zweck es ja weit eher ist, dem Notar Peinlichkeiten als den Beteiligten Umstände zu ersparen – nicht separat bewertet werden (teleologische Reduktion von § 111 Nr. 3; *LG Offenburg* BWNotZ 2018, 136).

d) Erzeugung der XML-Daten

237 Mit der Anmeldung auf Papier ist es seit der Einführung des elektronischen Handelsregisters freilich nicht getan. Das ist beim Handelsregister zwar nicht – wie manche meinen – gesetzlich vorgeschrieben (anders beim elektronischen Grundbuchverkehr; → Rn. 68a), aber allgemein üblich und im Interesse einer harmonischen Zusammenarbeit mit dem Registergericht unabdingbar, die Eintragungsdaten zu strukturieren und (zusätzlich zur elektronisch beglaubigten

VII. Gesellschaft mit beschränkter Haftung

Anmeldung) dem Registergericht zu übermitteln. Nach der Kostenordnung handelte es sich dabei (so dieses Büchlein schon immer und zuletzt auch *BGH* 20.2.2013 – II ZB 27/12, JurBüro 2013, 370 mAnm von *H. Schmidt*) um den klassischen Fall einer das Geschäft fördernden Tätigkeit, die mit der Gebühr für das Hauptgeschäft abgegolten ist. Das GNotKG hat einen eigenen Gebührentatbestand geschaffen und mit dem KostRÄG 2021 die Gebühren wieder herabgesetzt: Für die Erzeugung der XML-Daten fällt jetzt eine 0,2 Gebühr Nr. 22114 an, wenn keine weitere Vollzugsgebühr entsteht, neben einer anderen Vollzugsgebühr dagegen eine 0,1 Gebühr Nr. 22115; beide Gebühren betragen maximal 125 EUR. Damit ist aber ein neues Problem geschaffen: Zwar braucht der Notar für diese Vollzugstätigkeit nach Vorbem. 2.2 Abs. 1 keinen besonderen Auftrag. Da mangels gesetzlicher Vorschrift, die eine solche Erstellung fordert, Anmeldungen zum Handelsregister auch ohne XML-Strukturdaten vollzogen werden müssen, ist der Notar aber jetzt gehalten, die Beteiligten zu fragen, ob sie deren Erstellung wünschen (und zusätzlich bezahlen wollen!), da die Kosten vermeidbar sind (s. unten → Rn. 389b). Der mit der Einführung der XML-Daten bezweckten Vereinfachung der Bearbeitung durch das Registergericht ist das allerdings – solange die Erstellung der XML-Daten nicht gesetzliche Pflicht ist – nicht eben dienlich. Es wäre deshalb gescheiter gewesen, der Gesetzgeber hätte die Rechtsprechung in diesem Punkt nicht „korrigiert". Bei den nachfolgenden Berechnungsbeispielen 56–59 ist die Gebühr Nr. 22114/22115 nicht berücksichtigt; soweit die Beteiligten der Erstellung der XML-Daten nicht widersprechen, kann sie aber dazugesetzt werden.

2. Veränderungen bei der GmbH

Während bei den meisten anderen Geschäften des Notars eine Folgebeurkundung, die an ein früheres Rechtsgeschäft anknüpft, zumindest nicht mehr kostet als das ursprüngliche Geschäft, gilt dieser Grundsatz bei Satzungsänderungen der GmbH nicht uneingeschränkt. Erhöhen Gesellschafter einer GmbH nämlich das Stammkapital ihrer Gesellschaft nach deren Eintragung in das Handelsregister um denselben Betrag, der schon eingetragen ist, werden sie zu ihrem Erstaunen feststellen, dass die Kostenrechnung höher ausfällt als die für die Gründung. Der Grund dafür liegt ausnahmsweise nicht in Inkonsequenzen des Kostenrechts, sondern im materiellen Gesellschaftsrecht. 238

a) Satzungsänderung einer GmbH vor Eintragung

Ändern die Gründungsgesellschafter einer GmbH vor deren Eintragung in das Handelsregister den Gesellschaftsvertrag, so liegt – wenn dieser Fehler auch in der Praxis sehr häufig gemacht wird – kein Gesellschafterbeschluss nach § 108 vor, für den eine 2,0 Gebühr aus dem Wert des § 105 Abs. 4 Nr. 1 (also regelmäßig 30 000 EUR) zu berechnen wäre. Ein solcher Gesellschafterbeschluss ist nämlich erst nach Eintragung der GmbH möglich. Vor Eintragung ist die Änderung nur durch beurkundeten Vertrag möglich, wie sich aus § 2 GmbHG ergibt, wonach alle Erklärungen, die zur Eintragung der GmbH in das Handelsregister erforderlich sind, der Beurkundungsform bedürfen. Vor Eintragung kann also 239 der Gesellschaftsvertrag einer GmbH nur durch Nachtrag zum Gründungsvertrag geändert werden. Der Geschäftswert für diesen Nachtrag bestimmt sich nach dem, was geändert wird. Wird der Nachtrag deshalb erforderlich, weil das Registergericht die Firmenbildung oder die Formulierung des Unternehmensgegenstands beanstandet hat, dann ist der Wert gemäß § 36 Abs. 1 zu schätzen, regelmäßig auf einen Bruchteil des bei der Gründung vorhandenen Stammkapitals. Wird dagegen das Stammkapital vor der Eintragung erhöht, so ist der Betrag der Erhöhung der maßgebliche Geschäftswert.

Der Gebührensatz ist ohne Rücksicht auf den Umfang der Änderung 2,0 (Gebühr Nr. 21100).

b) Satzungsänderung einer GmbH nach erfolgter Eintragung

240 Anders ist es dagegen, wenn die Änderung des Gesellschaftsvertrags nach der Eintragung der Gesellschaft in das Handelsregister erfolgt. Für den **Beschluss** über die Änderung des Gesellschaftsvertrags ist zwar auch eine 2,0-Gebühr Nr. 21100 zu erheben. Bei der Ermittlung des Geschäftswerts ist zwischen Beschlüssen bestimmten und bestimmten Geldwerts zu unterscheiden. Im ersten Fall ergibt sich der Geschäftswert aus § 108 Abs. 1 S. 2 iVm § 105 Abs. 1 und beträgt mindestens 30 000 EUR. Im letzteren Fall ist § 108 Abs. 1 S. 1 iVm § 105 Abs. 4 S. 1 und beträgt regelmäßig 30 000 EUR.

Auch mit Beschlüssen werden gern Reparaturvollmachten (→ Rn. 236) verbunden, bei denen ein anständiger Notar gar nicht auf die Idee einer Bewertung käme und sich die anderen vom Kostengericht belehren lassen, dass hier eine teleologische Reduktion, diesmal von § 110 Nr. 1 angebracht ist (*LG Offenburg* BWNotZ 2018, 136).

241 Besteht die Satzungsänderung in einer **Stammkapitalerhöhung** (oder -herabsetzung), handelt es sich um einen Beschluss mit bestimmtem Geldwert, für den eine 2,0 Gebühr Nr. 21100 aus dem Betrag der Änderung zu erheben ist, mindestens aber aus 30 000 EUR. Werden die neuen Geschäftsanteile nicht zum Nennwert, sondern mit einem Agio ausgegeben, erhöht sich dadurch der Geschäftswert der Kapitalerhöhungsurkunde (*OLG München* NZG 2018, 429), nicht aber der der Anmeldung, da deren Wert die einzutragende Kapitalerhöhung ist. Erhöht also eine GmbH ihr Stammkapital um 800 000 EUR und gibt die neuen Geschäftsanteile zu 120 % des Nennwerts aus, dann beträgt der Geschäftswert der Kapitalerhöhung 960 000 EUR, der der Anmeldung dagegen 800 000 EUR.

Das gilt allerdings nur für die Kapitalerhöhung durch **Bareinlage**. Erfolgt eine Kapitalerhöhung durch **Sacheinlage**, dann ist Geschäftswert nicht der Wert der Kapitalerhöhung, sondern der Wert der Sacheinlage, und zwar ohne Schuldenabzug, da keine Ausnahme von § 38 angeordnet ist (→ Rn. 228 zur entsprechenden Lage bei der Sachgründung).

242 Der Beschluss, für den die Gebühr Nr. 21100 anfällt, deckt jedoch nur die Festsetzung der Kapitalerhöhung und die Zulassung zur Übernahme der neugeschaffenen Stammeinlagen. Die **Übernahmeerklärungen** für diese Stammeinlagen sind gesondert zu bewerten; sie sind nicht etwa gegenstandsgleich mit dem Kapitalerhöhungsbeschluss. In der Regel wird die Übernahmeerklärung in die Urkunde über die Kapitalerhöhung mit aufgenommen. Es ist dann die 1,0 Gebühr Nr. 21200 aus dem Gesamtbetrag der übernommenen Stammeinlagen zu berechnen, bei Übernahme durch Erbringung einer Sacheinlage jedoch aus dem Wert

VII. Gesellschaft mit beschränkter Haftung

der Sacheinlage ohne Schuldenabzug. Hier gibt es keinen Mindestwert, sondern nur die Mindestgebühr von 60 EUR. Die Vergleichsberechnung nach § 94 Abs. 1 kann trotz des unterschiedlichen Gebührensatzes durchaus dazu führen, dass Zusammenrechnung günstiger ist (s. Beispiel 60).

Auch bei der Kapitalerhöhung ergeben sich für den auf sein Geld bedachten **243** Mandanten Ersparnismöglichkeiten. Es nutzt allerdings nicht viel, wenn der übernehmende Gesellschafter den Notar bittet, seine Erklärung aus der Urkunde über die Satzungsänderung herauszunehmen, auf ein besonderes Blatt zu setzen, unterschreiben zu lassen und seine Unterschrift zu beglaubigen: Für die geschilderte Tätigkeit fällt ebenfalls eine 1,0 Gebühr Nr. 24101 iVm § 92 Abs. 2 an, und damit entstehen manchmal höhere Kosten, da der Vorteil aus der Kostendegression verloren geht, wenn nicht die geringere Vollzugsgebühr für die Listen der Übernehmer und der Gesellschafter diesen Nachteil kompensiert (so in Beispiel 58). Da die Formulierung einer Übernahmeerklärung nicht unbedingt notariellen Scharfsinn erfordert, kann sie der übernehmende Gesellschafter aber selbst schreiben, zum Notar mitbringen und (nur) seine Unterschrift mit der Folge beglaubigen lassen, dass nur eine 0,2 Gebühr Nr. 25100 (maximal 70 EUR) zu berechnen ist. Die Vollzugsgebühr wird erspart, wenn die *beiden* Listen der Übernehmer und der Gesellschafter selbst gefertigt werden.

Auch sog. **Beteiligungsverträge,** mit denen sich neue Gesellschafter an ver- **243a** meintlich vielversprechenden jungen Unternehmen beteiligen, sind im Ausgangspunkt Kapitalerhöhungen – aber solche, bei denen sich die Kautelarjuristen durch Aufnahme einer Vielzahl von Nebenvereinbarungen (Kapitalerhöhungsverpflichtungen, Miterwerbs- und Mitveräußerungspflichten, Exitvereinbarungen, An- und Vorkaufsrechten, Liquidationspräferenzen, Verwässerungsschutzvereinbarungen und dergleichen mehr) ausgetobt haben. Sicher ist, dass durch diese Vereinbarungen sich der Geschäftswert auf ein Mehrfaches des wirtschaftlichen Werts der aktuellen Beteiligung erhöht – um das Wievielfache, darüber kann man trefflich streiten, geht es doch bei all diesen Nebenvereinbarungen darum, ob sie nach § 109 gleichen oder verschiedenen Gegenstand mit der Kapitalerhöhung und untereinander haben. Ein instruktives Beispiel, was ein kostenerfinderischer Notar hier ansetzen kann, gibt *LG München I* MittBayNot 2019, 194; *OLG München* BWNotZ 2020, 160 hat dann aber als Beschwerdeinstanz alle Nebenvereinbarungen als gegenstandsgleich behandelt und in ihrem Wert auf den von den Neugesellschaftern zu zahlenden Betrag beschränkt, also lediglich das Doppelte dieses Betrags als Geschäftswert angesetzt und dem Notar rund drei Viertel seiner Kostenrechnung aberkannt.

Zu beachten ist noch, dass bei der **Kapitalerhöhung aus Gesellschaftsmitteln** **244** überhaupt keine Übernahmeerklärung erforderlich ist, sondern lediglich der Gesellschafterbeschluss über ihre Durchführung. Die Stammeinlagen entstehen dann „automatisch" in der Hand der bisherigen Gesellschafter. Natürlich schadet es nicht, wenn vorsorglich entsprechende Übernahmeerklärungen mitbeurkundet werden; bewerten darf man sie aber nicht.

Anders als bei der Neugründung einer GmbH oder einer Satzungsänderung **245** vor Eintragung, die immer nur *einen* zu bewertenden Vertrag darstellen, kann es sich bei Beschlüssen zur bereits eingetragenen GmbH kostenrechtlich um mehrere nach § 108 zu bewertende Beschlüsse handeln. Dabei sind mehrere Fälle zu unterscheiden:

Zweiter Teil: Einzelne Beurkundungsgeschäfte

246 (a) Wird die Satzung der Gesellschaft in mehreren Punkten geändert, so ist das *nur* ein Beschluss **mit unbestimmtem Geldwert**, auch wenn die Gesellschafter die Änderung jedes einzelnen Paragrafen gesondert beschließen. Das ergibt sich positiv aus § 109 Abs. 2 Nr. 4 Buchst. c, aber auch logisch daraus, dass die Gesellschafterversammlung statt der Änderung einzelner Bestimmungen ja auch die ganze Satzung neu fassen könnte, was zweifelsfrei ein Beschluss wäre.

247 (b) Geklärt ist durch § 109 Abs. 2 Nr. 4 Buchst. c auch, dass dies dann nicht gilt, wenn dabei auch die Bestimmung über das Stammkapital betroffen ist, also eine Kapitalerhöhung oder Kapitalherabsetzung stattfindet. Hier handelt es sich um **zwei Beschlüsse** (einen mit und einen ohne bestimmten Geldwert), deren Werte zusammengerechnet werden. Wird also bei einer GmbH mit einem Stammkapital von 80 000 EUR dieses um 100 000 EUR erhöht und die Satzung in mehreren Punkten geändert, so ist die Gebühr Nr. 21100 aus der Summe von 30 000 EUR (für die Satzungsänderung) und 100 000 EUR (für die Kapitalerhöhung), also aus 130 000 EUR zu erheben. Zweifelhaft ist allerdings folgender Fall: Bei einer UG (haftungsbeschränkt) wird das Stammkapital auf 25 000 EUR erhöht und gleichzeitig als – einzige – Änderung des Gesellschaftsvertrags beschlossen, dass der Rechtsformzusatz nun „GmbH" lautet. Richtig ist zwar, dass es der Gesellschaft freisteht, ob sie weiterhin als UG oder als GmbH firmieren will; praktisch wird aber etwas anderes als die Firmierung als GmbH nie vorkommen. Ich meine deshalb, dass in diesem Fall die Satzungsänderung nicht gesondert bewertet werden darf, sondern Durchführungsgeschäft zur Kapitalerhöhung ist.

248 (c) Zweifelsfrei ist, dass Abberufungen oder Neubestellungen von Geschäftsführern und/oder Prokuristen einen besonderen Beschluss erfordern, der – wenn Beurkundung gewünscht wird – gegebenenfalls mit anderen Änderungen zusammenzurechnen ist. Werden mehrere Funktionsträger in mehreren Wahlgängen gewählt, dann handelt es sich sogar um eine entsprechende Mehrzahl von Beschlüssen.

248a Bei der **Umstellung auf Euro** ist zu unterscheiden: Der Umstellungsbeschluss ist – wenn die Beteiligten nach entsprechender Belehrung dessen Beurkundung wünschen, denn die Umstellung ist nicht beurkundungspflichtig – ein Beschluss unbestimmten Geldwerts. Die infolgedessen erforderliche „Glättung" der Geschäftsanteile zumindest auf volle Euro ist eine beurkundungspflichtige (meist sehr kleine) Stammkapitalerhöhung (→ Rn. 241–243).

c) Sonstige Änderungen bei der GmbH

249 Während Änderungen des Gesellschaftsvertrags bei der GmbH notarieller Beurkundung bedürfen (§ 53 Abs. 2 GmbHG), trifft dies für die übrigen Änderungen nicht zu. Die Bestellung und Abberufung von Geschäftsführern und/oder Prokuristen bedarf daher nur eines privatschriftlichen Gesellschafterbeschlusses. Fertigen die Beteiligten diesen Beschluss selbst an, so kostet sie dies selbstverständlich gar nichts. Beauftragen sie damit den Notar, gilt dasselbe wie bei der Bestellung der ersten Geschäftsführer durch Beschluss (→ Rn. 232).

250 Ein weiterer Fall eines Beschlusses mit unbestimmtem Geldwert, der keiner Beurkundung bedarf, ist die **Zusammenlegung** voll einbezahlter Geschäftsantei-

VII. Gesellschaft mit beschränkter Haftung

le. Auch hier ist, wenn Beurkundung gewünscht wird, eine 2,0 Gebühr Nr. 21100 aus dem Wert des § 105 Abs. 4 Nr. 1 (regelmäßig 30 000 EUR) zu erheben. Ob die **Einziehung** von Geschäftsanteilen ein Beschluss mit bestimmtem oder unbestimmtem Geldwert ist, darüber streiten die Gelehrten.

3. Anmeldungen zum Handelsregister

Bei der Satzungsänderung einer GmbH vor Eintragung ist – so verblüffend es erscheint – nichts anzumelden (*OLG Zweibrücken* Rpfleger 2001, 34): Die GmbH ist schon angemeldet und wird aufgrund der ursprünglichen Anmeldung eingetragen; da noch nichts eingetragen ist, kann im Register auch keine Änderung eingetragen werden. Eine trotzdem erfolgte Anmeldung darf nicht berechnet werden (§ 21). **251**

Satzungsänderungen nach Eintragung müssen dagegen von den Geschäftsführern zum Handelsregister angemeldet werden. Auch hier kann man leicht Fehler machen: Bei der Erstanmeldung der GmbH mitsamt ihren Geschäftsführern liegt immer nur eine Anmeldung vor, bei mehreren Änderungen können aber mehrere Anmeldungen vorliegen. Anmeldung der Änderung der Satzung in mehreren Punkten (ausgenommen das Stammkapital) ist – unstreitig – *eine* Anmeldung. Anmeldung der Änderung der Firma, einer Kapitalerhöhung um 50 000 EUR und des D als weiterem Geschäftsführer sind dagegen *drei* Anmeldungen, eine mit bestimmtem und zwei mit unbestimmtem Geldwert. Wenn bei der Beurkundung der Änderung die anmeldepflichtigen Personen anwesend sind, kann die Anmeldung mit der Beschlussbeurkundung verbunden werden; Kostenvorteile bietet dieses Verfahren aber nicht, da Beschluss und Anmeldung in jedem Fall separat zu bewerten sind (§ 111 Nr. 3). Sicher ist schließlich auch, dass die Anmeldung eines Geschäftsführers und der Art und Weise, wie er vertritt, nur *eine* Anmeldung ist (*OLG Schleswig* SchlHAnz. 1998, 191). **252**

Zu den umstrittensten Fragen auf diesem Gebiet gehörte dagegen früher die gleichzeitige Anmeldung der Abberufung und/oder Bestellung mehrerer Geschäftsführer und/oder Prokuristen: Werden beispielsweise die Geschäftsführer A und B abberufen und C und D zu neuen Geschäftsführern bestellt: vier Anmeldungen oder nur eine? *BGH* 21.11.2002 – V ZB 29/02, Rpfleger 2003, 266 (übrigens die allererste BGH-Entscheidung in Notarkostensachen überhaupt) hat sich für vier Anmeldungen entschieden – und damit hat der alte Streit nur noch historische Bedeutung und soll uns hier nicht mehr interessieren.

Soweit eine Kapitalerhöhung vorliegt, muss bei der Satzungsänderung vor Eintragung eine neue **Liste der Gesellschafter** mit ihren endgültigen Stammeinlagen vorgelegt werden; bei der Satzungsänderung nach Eintragung eine Liste der Gesellschafter, die bei der Kapitalerhöhung neue Geschäftsanteile übernommen haben, für die die Ausführungen in → Rn. 236 entsprechend gelten. Nach Eintragung der Kapitalerhöhung ist dann eine neue vollständige Gesellschafterliste einzureichen. Werden mehrere Veränderungen angemeldet, muss angesichts der Tatsache, dass sich die Vollzugsgebühr nach dem Beurkundungsverfahren (und nicht nach dem Gegenstand des Vollzugs) richtet, immer überlegt werden, ob nicht die Trennung von Kapitalerhöhung und weiteren Veränderungen in zwei Registeranmeldungen für den Kostenschuldner günstiger ist (→ Beispiel 58). **253**

Bei jeder Satzungsänderung – vor oder nach Eintragung und auch wenn keine Stammkapitalerhöhung erfolgt – ist außerdem der neue **Wortlaut des Gesellschaftsvertrags** mit der notariellen Bescheinigung nach § 54 GmbHG einzureichen. Nach ausdrücklicher Bestimmung in Vorbem. 2.1 Abs. 2 Nr. 4 handelt es sich bei dieser Bescheinigung um ein gebührenfreies Nebengeschäft. Das gilt nach überwiegender Auffassung nicht nur für die Bescheinigung als solche, sondern – nach dem Sinn der Regelung – auch für die Zusammenstellung des Wortlauts aus dem bisherigen Gesellschaftsvertrag und den Änderungen (*OLG Stuttgart* JurBüro 2002, 599; aA *LG Düsseldorf* RNotZ 2004, 103); ob es für die Erstellung des Wortlauts wenigstens die Dokumentenpauschale gibt, ist ebenfalls umstritten.

Zu beachten ist noch, dass nur der Notar die Bescheinigung gemäß Vorbem. 2.1 Abs. 2 Nr. 4 gebührenfrei zu erteilen hat, der die *Satzungsänderung* beurkundet hat. Der Notar, der nur mit der Beglaubigung der *Anmeldung* beauftragt ist, kann für die Erteilung der Bescheinigung eine 1,0 Gebühr Nr. 25104 ansetzen, wobei wiederum ein Bruchteil des aus § 105 Abs. 4 Nr. 1 zu entnehmenden Werts den Geschäftswert bildet.

254 Kostenmäßig begünstigt sind **Anmeldungen ohne wirtschaftliche Bedeutung**. Für sie ist gemäß § 105 Abs. 5 nur ein Wert von 5000 EUR anzusetzen. Die Vorschrift gibt selbst das Beispiel, dass sich eine Anschrift, insbesondere die inländische Geschäftsanschrift geändert hat. „Eine ähnliche Anmeldung" ist die Änderung eines Ortsnamens. Meldet also die Raffke Finanz-AG mit dem Sitz in Lahn, Ortsteil Gießen zum Handelsregister an, dass der Sitz der Gesellschaft infolge Aufhebung der Eingemeindung nunmehr wieder „Gießen" sei, dann ist Geschäftswert dieser Anmeldung 5000 EUR, mag das Grundkapital dieser Gesellschaft nun 50 000 EUR oder 100 000 000 EUR betragen. Ein weiterer Fall ist eine Namensänderung des Geschäftsführers (zB wegen Heirat oder nach der Scheidung), aufgrund Art. 45 Abs. 3 EGHGB auch die Umstellung des Stammkapitals auf Euro, nicht dagegen die Anmeldung, dass ein Prokurist verstorben und seine Prokura erloschen ist. Gar nicht bewertet werden darf eine Änderung der Geschäftsanschrift, die eine Folge einer Sitzverlegung ist. Zwar muss die Geschäftsanschrift nicht am Sitz der Gesellschaft sein; ist sie aber dort, liegt Gegenstandsgleichheit vor.

254a Die Anmeldung der **Auflösung der GmbH** und ihrer Liquidatoren samt ihrer Vertretungsbefugnis und der Anmeldung des Erlöschens der Vertretungsmacht der bisherigen Geschäftsführer ist das Gegenstück zur Anmeldung der Neugründung einer GmbH. Es liegt ein Fall notwendiger Erklärungseinheit vor und deshalb nur eine spätere Anmeldung zur GmbH: 0,5 Gebühr Nr. 21201 Ziff. 5 aus dem Wert des § 105 Abs. 4 Nr. 1 (so dieses Buch schon immer und jetzt auch *BGH* 18.10.2016 – II ZB 18/15, NJW-RR 2017, 162 für den Fall, dass Geschäftsführer und Liquidatoren identisch sind; dies gilt aber auch sonst).

255 Unproblematisch ist die kostenrechtliche Behandlung des Endes einer GmbH, nämlich der nach Ablauf des Sperrjahres (§ 73 GmbHG) zu bewirkenden Anmeldung, dass die Liquidation beendet und die **GmbH erloschen** sei (wobei letzteres nicht unbedingt nötig ist, da es von Amts wegen eingetragen wird, § 74 Abs. 1 S. 2 GmbHG). Da diese Anmeldung in § 105 Abs. 1 nicht ausdrücklich genannt ist, handelt es sich um eine „sonstige" Anmeldung, für die der Wert des § 105 Abs. 4 Nr. 1 anzusetzen ist, also regelmäßig 30 000 EUR. Sie kostet den Anmelder also 62,50 EUR – obwohl kein wirtschaftlicher Wert mehr vorhanden ist.

4. Gründung mit Musterprotokoll

Etwas preiswerter als die „normale" GmbH-Gründung ist die Errichtung einer 256
GmbH nach § 2 Ia GmbHG unter Verwendung des Musterprotokolls zu haben.
Zunächst gilt hier der Mindestwert von 30 000 EUR nicht und zwar weder bei
der Beurkundung der Gründung (§ 107 Abs. 1 S. 2) noch bei der Handelsregisteranmeldung (§ 105 Abs. 6 Nr. 1). Bei Gründung mit einem Stammkapital von
genau 25 000 EUR (ab 25 001 EUR liegt die gleiche Gebührenstufe wie bei
30 000 EUR vor), ergibt sich ein kleiner Kostenvorteil, von dem man allerdings
wegen der sachlichen Ungeeignetheit des Musterprotokolls für die Mehrpersonengründung allenfalls bei der Einpersonengründung Gebrauch macht. Regelmäßig verwendet wird das Musterprotokoll vor allem für die UG (haftungsbeschränkt), bei der angesichts der Gründung mit jedem beliebigen Stammkapital
nur die spezifischen Mindestgebühren der Nr. 21100, 21200 und 21201 Ziff. 5
von 120, 60 und 30 EUR gelten. Diese führen dazu, dass der vom GmbH-Gesetzgeber als Höchstbetrag der von der Gesellschaft zu tragenden Gründungskosten festgesetzte Betrag von 300 EUR für eine Mehrpersonen-UG nicht reicht –
die Gerichtskosten betragen 150 EUR (Nr. 2100 GV-HRegGebVO), so dass nur
150 EUR für die Notarkosten übrigbleiben. Bereits die Summe der Gebühren
Nr. 21100 und Nr. 21201 Ziff. 5 beträgt aber ohne Auslagen und Mehrwertsteuer
bereits 150 EUR, von einer etwaigen Gebühr für die Erstellung der XML-Daten
(→ Rn. 237) gar nicht zu reden.

Eine weiterer Kostenvorteil liegt darin, dass die Geschäftsführer „automatisch" im Gesellschaftsvertrag bestellt werden und damit auch von Notaren,
die keine Fragen stellen, die ihnen im Kostenpunkt nachteilig sein könnten
(→ Rn. 233a), die Kosten für einen Beschluss nach § 108 nicht in Ansatz gebracht
werden können, und dass die Vollzugsgebühr Nr. 22113 für die Fertigung der
Liste der Gesellschafter nicht anfallen kann, da das Musterprotokoll als Gesellschafterliste gilt.

Auch Beschlüsse über Änderungen des Gesellschaftsvertrags und die entsprechenden Handelsregisteranmeldungen sind begünstigt, solange die Gesellschafter den Rahmen des Musterprotokolls nicht verlassen (§§ 108 Abs. 1; 105
Abs. 6 Nr. 2). Das ist aber bei Änderungen in der Geschäftsführung praktisch
ausgeschlossen, da bei Bestellung eines weiteren Geschäftsführers die kaum
jemals gewünschte Gesamtvertretung eintritt (vgl. § 35 Abs. 2 S. 1 GmbHG und
OLG Hamm Rpfleger 2011, 612) und schon beim Austausch des Gründungsgeschäftsführers die Befreiung von den Beschränkungen des § 181 BGB entfällt
(*OLG Hamm* Rpfleger 2011, 330), so dass eine Änderung des Gesellschaftsvertrags nötig wird, durch die vom Musterprotokoll abgewichen wird und damit
die Gebührenbegünstigung entfällt. Nicht privilegiert ist die Auflösung einer
Musterprotokollgesellschaft; hier gilt der allgemeine Mindestwert (nur insofern
richtig *OLG Köln* NZG 2017, 864).

Zur Erhöhung des Stammkapitals einer UG auf 25 000 EUR → Rn. 247.

5. Geschäftsanteilsabtretung

257 Ein im Zusammenhang mit der GmbH relativ häufiges Geschäft der notariellen Praxis ist die Übertragung von Geschäftsanteilen, die nach § 15 Abs. 3 GmbHG beurkundungspflichtig ist. Da der Zweck dieser Formvorschrift die Publizität und Erschwerung der Übertragung, nicht etwa der Schutz des Veräußerers oder Erwerbers durch die notarielle Belehrung, ist, ordnet § 15 GmbHG nicht die Beurkundungsbedürftigkeit des ganzen Vertrages an, sondern lediglich die der Erklärungen über die Geschäftsanteilsübertragung selbst; zudem werden Mängel des Grundgeschäfts durch formgerechte Abtretung geheilt.

Das bedeutet, dass auch bei der entgeltlichen Geschäftsanteilsabtretung der Wert des Geschäftsanteils aus der Urkunde nicht ersichtlich zu sein braucht, weil die Übertragung bei Aufnahme auch des dinglichen Geschäfts selbst dann wirksam ist, wenn die Beteiligten erklären, dass sie sich über die Gegenleistung außeramtlich geeinigt haben. Bei einer unentgeltlichen Übertragung kann man den Wert des Geschäftsanteils ohnehin nicht aus der Urkunde entnehmen. In diesen Fällen ist (außer bei vermögensverwaltenden Gesellschaften) das Eigenkapital multipliziert mit dem Bruchteil der Beteiligung des Anteilsinhabers am gesamten Stammkapital der Gesellschaft maßgebend (§ 54 Satz 1); Gesellschafterdarlehen, auch eigenkapitalersetzende, dürfen nicht hinzugerechnet werden (*KG* 11.9.2020 – 9 W 113/19, NJW-RR 2020, 1366). Den Nominalbetrag kann man nur bei einer GmbH in Ansatz bringen, die noch nicht oder erst seit kurzem am Geschäftsleben teilgenommen hat, da er sich dann mit dem Anteil am Eigenkapital deckt. Hat die Gesellschaft dagegen schon längere Zeit am Geschäftsverkehr teilgenommen, kann das viel zu viel, aber auch viel zu wenig sein: Es gibt Gesellschaften mit einem Stammkapital von 25 000 EUR und einem in die Millionen gehenden Eigenkapital; es gibt andererseits auch – und das dürfte der häufigere Fall sein – GmbHs, deren Stammkapital durch Verluste so gut wie aufgezehrt ist. Erforderlich ist also in jedem Fall ein Blick in die (neueste; *OLG Dresden* NotBZ 2017, 462) Bilanz der Gesellschaft. Was § 54 Satz 2 meint, wenn er sagt, dass Grundstücke „dabei" mit ihrem wirklichen Wert zu berücksichtigen sind, bleibt dunkel; gemeint ist vermutlich, dass sie aus der Bilanz herausgerechnet und mit ihrem tatsächlichen Wert hinzugerechnet werden sollen. Trotz der erfolgten Vereinfachung der Bewertung glaube ich nicht, dass man künftig in jedem Fall eine Bilanz verlangen wird, um das Eigenkapital auszurechnen; einfach den Nennwert mit dem Wert des Geschäftsanteils gleichzusetzen, ist jedoch normalerweise sicherlich nicht richtig; nach heutigem Recht auch nicht bei gemeinnützigen GmbHs, die keinen erzielbaren Verkehrswert haben (anders früher *OLG Jena* NZG 2010, 960).

258 Die Bewertung der Abtretung von Geschäftsanteilen an einer erst gerade in das Handelsregister eingetragenen GmbH, deren Stammkapital noch **nicht voll eingezahlt** ist, wird unterschiedlich beurteilt. Sind bei einer GmbH mit 120 000 EUR Stammkapital die drei Stammeinlagen zu je 40 000 EUR erst zu je $1/4$ eingezahlt und tritt nun der Gesellschafter A seine Stammeinlage gegen Zahlung von 10 000 EUR an den Gesellschafter B ab, dann lassen sich zwei Argumentationen hören:

(1) Der Anteil des A ist, wie sich aus der Einzahlungshöhe ergibt, 10 000 EUR wert. Der Kaufpreis ist gleich hoch, der Geschäftswert beträgt also 10 000 EUR.

VII. Gesellschaft mit beschränkter Haftung

(2) Das Vermögen der GmbH beträgt 120 000 EUR. Davon sind 30 000 EUR einbezahlt, 90 000 EUR hat die Gesellschaft als Forderung gegen ihre Gesellschafter. An den 120 000 EUR ist A zu $1/3$ beteiligt, sein Geschäftsanteil ist daher 40 000 EUR wert. Die Leistung des B beträgt nach dieser Meinung ebenfalls 40 000 EUR: 10 000 EUR als bare Zahlung an A und 30 000 EUR als Übernahme der noch ausstehenden Einlageverpflichtung des A.

Im Grunde begegnet man hier wieder in einem anderen Gewand einem klassischen Problem, ob nämlich Verpflichtungen, die mit einem Gegenstand verbunden sind, abgezogen werden können. Natürlich gilt § 38 hier nicht ohne weiteres; trotzdem handelt es sich um dieselbe Frage. Beantworten kann man sie, wie gesagt, unterschiedlich und hat in beiden Fällen Gedrucktes hinter sich (zur Kostenordnung, als sich die Frage in genau gleicher Weise stellte, für die Meinung (1) zB *Lappe* NJW 1987, 1865; für die Meinung (2) zB *OLG Dresden* MittBayNot 1994, 360). Ich würde der ersteren Ansicht den Vorzug geben: Wenn die GmbH nämlich erst einmal die gesamten Einlagen eingefordert und damit munter Verlust gemacht hat, ist zweifelsfrei der Anteil des Abtretenden am *Rein*vermögen als Wert des Anteils maßgebend; es kann deshalb eigentlich bei der Abtretung eines noch nicht voll eingezahlten „neuen" Anteils nichts anderes gelten. Die Übernahme der noch ausstehenden Einlageverpflichtung des Veräußerers ist nur deklaratorisch, denn für diese haftet der Erwerber schon kraft Gesetzes (§ 16 GmbHG). 259

Beim Erwerb der Geschäftsanteile sanierungsbedürftiger GmbHs von oder im Auftrag öffentlicher Stellen werden häufig **Investitionsverpflichtungen** vereinbart. Deren früher sehr umstrittene Bewertung ist, wenn auch in sachlich kaum überzeugender Weise, geklärt: 20 % der Investitionssumme (§ 50 Nr. 4). Dabei investiert doch der Geschäftsanteilserwerber in „seine" Firma, ihm kommt dieser Betrag zugute, nicht dem Veräußerer. Natürlich ist die Entscheidung des Gesetzgebers hinzunehmen. Vergleichbare Verpflichtungen wie die zur Schaffung oder Aufrechterhaltung einer bestimmten Zahl von Arbeitsplätzen oder Lohnsummen sind nicht geregelt, können also nur nach § 36 geschätzt werden; zB nach dem Interesse des Verkäufers an der Erfüllung der Verpflichtung (zB 20 % der für den Fall der Nichterfüllung vereinbarten Vertragsstrafe). 259a

Gesellschaftsverträge sehen häufig vor, dass die Übertragung von Geschäftsanteilen der **Zustimmung** der Gesellschaft oder aller Gesellschafter bedarf. Wird die Zustimmung in der Urkunde über die Geschäftsanteilsabtretung erteilt, dann ist sie gegenstandsgleich und nicht gesondert zu bewerten. Wird die Zustimmung gesondert erteilt, gilt § 98. Die Gebühr ist die 1,0 Gebühr Nr. 21200, bzw., wenn die Zustimmung durch einen beurkundeten Gesellschafterbeschluss erfolgt, die 2,0 Gebühr Nr. 21100. Der Geschäftswert ist jeweils derselbe wie der der Geschäftsanteilsabtretung selbst (§ 108 Abs. 2). Beurkundungspflichtig ist die Zustimmung der Gesellschaft oder der Gesellschafter in keinem Fall; der Notar darf daher nicht den Eindruck erwecken, als *müsse* hier ein weiteres Beurkundungsgeschäft vorgenommen werden. 260

Nach dem Wirksamwerden einer von ihm beurkundeten Geschäftsanteilsabtretung muss der Notar eine aktuelle **Liste der Gesellschafter** erstellen und zum Handelsregister einreichen (§ 40 Abs. 2 GmbHG). Damit genügt er einer gesetzlichen Verpflichtung; für die Erstellung und Einreichung der Liste gibt es folgerichtig ebenso wenig einen Gebührentatbestand wie für die Übersendung eines beurkundeten Testaments an das Nachlassgericht. Allerdings entsteht die 0,5 260a

Betreuungsgebühr Nr. 22200 Ziff. 6, wenn Umstände außerhalb der Urkunde zu prüfen sind, also die Urkunde nicht sofort oder automatisch mit Eintritt eines offenkundigen Ereignisses (zB am 1.1.2016) wirksam wird, insbesondere wenn die Wirksamkeit von der Bestätigung der Kaufpreiszahlung durch den Verkäufer abhängt. Einen besonderen Auftrag braucht der Notar dazu nicht (Vorbem. 2.2 Abs. 1) und – anders als bei der Erstellung der XML-Daten (→ Rn. 237) – braucht er auch die Beteiligten nicht zu fragen, weil sie der Erstellung der Liste nicht widersprechen können.

261 Geschäftsanteilsabtretungen durch zweiseitigen Vertrag zwischen Veräußerer und Erwerber sind erst ab Eintragung der Gesellschaft möglich, denn vorher gibt es den Geschäftsanteil noch gar nicht. Bis zu diesem Zeitpunkt kann nur entweder der künftige Geschäftsanteil abgetreten werden (kostenrechtliche Behandlung identisch) oder eine Änderung des Gesellschaftsvertrags durch *alle* Gesellschafter erfolgen, die bei gleichem Inhalt zwar mit der gleichen Gebühr wie eine Geschäftsanteilsabtretung zu bewerten ist – aber stets aus dem Nominalwert des Geschäftsanteils, der seinen Inhaber gewechselt hat; auf die Einzahlungshöhe kommt es hier nicht an.

6. Höchstwerte

262 Der Gesetzgeber hat nicht nur den Mindestwert von 30 000 EUR (§§ 105 Abs. 1 S. 2, 107 Abs. 1 S. 1), sondern, damit die Bäume der Notargebühren bei den Handelssachen nicht in den Himmel wachsen, auch Höchstwerte angeordnet. Man sollte sich deshalb auch dann, wenn man nicht regelmäßig mit millionenschweren Sachen zu tun hat, die folgenden Begrenzungsvorschriften merken:

263 (a) § 106: Bei Handelsregisteranmeldungen beträgt der **Höchstbetrag des Geschäftswerts 1 000 000 EUR.** Dabei spielt es keine Rolle, ob ein Vorgang oder mehrere Vorgänge angemeldet werden und ob ein bestimmter Geldbetrag in das Register eingetragen werden soll oder nicht. Eine Handelsregisteranmeldung kann also maximal eine Gebühr von 867,50 EUR auslösen.

264 (b) § 108 Abs. 5: **Beschlüsse** von Gesellschaftsorganen haben, ob mit oder ohne bestimmten Geldwert, einen Höchstwert von 5 000 000 EUR. Die frühere Höchstgebühr gibt es nicht mehr; sie komme „aus systematischen Gründen nicht mehr in Betracht", meint die amtliche Begründung. Angesichts der vielen unsystematischen Regelungen, die wir schon kennengelernt haben, mag man darüber ein bisschen schmunzeln.

265 (c) § 107: Bei der **Beurkundung von Gesellschaftsverträgen** beträgt der Geschäftswert nach dieser Bestimmung höchstens 10 000 000 EUR.

> 56.
> Die Gesellschafter A, B und C gründen eine GmbH mit einem Stammkapital von 27 000 EUR, auf das jeder Gesellschafter ein Drittel übernimmt. Im Anschluss an die Gründung werden in der gleichen Urkunde durch Gesellschafterbeschluss der Gesellschafter C und Frau D zu je einzelvertretungsberechtigten Geschäftsführern bestellt. Der Notar hatte den Beteiligten vorgeschlagen, die Geschäftsführer im Gesellschaftsvertrag zu bestellen und auf die Mehrkosten des von den Beteiligten gewünschten Verfahrens hingewiesen. Diese hatten aber auf der Bestellung durch beurkundeten Gesellschafterbeschluss bestanden, weil

VII. Gesellschaft mit beschränkter Haftung

sie das vor zehn Jahren bei einer anderen GmbH auch so gemacht hatten. Der Notar hat auftragsgemäß auch die Liste der Gesellschafter angefertigt.
Bewertung:
Geschäftswert:
a) für die Gründung: 27 000 EUR, mindestens 30 000 EUR
b) für die Bestellung der Geschäftsführer: 1 % von 27 000 EUR, mindestens aber 30 000 EUR
   Summe aus a) und b): 60 000 EUR
c) für die Anmeldung: 27 000 EUR, mindestens 30 000 EUR

2,0 Gebühr Nr. 21100 aus Summe a) + b)	384,– EUR
0,5 Gebühr Nr. 21201 Ziff. 5 aus c)	62,50 EUR
0,5 Gebühr Nr. 22113, 22110 aus a)	96,– EUR
	542,50 EUR

Hätten die Beteiligten nicht ausdrücklich Gegenteiliges verlangt, wären die Geschäftsführer im Gesellschaftsvertrag bestellt worden; die 2,0 Gebühr Nr. 21100 wäre aus 30 000 EUR zu erheben, und die Kosten würden lediglich 408,50 EUR betragen.

57. (Fortsetzung)
Die in Nr. 56 gegründete GmbH sollte nach § 2 ihres Gesellschaftsvertrags (Gegenstand des Unternehmens) den „Handel mit Waren aller Art" betreiben. Das Registergericht beanstandete dies auf Anregung der Industrie- und Handelskammer als zu unbestimmt. Die Gesellschafter errichten daher eine Nachtragsurkunde, wonach Unternehmensgegenstand vielmehr „die Herstellung von und der Handel mit Damenober- und -unterbekleidung, Schirmen, Hüten, Mützen und überhaupt Waren aller Art" sein soll. Der Notar beglaubigt ferner die Anmeldung und bescheinigt den neuen Wortlaut des Gesellschaftsvertrags. Erst jetzt wird die GmbH in das Handelsregister eingetragen. Der Notar hatte die Gesellschafter auf seine Bedenken gegen die Eintragungsfähigkeit des ursprünglichen Unternehmensgegenstands hingewiesen.
Bewertung:
Geschäftswert: vorgeschlagen 20 % des Stammkapitals = 5400,– EUR (§ 36 Abs. 1).

2,0 Gebühr Nr. 21100, mindestens	120,– EUR

Die Anmeldung darf nicht bewertet werden, da sie unnötig war (→ Rn. 251).

58. (Fortsetzung)
Drei Jahre später beschließen A, B und C grundlegende Änderungen bei der GmbH. In einer vom Notar beurkundeten Gesellschafterversammlung wird beschlossen:
a) die Erhöhung des Stammkapitals von 27 000 auf 54 000 EUR und die Zulassung jedes der bisherigen Gesellschafter zur Übernahme eines neuen Geschäftsanteils zu 9000 EUR,
b) die Änderung des Gegenstands des Unternehmens dahin, dass künftig „die Herstellung von und der Handel mit Herrenober- und -unterbekleidung, Schirmen, Hüten, Mützen und überhaupt Waren aller Art" Unternehmensgegenstand ist,
c) dass Satzungsänderungen künftig nur mit einer $4/5$-Mehrheit der Stimmen möglich sind,
d) die Abberufung von C und D als Geschäftsführern, die Bestellung von A zum Geschäftsführer und von E zum Einzelprokuristen.

In der gleichen Verhandlung übernehmen A, B und C je eine neue Stammeinlage zu 9000 EUR.

Zweiter Teil: Einzelne Beurkundungsgeschäfte

Entsprechend den Beschlüssen erfolgt auch die Anmeldung zum Handelsregister, die Fertigung der Liste der Übernehmer neuer Geschäftsanteile, und die Erstellung des neuen Wortlauts des Gesellschaftsvertrags. Nach Eintragung der Kapitalerhöhung reicht der Notar eine neue vollständige Gesellschafterliste ein.
Bewertung:
(1) Gesellschafterbeschluss
2,0 Gebühr Nr. 21100
Geschäftswert:
a) für die Erhöhung des Stammkapitals
27 000 EUR, mindestens aber 30 000 EUR (§ 108 Abs. 1 S. 2)
b) für die übrigen Satzungsänderungen
(zusammen *ein* Beschluss)
1 % von 27 000 EUR, mindestens 30 000 EUR
c) für die Abberufungen und Ernennungen
1 % von 27 000 EUR, mindestens 30 000 EUR

zusammen 90 000 EUR   492,– EUR
(2) Übernahmeerklärungen
Geschäftswert: 27 000 EUR
1,0 Gebühr Nr. 21200   125,– EUR
Vergleichsberechnung: 2,0 Gebühr aus 117 000 EUR erscheint für den Kostenschuldner zunächst günstiger: 600,– EUR
(3) Listen der Übernehmer und der Gesellschafter
0,5 Gebühr Nr. 22113, 22110 (nur eine Gebühr, § 93 Abs. 1)   150,- EUR.
Aber: Der Notar muss hier vorschlagen, die Übernahmeerklärung gesondert zu beurkunden, da dann die Vollzugsgebühr aus 90 000 EUR erhoben wird und die Gebührensumme sonach nur 492 + 123 + 125 = 740,- EUR beträgt.
(4) Anmeldung
Geschäftswert:
a) Kapitalerhöhung: 27 000 EUR, mindestens 30 000 EUR
b) Weitere Satzungsänderungen: 1 % von 27 000 EUR, mindestens 30 000 EUR,
c) Abberufung von C und D: 2 x 30 000 EUR = 60 000 EUR
d) Bestellung des A: 30 000 EUR
e) Prokura des E: 30 000 EUR
zusammen 180 000 EUR
0,5 Gebühr Nr. 21201 Ziff. 5   204,- EUR

59.
Der alleinige Gesellschafter der Zappel Kältetechnik GmbH in Neudorf bei München beschließt zu notarieller Urkunde die Erhöhung des Stammkapitals von 500 000 EUR auf 2 000 000 EUR. Die Erklärung, dass er den neuen Geschäftsanteil zu 1 500 000 EUR übernimmt, hat er selbst mitgebracht, ebenso die Liste der Übernehmer eines neuen Geschäftsanteils. Diese Stammkapitalerhöhung meldet er später zum Handelsregister an.
Bewertung:
Geschäftswert: a) Beschluss: 1 500 000 EUR
b) Liste der Gesellschafter (mitgebracht wurde nur die Liste der Übernehmer!): 1 500 000 EUR
c) Übernahmeerklärung: 1 000 000 EUR
d) Handelsregisteranmeldung: 1 000 000 EUR (Höchstwert, § 106)

a) 2,0 Gebühr Nr. 21100	5070,00 EUR
b) 0,2 Gebühr Nr. 25100, Höchstgebühr:	70,00 EUR
c) 0,5 Gebühr Nr. 22113, 22110, Höchstgebühr	250,00 EUR
d) 0,5 Gebühr Nr. 21201 Ziff. 5	867,50 EUR
	6257,50 EUR

VII. Gesellschaft mit beschränkter Haftung

60.
Das Stammkapital der M GmbH wird von 50 000 EUR auf 60 000 EUR erhöht. In der gleichen Urkunde erklärt der einzige Gesellschafter M, dass er die Stammeinlage zu 10 000 EUR übernimmt. Die Listen des Übernehmers und der Gesellschafter werden zur Beurkundung mitgebracht.
Bewertung:
Geschäftswert: Beschluss: 30 000 EUR, Übernahmeerklärung: 10 000 EUR.

2,0 Gebühr Nr. 21100	250,– EUR
1,0 Gebühr Nr. 21200	75,– EUR
	325,– EUR

Aber: Die Zusammenrechnung der beiden Werte zu einem Geschäftswert von 40 000 EUR und Erhebung einer 2,0 Gebühr hieraus ist für den Kostenschuldner günstiger, daher:
2,0 Gebühr Nr. 21100   290,- EUR

61. (Fortsetzung)
Die M GmbH hat jetzt ein Stammkapital von 60 000 EUR. M tritt zu einer Gesellschafterversammlung zusammen und beschließt:
a) Das Stammkapital wird von 60 000 EUR auf 160 000 EUR erhöht.
b) Zur Übernahme des neuen Geschäftsanteils wird Z zugelassen.
c) Z hat seinen Geschäftsanteil in der Weise zu erbringen, dass er sein einzelkaufmännisches Handelsgeschäft zum Annahmewert von 100 000 EUR in die Gesellschaft einbringt. Dieses Handelsgeschäft hat ein Aktivvermögen von 600 000 EUR, auf der Passivseite stehen Verbindlichkeiten von 500 000 EUR und das Eigenkapital von 100 000 EUR zu Buche. Wertberichtigungen sind keine verbucht. Z übernimmt den Geschäftsanteil und verpflichtet sich zur Einbringung.

Bewertung:
Geschäftswert: 600 000 EUR (kein Abzug der Verbindlichkeiten!)

2,0 Gebühr Nr. 21100	2190,– EUR
1,0 Gebühr Nr. 21200	1095,– EUR
	3285,– EUR

Die Zusammenrechnung der beiden Werte zu einem Geschäftswert von 1 200 000 EUR und Erhebung einer 2,0 Gebühr hieraus wäre für den Kostenschuldner ungünstiger.

62.
A (67), sein Sohn B und sein Bruder C sind Gesellschafter der xyz-GmbH. Das Stammkapital beträgt 60 000 EUR; jeder Gesellschafter hat einen Geschäftsanteil von 20 000 EUR. Die Veräußerung von Geschäftsanteilen bedarf der Zustimmung aller Gesellschafter. Das Eigenkapital im Sinne des § 54 S. 1 beträgt 320 000 EUR; darin enthalten ist das Betriebsgrundstück mit einem Buchwert von 120 000 EUR und einem Verkehrswert von 400 000 EUR. A überträgt seinen Geschäftsanteil auf B gegen Zahlung einer lebenslangen Rente im monatlichen Betrag von 1 000 EUR. Die Teilnahme des C an der Beurkundung wurde nicht gewünscht, da A ihm die Gegenleistung nicht offenlegen wollte. C überreicht dem Notar einige Tage später seine privatschriftliche Zustimmungserklärung. Wie lautet die Kostenrechnung?
Bewertung:
Geschäftswert:
Wert des Geschäftsanteils: (320 000 – 120 000 + 400 000) : 3 = 200 000 EUR. (§ 54 S. 2).

> Wert der Gegenleistung: 1000 x 12 x 10 = 120 000 EUR (§ 52 Abs. 4 S. 1).
> Geschäftswert: 200 000 EUR (§ 97 Abs. 3).
> 2,0 Gebühr Nr. 21100   870,00 EUR
> 0,5 Gebühr Nr. 22200 Ziff. 6 (Liste; Zustimmung des C zu prüfen)   217,50 EUR
> _____
> 1087,50 EUR

VIII. Weitere Handels- und Registersachen

266   Die GmbH wurde in diesem Buch den anderen Beurkundungen handelsrechtlicher Art vorangestellt, da sie die in der Notariatspraxis am häufigsten vorkommende Gesellschaftsform darstellen dürfte. Der Grund liegt daran, dass Gründung, Satzungsänderung und Übertragung der Gesellschaftsbeteiligung bei der GmbH notarieller Beurkundung bedürfen, während bei den Personengesellschaften lediglich die Anmeldung zum Handelsregister beglaubigt werden muss, während der Abschluss des Gesellschaftsvertrags selbst und die Übertragung der Gesellschafterstellung formfrei sind. Die kostenrechtlichen Fragen bei anderen Handelssachen sind im folgenden getrennt nach den Rechtsformen dargestellt.

267   Bei den Handelssachen wurde 1997 erstmals ein wichtiges Prinzip des Notarkostenrechts, die Staffelgebühren (→ Rn. 4) völlig aufgegeben und einfach nivelliert: Wie groß das Geschäft ist, spielt beim Einzelkaufmann überhaupt keine Rolle mehr; bei der OHG und KG kann es sich allenfalls mittelbar über die Zahl der Gesellschafter und über die Kommanditeinlagen auswirken. Das damals eingeführte System ist damit erfreulich einfach, aber bedauerlich wenig gerecht: Kleine Handelsgeschäfte müssen unangemessen hohe, große oft unangemessen niedrige bezahlen.

1. Einzelkaufmännisches Handelsgeschäft

268   Bei einem einzelkaufmännischen Handelsgeschäft kommt naturgemäß der Abschluss eines Gesellschaftsvertrags nicht in Betracht, sondern nur die **Übertragung des Handelsgeschäfts** auf einen neuen Inhaber. Dieser Vertrag muss nur beurkundet werden, wenn bei dieser Gelegenheit Grundstücke und GmbH-Anteile übertragen werden, dann aber – wenn der Vertrag als Einheit gewollt ist – der ganze Vertrag und nicht nur das Grundstücksgeschäft und die Geschäftsanteilsabtretung. Der Notar wird sich freilich auch einer Beurkundung der Übertragung in den Fällen nicht verschließen, in denen sie nicht notwendig ist, sollte aber in diesem Fall die Berechnungsgrundlage offenlegen, nach der er seine Gebühren berechnen muss; diese ist nämlich nicht nur für die Beteiligten, sondern auch für viele Notare, wenn sie dergleichen das erste Mal beurkunden, überraschend: Nicht der Wert des Handelsgeschäfts, wie er regelmäßig in dem für die Übertragung vereinbarten Kaufpreis seinen Ausdruck findet, ist der maßgebliche Geschäftswert, sondern vielmehr die **Summe der Aktiva** des Handelsgeschäfts; Schulden dürfen nicht abgezogen werden, da eine Ausnahme von § 38 nicht vorliegt. Derartige Übertragungsgeschäfte lösen daher – gemessen an der wirtschaft-

lichen Bedeutung des Geschäfts – unverhältnismäßig hohe Gebühren aus, während bei der Übertragung eines GmbH-Geschäftsanteils ja nur der wirkliche Wert zugrunde zu legen ist; dieser Wertungswiderspruch ist nur schwer verständlich und den von einer gesalzenen Kostenrechnung Betroffenen noch viel schwerer klar zu machen.

Um die Summe der Aktiva feststellen zu können, muss sich der Notar die Bilanz vorlegen lassen; in der Regel wird man sie ohnehin auch der Urkunde beifügen. Von der Summe der Aktiva sind die Wertberichtigungen abzuziehen; hier handelt es sich ja nicht um Schulden, die dem Abzugsverbot unterliegen würden, sondern um echte Minderungen der Aktivseite, die auch kostenrechtlich berücksichtigt werden dürfen. Auch der Posten „durch Eigenkapital nicht gedeckter Fehlbetrag" auf der Aktivseite muss abgezogen werden, nicht aber ein Verlustvortrag (*LG Dresden* NotBZ 2007, 457). Die Gebühr ist selbstverständlich eine 2,0 Gebühr Nr. 21100.

269 Aus dem geschilderten Grund hat der Notar bei einzelkaufmännischen Handelsgeschäften in der Regel nur mit der **Anmeldung zum Handelsregister** zu tun. Ihre Bewertung ist sehr einfach; es handelt sich um eine Anmeldung ohne bestimmten Geldwert. Ganz gleich, ob es sich um eine „erste Anmeldung" (§ 105 Abs. 3 Nr. 1) oder ob es sich um eine „spätere Anmeldung" handelt (§ 105 Abs. 4 Nr. 4) – der Geschäftswert beträgt immer 30 000 EUR, so dass wir uns mit dem Unterschied hier noch nicht befassen müssen. Beachten muss man allerdings, dass eine Anmeldung wie bei der GmbH mehrere Gegenstände haben kann. So handelt es sich im kostenrechtlichen Sinn um mehrere Anmeldungen, wenn angemeldet wird, dass Anton die „Holzgroßhandlung Fritz Anton" an Berta veräußert hat, die Prokura Caesar erloschen ist und der Kauffrau Dora Einzelprokura erteilt wurde. Ob es drei oder vier sind, hängt davon ab, ob Berta die bisherige Firma fortführt: Tut sie es, sind es drei (der Übergang des Handelsgeschäfts von Anton an Berta unter Fortführung der Firma ist eine Anmeldung), wählt sie eine neue Firma, sind es vier (das Erlöschen der Firma des Anton und die neue Firma der Berta sind zwei Anmeldungen). Letzteres ist allerdings umstritten (aA *Tondorf/Schmidt* § 4 Rn. 11: immer vier Anmeldungen).

270 Umstritten ist auch die Bewertung, wenn Caesar nicht gekündigt wird, sondern Berta die Seele des Geschäfts übernimmt. „An sich" erlischt die Prokura trotzdem und muss von Berta neu erteilt werden. Das wird aber herkömmlich folgendermaßen angemeldet (und eingetragen!): „Die Prokura P ist bestehengeblieben." Deswegen ist das nach richtiger Auffassung *eine* Anmeldung, denn bewertet werden darf nicht das, was man vielleicht hätte anmelden können oder sollen, sondern das, was tatsächlich angemeldet worden ist (s. Beispiel 70).

271 Besondere Bestimmungen für **Zweigniederlassungen** gibt es nicht mehr; die Errichtung, Verlegung oder Aufhebung einer Zweigniederlassung ist also eine ganz normale „spätere Anmeldung", deren Geschäftswert auch nicht davon abhängt, wieviele Zweigniederlassungen bestehen und ob die Hauptniederlassung sich im Inland oder im Ausland befindet. Da bei Anmeldungen, die mehrere Zweigniederlassungen betreffen, aber die Werte zusammengerechnet werden, können bei zahlreichen Zweigniederlassungen erhebliche Geschäftswerte zusammenkommen, so dass die Anwendung des Höchstwerts des § 106 durchaus einmal in Betracht kommt. Wie so oft, hat man mit dem Argument der „Vereinfachung" eine Regelung geschaffen, die einfach ist, aber nicht der Kostengerechtigkeit entspricht.

2. Offene Handelsgesellschaft (OHG)

272 OHG-Gesellschaftsverträge werden – obwohl es gesetzlich nicht vorgeschrieben ist – oft notariell beurkundet. Der Notar soll – und das sicher nicht nur im Kosteninteresse – auch ruhig dazu ermutigen: Viele Streitigkeiten aus Gesellschaftsverträgen mit der Folge gewaltiger Gerichts- und Anwaltskosten resultieren aus der unklaren Fassung von Personengesellschaftsverträgen, die die Beteiligten selbst aufgesetzt haben oder von auf diesem Gebiet nicht ausreichend fachkundigen Gehilfen haben aufsetzen lassen. Hier empfiehlt sich, außer in ganz einfachen Fällen, die notarielle Beurkundung. Der Entschluss hierzu wird den Beteiligten auch dadurch erleichtert, dass bei der Neugründung noch kein Betriebsvermögen vorhanden ist und der Geschäftswert durch die Summe der Einlageverpflichtungen bestimmt wird. Gründen also A, B und C eine OHG und verpflichtet sich jeder, eine Einlage von 18 000 EUR zu leisten, so beträgt der Geschäftswert 54 000 EUR; es ist eine 2,0 Gebühr Nr. 21100 zu erheben.

Nebenverpflichtungen, die nicht auf die Zahlung barer Einlagen gerichtet sind, müssen dabei gesondert bewertet werden, etwa die Verpflichtung, der OHG ein Darlehen zu verschaffen, oder die Regelung, dass ein Gesellschafter seine volle Arbeitskraft einbringen muss, während andere Gesellschafter hierzu – abweichend von der gesetzlichen Regelung – nicht verpflichtet sein sollen. Im letzteren Fall kann man für die Bewertung wohl § 99 Abs. 2 heranziehen und den fünffachen Jahreswert der Dienstleistung als Wert dieser Verpflichtung in Ansatz bringen. Bringt ein Gesellschafter bei der OHG-Gründung keine Bareinlage, sondern ein bestehendes Handelsgeschäft ein, so ist natürlich wieder die Aktivseite der Bilanz als Wert seiner Einlageverpflichtung maßgebend, und es dürfen ausschließlich die Wertberichtigungen abgezogen werden.

273 Mitunter kommt es vor, dass in einem OHG-Vertrag **Forderungen eines Gesellschafters** gegen einen anderen eingebracht werden; sie sind dann als Einlage mitzuberücksichtigen und erhöhen den Geschäftswert.

Gründen Eltern mit einem oder mehreren ihrer Kinder eine OHG, dann wird die von den Kindern zu erbringende Einlage diesen von den Eltern erst einmal geschenkt, damit sich die Kinder beteiligen können. Diese Schenkung ist, wenn sie sofort erfüllt wird, ebensowenig beurkundungspflichtig wie der gesamte Vertrag; wird sie aber auf Wunsch der Beteiligten mitbeurkundet, dann ist sie gegenstandsverschieden und nach § 35 Abs. 1 gesondert zu bewerten. Ein Beispiel für die Übertragung von Familiengesellschaften findet sich bereits im Abschnitt Überlassungs- und Übergabeverträge (Nr. 20).

Und, wenn man auch selten mit Vorgängen in dieser Größe zu tun haben wird: Der Höchstwert von 10 000 000 EUR nach § 107 Abs. 1 gilt auch für Personengesellschaftsverträge.

274 Wird ein bereits notariell beurkundeter Gesellschaftsvertrag später geändert, so kann man nicht das Aktivvermögen der Gesellschaft ansetzen und daraus eine 2,0 Gebühr Nr. 21100 erheben. Vielmehr kommt es auf das Ausmaß und die wirtschaftliche Bedeutung der vorgenommenen Änderungen an; dabei kann das Aktivvermögen der Gesellschaft selbstverständlich berücksichtigt werden. Eine solche Änderung des Gesellschaftsvertrags ist auch die Änderung der Rechtsstellung eines Gesellschafters, etwa die Umwandlung der Stellung eines persönlich haftenden Gesellschafters in die eines Kommanditisten oder umgekehrt.

VIII. Weitere Handels- und Registersachen

Bei Eintritt in eine bestehende OHG, Ausscheiden aus einer solchen oder Übertragung der Gesellschafterstellung ist – wenn Beurkundung erfolgen soll – jeweils der Wert der Einlage, Abfindung oder Gegenleistung – mit der Beteiligung des Gesellschafters am Vermögen der Gesellschaft zu vergleichen. Nach § 97 Abs. 3 ist der höhere dieser Werte als Geschäftswert anzusetzen. Welcher das ist, hängt natürlich entscheidend davon ab, ob das Reinvermögen der Gesellschaft oder ihr Aktivvermögen maßgebend ist. Mit der Formulierung des § 38 wollte der Gesetzgeber die Maßgeblichkeit des Aktivvermögens bestimmen. Allerdings ist die Wortwahl wieder einmal missglückt, denn sorry, etwas Dogmatik muss schon sein: Nicht die „Beteiligung" wird übertragen, wenn ein Gesellschafterwechsel in der OHG stattfindet, sondern die Mitgliedschaft. Der BGH, der mit diesem Argument zur Kostenordnung die Auffassung vertreten hatte, (nur) das Reinvermögen sei maßgebend (*BGH* 20.10.2009 – VIII ZB 13/08, NJW 2010, 2218), kann also – wenn er will – mit dieser Begründung seiner Meinung treu bleiben, zumal bei Zugrundelegung des Aktivvermögens im Verhältnis zum tatsächlichen Wert der Gesellschaftsbeteiligung nicht selten absurd hohe Gebühren herauskommen und die rechtliche Selbstständigkeit der Personenhandelsgesellschaften ignoriert wird.

275

Anmeldungen zur OHG sind solche ohne bestimmten Geldwert. Der Geschäftswert richtet sich einerseits nach der Zahl der Gesellschafter, andererseits danach, ob es sich um eine „erste" oder um eine „spätere" Anmeldung handelt. Ausgangswert für die OHG mit zwei Gesellschaftern ist im ersteren Fall 45 000 EUR (§ 105 Abs. 3 Nr. 2), im letzteren Fall 30 000 EUR (§ 105 Abs. 4 Nr. 3). „Erste" und „spätere" Anmeldung sind dabei auf den Inhaber, nicht auf das Handelsgeschäft zu beziehen. Deshalb ist „erste" Anmeldung nicht nur die Neuanmeldung einer bisher nicht im Handelsregister eingetragenen OHG, sondern auch jede Änderung, bei der das Handelsgeschäft auf einen neuen Inhaber übergeht und zwar sowohl unter Lebenden als auch durch Erbfolge. Erstanmeldung ist auch die Anmeldung der **Verpachtung** des Handelsgeschäfts an einen Pächter, der es unter der bisherigen Firma fortführt. „Spätere Anmeldung" ist dagegen die Anmeldung der Erteilung oder des Erlöschens einer Prokura, der Änderung des Firmennamens oder auch des Erlöschens der Firma. Bei der Anmeldung des Erlöschens der Firma streiten die Gerichte darüber, ob zusätzlich anzumelden ist, dass eine eingetragene Prokura erloschen ist (so zB *BayObLG* Rpfleger 1971, 109), oder ob diese mit der Gesamteintragung „automatisch" gelöscht wird (so zB *LG Oldenburg* NJW-RR 1996, 1180). Hier muss man sich über die Praxis seines Registergerichts informieren. Meldet man nämlich nicht an, obwohl es nötig wäre, sind die Klienten verunsichert, weil sie ein zweites Mal kommen müssen; meldet man es an, obwohl es nicht nötig wäre, setzt man sich dem Vorwurf der Verursachung unnötiger Kosten aus (falsche Sachbehandlung, § 21).

276

Die Neuanmeldung ist *eine* Anmeldung, auch wenn sie, wie es das Gesetz vorschreibt, aus mindestens drei Punkten bestehen muss: der Anmeldung der Firma und ihres Sitzes, der persönlich haftenden Gesellschafter und ihrer abstrakten und konkreten Vertretungsbefugnis.

Entsteht eine OHG dadurch, dass einer oder mehrere weitere Gesellschafter in ein einzelkaufmännisches Handelsgeschäft eintreten, so liegt *eine* erste Anmeldung der neuentstandenen OHG vor, da diese erst durch die Eintragung als neues Rechtssubjekt entsteht.

277

Im umgekehrten Fall, dass Anton, Berta und Caesar anmelden, dass Berta und Caesar aus der OHG ausgeschieden seien und Anton die Firma allein weiterführe, liegen dagegen *zwei* Anmeldungen vor: eine spätere Anmeldung zur OHG, und eine erste Anmeldung des durch die Auflösung der Gesellschaft neu entstandenen einzelkaufmännischen Handelsgeschäfts.

278 Weitere Beispiele für spätere Anmeldungen zur OHG sind die Aufnahme oder das Ausscheiden eines Gesellschafters, ohne dass dadurch die Gesellschaft aufgelöst würde, die Verlegung des Sitzes oder Änderungen der Vertretungsbefugnis.

Bei gleichzeitigem Eintritt in und Ausscheiden aus einer OHG kommt es nur auf die Zahl der eintretenden und ausscheidenden Gesellschafter an; ob es sich um Gesamt- oder Sonderrechtsnachfolge handelt, spielt keine Rolle mehr. Bei bis zu zwei Gesellschaftern beträgt der Geschäftswert 30 000 EUR, ab drei Gesellschaftern 15 000 EUR je Gesellschafter.

3. Kommanditgesellschaft (KG)

279 Der Grundsatz des materiellen Rechts, dass für die KG die Bestimmungen für die OHG entsprechend gelten (§ 161 Abs. 2 HGB), lässt sich auch auf das Kostenrecht übertragen. Wie im materiellen Recht ergeben sich aber auch hier gewisse Besonderheiten. Das beginnt schon bei der Bewertung des **Gesellschaftsvertrags.** Im Normalfall ergeben sich hier keine Schwierigkeiten. Bringen A, B und C bei der Neugründung einer KG je 18 000 EUR ein, dann ist die Bewertung dieses Vertrags mit einem Geschäftswert von 54 000 EUR unabhängig davon, welche Gesellschafter persönlich haftende und welche Kommanditisten werden. Bei Publikumskommanditgesellschaften trifft man jedoch häufig die Vertragsbestimmung an, der persönlich haftende Gesellschafter werde ermächtigt, Kommanditisten bis zu einem im Vertrag angegebenen Höchstbetrag aufzunehmen, mit ihnen den Gesellschaftsvertrag zu schließen und die erforderlichen Handelsregisteranmeldungen vorzunehmen. Hier kann man streiten, ob der volle Betrag der enthaltenen Ermächtigung als Geschäftswert anzusetzen ist oder ob es sich hierbei um eine Vollmacht handelt, für die der Höchstwert von 1 000 000 EUR gilt und für die nur eine 1,0 Gebühr Nr. 21200 angesetzt werden kann, selbst wenn bei großen Kommanditgesellschaften die Ermächtigungssumme wesentlich höher liegt. Bei der Anteilsübertragung ist abweichend von § 38 das Eigenkapital im Sinne von § 266 Abs. 3 HGB die für die Kostenbewertung maßgebliche Größe (§ 54; wie bei der GmbH, → Rn. 257).

280 Wichtiger sind aber die Unterschiede zur Offenen Handelsgesellschaft bei den **Anmeldungen.** Bei der OHG kommt es hier nur auf die Zahl der Gesellschafter an – angesichts der persönlichen Haftung werden die Einlagen dort ja nicht in das Handelsregister eingetragen. Bei der KG erscheinen dagegen die Einlagen im Register; es handelt sich deshalb um Anmeldungen mit bestimmtem Geldwert, für die § 105 Abs. 1 Nr. 5, 6 und 7 eine Sonderregelung trifft. Bei der Anmeldung der oben erwähnten, aus A, B und C bestehenden Kommanditgesellschaft kommt es deshalb für die Bewertung der Anmeldung darauf an, ob einer oder zwei persönlich haftende Gesellschafter vorhanden sind. Für die Kommanditisten ist die Kommanditeinlage, für die persönlich haftenden Gesellschafter sind die Festbeträge von 30 000 EUR (für den ersten) und 15 000 EUR (für die weiteren) maßgeblich.

VIII. Weitere Handels- und Registersachen

> Haften A und B persönlich, C dagegen nur als Kommanditist mit einer Haftsumme von 18 000 EUR, so ist die Summe von 18 000 EUR, 30 000 EUR und 15 000 EUR maßgeblich; Geschäftswert der Anmeldung ist also 63 000 EUR. Haftet nur A persönlich, während B und C Kommanditisten sind, dann errechnet sich der Wert aus der Summe von 18 000 EUR, 18 000 EUR und 30 000 EUR, beträgt also 66 000 EUR.

Bei **Kommanditistenwechsel** ist ebenfalls eine Besonderheit zu beachten: Ist der neue Kommanditist „Nachfolger" des alten, liegt also Gesamt- oder Sonderrechtsnachfolge vor, dann liegt stets nur *eine* Anmeldung vor, deren Wert die einfache Kommanditeinlage ist; dagegen handelt es sich um zwei Anmeldungen, wenn solche Änderungen ohne Zusammenhang miteinander erfolgen. Art und Weise des Kommanditistenwechsels haben zudem nicht nur kostenrechtliche Relevanz, sondern sind auch für die Haftung des Kommanditisten von Bedeutung. Wie ein Kommanditistenwechsel wird auch ein Beteiligungswechsel (persönlich haftender Gesellschafter wird Kommanditist oder umgekehrt) behandelt. Erhöhungen und Herabsetzungen einer Kommanditeinlage werden mit dem Erhöhungs- oder Herabsetzungsbetrag bewertet. Beim Mindestwert von 30 000 EUR ist umstritten, ob dieser sich auf den einzelnen Kommanditisten oder auf die Anmeldung bezieht. Die Systematik des § 105 Abs. 1 spricht eindeutig für die zweite Meinung, und so sind deshalb auch die nachstehenden Beispiele 68 und 70 berechnet. 281

Anmeldungen zum Handelsregister müssen durch alle Gesellschafter, also auch alle Kommanditisten erfolgen. Das ist bei großen Kommanditgesellschaften nicht in der Weise ausführbar, dass alle Gesellschafter die Anmeldung vornehmen. Sie erteilen vielmehr in der Regel dem persönlich haftenden Gesellschafter oder einem Treuhänder **Vollmacht,** für sie alle Anmeldungen zum Handelsregister vorzunehmen, die für die Gesellschaft anfallen. Während man früher annahm (auch hier die 5. Aufl.), der Wert einer solchen **Registervollmacht** sei nach dem geschätzten Umfang der aufgrund der Vollmacht künftig vorgenommenen Anmeldungen zu schätzen (und damit bei der typischen Publikums-KG mindestens auf einen Betrag, der die Höchstgebühr Nr. 25100 für Unterschriftsbeglaubigungen auslöst), haben seit 1998 alle Oberlandesgerichte, die damit befasst waren, unter Berufung auf den (heutigen) § 98 Abs. 2 entschieden, Geschäftswert sei in jedem Fall die Kommanditeinlage des Vollmachtgebers, also meist ein wesentlich geringerer Betrag. Man kann darüber streiten, ob das richtig ist (vgl. *BayObLG* Rpfleger 2000, 127 mAnm von *Simon*), aber die Meinung hat sich durchgesetzt. Sind ausnahmsweise keine Vollmachten vorhanden, muss eine Kopie der von den „ersten" Gesellschaftern unterzeichneten Handelsregisteranmeldung den übrigen zugeschickt werden, die sie auch noch unterschreiben müssen. Richtigerweise hat *OLG Zweibrücken* NJW-RR 2001, 863 entschieden, dass es dafür keine (weiteren) Gebühren gibt; das ist auch nach dem GNotKG noch zutreffend, denn weder handelt es sich um die Erstellung eines Entwurfs noch um einen Vollzug (die weiteren Unterschriften sind weder Genehmigungen noch Vollmachtsbestätigungen, sondern selbständige, gleichgerichtete Erklärungen). 282

4. Aktiengesellschaft

283   Mit der Gründung einer Aktiengesellschaft muss man – seit den Vereinfachungen durch das Gesetz für kleine Aktiengesellschaften von 1994 – heute selbst im kleinen Notariat rechnen. Allerdings hat diese Rechtsform bisher auch nicht annähernd die Bedeutung der GmbH erreichen können. Dennoch sollte man einige Grundsätze kennen – schon um zu wissen, dass hier auch kostenrechtlich alles halb so schlimm ist.

284   So unterscheidet sich die Gründung einer AG nicht grundsätzlich von der einer GmbH. Hier wie dort ist die Gebühr eine 2,0 Gebühr Nr. 21100, wenn eine AG von mehreren, dagegen eine 1,0 Gebühr Nr. 21200, wenn sie von einer Person gegründet wird. Die Gründung und die Bestellung der Mitglieder des ersten Aufsichtsrats sind nach mittlerweile einhelliger Auffassung gegenstandsverschieden *(so bereits OLG München MittBayNot 2006, 444; aA 9. Aufl.)*, obwohl es ein Organ, das über die Bestellung Beschluss fassen könnte, strenggenommen noch nicht gibt. Die Anmeldung zum Handelsregister erfordert Gründungsbericht und ggf. Gründungsprüfung, so dass eine Verbindung von Gründung und Anmeldung in einer Urkunde ausgeschlossen ist. Bei Ausgabe der Aktien mit einem Agio gilt dasselbe wie bei der Kapitalerhöhung einer GmbH (→ Rn. 241). Wird der Vorstand ermächtigt, das Grundkapital durch Ausgabe neuer Aktien zum Nennwert zu erhöhen (**genehmigtes Kapital**), dann ist dieser Betrag sowohl dem Geschäftswert der Gründungsurkunde als auch der Anmeldung hinzuzurechnen. Bei der Bargründung kann der beurkundende Notar die Gründungsprüfung selbst durchführen (§ 33 Abs. 3 AktG); übernimmt er diesen Auftrag, so führte das nach der Kostenordnung bei der „kleinen" AG mit 50 000 EUR Grundkapital zu einer Gebühr von 66 EUR; der Notar konnte also guten Gewissens anbieten, die Gründungsprüfung selbst durchzuführen. Jetzt ist eine 1,0 Gebühr Nr. 25206, mindestens 1000 EUR, zu erheben und damit dieser Fall zweifellos der Spitzenreiter unter den massiven Kostenerhöhungen des GNotKG. Nachdem die Gründungsprüfung einer bargegründeten AG eine recht banale Tätigkeit ist, dient die Gebührenhöhe – was auch die amtliche Begründung leicht verklausuliert bestätigt – ausschließlich dazu, Wirtschaftsprüfern eine Nische vorzubehalten, in der sie sich häuslich eingerichtet haben.

285   Die Beurkundung von Beschlüssen der Hauptversammlung durch den Notar ist für die kleine AG nur bei Satzungsänderungen und den wenigen anderen Beschlüssen, die eine Dreiviertelmehrheit erfordern, zwingend. Der Notar muss darauf hinweisen, wenn seine Mitwirkung nicht erforderlich ist; wird sie trotzdem gewünscht, muss er nicht auch noch auf die Höhe seiner Kosten hinweisen (*OLG Düsseldorf* JurBüro 2002, 257). Zu erheben ist eine 2,0 Gebühr Nr. 21100 aus dem Geschäftswert der beurkundeten Beschlüsse. Teuer kann das vor allem dann werden, wenn Beschluss über die Ergebnisverwendung gefasst wird. Dabei handelt es sich nämlich um einen Beschluss mit bestimmtem Geldwert, und zwar gleichgültig, ob die Gesellschaft einen Gewinn oder einen Verlust von 1 000 000 EUR gemacht hat. Je höher der Verlust, desto höher auch der Geschäftswert dieses Beschlusses – nur eine weitere Perle in der Kette der schwer zu begreifenden Regeln des GNotKG. Nicht in jeder Hauptversammlung werden übrigens nach § 108 zu bewertende Beschlüsse gefasst: Findet sie nur statt, weil der Vorstand den Verlust des halben Grundkapitals (§ 92 AktG) anzeigen muss, handelt es sich bei der Beurkundung um eine Tatsachenbescheinigung, die eine 1,0 Gebühr Nr. 25104 auslöst (→ Rn. 300).

VIII. Weitere Handels- und Registersachen

Dagegen ist der Kapitalerhöhungsbeschluss ein solcher bestimmten Geldwerts und auch seine Anmeldung eine solche. Wird er ausnahmsweise nicht gleichzeitig mit der Durchführung der Kapitalerhöhung angemeldet, ist die Anmeldung der Durchführung aber eine unbestimmten Geldwerts, für die – ebenso wie für andere derartige Beschlüsse und Anmeldungen (Änderungen in Vorstand, Firma, Unternehmensgegenstand, Sitz; Bestellung und Abberufung von Prokuristen) – dasselbe gilt wie bei der GmbH.

Nicht bei der kleinen AG, aber bei anderen Gesellschaften dieser Rechtsform, die es ja auch noch gibt, ist an die **Höchstwerte** der §§ 106, 107 und 108 Abs. 5 (1 000 000 EUR, 5 000 000 EUR, 10 000 000 EUR) zu denken (→ Rn. 263–265).

Errichtet eine AG eine Zweigniederlassung, dann ist das wie beim Einzelkaufmann (→ Rn. 271) eine „normale" Anmeldung, für die keine Besonderheiten gelten. Im Gesetz heute nicht mehr ausdrücklich gesagt, aber immer noch richtig: Die Neuerrichtung einer Zweigniederlassung ist eine Anmeldung bestimmten Geldwerts. Bei Kapitalgesellschaften mit hohem Grundkapital und vielen kleinen Zweigniederlassungen (meistens Banken) landet man also fast immer beim Höchstwert (→ Beispiel 73).

5. Umwandlung von Gesellschaften

Praktische Bedeutung haben vor allem Umwandlungen eines einzelkaufmännischen Unternehmens oder einer Personengesellschaft, meist auf eine neugegründete GmbH. Im ersteren Fall handelt es sich um Ausgliederung aus dem Vermögen eines Einzelkaufmanns (§§ 152 ff. UmwG), im letzteren Fall um Formwechsel (§§ 190 ff. UmwG). Auch wenn die Erklärung des Einzelkaufmanns nicht mehr „Umwandlungserklärung" heißt, ist zum GNotKG anerkannt, dass eine 1,0 Gebühr Nr. 21200 zu berechnen ist. Die Ausgliederung auf eine bestehende GmbH ist dagegen Vertrag (2,0 Gebühr Nr. 21100). Die gleiche Gebühr fällt für den Umwandlungsbeschluss bei den Personengesellschaften (§ 193 UmwG) an; als Geschäftswert darf „nur" der Wert des übertragenen Vermögens angenommen werden und nicht etwa das Stammkapital der GmbH dazu gerechnet werden; auch hierüber besteht zum GNotKG kein Streit mehr: Die Feststellung der Satzung gehört zum Umwandlungsbeschluss. Trotzdem ist eine solche Umwandlung ein teurer Spaß. Der Wert des übertragenen Vermögens richtet sich nämlich nach der Aktivseite der Bilanz; ein Schuldenabzug findet nicht statt. Sie kann deshalb nur empfohlen werden, wenn sie aus steuerlichen Gründen erforderlich ist, um stille Reserven fortführen zu können oder wenn Grundstücke zu den Aktiva gehören, für deren Einbringung sonst die Auflassung erforderlich wäre und Grunderwerbsteuer anfiele.

Über das Kostenrecht anderer als der hier genannten Fälle muss man sich im Bedarfsfall aus spezieller Literatur informieren, denn die einzelnen Regelungen sind inkohärent und wenig logisch. Der Höchstwert von 10 000 000 EUR gilt auch für Verträge nach dem Umwandlungsgesetz; bei Zustimmungserklärungen einzelner Anteilsinhaber ist nur der halbe Bruchteil ihrer Beteiligung maßgeblich (§ 98 Abs. 2 S. 2). An die Verzichtserklärungen (§§ 8, 9, 12 UmwG) hätte der Gesetzgeber bei dieser Gelegenheit auch denken können; er hat es aber leider nicht. Und Vorsicht: Zustimmungsbeschlüsse sind keine Zustimmungserklärungen; für sie gilt § 108, der keine Werthalbierung vorsieht. Wenn Zustimmungsbeschlüsse

286

mit anderen Beschlüssen mitbeurkundet werden, sind sie aber mit den anderen Beschlüssen gegenstandsgleich (§ 109 Abs. 2 Nr. 4 Buchst. g) und nicht besonders zu bewerten. Beschlüsse und der Verschmelzungsvertrag sind hingegen stets gegenstandsverschieden (§ 110 Nr. 1).

6. Vereinsregister

286a   Reich geworden ist mit den Notargebühren in Vereinssachen noch niemand, viel Arbeit hat schon mancher gehabt. Zwar ist die Gebühr für Anmeldungen zum Vereinsregister ebenso wie bei Anmeldungen zum Handelsregister die 0,5 Gebühr Nr. 21201 Ziff. 5 – beim Geschäftswert ist aber sowohl bei der Neuanmeldung eines Vereins als auch bei Änderungen der Satzung, des Vorstands, der Auflösung und der Löschung grundsätzlich von 5000 EUR auszugehen (*BayObLG* Rpfleger 1979, 398); deshalb beträgt die Gebühr normalerweise schlichte 30 EUR. Lediglich bei Großvereinen mit bedeutendem Vermögen oder großer Mitgliederzahl kann vom Regelwert nach oben abgewichen werden, und selbst dann billigt das die Rechtsprechung nicht immer (*OLG München* Rpfleger 2006, 287). Wer möchte, kann sich aber nach einer Entscheidung des *OLG Hamm* (JurBüro 2009, 435) auf den Standpunkt stellen, die Anmeldung des Ausscheidens und der Neuwahl von je vier Vorstandsmitgliedern sowie eine Satzungsänderung seien zusammen *neun* Anmeldungen, der Geschäftswert mithin 45 000 EUR. Er muss sich allerdings nicht wundern, wenn die Vereinsregistersachen dann über kurz oder lang zum Kollegen abwandern – aber vielleicht ist das ja gerade erwünscht?

63.
Thomas Buddenbrook meldet die Firma „Zigarren-Buddenbrook Thomas Buddenbrook" zur Eintragung in das Handelsregister an. Sein Betriebsvermögen beträgt 80 000 EUR, die Aktivseite der Bilanz 712 000 EUR, die Wertberichtigungen 12 500 EUR. Dem kaufmännischen Angestellten Beifuß wird Prokura erteilt.
Bewertung:
Geschäftswert 30 000 EUR (Firmenanmeldung, § 105 Abs. 3 Nr. 1) + 30 000 EUR (Prokuraerteilung, § 105 Abs. 4 Nr. 4), zusammen 60 000 EUR
0,5 Gebühr Nr. 21201 Ziff. 5; § 35 Abs. 1   96,– EUR
Auf Betriebsvermögen, Aktivseite der Bilanz und Wertberichtigungen kommt es bei der Bewertung nicht an.

64. (Fortsetzung)
Buddenbrook hat in Großziegenbach eine Zweigniederlassung errichtet, in der er künftig etwa ¼ seines Umsatzes erzielen wird. Dies wird zum Handelsregister angemeldet.
Bewertung:
Geschäftswert: 30 000 EUR (§ 105 Abs. 4 Nr. 4)
0,5 Gebühr Nr. 21201 Ziff. 5   62,50 EUR
Auf den Umsatz in der Zweigniederlassung kommt es bei der Bewertung nicht an.

65. (Fortsetzung)
Nach dem plötzlichen Tod Buddenbrooks, der an einem Zahn gestorben ist, meldet seine Witwe Wilhelmine an, dass sie das Handelsgeschäft unter der bisherigen Firma fortführt.

Bewertung:
Geschäftswert: 30 000 EUR (§ 105 Abs. 3 Nr. 1 – Erstanmeldung, da neuer Inhaber!)
0,5 Gebühr Nr. 21201 Ziff. 5   62,50 EUR

66. (Fortsetzung)
Wilhelmine nimmt den langjährigen Angestellten Beifuß in das Geschäft auf. Der OHG-Vertrag wird beurkundet, Wilhelmine bringt das Geschäft, Beifuß 25 000,– EUR in bar ein; die Bilanzwerte sind unverändert.
Bewertung:
Geschäftswert: Einlage von Wilhelmine
712 000 EUR – 12 500 EUR =   699 500,– EUR
Einlage von Beifuß   25 000,– EUR
                                                                        724 500,– EUR
2,0 Gebühr Nr. 21100   2 670,– EUR

67. (Fortsetzung)
Die OHG wird zur Eintragung in das Handelsregister angemeldet. Gleichzeitig wird angemeldet, dass die Prokura des Beifuß erloschen ist und dem Eckermann Prokura erteilt ist.
Bewertung:
Geschäftswert: 45 000 EUR (§ 105 Abs. 3 Nr. 2; Firmenanmeldung) + 30 000 EUR (§ 105 Abs. 4 Nr. 3; Prokuralöschung) + 30 000 EUR (§ 105 Abs. 4 Nr. 3; Prokuraerteilung) = 105 000 EUR
0,5 Gebühr Nr. 21201 Ziff. 5; § 35 Abs. 1   136,50 EUR

68. (Fortsetzung)
Die Verhältnisse auf dem Zigarrenmarkt erfordern dringend die Zuführung neuen Kapitals. Es werden deshalb die Herren Störtebeker, Schlimm und Schlüter als Kommanditisten mit einer Hafteinlage von je 20 000 EUR in die Gesellschaft aufgenommen. Der durch Verluste geminderte Einheitswert des Betriebsvermögens der Gesellschaft betrug vor der Einzahlung der Kommanditeinlagen 15 000 EUR. Gleichzeitig wird angemeldet, dass Wilhelmine Buddenbrook infolge Verehelichung jetzt den Familiennamen Beifuß führt.
Bewertung:
Geschäftswert: 60 000 EUR (§ 105 Abs. 1 Nr. 6; Eintritt der Kommanditisten) + 5000 EUR (§ 105 Abs. 5; Namensänderung der Wilhelmine, Anmeldung ohne wirtschaftliche Bedeutung) = 65 000 EUR
0,5 Gebühr Nr. 21201 Ziff. 5; § 35 Abs. 1   96,– EUR

69. (Fortsetzung)
Störtebeker übernimmt später die Stellung eines persönlich haftenden Gesellschafters. Dies wird zum Handelsregister angemeldet.
Bewertung:
Geschäftswert: 30 000 EUR (§ 105 Abs. 1 Nr. 6; Beteiligungswechsel)
0,5 Gebühr Nr. 21201 Ziff. 5   62,50 EUR

70. (Fortsetzung)
Leider haben sich die Verhältnisse auf dem Zigarrenmarkt nicht nachhaltig gebessert. Schlimm und Schlüter scheiden deshalb aus der Gesellschaft aus, desgleichen Wilhelmine und Beifuß. Störtebeker führt das Geschäft als Einzelkaufmann unter der bisherigen Firma fort. Die Prokura Eckermann bleibt bestehen.
Bewertung:
Geschäftswert: 40 000 EUR (§ 105 Abs. 1 Nr. 6; Ausscheiden der Kommanditisten) + 30 000 EUR (§ 105 Abs. 4 Nr. 3; Ausscheiden der persönlich haftenden

Gesellschafter) + 30 000 EUR (§ 105 Abs. 3 Nr. 1; Neuanmeldung des einzelkaufmännischen Geschäfts) + 30 000 EUR (§ 105 Abs. 4 Nr. 4; Bestehenbleiben der Prokura) = 130 000 EUR
0,5 Gebühr Nr. 21201 Ziff. 5; § 35 Abs. 1   163,50 EUR

71. (Fortsetzung)
Zwei Jahre später wirft auch Störtebeker das Handtuch und meldet an, dass die Firma erloschen ist. Betriebsvermögen ist keines mehr vorhanden.
Bewertung:
Geschäftswert: 30 000 EUR (§ 105 Abs. 4 Nr. 4)
0,5 Gebühr Nr. 21201 Ziff. 5   62,50 EUR
Darauf, dass kein Betriebsvermögen mehr vorhanden ist, kommt es nicht an.

72. (Fortsetzung)
Vier Wochen später kommt Störtebeker wieder zum Notar. Der hatte ihm damals auf entsprechende Frage gesagt, die Anmeldung des Erlöschens der Prokura von Eckermann sei „nicht nötig". Er hatte dabei übersehen, dass das Registergericht Pingel, in dessen Bezirk sich Störtebekers Hauptniederlassung befindet, in einem solchen Fall – anders als viele andere Gerichte – Anmeldung des Erlöschens der Prokura verlangt. Die Anmeldung des Erlöschens wird jetzt nachgeholt.
Bewertung:
Geschäftswert: 30 000 EUR (§ 105 Abs. 4 Nr. 4)
0,5 Gebühr Nr. 21201 Ziff. 5   62,50 EUR
Aber: Bei richtiger Sachbehandlung hätten in Nr. 71 zwei Anmeldungen erfolgen müssen, der Geschäftswert hätte 30 000 + 30 000 = 60 000 EUR und die Gebühr daher 96,– EUR betragen. Es darf deshalb nur die Gebühr berechnet werden, die bei richtiger Sachbehandlung insgesamt entstanden wäre (§ 21), also:
0,5 Gebühr Nr. 21201 Ziff. 5; § 35 Abs. 1   96,00 EUR
davon bereits bezahlt: − 62,50 EUR

noch zu zahlen: 33,50 EUR

73.
Die Germanische Bank AG mit dem Sitz in Frankfurt/Main (Grundkapital: 120 000 000 EUR) meldet an, dass sie in Hintertupfing eine Zweigniederlassung errichtet hat. Die Bank hat bereits 20 Zweigniederlassungen.
Bewertung:
Geschäftswert: 1 200 000 EUR (§ 105 Abs. 4 Nr. 1)
aber Höchstwert 1 000 000 EUR (§ 39)
0,5 Gebühr Nr. 21201 Ziff. 5   867,50 EUR
Die Zahl der bereits vorhandenen Zweigniederlassungen und die wirtschaftliche Bedeutung der neuen Zweigniederlassung spielen keine Rolle.

IX. Verwahrungsgeschäfte

287   Die praktische Bedeutung dieses Abschnitts ist für die einzelnen Notare sehr unterschiedlich. Dass beim Grundstückskaufvertrag die Hinterlegung des Kaufpreises auf Notaranderkonto mittlerweile überall die Ausnahme ist, beruht auf der berufsgerichtlichen Rechtsprechung: Ein Notar verletzt nach inzwischen

IX. Verwahrungsgeschäfte

gefestigter Spruchpraxis seine Amtspflichten, wenn er entgegen § 57 Abs. 2 Nr. 1 BeurkG trotz fehlenden (also durch andere Vertragsgestaltung nicht zu befriedigenden) Sicherungsbedürfnisses die Hinterlegung von Kaufpreisen auf einem Notaranderkonto vorsieht (*KG* RNotZ 2019, 492; *OLG Celle* NotBZ 2011, 214). Viele süddeutsche Notare lassen sich nur dann auf eine Hinterlegung ein, wenn sie die einzige Möglichkeit der Abwicklung darstellt, und es soll auch Notare geben, die es überhaupt ablehnen, Hinterlegungen anzunehmen. Das ist ihnen übrigens nach Berufsrecht unbenommen, denn die Verpflichtung zur Amtstätigkeit (§ 15 BNotO) gilt für die Verwahrungsgeschäfte nicht, da § 23 BNotO in § 15 nicht zitiert ist. Kostenrechtlich ist die Abwicklung über ein Anderkonto mangels berechtigtem Sicherungsinteresse der Beteiligten falsche Sachbehandlung, die nach § 21 eine Gebührenerhebung ausschließt (*OLG Schleswig* SchlHAnz. 2015, 279; einschränkend *OLG Düsseldorf* NotBZ 2017, 53: nur wenn kein nachvollziehbarer Grund für diese Art der Abwicklung ersichtlich sei).

288 Welche Gebührenbestimmung anwendbar ist, richtet sich danach, *was* beim Notar hinterlegt wird. Soweit es sich um Geld handelt, ist Nr. 25300 einschlägig, bei „Wertpapieren und Kostbarkeiten" Nr. 25301 (sog. „Hebegebühr"). Nicht selten wird dem Notar aber angesonnen, irgendwelche anderen Schriftstücke, Datenträger, voluminöse Umschläge oder auch sperrige Gegenstände zu verwahren, bei denen es sich nach der Erklärung des Hinterlegers um Testamente, Bekenntnisse, Erfindungen, Kompositionen und dergleichen handeln soll. Man tut als Notar gut daran, so etwas jedenfalls dann freundlich, aber bestimmt zurückzuweisen, wenn keine Aussicht besteht, die Dinge alsbald wieder loszuwerden. Gegenstände, die erst „beim Tod des Hinterlegers" an bestimmte Personen herauszugeben sind, von denen gewisse Aussicht besteht, dass sie dann ebenfalls nicht mehr am Leben sind, sollte man keinesfalls nehmen, es sei denn, es wird baldiger Amtswechsel angestrebt und man möchte den Amtsnachfolger mit einem solchen Kuckucksei beglücken. Wer sich diesem Rat verschließt und derartige Hinterlegungen annimmt, hat jedenfalls nicht eine Gebühr Nr. 25301 zu erheben (*LG Düsseldorf* RNotZ 2020, 304), sondern muss – da es auch sonst keine Gebührenvorschrift gibt – einen öffentlich-rechtlichen Vertrag (§ 126 Abs. 1 S. 2) schließen und eine angemessene Gebühr vereinbaren. Ohne Verwahrung gibt es keine Gebühr Nr. 25300; die Verfügungsmöglichkeit des Notars über einen Geldbetrag (durch abstraktes Schuldversprechen) allein lässt sie – entgegen *OLG Hamm* MittBayNot 2002, 208 – nicht entstehen.

289 Zu den Wertpapieren gehören bekanntlich nicht die **Sparkassenbücher**, da bei ihnen das Recht aus dem Papier nicht dem Recht am Papier folgt, sondern es genau umgekehrt ist. Für sie gelten zwar nicht die Warnungen des vorstehenden Absatzes; die DONot sieht in § 11 Abs. 3 S. 2 ihre Verwahrung sogar ausdrücklich vor. Aber auch bei ihnen muss eine Gebühr vereinbart werden, weil Nr. 25300, 25301 nicht einschlägig sind.

290 In der Regel werden Verwahrungsgeschäfte, wie eingangs schon erwähnt, im Zusammenhang mit Grundstückskaufverträgen vorgenommen. Die Hinterlegung sichert den Käufer zwar auch nicht besser als die direkte Zahlung und Ablösung der Belastungen, vermag aber dem Verkäufer einen letzten Rest Sicherheit gegen die Zahlungsunfähigkeit des Käufers dann zu geben, wenn schon die Eintragung der Auflassungsvormerkung von der vollständigen Zahlung des Kaufpreises auf das Notaranderkonto abhängig gemacht wird. Man sollte aber berücksichtigen, dass diese Art der Kaufvertragsabwicklung für die Beteiligten **unverhältnismäßig teuer** ist.

Zunächst entsteht ihnen regelmäßig ein Zinsverlust, da das Geld auf dem Anderkonto wegen der kurzen Festlegungsfrist normalerweise nicht verzinst wird, während die Beteiligten, wenn sie das Geld schon zur Verfügung hätten, Sollzinsen ersparen würden. Auch die Notargebühren sind nicht von Pappe und überraschen die Beteiligten häufig, zumal sie ja neben den Beurkundungskosten für den Kaufvertrag anfallen. Es empfiehlt sich deshalb in jedem Fall, auf die ungefähre Höhe dieser Gebühren hinzuweisen, wobei, weil die Gebühren degressiv sind, eine genaue Voraussage nicht möglich ist, wenn die Anzahl der Zahlungsempfänger und die ungefähre Höhe der auszuzahlenden Beträge nicht bekannt ist.

291 Das Verhältnis von Betreuungsgebühren zur Hinterlegungsgebühr gehörte unter der Kostenordnung zu den meistdiskutierten Fragen, bis *BGH* 29.9.2011 – V ZB 161/11, DNotZ 2012, 232 entschied, für die Überwachung des Kaufpreiseingangs auf dem Anderkonto (und damit auch in den meisten anderen Fällen) gebe es neben der Hinterlegungsgebühr keine Betreuungsgebühr. Auch hier hat der Gesetzgeber gemeint, das Rechtsbeschwerdegericht „korrigieren" zu müssen. Jetzt fallen die Betreuungs- und Treuhandgebühren Nr. 22200 und Nr. 22201 neben der Hinterlegungsgebühr an (Vorbem. 2.5.3 Abs. 1). Ganze Bibliotheken von Entscheidungen sind damit Makulatur.

292 Eine Gebühr, die ebenfalls neben Nr. 25300 in Betracht kommt, ist die für die **Tatsachenbescheinigung** Nr. 25104. Am Rande sei bemerkt, dass die Ausstellung derartiger Bescheinigungen der sicherste Weg zum Haftungsfall ist, selbst wenn man sich nicht zu der gewagten Tatsachenbescheinigung jenes blauäugigen Kollegen hinreißen lässt, der sein Siegel unter die Erklärung setzte, bei ihm seien zehn Goldbarren zu je einem Kilo und 222 Karat lupenreine Einkaräter hinterlegt, die sich, wie man ahnen wird, nachher als aus vergoldetem Blei und funkelndem Glas bestehend erwiesen.

293 Gegenstand der mit den Gebühren Nr. 25300, 25301 zu vergütenden Verwahrung sind **nicht Hypotheken- und Grundschuldbriefe,** deren Aufbewahrung zwecks späterer Vorlage beim Grundbuchamt kein Verwahrungsgeschäft ist. Auch **Wechsel** können nicht Gegenstand eines Verwahrungsgeschäfts sein: Weder die Empfangnahme des Wechsels zur Protesterhebung noch der Erhalt der Wechselsumme vom Schuldner bei Protesterhebung (ein glücklicherweise seltener Fall, → Rn. 320) führen zu einer Verwahrung im Sinne der Nr. 25300.

294 Die Hinterlegung von Geld erfolgt heute wegen § 57 Abs. 1 BeurkG nur noch auf **Anderkonten.** Hierbei ist zu beachten, dass Nr. 25300 bei Auszahlungen von solchen Konten nur zur Anwendung gelangt, wenn der Notar allein über das Konto verfügungsberechtigt ist. Sind dagegen (auch) andere verfügungsberechtigt und hat der Notar nur zu bestätigen, dass die Auszahlungsvoraussetzungen eingetreten sind, so ist hierfür eine Betreuungsgebühr Nr. 22200 Ziff. 4 in Ansatz zu bringen.

295 Bei großen Beträgen sind die Kosten einer Hinterlegung geringer als zu Kostenordnungs-Zeiten, bei kleinen Beträgen können sie deutlich höher sein – aber das kennen wir ja inzwischen so. Es handelt sich (bis zu einem Betrag von 13 000 000 EUR) um Wertgebühren; deshalb ist die Mindestgebühr für jede einzelne Auszahlung 15 EUR, und es empfiehlt sich also dringend, in der Hinterlegungsanweisung festzuhalten, wer die Hebegebühren zahlt, zu wessen Gunsten die Zinsen und zu wessen Lasten die Kosten des Kontos gehen. Dabei sollte auch darauf hingewiesen werden, dass sich die Kosten durch Auszahlung in mehreren Teilbeträgen wesentlich erhöhen. Kostenschuldner ist auf jeden Fall der Auftraggeber des Notars; das sind bei Kaufverträgen in der Regel beide Vertragsteile.

X. Vermischte Geschäfte

Drei Einzelheiten zum Schluss: **296**

a) Wenn auf dem Anderkonto Zinsen gutgeschrieben werden, bekommt auch das Finanzamt sein Teil ab. Diese Abführung des Zinsabschlags ist schon deshalb keine „Auszahlung", weil sie nicht durch den Notar veranlasst ist, sondern automatisch erfolgt (*Lappe* NJW 1997, 1541). Dass auch die Gegenmeinung vertreten wird, zeigt einmal mehr einen Scharfsinn bei der Gebührenerfindung, den man sich gelegentlich bei der Diskussion echter juristischer Zweifelsfragen wünschen würde.
b) Jede Auszahlung vom Anderkonto ist gebührenmäßig ein besonderes Verwahrungsgeschäft mit der Folge, dass damit die Gebühr fällig wird und die **Verjährung** zu laufen beginnt, auch wenn sich noch gar nicht absehen lässt, wann der Rest des Kontos ausbezahlt werden kann. Bei schwierigen und langwierigen Sachen ist das eine beliebte Quelle der Kostenverjährung (*OLG Naumburg* NotBZ 2004, 112).
c) Der Notar kann die Hinterlegungsgebühr bei der Auszahlung des Geldes an den Auftraggeber aus dem hinterlegten Geld entnehmen. Für die Auszahlung der Hinterlegungsgebühr fällt dabei nicht noch einmal eine Hebegebühr an. Die Entnahme aus dem hinterlegten Geld kann also die anfallende Gebühr um eine Gebührenstufe vermindern, wie man sich gerne überzeugen kann, indem man das folgende Anwendungsbeispiel einmal unter der Voraussetzung berechnet, der Notar habe seine Kosten nicht aus dem hinterlegten Betrag entnommen.

74.
Der Käufer hat auf das Notaranderkonto den Kaufpreis von 488 000 EUR einbezahlt. Der Notar hat weisungsgemäß die Gläubiger des Verkäufers mit 70 000,07 EUR, 124 998,- EUR, und 30 000,- EUR abgelöst und 1120,- EUR, 430,- EUR und 215,- EUR Gerichtskosten bezahlt. Welcher Betrag ist nunmehr an den Verkäufer auszubezahlen, wenn der Notar seine Hebegebühren dem Anderkonto entnimmt?

Auszahlungsbetrag	Hinterlegungsgebühr (einschließlich 19 % Mehrwertsteuer)
70 000,07 EUR	260,61 EUR
124 998,- EUR	357,00 EUR
30 000,- EUR	148,75 EUR
1120,- EUR	27,37 EUR
430,- EUR	17,85 EUR
215,- EUR	17,85 EUR

Auszuzahlen an den Verkäufer sind dann 259 770,85 EUR (Hinterlegungsgebühr: 636,65 EUR), nachdem der Notar die Hinterlegungskosten von 1466,08 EUR entnommen hat.

X. Vermischte Geschäfte

In diesem Abschnitt sind ohne Anspruch auf Systematik noch einige Geschäfte zusammengefasst, die gewissermaßen bei der Besprechung der bisher behandelten Beurkundungen übriggeblieben sind. Teils handelt es sich um Fälle, die so selten sind, dass sich die ältesten Notare nicht erinnern können, dergleichen schon einmal gesehen zu haben, teilweise um ganz alltägliche Geschäftsvorfälle. **297**

1. Bescheinigungen

a) Tatsachenbescheinigungen

298 Bescheinigungen kann der Notar über Tatsachen erteilen, die er in amtlicher Eigenschaft wahrgenommen hat oder über Verhältnisse, die urkundlich nachgewiesen oder offenkundig sind. Selbständige Tatsachenbescheinigungen sind mit einer 1,0 Gebühr Nr. 25104 zu bewerten. Daneben erteilt der Notar im Zusammenhang mit anderen Urkundsgeschäften häufig unselbständige Tatsachenbescheinigungen, die Bestandteil der anderen Beurkundungen und deshalb nicht besonders zu bewerten sind, zB über die Vorlage der Urschrift oder Ausfertigung einer Vollmacht, die einer Urkunde in beglaubigter Abschrift beigeheftet ist.

299 Fälle der Nr. 25104 sind beispielsweise **Lebensbescheinigungen**, also die Bescheinigung, dass die vor dem Notar erschienene Person, über deren Personenechtheit er sich Gewissheit verschafft hat, noch am Leben ist, eine Bescheinigung, die allerdings nur selten verlangt wird. Häufiger sind da schon Bescheinigungen über die Vorlage von Partituren, Zeichnungen, CDs, zu denen der Notar bescheinigt, dass sie ihm von dem Erschienenen mit der Erklärung vorgelegt werden, eine bestimmte Person sei der Urheber. Am liebsten würden die Beteiligten ihre wirklich oder vermeintlich weltbewegenden Schöpfungen und Erfindungen im Tresor des Notars hinterlegen. Der Notar ist zwar berechtigt, solche Verwahrungen anzunehmen, sollte dem aber im Interesse des Fassungsvermögens seines Stahlschranks nach Möglichkeit widerstehen. Besser bewährt hat sich, den Beteiligten folgendes Verfahren vorzuschlagen: Das große Werk wird in einen Umschlag gelegt, der mit einer Ausfertigung der Tatsachenbescheinigung verbunden und in der Weise mit Faden und Siegel verbunden wird, dass die Öffnung ohne Zerstörung des Zusammenhangs von Ausfertigung und Umschlag nicht erfolgen kann. Diesen Umschlag kann man dem Beteiligten dann wieder mitgeben und braucht nur die Bescheinigung selbst in der Urkundensammlung aufzubewahren.

Neben der Bescheinigung der Vorlage von Schöpfungen und Erfindungen gibt es im Bereich der Tatsachenbescheinigung die erstaunlichsten Kuriositäten. So musste ein Kollege eines Vormittags durch München eilen und in jedem Tabakgeschäft am Wege eine Stange Zigaretten einer bestimmten Marke verlangen. Sodann erteilte er eine Tatsachenbescheinigung des Inhalts, dass es ihm gelungen sei, in 20 verschiedenen Tabakgeschäften am gleichen Tage eine Stange Zigaretten der Marke X zu erstehen.

Es sind, wie das Beispiel zeigt, nicht selten Verirrungen des Wettbewerbs- und Markenrechts, die so merkwürdige Geschäfte zur Folge haben. Tatsachenbescheinigung ist es zum Beispiel auch, wenn zum Beweis der Tatsache, dass das Waschmittel A nicht weißer wäscht als das Waschmittel D, der Notar Proben beider Seifensiedererzeugnisse in neutrale Päckchen abfüllt, mit Kennbuchstaben versieht und dann eine Bescheinigung darüber ausstellt, dass sich in dem einen Päckchen das Waschmittel A, in dem anderen Päckchen das Waschmittel D befinde. Dass sich der Notar nicht dazu hinreißen lassen sollte, zu bescheinigen, welches Mittel die größere Waschkraft hat, muss wohl nicht besonders betont werden. Überhaupt ist bei der Formulierung von Tatsachenbescheinigungen, insbesondere im Zusammenhang mit einem Verwahrungsgeschäft, zur Vermeidung von Haftungen größte Vorsicht geboten.

X. Vermischte Geschäfte

Für die **Bewertung** solcher Tatsachenbescheinigungen lassen sich schwer 300
Grundsätze aufstellen. Es kommt stets auf die wirtschaftliche Bedeutung der
Bescheinigung für den Antragsteller an. Für Lebensbescheinigungen dürfte der
Auffangwert von 5000 EUR anzusetzen sein, es sei denn, der Wert des Gegenstands, für den die Bescheinigung benötigt wird (zB eine Rentenzahlung), ist
geringer. Bei Bescheinigungen über die Vorlage einer Erfindung oder musischen
Schöpfung ist der Wert anzusetzen, den sich der Urheber von ihrer Verwertung
entspricht – und der ist in der Regel bei rückblickender Betrachtung ohnehin zu
hoch. Hier liegt also einer der seltenen Fälle vor, wo das blinde Vertrauen des
Notars auf die Angaben der Beteiligten im Zweifel zu einer zu hohen Bewertung
führt. Bei der Beurkundung der Anzeige des Vorstands über Verlust der Hälfte
des Kapitals in der Hauptversammlung einer AG ist ein Bruchteil (Vorschlag:
10–20 %) der angezeigten Verlustsumme angemessen.

Tatsachenbescheinigung ist auch die bei **Satzungsänderungen einer GmbH** 301
zum Handelsregister einzureichende Bescheinigung über den neuen vollständigen
Wortlaut des Gesellschaftsvertrags; wegen der Bewertung → Rn. 253.

b) Sicherstellung der Zeit

Eine Tatsachenbescheinigung ist auch die Sicherstellung der Zeit, zu der eine 302
Privaturkunde ausgestellt ist; es liegt hier ein kostenrechtlich besonders geregelter
Unterfall der Nr. 25104 vor. Bescheinigt also der Notar lediglich, eine – zweckmäßig mit der Bescheinigung zu verbindende – private Urkunde sei ihm zu einem
bestimmten Zeitpunkt vorgelegt worden, so kostet das nur 20 EUR (Gebühr
Nr. 25103). Bei der Formulierung der Bescheinigung muss natürlich darauf geachtet werden, dass nicht der Eindruck entsteht, der Notar hätte sich von der
Echtheit der Unterschrift überzeugt; auch die mit einem nach Nr. 25103 bewerteten Vermerk versehene Urkunde bleibt Privaturkunde, die Unterschrift ist nicht
etwa öffentlich beglaubigt, da hierfür die Gebühr Nr. 25100 zu erheben wäre.

c) Vertretungs- und ähnliche Bescheinigungen

Die Bescheinigung über eine Vertretungsberechtigung aufgrund Einsicht in das 303
Handelsregister oder ein ähnliches Register (Vereinsregister, Genossenschaftsregister etc.) oder zum Nachweis des Bestehens, des Sitzes oder der Identität einer
handelnden mit der im Grundbuch eingetragenen Gesellschaft dürfte zu den
häufigsten Notariatsgeschäften überhaupt gehören. Für diese Bescheinigung ist
eine **Festgebühr** von 15 EUR anzusetzen (Nr. 25200). Damit ist die Einsicht des
Handelsregisters abgegolten (früher umstritten, heute wohl nicht mehr zweifelhaft); die Auslagen von 4,50 EUR für den Abruf aus www.handelsregister.de
fallen aber zusätzlich an (aA 9. Aufl.). Es kommt nicht mehr darauf an, ob ein
Fall der Nr. 1 oder der Nr. 2 des § 21 Abs. 1 BNotO vorliegt.

Müssen mehrere Registerblätter eingesehen werden, so fällt die Gebühr für
jedes einzusehende Registerblatt besonders an. Das wird vor allem bei Identitätsbescheinigungen und bei der GmbH & Co. KG praktisch, wenn der Geschäftsführer der GmbH für die Kommanditgesellschaft handelt. Hier ist zunächst zu
bescheinigen, dass der Geschäftsführer die GmbH vertreten kann und sodann,
dass die GmbH zur Vertretung der KG berechtigt ist; die Gebühr Nr. 25200 fällt
dann zweimal an.

131

303a   Eine Gebühr in gleicher Höhe, aber nach Nr. 25214, fällt für Bescheinigungen über das Bestehen rechtsgeschäftlicher Vollmachten (§ 21 Abs. 3 BNotO) an. Im Zusammenhang mit Beurkundungen ist eine solche Bescheinigung allerdings falsche Sachbehandlung, weil die Vollmachtsabschriften nach § 12 BeurkG trotzdem der Urkunde beigefügt werden müssen und für deren Beglaubigung keine Gebühr anfällt (Nr. 25102 Ziff. 2). Dagegen ist die Erteilung einer solchen Bescheinigung bei Beglaubigungen der Unterschrift eines Bevollmächtigten dann sinnvoll, wenn der Vollmachtsnachweis (womöglich mit mehrfachen Untervollmachten) einen Umfang von mehr als 15 Seiten hat: Die Bescheinigung ist dann billiger. Ausnahmsweise kann die Fertigung einer Bescheinigung nach § 21 Abs. 3 BNotO aber auch dem Wunsch der Beteiligten entsprechen und deshalb angezeigt sein, wenn dadurch höhere oder gar zusätzliche Kosten anfallen. In diesem Fall sind die Kosten eine Folge des erwünschten Erfolgs und selbstverständlich keine falsche Sachbehandlung.

> A hat drei Kinder, B, C und D. Zu B und C hat er ein gutes Verhältnis, D hat sich von ihm abgewandt; auch B und D sind sich feindlich gesonnen, während C mit allen drei Beteiligten freundschaftlich verkehrt. A. der eine Generalvollmacht an B und C als je Einzelvertretungsberechtigte erteilt hat, überträgt zur Abgeltung von Ansprüchen dem D ein Grundstück, wobei er sich von C vertreten lässt. Er möchte vermeiden, dass D erfährt, dass er eine Generalvollmacht erteilt, vor allem, dass er dem B überhaupt Vollmacht erteilt hat und bittet den Notar deshalb, den Ausfertigungen und Abschriften des Veräußerungsvertrags nicht die zur Urschrift genommene beglaubigte Abschrift der Vollmacht, sondern eine Bescheinigung nach § 21 Abs. 3 BNotO beizufügen, aus der sich ja nur ergibt, dass C zur Vornahme des vorliegenden Geschäfts rechtsgeschäftliche Vertretungsmacht hat.

Umstritten ist, ob der Notar für die Prüfung einer Kette mehrerer Vollmachten eine oder mehrere Gebühren Nr. 25214 erhält; richtig ist die Erhebung einer Gebühr, weil nicht die einzelne Vollmacht, sondern die „Vertretungsmacht" bescheinigt wird. Allerdings werden nach *BGH* 22.9.2016 – V ZB 177/15, NZG 2017, 101 in jedem Fall die Gebühren Nr. 25200 und 25214 nebeneinander erhoben, wenn Vollmachtgeber eine juristische Person ist; da der Notar die Legitimation des Handelnden auf das entsprechende Register zurückführen müsse (auch wenn ein anderer Notar dies bereits bescheinigt hat!); die Bescheinigungen können miteinander verbunden werden.

> Der Notar bescheinigt, dass (a) der für die B-GmbH handelnde Z die Ausfertigung der ihm von Y erteilten Vollmacht vorgelegt hat, in der wiederum bescheinigt wird, dass (b) X dem Y Untervollmacht zur Vertretung der B-GmbH erteilt hat und dass (c) X seine Vollmacht von A erhalten hat, welcher am Tag der Vollmachtserteilung als einzelvertretungsberechtigter Geschäftsführer der B-GmbH im Handelsregister eingetragen war. Für diese Bescheinigung erhält der Notar Gebühren von insgesamt 30 EUR, nämlich eine Gebühr Nr. 25214 (nicht zwei) und eine Gebühr Nr. 25200.

304   Wird eine Bescheinigung für mehrere Geschäfte erforderlich, wird der sparsame Beteiligte die Erteilung einmal verlangen und für die weiteren Beurkundungen von der Bescheinigung beglaubigte Abschriften fordern, die für 10 EUR zu haben sind (Nr. 25102).

X. Vermischte Geschäfte

2. Vermögensverzeichnisse

Die Aufnahme von Vermögensverzeichnissen ist mit Recht nicht sonderlich beliebt. Sie ist regelmäßig sehr zeitraubend und die Gebühren sind typischerweise gering, da Nachlassverzeichnisse regelmäßig den Erben davor schützen sollen, wegen eines Nachlasses in Anspruch genommen zu werden, bei dem die Schulden die Aktiva zu übersteigen drohen, oder gegenüber Sozialbehörden oder anderen Ämtern zum Nachweis der Tatsache dienen, dass eine Verwertung des Nachlasses sinnlos sein dürfte. Am attraktivsten sind da noch Vermögensverzeichnisse auf Verlangen eines Pflichtteilsberechtigten nach § 2314 Abs. 1 S. 3 BGB. Der **Geschäftswert** ist allerdings auch beim überschuldeten Nachlass nach der **Summe der Aktiva** zu bemessen (§ 115); eine Ausnahme vom Schuldenabzugsverbot des § 38 besteht nicht. In Anknüpfung an eine vereinzelt gebliebene Kommentarstelle meinen kostenerfinderische Notare, hier sogar Aktiva und Passiva zusammenzählen zu können, weil auch die Schulden „verzeichnet" würden, und eine schwach begründete Entscheidung des *LG Münster* (29.6.2020 – 5 OH 5/20, BeckRS 2020, 19036) hat das sogar gebilligt. Richtig ist es natürlich nicht: Schulden sind kein „Vermögen" und sie sind auch nicht „Gegenstand" des Vermögensverzeichnisses; verzeichnet werden sie nur, um den Reinwert des Vermögens ermitteln zu können. 305

Neben der Aufnahme des Vermögensverzeichnisses durch den Notar ist auch seine Mitwirkung als Urkundsperson bei der Aufnahme durch die Beteiligten selbst möglich (die aber § 2314 Abs. 1 S. 3 BGB nicht genügt!). Von der Rolle des Notars hängt der Gebührensatz ab: Die Aufnahme durch den Notar wird mit einer 2,0 Gebühr (Nr. 23500), die Mitwirkung als Urkundsperson mit einer 1,0 Gebühr (Nr. 23502) vergütet. Eine Auswärtsgebühr fällt nicht an, wie Vorbem. 2.3.5 ausdrücklich bestimmt, was in gewisser Weise konsequent ist, da die Aufnahme eines Vermögensverzeichnisses regelmäßig außerhalb der Amtsstelle erfolgt.

Zu beachten ist noch, dass – wie bei der Tatsachenbescheinigung – nur die selbständige Aufnahme eines Vermögensverzeichnisses die Gebühr Nr. 23500 bzw. Nr. 23502 auslöst. Werden einem **Ehevertrag** auf Verlangen seitenlange Listen der silbernen Löffel, zerbeulten Töpfe und angestoßenen Kaffeetassen beigefügt, die nach der Erklärung der Eheleute am Tag der Beurkundung jeweils einem von ihnen gehören, dann handelt es sich um ein gebührenfreies Nebengeschäft zum Ehevertrag (Anmerkung zu Nr. 23500, die eigentlich in die Vorbem. gehört). Anders ist es natürlich, wenn überhaupt kein Ehevertrag geschlossen wird und es die Ehegatten beim gesetzlichen Güterstand der Zugewinngemeinschaft belassen wollen. Wünschen sie hier zur Widerlegung der Vermutung des § 1377 Abs. 3 BGB die Aufnahme eines Verzeichnisses ihres Anfangsvermögens, so handelt es sich um die Mitwirkung als Urkundsperson bei der Aufnahme eines Vermögensverzeichnisses, und es ist die Gebühr nach Nr. 23502 zu berechnen. 306

3. Verlosungen

Die Beurkundung von Verlosungen ist beliebter als die von Vermögensverzeichnissen. Zum einen sind typischerweise die Geschäftswerte wesentlich höher, zum anderen beträgt der Gebührensatz nach Nr. 23200 2,0, wozu noch eine Gebühr von 50 EUR für jede angefangene halbe Stunde kommt, die der Notar, der sich 307 an den Ort des Geschehens begeben hat (was auch hier die Regel sein wird), von seiner Amtsstelle abwesend war (Nr. 26002). Eine Geschäftswertbestimmung ist im GNotKG nicht mehr enthalten; nach wie vor dürfte der Wert der verlosten Gegenstände maßgebend sein; er gibt aber im Gegensatz zu früher keinen Höchstwert mehr.

308 Notare in Universitätsstädten haben neben solchen Verlosungen von Gewinnen auch mit einem Geschäft zu tun, das ebenfalls unter Nr. 23200 fällt: die **Verlosung von Studienplätzen** unter die Bewerber, die das Verwaltungsgericht davon überzeugen konnten, dass in ihrem Studiengang noch freie Kapazitäten vorhanden sind – aber wieder nicht so viele, wie Kläger vorhanden waren. Hier kann man den Geschäftswert nur nach § 36 Abs. 2, 3 schätzen: normalerweise 5000 EUR.

4. Eidesstattliche Versicherungen

309 Mit den bisher behandelten Fällen hat die eidesstattliche Versicherung gemeinsam, dass sie nicht rechtsgeschäftliche Erklärung, sondern Tatsachenerklärung ist. Jedoch sind wegen § 38 BeurkG die Vorschriften über die Beurkundung von Willenserklärungen entsprechend anzuwenden. Der Gebührensatz beträgt 1,0 (Nr. 23300). Beim Geschäftswert wird oft gedankenlos einfach der Auffangwert von 5000 EUR angenommen. Stets sollte aber zumindest überschlägig geprüft werden, welche wirtschaftliche Bedeutung die eidesstattliche Versicherung für den Beteiligten hat. Versichert jemand an Eides Statt, er habe eine Quittung über die Bezahlung eines Betrags von 700 EUR verloren, ist es unangemessen, einen höheren Betrag als den der Quittung in Ansatz zu bringen. Betreibt dagegen jemand die Todeserklärung eines Verwandten, der ihn im Falle seines Überlebens von einer Erbschaft im Reinwert von 1 000 000 EUR ausschließen würde, dann ist umgekehrt der Ansatz eines Geschäftswerts von 5000 EUR viel zu gering. Richtig ist der Ansatz von 5000 EUR allerdings in den Fällen, in denen eine eidesstattliche Versicherung nur in einer persönlichen Angelegenheit ohne finanzielle Auswirkungen erforderlich ist, etwa der eidesstattlichen Versicherung des leiblichen, nicht rechtlichen Vaters, dass er in der Empfängniszeit Sex mit der Kindsmutter gehabt habe (§ 167a FamFG).

310 Oft werden dem Notar auch eidesstattliche Versicherungen von Beteiligten vorgelegt, unter denen er die Unterschrift beglaubigen soll; das ist beurkundungsrechtlich durch § 38 BeurkG nicht ausgeschlossen; in diesem Fall ist die 0,2 Gebühr Nr. 25100 in Ansatz zu bringen. Dagegen dürfte es nicht zulässig sein, dass der Notar eine eidesstattliche Versicherung entwirft und dann die Unterschrift des Erklärenden darunter beglaubigt; dazu wird allerdings auch die gegenteilige Meinung vertreten.

Ein Sonderfall der eidesstattlichen Versicherungen, der **Erbscheinsantrag,** ist bereits im Abschnitt über die erbrechtlichen Beurkundungen behandelt worden (→ Rn. 208 ff.). Einen ähnlichen Zweck verfolgt die von manchen Grundbuchämtern und Registergerichten akzeptierte eidesstattliche Versicherung der erbrechtlichen Verhältnisse nach einem Erbfall durch die Erben, wenn der Erblasser für ein geringwertiges Grundstück oder einen kleinen Kommanditanteil eingetragen ist und die Kosten eines Erbscheins höher wären als der Nachlassgegenstand, für den er benötigt wird, weil der Nachlass im wesentlichen aus Geldvermögen be-

X. Vermischte Geschäfte

steht, über das die Erben ohne Erbschein verfügen können. Diese eidesstattliche Versicherung ist weder im materiellen Recht noch im Kostenrecht vorgesehen; der Geschäftswert wird entsprechend § 40 ermittelt, wobei an die Stelle des Nachlasswerts der Wert des betreffenden Nachlassgegenstands tritt.

5. Annahme als Kind

Die Annahme eines Minderjährigen als Kind erfolgt durch Beschluss des Familiengerichts, der einen Antrag des oder der Annehmenden und je nach Sachlage eine oder mehrere Einwilligungen voraussetzt. Auch wenn er von Ehegatten gestellt wird, handelt es sich bei dem **Antrag** auf Ausspruch der Annahme als Kind um eine **einseitige Erklärung,** so dass eine 1,0 Gebühr Nr. 21200 zu berechnen ist. Werden die erforderlichen Einwilligungserklärungen des Kindes, der leiblichen Eltern oder von Ehegatten in der Antragsurkunde abgegeben, so sind die Erklärungen gegenstandsgleich im Sinne von § 109 Abs. 1 und lösen daher keine zusätzliche Gebühr aus. Bei der Annahme eines Volljährigen gilt dasselbe für die Erklärungen des Anzunehmenden und des Annehmenden (nach § 1768 Abs. 1 BGB liegt hier nicht eine Zustimmung des Anzunehmenden vor, vielmehr ist ein eigener Antrag durch ihn erforderlich): Beide Erklärungen sind gegenstandsgleich und deshalb nur einmal zu bewerten. Werden dagegen die **Zustimmungserklärungen** in gesonderten Urkunden abgegeben, so ist hierfür eine 0,5 Gebühr Nr. 21201 Ziff. 8 aus dem halben (§ 98 Abs. 1) und, wenn der Antrag des anzunehmenden Volljährigen in gesonderter Urkunde erfolgt, eine 1,0 Gebühr Nr. 21200 aus dem vollen Wert anzusetzen.

311

Für den Geschäftswert bei der Annahme Minderjähriger bestimmt § 101 einen festen Wert von 5000 EUR, der von den Einkommens- und Vermögensverhältnissen der Beteiligten unabhängig ist; bei ungünstigen wirtschaftlichen Verhältnissen kann es allerdings sein, dass die Sache gebührenfrei zu erledigen ist (→ Rn. 367).

312

Dagegen ist bei der Annahme von **Volljährigen** nach § 36 Abs. 2, 3 eine Berücksichtigung der wirtschaftlichen Verhältnisse der Beteiligten vorzunehmen. Dabei kommt es nicht nur auf das Vermögen, sondern auch auf die Einkommensverhältnisse an, die ja heute die Lebensstellung oft stärker prägen als der Bestand des Vermögens. Vorschläge wie der, von 25 % des Reinvermögens des Annehmenden auszugehen (*OLG Hamm* NJW-RR 2018, 1223 billigt sogar einen Ansatz von „30–50 %"), bedürfen daher zumindest der Prüfung, ob sich auch bei Berücksichtigung der Einkommensverhältnisse ein angemessener Wert ergibt. Gerade im Bereich der Adoptionen sollte der Notar keine übertriebenen Gebühren berechnen. Sie machen typischerweise nicht sehr viel Arbeit und betreffen einen nichtvermögensrechtlichen Bereich, den auch der Notar nach Kräften fördern und nicht durch an der Grenze des Vertretbaren liegende Gebührenforderungen erschweren sollte. Es genügt schon, dass als Gerichtsgebühren (die sich nach dem FamGKG, nicht nach dem GNotKG richten) bereits bei mittleren Vermögen durchaus heftige Beträge anfallen.

313

Im Zusammenhang mit einem Adoptionsantrag kann eine Vollzugsgebühr Nr. 22110 iVm Vorbem. 2.2.1.1 Abs. 1 Nr. 11 für die Beschaffung der vom Familiengericht für erforderlich gehaltenen Unterlagen angesetzt werden. Ein solcher Ansatz sollte natürlich nur erfolgen, wenn der Notar auf die Beschaffung der

314

Unterlagen tatsächlich selbst Mühe verwendet hat, nicht dagegen, wenn er sich darauf beschränkt, die ihm vom Jugendamt übersandten Unterlagen mit einer Heftklammer zu versehen und an das Familiengericht weiterzuleiten.

6. Unterhaltsverpflichtungen

315   Unterhaltsverpflichtungen haben keine eigene Vorschrift im GNotKG; es handelt sich in der Regel um einseitige Erklärungen eines Unterhaltsverpflichteten, der zur Vermeidung eines Rechtsstreits seine Unterhaltsverpflichtung in einer bestimmten Höhe anerkennt und sich deswegen gegenüber dem Unterhaltsberechtigten der sofortigen Zwangsvollstreckung unterwirft, damit dieser – falls nicht freiwillig gezahlt wird – ohne weiteres vollstrecken kann. Es handelt sich um eine einseitige Erklärung, für die eine 1,0 Gebühr Nr. 21200 anzusetzen ist.

316   Besondere Geschäftswertvorschriften bestehen nicht mehr. Maßgeblich ist also § 52, so dass es auf die Dauer der Verpflichtung, bei lebenslangen Verpflichtungen auf das Alter des Berechtigten ankommt.

317   Soweit diese Beurkundungen unter § 62 BeurkG fallen, sind sie völlig gebührenfrei (Vorbem. 2 Abs. 3; → Rn. 388).

7. Wechselproteste

318   Für Wechselproteste besteht die konkurrierende Zuständigkeit der Notare und der Gerichtsvollzieher (früher für „kleine" Wechsel auch der Post, der man aber seit der Privatisierung so schwierige Sachen nicht mehr zutraut). Da man bei Beauftragung eines chronisch überlasteten Gerichtsvollziehers eine gute Chance hat, dass sich die Sache wegen Verstreichens der Protestfrist überhaupt erledigt, bleiben diese Geschäfte meistens an den Notaren hängen. Sie erhalten dafür eine 0,5 Gebühr Nr. 23400; das frühere **Wegegeld** von 1,50 EUR pro Wechsel ist abgeschafft.

319   Eine Auswärtsgebühr fällt nicht an (Vorbem. 2.3.4), denn der Wechselprotest kann ja nie in den Amtsräumen des Notars vorgelegt werden, es sei denn, der Bezogene oder sein Vertreter – also regelmäßig die als Zahlstelle benannte Bank – würde sich hiermit einverstanden erklären. Keinesfalls darf sich der Notar darauf einlassen, einen Wechsel in einem anderen Ort zu protestieren als dem Zahlungsort; auch ein Einverständnis dessen, der zur Zahlung aufgefordert wird, könnte einen solchen Wechselprotest nicht wirksam machen. Die Unzeitgebühr (Nr. 26000; → Rn. 328) kann zwar anfallen; allerdings muss der Protest ja zu den üblichen Geschäftszeiten erfolgen, und Samstag und Sonntag sind ohnehin keine Protesttage, so dass das ein mehr theoretischer Fall sein dürfte.

Protestiert der Notar Wechsel in einem anderen Ort als seinem Amtssitz, so sind hierfür Tagegeld und Fahrtkosten (Nr. 32006–32008) zu berechnen (Einzelheiten → Rn. 353 ff.). Man beachte, dass hier bei der Protestierung mehrerer Wechsel die Kosten entsprechend aufzuteilen sind (Vorbem. 3).

320   Der Schrecken eines jeden Notars ist der in der Anm. zu Nr. 23400 geregelte Fall: Dem Notar, der in der Zahlstelle den Wechsel gezückt und die suggestive Frage „Gezahlt wird nicht?" gestellt hat, erhält die Antwort, dass wider Erwarten

doch gezahlt werden kann. Ein Schrecken ist das deshalb, weil in diesem Fall der Notar, der regelmäßig weder die Kostentabelle noch sein Siegel oder einen Stempel mit auf den Protestgang genommen hat, nun die Protestkosten ausrechnen muss, die – wie die Anm. zu Nr. 23400 bestimmt – trotz Zahlung der Hauptsache anfallen und auch sofort bezahlt werden müssen, wenn der Zahlende den Wechsel ausgehändigt erhalten und die Kostenzahlung auf dem Wechsel quittiert haben will. Die Entgegennahme der Zahlung führt allerdings nicht auch noch zu einem Verwahrungsgeschäft nach Nr. 25300.

Die Gebühr Nr. 23400 gilt auch für die Aufnahme von **Scheckprotesten**. Einen solchen habe ich aber bisher noch nicht zu Gesicht bekommen, und ich kenne auch keinen Notar, der mir aus eigener Anschauung von einem solchen Vorfall berichtet hätte. 321

8. Grundlagenurkunden

Grundlagenurkunden (auch: Bezugsurkunden, Verweisungsurkunden, Mutterurkunden) dienen der Schonung der Stimmbänder des Notars und der Nerven des Bauträgers. Sie enthalten entweder Baubeschreibungen oder Vertragsmuster oder auch nur den Grundbuchbeschrieb umfangreicher Kaufobjekte oder alles zusammen. Allen diesen Urkunden ist gemeinsam, dass sie keinen rechtsgeschäftlichen Inhalt haben, sondern nur errichtet werden, damit sie nur ein einziges Mal vorgelesen werden müssen und später nach § 13a BeurkG darauf verwiesen werden kann. Sie ermöglichen – je nach Berufsethos – eine beschleunigte Abwicklung oder einen Zeitgewinn, der dazu genutzt werden kann, den Beteiligten das eigentlich Wesentliche ihres Vertrags zu erklären. Es handelt sich um eine „normale" einseitige Erklärung, also 1,0 Gebühr Nr. 21200, da hierfür rechtsgeschäftlicher Charakter nicht erforderlich (so bereits zur Kostenordnung *BGH* 8.12.2005 – V ZB 144/05, NJW 2006, 208). Als Geschäftswert ist ein Teilwert der „Hauptsache" angemessen (*H. Schmidt* JurBüro 2013, 347: 10–50%). Man orientiert sich bei Neubauten am besten an den Baukosten, sonst am Wert der betroffenen Objekte. 322

9. Miet- und Pachtverträge

Sie werden, weil kein Formzwang besteht, nur selten beurkundet, obwohl die Gebühren bei unbestimmter Vertragsdauer nicht besonders hoch sind: Der fünffache Jahreswert ist maßgeblich (§ 99 Abs. 1). Teurer kann es werden, wenn der Vertrag fest auf eine bestimmte Dauer abgeschlossen oder erst nach einem bestimmten Zeitraum gekündigt werden kann. Dann ist nämlich der Betrag des Mietzinses über die gesamte Vertragsdauer, höchstens aber 20 Jahre, anzusetzen. Regelmäßig wird eine Beurkundung dann gewünscht, wenn sich der Mieter oder Pächter wegen seiner Leistungen der Zwangsvollstreckung unterwerfen soll oder wenn ein **Vorkaufsrecht** für ihn vereinbart wird. Diese Vereinbarung ist dem Geschäftswert hinzuzurechnen; anders beim Kaufvertrag (s. oben → Rn. 143)! 323

Ist der Mietvertrag für eine bestimmte Zeit fest abgeschlossen, hat aber der Mieter ein **Optionsrecht** auf eine Verlängerung, dann handelt es sich um einen

Mietvertrag von unbestimmter Dauer; beträgt also die fest vereinbarte Dauer mehr als fünf Jahre, dann ist der Mietzins für diese Zeit maßgeblich, ist sie geringer, dann stellt die Miete für die ersten fünf Jahre den Geschäftswert dar. Eine etwa vereinbarte Wertsicherung des Mietzinses bleibt auch hier unberücksichtigt (→ Rn. 134).

10. Vermittlungsverfahren in der Sachenrechtsbereinigung

323a   Die Kostenregelung für das Vermittlungsverfahren zwecks Zusammenführung von Grundstücks- und Gebäudeeigentum in den neuen Bundesländern (§§ 87 ff. SachenRBerG) orientiert sich – wie überhaupt das ganze Verfahren – an der Vermittlung der Nachlassauseinandersetzung (→ Rn. 220 f.) und wurde seinerzeit nicht in die Kostenordnung, sondern in das SachenRBerG selbst aufgenommen. Der Gesetzgeber des GNotKG hat sie – weil es sich um auslaufendes Recht handelt – dort belassen. Der Gebührensatz (§ 100 Abs. 1 SachenRBerG) ist eine 4,0 Gebühr, wenn das Verfahren bis zuende geführt wurde; Beurkundung des Vermittlungsvorschlags inbegriffen. Endet das Verfahren vorher, vermindert sich die Gebühr auf eine 2,0 bzw. 0,5 Gebühr. Kostenrechtsprechung dazu gibt es wenig; in der Literatur sind viele Fragen, auch zum Geschäftswert (§ 100 Abs. 2 SachenRBerG) und zur Kostenhaftung und -verteilung (§ 101 SachenRBerG) umstritten. Im Bedarfsfall kann man sich bei *Prütting/Zimmermann/Heller*, Grundstücksrecht Ost, Kommentierung zu §§ 100 ff. SachenRBerG, informieren.

11. Übermittlungsgebühr

323b   Bis zum Jahr 2002 ging man davon aus, dass derjenige, der etwas beglaubigen lässt, den Notar bitten kann, die Urkunde an jede beliebige Stelle zu senden, ohne befürchten zu müssen, dafür außer der erforderlichen Briefmarke mit weiteren Kosten zur Kasse gebeten zu werden. Dann zeigte sich allerdings das *OLG Hamm* (NotBZ 2002, 266) außerordentlich kreativ und befand, das gelte nur, wenn die Urkunde an den Beteiligten selbst ausgehändigt oder ihm selbst zugesandt werde. Erfolge die Versendung an einen Dritten, insbesondere einen anderen Notar, so löse dies eine zusätzliche Gebühr für die Übermittlung aus, die nicht gedeckelt sei und durchaus auch höher als die Gebühr für die Beglaubigung sein könne. Nicht alle Kollegen fanden diese subtile Methode der Gebührenvervielfachung richtig, und eine Glosse von *Baldauf* SchlHAnz. 2007, 72 fragte mit Recht, ob es demnächst auch eine Zusatzgebühr für das Tintenpapier gibt, mit dem der Notar seine Unterschrift löscht.
 Jetzt ist es gesetzlich: Nr. 22124 gewährt eine Festgebühr von 20 EUR für die **Übermittlung** von Urkunden an einen Dritten, es sei denn, der Notar hat eine Beurkundungs- oder Entwurfsgebühr erhalten, so dass vor allem Unterschriftsbeglaubigungen ohne Entwurf betroffen sind, für die die Gebühr Nr. 25100 angefallen ist. Da die Gebühr vermeidbar ist, muss der Notar allerdings in jedem Einzelfall fragen, ob er die Versendung vornehmen soll oder ob die Beteiligten selbst tätig werden wollen (→ Rn. 389b). Man beachte: Es handelt sich um eine Gebühr, nicht etwa um pauschale Auslagen, so dass die Postgebühr Nr. 32004

X. Vermischte Geschäfte

bzw. die Postgebührenpauschale Nr. 32005 (→ Rn. 357) zusätzlich erhoben werden kann. Die Gebühr Nr. 22124 kann nach ihrer Ziff. 2 auch für die **Prüfung der Eintragungsfähigkeit** nach § 15 Abs. 3 GBO oder § 378 Abs. 3 FamFG anfallen; das wird aber kaum jemals praktisch, weil diese Gebühr nicht neben einer Gebühr Nr. 25100 oder Nr. 25101 anfallen kann.

Eine Sonderregelung besteht für die Beschaffung der **Apostille**: Nr. 25207 bestimmt dafür eine Festgebühr von 25 EUR. Dass nicht noch zusätzlich die Gebühr Nr. 22124 berechnet werden darf, hat tatsächlich der BGH entscheiden müssen (4.7.2019 – V ZB 53/19, NJW 2019, 3524). Zu der Frage, ob die Gebühr Nr. 25207 bei Einholung der Apostille zu mehreren Urkunden mehrfach anfällt, hat sich der BGH noch nicht geäußert.

12. Beglaubigung von Kopien

Kopien hießen früher – ein liebenswerter Anachronismus – Abschriften, später Ablichtungen und jetzt einfach: Kopien. Geregelt ist ihre Beglaubigung in Nr. 25102: Keine Gebühr (sondern nur die Dokumentenpauschale, → Rn. 344) für die Beglaubigung von Urkunden, die sich in Urschrift in der Verwahrung des Notars befinden *oder* von ihm entworfen wurden (Anm. Abs. 2 Nr. 1 zu Nr. 25102); 10 EUR (bis 10 Seiten, für jede weitere Seite 1 EUR, dafür aber keine Dokumentenpauschale) für alle anderen. Werden also von einer beglaubigten Erklärung voraussichtlich weitere beglaubigte Kopien benötigt, kann es sinnvoll sein, die Herausgabe des Originals *nicht* zu verlangen: Dann bleibt nämlich das Original in der Verwahrung des Notars, und für beglaubigte Kopien fällt statt der Gebühr Nr. 25102 allenfalls die Dokumentenpauschale an. Beglaubigte Abschriften vom Notar entworfener Urkunden lösen kurioserweise unabhängig davon keine Gebühr aus, ob sie sich in der Verwahrung des Notars befinden oder auch, wenn er für den Entwurf überhaupt keine Gebühr erhalten hat (zB wegen Vorbem. 2.2 Abs. 2). Der Versuch, neben der Gebühr Nr. 25102 noch eine Gebühr Nr. 25104 zu berechnen, indem man bescheinigt, das Original, von dem eine Kopie beglaubigt wird, habe vorgelegen, ist frech (und natürlich gesetzwidrig, weil es ohne Original auch keine beglaubigte Kopie gibt). Zur Beglaubigung von Vertretungsnachweisen → Rn. 303a.

Der Beglaubigungsvermerk kann, insbesondere für zum Handelsregister einzureichende Unterlagen, auch in elektronischer Form angebracht werden, und da auch eine elektronische Beglaubigung eine Beglaubigung ist (aA *OLG Düsseldorf* JurBüro 2010, 312), erhält der Notar auch die gleiche Gebühr wie in der Papierwelt (zur Dokumentenpauschale beim Einscannen s. → Rn. 350a). Das ergibt sich nicht aus Nr. 25102 Anm. Abs. 3, der elektronische Dokumente nur für den Absatz 2 den Kopien gleichstellt – aber aus der Überschrift vor Nr. 25100. Und Vorsicht: § 12 Abs. 2 S. 1 HGB lässt auch dort, wo früher eine beglaubigte Ablichtung erforderlich war, meist eine (einfache) elektronische Kopie genügen. Unnötige elektronische Beglaubigungen sind falsche Sachbehandlung (→ Rn. 363).

323c

75.
Notar Katzenschwanz mit dem Amtssitz in München bescheinigt, dass er im Laufe des 21.8.2020 in 21 verschiedenen Münchner Tabakgeschäften je eine Stange Zigaretten der Marke „Dromedar" erstanden hat. Der Notar hat dazu mit seinem Auto 62 km zurückgelegt und war 3 Stunden von seiner Kanzlei abwesend. Eine Stange „Dromedar" kostete 59,- EUR. Die Herstellerfirma benötigt die Bescheinigung, weil sie sich zur Zahlung einer Vertragsstrafe von 300 000 EUR verpflichtet hat, falls nicht in mehr als 20 Geschäften Münchens mindestens eine Stange dieser Marke vorrätig ist. Man erstelle die Kostenrechnung einschließlich Auslagen!
Bewertung:
Geschäftswert: 300 000 EUR
1,0 Gebühr Nr. 25104   635,- EUR
Gebühr Nr. 26002, 3 Stunden   300,- EUR
Keine Reisekosten, kein Abwesenheitsgeld, da Tätigkeit am
Amtssitz (→ Rn. 355)!
Auslagen für die Zigaretten (Nr. 32015)   1239,- EUR

                                                                                                  2174,- EUR

76.
Der Notar bescheinigt, dass der Rentner A (81 Jahre) vor ihm erschienen ist und noch lebt. A benötigt die Bescheinigung für einen Rentenbetrag von 17,72 EUR monatlich.
Bewertung:
Geschäftswert: $17,72 \times 12 \times 5$ (§ 52) =   1063,20 EUR
1,0 Gebühr Nr. 25104   23,- EUR
Keine spezifische Mindestgebühr! Möglicherweise liegen bei A nicht die Voraussetzungen des § 17 BNotO vor, so dass die Tätigkeit unentgeltlich erfolgt.

77.
Der Glücksritter R ist verstorben. Der Notar wird gebeten, bei der Aufnahme seines Vermögensverzeichnisses mitzuwirken, was $4\frac{1}{2}$ Stunden in Anspruch nimmt. Es finden sich in der Wohnung des R Hausrat, Inventar und geringes Bargeld im Wert von insgesamt etwa 4500 EUR vor, außerdem Pfändungsabstandsprotokolle, Mahnungen, Mahnbescheide, die Nachlassverbindlichkeiten von etwa 30 000 EUR ersichtlich machen. Man erstelle die Kostenrechnung.
Bewertung:
Geschäftswert: 4500 EUR
(kein Schuldenabzug!)
1,0 Gebühr Nr. 23502   45,- EUR
Keine spezifische Mindestgebühr, keine Auswärtsgebühr!

78.
Bei einer Verlosung der Zigarettenfirma „Dromedar" werden 20 Dromedare aus purem Gold im Wert von je 55 000 EUR verlost. Die Verlosung findet abends um 20 Uhr in den Räumen der Firma statt. Der Notar kam um 23 Uhr wieder im Büro an.
Bewertung:
Geschäftswert: 1 100 000 EUR
2,0 Gebühr Nr. 23200   3780,- EUR
Gebühr Nr. 26002, 3 Stunden   300,- EUR
Gebühr Nr. 26000 (30 % der Beurkundungsgebühr), höchstens   30,- EUR

                                                                                                  4110,- EUR

X. Vermischte Geschäfte

79.
Der Notar begibt sich in die an seinem Amtssitz gelegene Filiale der Bank Grasshopper & Wealth, um drei Wechsel über 560,- EUR, 1200,- EUR und 6000,- EUR zu protestieren. Bezogener ist in allen drei Fällen die Firma A.
Bewertung:
Geschäftswerte: 560,- EUR, 1 200,- EUR und 6000,- EUR
0,5 Gebühren Nr. 23400   15,- EUR
                                                                                15,- EUR
                                                                              25,50 EUR
                                                                              ─────────
                                                                              55,50 EUR

Keine Zusammenrechnung der Werte, jeder Wechselprotest ist ein besonderes Beurkundungsgeschäft.

80.
Der Frischli-Drogeriemarkt mietet auf die Dauer von fünf Jahren ein Ladenlokal gegen einen einmaligen Baukostenzuschuss von 12 000 EUR und einen monatlichen Mietzins von 1500 EUR. Dem Mieter ist das Recht eingeräumt, durch einseitige Erklärung sechs Monate vor Ende der Mietzeit das Mietverhältnis um weitere fünf Jahre zu verlängern. Der Grundstückseigentümer räumt dem Mieter auf die Dauer des Mietvertrags ein Vorkaufsrecht an dem Mietgrundstück (Verkehrswert: 350 000 EUR) ein.
Bewertung:
Geschäftswert:
a) Mietvertrag: Baukostenzuschuss + Mietzins für 5 Jahre = 102 000 EUR
b) Vorkaufsrecht: 50 % von 350 000 EUR = 175 000 EUR,
   zusammen 277 000 EUR
2,0 Gebühr Nr. 21100   1170,- EUR

Das Optionsrecht des Mieters erhöht hier den Geschäftswert nicht.

Dritter Teil: Ergänzungen

Den dritten Teil dieses Buches bilden Ergänzungen zu seinem ersten. Sie hätten ebenfalls bereits in der Einführung behandelt werden können; dass sie erst hier dargestellt werden, erklärt sich daraus, dass sie zum Verständnis der Darstellung der einzelnen Urkundsgeschäfte nicht benötigt werden und sich anschaulicher machen lassen, wenn man die einzelnen Kostenvorschriften, bei denen sie zur Anwendung kommen können, bereits kennt.

I. Beurkundungen unter ungewöhnlichen Umständen sowie Schläge ins Wasser

Hinter dieser geheimnisvollen Überschrift verbirgt sich die Behandlung derjenigen Fälle, in denen der Notar zu ungewöhnlicher Zeit, außerhalb seiner Amtsstelle oder in fremder Sprache tätig wird – was nicht selten als angenehme Abwechslung gegenüber dem Büroalltag empfunden wird –, andererseits aber der unerfreulichen Fälle, in denen oft recht viel Arbeit für die Katz war, was sich spätestens bei der Erstellung der bescheidenen Kostenrechnung zeigt. 324

1. Beurkundungen außerhalb der Amtsstelle

Dem Notar bleibt es oft nicht erspart, die Beteiligten aufzusuchen, sei es, dass sie alt und gebrechlich sind und deswegen nicht in die Amtsräume kommen können, sei es, dass mehrere Personen an einer Beurkundung mitwirken müssen, die nicht gleichzeitig von ihrer Arbeitsstelle abkömmlich sind (oder sich zumindest für so unentbehrlich halten). Worauf die Bitte an den Notar, außerhalb seiner Amtsstelle tätig zu werden, zurückzuführen ist, ist kostenrechtlich unerheblich; entscheidend ist nur, was beurkundet wird: 325

- Handelt es sich um eine letztwillige Verfügung, eine Vorsorgevollmacht, Betreuungsverfügung oder Patientenverfügung, so entsteht (auch bei mehreren Beurkundungen für jeden Auftraggeber nur einmal) die Festgebühr Nr. 26003 (50 EUR).
- Bei allen anderen Beurkundungen fällt eine Zeitgebühr von 50 EUR für jede angefangene halbe Stunde an (Nr. 26002). Es handelt sich nicht um eine Zusatzgebühr, d.h. sie ist auf mehrere Geschäfte angemessen zu verteilen. In Betracht kommt eine Verteilung nach Aufwand, nach Geschäftswert oder nach Gebühr; das GNotKG macht insoweit keine Vorgaben. Die Beurkundung eines privilegierten und eines nichtprivilegierten Geschäfts in einem Termin regelt das Gesetz nicht. Ich meine: Für das privilegierte Geschäft kann nur die Gebühr von 50 EUR erhoben werden, für das nichtprivilegierte Geschäft die Zeitgebühr, die angefallen wäre, wenn nur das nichtprivilegierte Geschäft vorgenommen worden wäre; insgesamt darf aber nicht mehr als die Gebühr Nr. 26002 für die gesamte Abwesenheit gefordert werden.

Ein mehr theoretischer Fall dürfte es sein, dass eine auswärtige Beurkundung mit zwei Beteiligten, die unter Nr. 26003 fällt, innerhalb einer halben Stunde abgeschlossen werden kann (denkbar immerhin: schlichte Aufhebung zweier Testamente). Eine Bitte um auswärtige Tätigkeit muss immer vorliegen; erledigt der Notar das Geschäft nur deshalb auswärts, weil es für ihn so bequemer ist (zB bei einer Beurkundung mit so vielen Teilnehmern, dass er sie in den Amtsräumen nicht unterbringen kann), darf die Gebühr nicht berechnet werden (sehr großzügig hierzu *OLG Köln* Rpfleger 2001, 567).

326 Bei **Unterschriftsbeglaubigungen** genügt es, dass die Entgegennahme der Unterschriften auswärts erfolgt, auch wenn der Beglaubigungsvermerk (wie fast immer) erst in den Amtsräumen des Notars gefertigt wird. Auch wenn die Beglaubigungsgebühr gar nicht anfällt, weil der Notar auch den Entwurf gefertigt hat (Vorbem. 2.4.1 Abs. 2), wird die Gebühr Nr. 26002 erhoben, wenn die für die Beglaubigung erforderliche Handlung der Entgegennahme der Unterschriften auswärts erfolgt; nur die Beglaubigung selbst, nicht die auswärtige Tätigkeit wird von der Entwurfsgebühr konsumiert (aA *Tondorf/Schmidt* § 5 Rn. 9).

327 Nicht angesetzt werden dürfen die Gebühren Nr. 26002, 26003, wenn der Notar außerhalb seiner Amtsstelle regelmäßig Sprechtage abhält (§ 87), in allen anderen Fällen ist die Auswärtsgebühr fest; sie wird weder ermäßigt, wenn die Beurkundungsgebühr zu ermäßigen ist, noch wird sie auf Reisekosten (→ Rn. 354) angerechnet. Sie ist auch nicht gedeckelt, kann also bei Beurkundungen mit geringem Geschäftswert durchaus die Beurkundungsgebühr übersteigen.

2. Beurkundungen zu ungewöhnlicher Zeit

328 Auch für den Kostengesetzgeber vom 1.8.2013 gehört der Samstag bis 13 Uhr noch zu den Werktagen. Jedenfalls hat er die Bestimmung Nr. 26000 unverändert gelassen, wonach die Zusatzgebühr für Beurkundungen außerhalb der Zeit von 8 bis 18 Uhr, an Samstagen nach 13 Uhr, an Sonn- und Feiertagen ganztags zu erheben ist. Bemessen ist sie als Zuschlag von 30 % zur Gebühr für das vorgenommene Geschäft; die Höchstgebühr beträgt 30 EUR. Natürlich darf die Gebühr nur angesetzt werden, wenn ein ausdrückliches Verlangen auf Beurkundung außerhalb der üblichen Geschäftsstunden gestellt wurde. Hat der Notar wegen des übergroßen Geschäftsanfalls bei ihm den Beurkundungstermin von sich aus außerhalb der „normalen" Beurkundungsstunden gelegt, so kann er natürlich keine Zusatzgebühr beanspruchen. Und Entsprechendes gilt, wenn der Notar auf seine Briefbogen „Geschäftsstunden von 14–20 Uhr" drucken lässt, weil er ein Nachtmensch ist. Dann kann er für Beurkundungen zwischen 18 und 20 Uhr keine Zusatzgebühr verlangen, denn die Beurkundung erfolgt für ihn ja keineswegs zur „Unzeit".

329 Schuldner der Zusatzgebühren Nr. 26000, 26002 bis 26003 ist derjenige Beteiligte, der die Beurkundung außerhalb der Amtsräume oder zur ungewöhnlichen Zeit verlangt hat (§ 32 Abs. 2). Das können alle Beteiligten eines Urkundengeschäfts sein; es kann aber auch nur einer der Beteiligten sein.

3. Erklärungen in fremder Sprache

Für die Beurkundungen von Erklärungen in fremder Sprache bestimmt Nr. 26001 eine Zusatzgebühr von 30 % der Beurkundungsgebühr. Es handelt sich um einen echten Erschwerniszuschlag. Bis zum 3.7.2015 gab es auch keine Höchstgebühr, seitdem beträgt sie 5 000 EUR, was gleichwohl bedeutet, dass man bei hohen Werten mit einem Dolmetscher billiger wegkommt. Entscheidend ist nämlich nicht, ob die beurkundete Erklärung in einer fremden Sprache abgegeben ist, sondern wie die Beurkundung stattgefunden hat. Die Zusatzgebühr Nr. 26001 fällt nur an, wenn der Notar die Urkunde in der Fremdsprache – die er hoffentlich beherrscht – aufnimmt, nicht aber, wenn ein Dolmetscher beigezogen wird, der die Erklärung des Beteiligten in die deutsche Sprache übersetzt, in der sie dann beurkundet wird. Die Erschwernisse einer Beurkundung mit einem Dolmetscher – insbesondere auch der erheblich größere Zeitaufwand – werden nicht mehr gesondert honoriert. Dagegen wird die Zusatzgebühr auch dann erhoben, wenn der Notar die auf von einem Beteiligten auf Deutsch abgegebenen und auch auf Deutsch beurkundeten Erklärungen einem anderen Beteiligten übersetzt. Man beachte, dass die Zusatzgebühr Nr. 26001 für Urkundsgeschäfte aller Art anfällt, also für nicht nur für die Beurkundung von Willenserklärungen und eidesstattlichen Versicherungen, sondern auch bei Unterschriftsbeglaubigungen (Nr. 25100), bei denen der Beglaubigungsvermerk in fremder Sprache abgefasst wird, Wechselprotesten und Gesellschafterbeschlüssen. Ob für die Gebühr Nr. 26001 bei einem Vertrag wegen § 32 Abs. 2 nur derjenige haftet, der deren Entstehung veranlasst hat, oder alle Urkundsbeteiligten, ist in den Kommentaren umstritten; Rechtsprechung dazu ist mir nicht bekannt.

330

4. Schläge ins Wasser

Wird aus einem beabsichtigten Beurkundungsgeschäft nichts, dann wird es für die Beteiligten teuer, wenn bereits ein Entwurf an sie abgesandt wurde (→ Rn. 333 ff.); es ist für sie dagegen höchst billig und für den Notar entsprechend ärgerlich, wenn diese Voraussetzung nicht vorliegt und sie auch vom Notar noch nicht schriftlich oder persönlich beraten wurden (wobei es nicht darauf ankommt, ob die Beteiligten beraten werden wollten!). Ohne Beratung und Entwurf hat er nämlich lediglich Anspruch auf die Gebühr Nr. 21300 in Höhe von 20 EUR, wenn ein **Beurkundungsauftrag zurückgenommen** wird. Die Regelung ist gut gemeint und geht bei einem Notar, der korrekt vorgeht, auch völlig in Ordnung. Es ist aber kein Geheimnis, dass bei den Kosten mitunter die Korrektheit aufhört: Welcher Notar jedes Beurkundungsersuchen mit einer substantiellen Gebühr abschließen will, wird also die Antragsteller sofort schriftlich beraten (oder weit öfter ein von einem Mitarbeiter gefertigtes Beratungsschreiben unterzeichnen) und damit jedenfalls die Beratungsgebühr (→ Rn. 342) verdienen, bevor die Beteiligten überhaupt die Chance haben, den Antrag zurückzunehmen.

331

Außer der bescheidenen Gebühr Nr. 21300 erhält der Notar jedoch die Gebühren nach Nr. 26000 bis 26003, wenn er sich, womöglich zur Unzeit, zu den Beteiligten bemüht hat.

332

Dritter Teil: Ergänzungen

81.
Der Notar wird von einem Makler mit der Beurkundung eines Grundstückskaufvertrags beauftragt; als Kaufpreis sind 240 000 EUR vorgesehen. Die Urkunde war bereits vorbereitet, der Entwurf aber noch nicht versandt, als der Makler anrief und mitteilte, die Sache habe sich zerschlagen.
Bewertung:
Geschäftswert: 240 000 EUR
Gebühr Nr. 21300   20,– EUR

82.
Der Notar begibt sich in die Zweigstelle der Bank Grasshopper & Wealth und nimmt die Unterschriften von deren zwei Prokuristen unter Löschungsbewilligungen für Grundschulden von 20 000 EUR und 180 000 EUR entgegen. Die Entwürfe hatte er in seiner Amtsstelle angefertigt, 20 Minuten später war er wieder im Büro. Die Bank wünscht zwei getrennte Kostenrechnungen.
Bewertung:
Löschungsbewilligung für 20 000 EUR
Geschäftswert: 20 000 EUR
0,5 Gebühr Nr. 21201   53,50 EUR
Gebühr Nr. 26002 anteilig   5,– EUR
    58,50 EUR

Löschungsbewilligung für 180 000 EUR
Geschäftswert: 180 000 EUR
0,5 Gebühr Nr. 21201   204,– EUR
Gebühr Nr. 26002 anteilig   45,– EUR
    249,– EUR

Die Gebühr Nr. 26002 wurde hier entsprechend den Geschäftswerten verteilt; auch eine Verteilung nach der Gebührenhöhe oder zu gleichen Teilen wäre aber nicht zu beanstanden.

83.
Der spanische Pater Alfonso ist todkrank. Er bestellt den des Spanischen hinreichend kundigen Notar am Sonntag um 17 Uhr zur Errichtung seines Testaments in die Klinik. Der Aktivwert des Vermögens beträgt 80 000 EUR, die Verbindlichkeiten betragen 700 EUR.
Bewertung:
Geschäftswert: 79 300 EUR
1,0 Gebühr Nr. 21200   219,– EUR
Gebühr Nr. 26003   50,– EUR
30 % der Gebühr Nr. 21200, Nr. 26000, höchstens   30,– EUR
30 % der Gebühr Nr. 21200, Nr. 26001   65,70 EUR
    364,70 EUR

84. (Fortsetzung)
Als der Notar in Nr. 83 in der Klinik eintraf, war Alfonso bereits auf dem Weg der Besserung und erklärte, er wolle doch kein Testament machen.
Bewertung:
Geschäftswert: 79 300 EUR
Gebühr Nr. 21300   20,– EUR
Gebühr Nr. 26003   50,– EUR
30 % der Gebühr Nr. 21300, Nr. 26000, mindestens   15,– EUR
    85,– EUR

> **85. (Fortsetzung)**
> Als der Notar in Nr. 83 in das Krankenhaus kam, war Alfonso bereits verstorben.
> Bewertung:
> Geschäftswert: 79 300 EUR
>
> | | |
> |---|---:|
> | Gebühr Nr. 21300 | 20,– EUR |
> | Gebühr Nr. 26003 | 50,– EUR |
> | 30 % der Gebühr Nr. 21300, Nr. 26000, mindestens | 15,– EUR |
> | | 85,– EUR |
>
> Die Gebühr Nr. 21300 setzt nicht die Rücknahme des Beurkundungsauftrags voraus, sondern umfasst auch Fälle, in denen aus Gründen, die nicht in der Person des Notars liegen, nicht mehr beurkundet werden kann. Auch die Gebühr Nr. 26003 entsteht, da die Gründe für die Nichtbeurkundung in der Person des Antragstellers liegen.

II. Entwurf, Beratung

Entwurfsgebühren werden sehr ungern bezahlt. Nach einer Schätzung von *Hansens* (JurBüro 1986, 1136) hatten zu Zeiten der Kostenordnung etwa 50 % der in Berlin eingeleiteten Notarkostenbeschwerdeverfahren die Entwurfsgebühr zum Gegenstand; die große Zahl der nachfolgend zitierten Entscheidungen – die nur eine bescheidene Auswahl der Rechtsprechung sind – spricht dafür, dass sich daran durch das GNotKG nichts geändert hat. Menschlich ist das durchaus verständlich: Dass die Abwicklung eines Geschäfts beim Notar nicht umsonst ist, vermag man leicht einzusehen; Entwurfsgebühren fallen aber typischerweise dann an, wenn sich ein Geschäft zerschlagen hat und es sich nicht um „Nebenkosten" handelt, sondern um eine selbständige Zahllast. Eine Hinweispflicht des Notars darauf, dass auch dann Gebühren zu zahlen sind, wenn es nicht zur Beurkundung kommt, besteht nicht (*OLG Saarbrücken* JurBüro 2019, 474). 333

Die Entwurfsgebühren Nr. 24100–24102, die Gebühren für die vorzeitige Beendigung des Beurkundungsverfahrens Nr. 21302–21304 und die Beratungsgebühren Nr. 24200–24202 sind **Satzrahmengebühren**. Bei Verträgen geht der Rahmen immerhin von 0,5 bis 2,0. Damit sind die Entwurfsgebühren ein Einfallstor dafür, dass es „billige" und „teure" Notare geben kann. Das beginnt schon damit, dass der Notar ja nicht gezwungen ist, Vorarbeiten schon als einen (noch unvollständigen) Entwurf zu behandeln, für den er eine Gebühr berechnet. Aber selbst wenn die Möglichkeiten, Entwurfsgebühren dem Grunde nach zu erheben, voll ausgeschöpft werden, bestimmt sich jedenfalls der Gebührensatz „unter Berücksichtigung des Umfangs der erbrachten Leistung nach billigem Ermessen" (§ 92 Abs. 1) – höchst unbestimmte Rechtsbegriffe. Daran ändert auch § 92 Abs. 2 (der für vollständig erstellte Entwürfe die Höchstgebühr vorschreibt) nicht viel: auch bei der Frage, ob der Entwurf „vollständig erstellt" ist, hat der Notar reichlich Spielraum: Ist der Entwurf eines Überlassungsvertrags vollständig erstellt, wenn (nur) noch eine Zahl fehlt: die Höhe der monatlichen Leibrente, die der Erwerber an den Veräußerer zahlen soll? Bei Entwürfen, die alle vom Auftraggeber bekundeten Wünsche abarbeiten, ist die Rechtsprechung sehr großzügig und bejaht das selbst dann, wenn zur Beurkundung noch erhebliche 334

Änderungen und Ergänzungen erforderlich sind (zB *OLG Naumburg* NotBZ 2016, 153). In welchem Umfang die Kostengerichte hier sonst in das Ermessen des Notars eingreifen werden und ob dabei nach den Tatsacheninstanzen und der Rechtsbeschwerde unterschieden werden wird, ist noch nicht absehbar. Auf der sicheren Seite dürfte der Notar immer dann sein, wenn er die Mittelgebühr (also bei Nr. 24200 eine 0,65 Gebühr als Mittelwert zwischen der 0,3 Gebühr und der 1,0 Gebühr) berechnet, vorausgesetzt, es handelte sich um einen Normalfall, der weder besonders einfach noch besonders schwierig oder umfangreich war.

335 Die Gebühren für Entwurf und vorzeitige Beendigung des Beurkundungsverfahrens (nicht die Beratungsgebühr!) sind mit den gleichen spezifischen Mindestgebühren versehen wie die entsprechenden Beurkundungsgebühren, so dass das Ermessen bei ganz kleinen Geschäftswerten auf Null und bei den etwas größeren teilweise reduziert ist. Das ist hier noch weniger zu verstehen als bei den Beurkundungsgebühren, aber als geltendes Recht zu beachten, bis sich der Gesetzgeber wieder einmal auf die soziale Komponente des Kostenrechts in der freiwilligen Gerichtsbarkeit besinnen sollte.

1. Entwurf

336 Die Unlust, Entwurfsgebühren zu zahlen, wird noch dadurch verstärkt, dass das GNotKG dem Kostenschuldner grundsätzlich auch keinen Nachlass gewährt, wenn ein Entwurf gefertigt wird und das Geschäft dann doch nicht beurkundet wird: Die Entwurfsgebühr Nr. 24100 iVm § 92 Abs. 2 für den Entwurf zur Vorbereitung der Verhandlungen über den Kauf eines Hauses mit einem vorgesehenen Kaufpreis von 300 000 EUR beträgt ebenso 1270 EUR wie die Gebühr Nr. 21100 für die Beurkundung dieses Vertrags. Wird dieser entworfene Kaufvertrag dann „demnächst" beurkundet, fällt dagegen die Beurkundungsgebühr Nr. 21100 infolge Anrechnung nicht mehr an (Vorbem. 2.4.1 Abs. 6). Der Entwurf kostet also – abgesehen von der Dokumentenpauschale – nichts „extra", wenn das vorgesehene Geschäft in angemessenem zeitlichem Abstand beurkundet wird; aber es fällt die volle Gebühr, die für die Beurkundung zu zahlen gewesen wäre, an, wenn sich das Geschäft zerschlägt.

336a Was „demnächst" ist, hängt auch von der Art des Geschäfts ab; bei einer Scheidungsvereinbarung, die lange zwischen den Vertragsteilen verhandelt wurde und bei denen mehrfach Änderungen am Entwurf erfolgten, kann auch eine Beurkundung nach mehr als einem Jahr noch „demnächst" sein *(OLG Hamm ZNotP 2007, 399)*. Die Sechsmonatsfrist in Vorbem. 2.1.3 Abs. 1 Satz 2 ist hier ohne Bedeutung. Die wunschgemäß vorgenommenen Änderungen am Entwurf – auch mehrfache – sind übrigens gebührenfrei (aA *LG Krefeld* RNotZ 2008, 111, das nach Erstellung des ersten Entwurfs für Änderungen eine weitere Entwurfsgebühr gewährt – und das sogar mehrfach). Eine Anrechnung auf die Beurkundungsgebühr erfolgt nur bei Beurkundung des entworfenen Geschäfts; die Beteiligten bekommen also nicht etwa einen „Gutschein", mit dem sie sich eine beliebige Beurkundung aussuchen können. Allerdings meine ich – entgegen *LG Hannover* JurBüro 2001, 539 –, dass doppelte Gebührenberechnung unangebracht ist, wenn statt des zunächst entworfenen unentgeltlichen Grundstücksgeschäfts ein entgeltliches mit gleichem Vertragsgegenstand unter den gleichen

Beteiligten beurkundet wird. Entstanden ist die Entwurfsgebühr mit der Übersendung des Entwurfs an den Auftraggeber; die Annahme, es genüge, dass der Entwurf bereits diktiert worden sei (so *KG* RNotZ 2006, 302), öffnet unlauteren Gebührenforderungen Tür und Tor.

Bei der **Beglaubigung von Unterschriften** unter einen vom beglaubigenden Notar gefertigten Entwurf gilt folgendes: Die ersten Beglaubigungen (auch mehrere, die am selben Tag erfolgen!), sind gebührenfrei (Vorbem. 2.4.1 Abs. 2), weitere Beglaubigungen lösen die 0,2 Beglaubigungsgebühr Nr. 25100 aus. Der Grund der Gebührenfreiheit liegt darin, dass der Notar bereits die Entwurfsgebühr erhalten hat; deswegen entfällt die Gebühr Nr. 25100 dann nicht, wenn die Anfertigung des Entwurfs im Rahmen eines Vollzugs erfolgte und deshalb wegen Vorbem. 2.2 Abs. 2 keine Gebühr ausgelöst hat (*LG Bielefeld* NotBZ 2015, 376). **336b**

Die Entwurfsgebühren Nr. 24100 bis 24102 dürfen nur **außerhalb eines Beurkundungsverfahrens** erhoben werden. Melden die Beteiligten die Beurkundung eines Kaufvertrags an, machen die erforderlichen Angaben und vereinbaren einen Beurkundungstermin, dann ist es häufig zweckmäßig, wenn der Notar den Beteiligten schon zuvor einen Entwurf zusendet, damit Käufer und Verkäufer ihn zu Hause in Ruhe durchlesen können. Das beschleunigt die Beurkundung und verhindert, dass sich die Beteiligten durch die häufig recht rasche Verlesung von acht oder zehn Seiten technischen Juristendeutschs „überfahren" fühlen. Aber eine solche Entwurfsübersendung geschieht innerhalb des Beurkundungsverfahrens, das vorzeitig endet, wenn sich die Sache zerschlägt. Es sind dann die in → Rn. 333 genannten ermäßigten Gebühren zu erheben, wenn der Entwurf abgesandt wurde oder mit den Beteiligten bereits auf der Grundlage eines Entwurfes verhandelt wurde. Ist keines von beiden geschehen, liegt ein Schlag ins Wasser vor (→ Rn. 331). Es kommt also – entgegen dem, was man vielfach lesen kann – nach wie vor sehr wohl darauf an, ob der Notar den Entwurf gefertigt hat, weil ein solcher verlangt wurde, oder ob eine Beurkundung angemeldet wurde und zu deren Vorbereitung ein Entwurf gefertigt worden ist. Der kostenbewusste Beteiligte wird – wie bisher – dem Notar grundsätzlich *nie* Entwurfs-, sondern stets Beurkundungsauftrag erteilen und sich damit die Möglichkeit erhalten, sich bei Scheitern der Pläne auch nach vollständig gefertigtem Entwurf mit den Gebühren Nr. 21302–21304 oder gar mit der Gebühr Nr. 21300 aus der Affäre zu ziehen. **337**

In den Fällen des § 17 Abs. 2a BeurkG erfordert der Zweck der Entwurfspflicht, dass der Verbraucher, der den Entwurf nicht ausdrücklich erfordert oder Änderungen an ihm verlangt hat, auch dann nicht mit der Gebühr Nr. 21302 KV-GNotKG belastet werden darf, wenn es nicht zur Beurkundung kommt (Korintenberg/*Diehn* GNotKG Vorbem. 2.1.3 Rn. 6b; aA *KG* JurBüro 2018, 637). Von der Fertigung eines Entwurfs darf im kostenrechtlichen Sinn nicht ausgegangen werden, wenn der Notar damit lediglich seine Pflicht nach § 17 Abs. 2a BeurkG erfüllt. **337a**

Wird ausdrücklich ein Entwurf verlangt, zB für Verhandlungen mit einer finanzierenden Bank. wird beim Scheitern der Verhandlungen mit Recht die Entwurfsgebühr Nr. 24100–24102 berechnet, und zwar beim vollständig erstellten Entwurf aus dem Höchstgebührensatz (§ 92 Abs. 2). Wird dagegen ein **Beurkundungsauftrag** erteilt und um Zusendung des Entwurfs zwecks (eigener) Vorbereitung auf den Termin gebeten, dann handelt es sich bei Scheitern der Sache um ein vorzeitig beendetes Beurkundungsverfahren. Kein besonders geregelter Fall (mehr) ist die Fertigung eines Entwurfs, um bei einer Behörde oder einem Gericht **337b**

Dritter Teil: Ergänzungen

in Erfahrung zu bringen, ob eine Genehmigung, die zu dem Rechtsgeschäft erforderlich ist, in Aussicht gestellt werden kann. Hier fällt ohne weiteres die „normale" Entwurfsgebühr an.

338 Kostenschuldner der Entwurfsgebühr ist nur derjenige, der den Entwurfsauftrag erteilt hat; das Schweigen des Beteiligten auf den Vorschlag des Notars, einen Entwurf zu fertigen, ist kein Auftrag (*OLG Hamm* FGPrax 2019, 143). Es ist deshalb ratsam, sich nach Möglichkeit schriftlich zur Entwurfsfertigung beauftragen zu lassen und auch auf die Kostenfolgen für den Fall hinzuweisen, dass es nicht zur Beurkundung kommt. Später wollen die Beteiligten einen mündlich erteilten Entwurfsauftrag oft nicht mehr wahrhaben. Kommt der Notar nicht in die Gänge, muss der Auftraggeber nach Meinung des *OLG Frankfurt* (16.5.2019 – 20 W 265/17, BeckRS 2019, 21547) ähnlich wie bei einem Handwerker eine Frist setzen und die Ablehnung androhen; andernfalls muss er den Entwurf bezahlen. Durch den BGH geklärt ist, dass ein Entwurfsauftrag auch dadurch erteilt werden kann, dass Änderungen an einem vom anderen Vertragsteil bereits beauftragten Entwurf verlangt werden (*BGH* 19.1.2017 – V ZB 79/16, JurBüro 2017, 133; s. auch → Rn. 339 zur Beauftragung durch einen Makler), nicht dagegen durch die Erklärung, mit dem übersandten Entwurf nicht einverstanden zu sein (*LG Hamburg* NJW-RR 2019, 508) und ebenso wenig durch die auf (unaufgeforderte) Übersendung eines geänderten Entwurfs hin abgegebene Erklärung, mit den Änderungen einverstanden zu sein (*OLG Hamburg* 6.3.2019 – 2 W 15/19, BeckRS 2019, 30007), und erst recht nicht durch die Bitte um Verlegung eines Beurkundungstermins. Allerdings spielt die Frage dann, wenn jedenfalls Beurkundungsauftrag erteilt wurde, deshalb nicht mehr dieselbe Rolle wie früher, weil der Gebührenrahmen der Gebühr für die vorzeitige Verfahrensbeendigung bis zum Höchstsatz der Entwurfsgebühr reicht, und in entsprechend gelagerten Fällen bei Rücknahme des Beurkundungsauftrags dieselbe Gebühr berechnet werden kann wie bei einem Entwurfsauftrag.

338a Ärger gab es früher oft mit der Berechnung von Genehmigungsentwürfen, die geschäftsgewandten Beteiligten unaufgefordert übersandt werden und so einfach gelagert sind, dass sie der Beteiligte ohne weiteres selbst fertigen könnte („Ich genehmige die Urkunde des Notars X. in Y. vom 5.6.2020, Nr. 1205/2020."). Dieses Problem hat sich dadurch etwas entschärft, dass für den Genehmigungsentwurf dann keine Entwurfsgebühr anfällt, wenn bereits die volle Vollzugsgebühr angefallen ist (Vorbem. 2.4.1 Abs. 1 Satz 2). Erledigt ist das Problem aber deswegen nicht, weil oft nur die gedeckelte Vollzugsgebühr Nr. 22112 anfallen würde, wenn nicht auch die Genehmigung eines Beteiligten nötig wäre (dann ungedeckelte Vollzugsgebühr Nr. 22110!). Deswegen bleiben die Grundsätze der früheren Rechtsprechung dann von Bedeutung, wenn die Einholung der Genehmigungserklärung die Vollzugsgebühr erhöht. Bei überflüssigen Entwürfen gilt: Auch dadurch, dass der Beteiligte den Entwurf verwendet, wird die Genehmigung nicht „angefordert" und braucht daher auch nicht bezahlt zu werden (*OLG Köln* JurBüro 1993, 100). Wird ein Entwurf ausdrücklich verlangt, muss ein Rechtsanwalt allerdings wissen, dass dafür Kosten anfallen und deshalb nicht besonders darauf hingewiesen werden (*LG Halle* NotBZ 2007, 303). Ob man dann, wenn die volle Vollzugsgebühr nur wegen der Entwurfsfertigung anfallen würde, besser Entwurfsauftrag (und ausdrücklich keinen Vollzugsauftrag) erteilt, muss man im Einzelfall ausrechnen (§ 98 Abs. 1 nicht vergessen!). Davon, ob der Entwurf aufgrund Vollzugsauftrags oder aufgrund Entwurfsauftrags erstellt wurde, hängt

II. Entwurf, Beratung

auch ab, ob die Beglaubigung der Unterschriften unter den gefertigten Entwurf durch den entwerfenden Notar kostenfrei ist (→ Rn. 336b).

Die Entwurfsgebühr knüpft unmittelbar an die Gebühr für das Beurkundungs- **338b** verfahren an: Entwürfe, die bei Beurkundung eine 2,0 Gebühr auslösen, lassen also die Entwurfsgebühr Nr. 24100 ohne Rücksicht darauf anfallen, was entworfen wird: Vertrag, Gesellschafterbeschluss oder gemeinschaftliches Testament. Ob das Rechtsgeschäft beurkundungspflichtig ist, spielt weder für die Einordnung noch für die Höhe der Entwurfsgebühr noch eine Rolle.

Folgende Fallgestaltungen sind noch von Interesse: **339**

(1) Wird der Entwurf eines Kaufvertrags verlangt und zerschlägt sich das entworfene Geschäft, das Objekt aber später aufgrund neuen Entwurfs anderweit billiger verkauft, so ist Geschäftswert auch der Entwurfsgebühr der spätere Verkaufspreis (*LG Magdeburg* NotBZ 2007, 186 – dogmatisch nicht zu begründen, aber ein Gebot der Fairness).

(2) Beim Grundstückskaufvertrag wird der Entwurf oft nicht von den Beteiligten selbst, sondern von dem von ihnen beauftragten **Makler** verlangt, wobei klar ist, dass der Makler hier – meist, aber nicht immer (*OLG Nürnberg* 22.9.2020 – 8 W 3216/20, BeckRS 2020, 30955) – nicht im eigenen Namen tätig wird. Dann kommt es nicht darauf an, ob der Makler eine entsprechende Vollmacht seines Auftraggebers behauptet, sondern ob sie wirklich besteht (→ Rn. 34). Aber Vorsicht: Wer aufgrund eines solchen Entwurfs mit dem Notar Kontakt aufnimmt und Änderungen am Entwurf vornehmen lässt, hat spätestens damit das Handeln des Maklers genehmigt und wird damit Kostenschuldner der Entwurfsgebühr (*OLG Düsseldorf* JurBüro 2017, 319).

(3) Der Entwurf muss sich auf ein **bestimmtes Rechtsgeschäft** beziehen. Wünscht ein Beteiligter einen „Blankovertrag", etwa für einen Bauträgervertrag oder für eine Teilungserklärung nach § 8 WEG, dann gibt es dafür keine Gebührenvorschrift, vielmehr ist ein öffentlich-rechtlicher Vertrag (§ 126 Abs. 1 S. 2) zu schließen. Geregelt ist dagegen der Fall, dass der Auftraggeber statt eines Blankovertrages einen Mustervertrag für mehrere beabsichtigte Verträge entwerfen lässt, den das GNotKG „Serienentwurf" nennt. Für diesen gelten ebenfalls die Entwurfsgebühren (Vorbem. 2.4.1 Abs. 5); Geschäftswert ist die Hälfte des Werts aller beabsichtigten Einzelverträge (§ 119 Abs. 2). Die Gebühr wird auf die aufgrund des Serienentwurfs gefertigten Einzelverträge angerechnet (Nr. 24103). Im Hinblick darauf muss der Notar hier die Kosten nicht sofort berechnen, sondern darf sie dem Auftraggeber (in der Praxis also: dem Bauträger) bis zu einem Jahr stunden (Vorbem. 2.4.1 Abs. 7).

2. Überprüfung von Entwürfen

Vorbem. 2.4.1 Abs. 3 stellt die Überprüfung, Änderung und Ergänzung von **340** Entwürfen der Fertigung eines Entwurfes gleich. Suchen Beteiligte den Notar mit einem von ihrem Steuerberater gefertigten ordentlichen Entwurf eines KG-Vertrags mit der Bitte auf, diesen zu überprüfen, dann ist die Gebühr für die Überprüfung ebenso Nr. 24100 zu entnehmen wie in dem Fall, dass sich der Entwurf als völlig unbrauchbar erweist und der Notar deswegen einen neuen Entwurf fertigt. Der unterschiedlichen Arbeitsaufwand wird hier nicht durch die Gebührenvorschrift, sondern durch den Gebührensatz berücksichtigt, hinsichtlich dessen der Notar einen von der 0,5 bis zu 2,0 Gebühr reichenden Spielraum hat – den verschiedene Notare sicherlich sehr verschieden ausfüllen werden. Eine „Wesentlichkeitsgrenze" besteht nicht. Unwesentliche und rein sprachliche Korrekturen lösen aber allenfalls eine Gebühr an der unteren Grenze des Gebührenrahmens aus.

3. Vorzeitige Beendigung des Beurkundungsverfahrens

341   Ist kein Entwurfsauftrag, sondern Beurkundungsauftrag erteilt worden, dann kommt keine Gebühr Nr. 24100–24102 in Betracht. Mit Recht hat es der Gesetzgeber aber nicht für angebracht gehalten, dass sich der Kostenschuldner dann ohne Rücksicht auf die vom Notar bereits entfaltete Tätigkeit mit einer Gebühr von 20 EUR aus der Affäre ziehen kann, wenn er den Beurkundungsauftrag zurücknimmt oder die Sache einfach nicht mehr weiterverfolgt. Das ist nur möglich, wenn die Rücknahme so „rechtzeitig" erfolgt, dass „nur" die Gebühr Nr. 21300 anfällt (→ Rn. 331). Ist dieser Zeitpunkt überschritten, gibt es die Rahmengebühren Nr. 21302–21304, deren Gebührenrahmen sich von dem der Entwurfsgebühren nicht unterscheidet.

Fällig wird die Gebühr erst, wenn der Beurkundungsauftrag zurückgenommen wurde oder feststeht, dass die Beurkundung unterbleibt; erst dann beginnt auch die Verjährung (*OLG Dresden* NotBZ 2003, 363).

4. Beratung

342   In ihren Werbeschriften heben die Notare gerne hervor: Beratung inbegriffen! Nach der Kostenordnung galt das ausnahmslos. Beratungen, an die sich keine Beurkundung anschloss, waren mangels eines Gebührentatbestands gebührenfrei.

Das GNotKG will den Notar aber auch hier nicht ganz umsonst arbeiten lassen und bestimmt daher in Nr. 24200–24203 Beratungsgebühren, bei Nr. 24200, 24201 und 24103 in Form von Satzrahmengebühren (→ Rn. 333), die nach dem Gegenstand der Beratung gestaffelt sind, wobei es darauf ankommt, wie abzurechnen wäre, wenn die Beratung Gegenstand einer Beurkundung würde. Wie bei der Entwurfsgebühr ist der Notar meist auf der sicheren Seite, wenn er die jeweilige Mittelgebühr, also bei Nr. 24200 eine 0,65-Gebühr und bei Nr. 24201 eine 0,4-Gebühr berechnet.

Nur die Beratung durch den Notar, nicht die durch einen Mitarbeiter, löst die Gebühr aus (*LG Bonn* NotBZ 2015, 113), und wie für jeden Gebührenanfall bedarf es eines Beratungsauftrags (*OLG Dresden* NotBZ 2017, 188), aber nach dessen Erteilung keines besonderen Hinweises des Notars, dass die Beratung kostenpflichtig ist (*LG Stendal* NotBZ 2017, 358); der Rechtsuchende muss also selbst nach der anfallenden Gebühr fragen. Bei Beratungen, die nicht zu einer Beurkundung führen können, gilt ausnahmslos Nr. 24200, und Beratungen zur Hauptversammlung einer AG, die über die „normalen" Amtspflichten hinausgehen, sind in Nr. 24203 besonders geregelt. Legt man die bescheidenen Maßstäbe des *LG Chemnitz* (NotBZ 2015, 278) an eine solche Beratung an, kann der Notar diese Gebühr praktisch bei jeder Hauptversammlung dazuverdienen. Aufgrund

II. Entwurf, Beratung

der Verweisung in Nr. 21301 wird die Beratungsgebühr auch dann erhoben, wenn eigentlich eine Beurkundung geplant war, sich die Sache aber nach erfolgter Beratung durch den Notar zerschlägt und noch kein Entwurf versandt war (sonst Nr. 21302–21304). Kommt es nach der Beratung zu einer Beurkundung, dann wird – wie bei der Gebühr für die vorzeitige Beendigung des Beurkundungsverfahrens – die Beratungsgebühr auf die Beurkundungsgebühr angerechnet, dann war also wirklich die „Beratung inbegriffen".

86.
Die Erbengemeinschaft bestehend aus A, B, C und D, beauftragte den Notar mit der Beurkundung eines Auseinandersetzungsvertrags. Einen Entwurf hatten die Erben nicht verlangt; der Notar hatte auch keinen angefertigt. Trotz einer dreistündigen Verhandlung am Samstag von 9 bis 12 Uhr können sich die Beteiligten nicht einig werden. Der Wert des auseinanderzusetzenden Vermögens beträgt 180 000 EUR.
Bewertung:
Geschäftswert: 180 000 EUR
0,3–1,0-Gebühr Nr. 21301, 24200   122,40 – 408,– EUR.
Eine Gebühr Nr. 26000 fällt für Geschäfte am Samstagvormittag nicht an!

87.
Alfons und Babette beauftragten den Notar mit der Beurkundung eines Erbvertrags, durch den sie sich gegenseitig zu Alleinerben einsetzen, ihre Kinder zu Schlusserben bestimmen und einen Abänderungsvorbehalt für den Letztversterbenden vereinbaren wollten. Der Notar setzte die Urkunde auf und ließ die Formulierung des Abänderungsvorbehalts zunächst noch offen. Bei der Beurkundung konnten sich Alfons und Babette aber nicht einig werden, ob der Abänderungsvorbehalt nur zugunsten von gemeinschaftlichen Abkömmlingen oder aber ohne Einschränkung bestehen sollte. Sie baten den Notar daher um Aushändigung des Entwurfs, um die Sache daheim in Ruhe zu besprechen. Zur Beurkundung kommt es nicht, weil sich Alfons und Babette auch zu Hause nicht einig werden. Das Aktivvermögen von Alfons und Babette beträgt 400 000 EUR, die Verbindlichkeiten 80 000 EUR.
Bewertung:
Geschäftswert: 320 000 EUR (§ 102 Abs. 1).
0,5–2,0-Gebühr Nr. 21302   317,50 – 1270,– EUR
Keine Entwurfsgebühr, da der Entwurf nicht außerhalb eines Beurkundungsverfahrens gefertigt wurde!

88. (Fortsetzung)
Alfons und Babette beschließen aber, zumindest die eingetragene Grundschuld der Sparkasse Kleinziegenbach zu 13 000 DM an ihrem Hausanwesen löschen zu lassen. Der Notar entwirft eine mit „Löschungsbewilligung, -zustimmung und -antrag" überschriebene Erklärung. Alfons bringt diese selbst zur Sparkasse, wo sie gesiegelt und unterschrieben wird und reicht sie auf dem Rückweg wieder im Notariat vorbei, wobei er sie ebenfalls unterschreibt. Der Notar beglaubigt die Unterschrift von Alfons. Am gleichen Tag, kurz vor Büroschluss, erscheint Babette; ihre Unterschrift wird ebenfalls beglaubigt.
Bewertung:
Geschäftswert: 6646,79 EUR
0,5-Gebühr Nr. 21201 Ziff. 4, 24102, mindestens   30,00 EUR
Löschungsbewilligung, -zustimmung und -antrag haben gleichen Gegenstand. Beide Beglaubigungen sind gebührenfrei.

Dritter Teil: Ergänzungen

89.
A, B und C wollen eine Kommanditgesellschaft gründen; jeder will 100 000 EUR einbringen. Sie bitten den Notar um die Anfertigung eines Vertragsentwurfs mit komplizierten Eintritts- und Nachfolgeklauseln nach ihren Vorstellungen. C vermag seine Einlage aber nicht aufzutreiben. Die Beurkundung unterbleibt. Man rechne den Entwurf ab!
Bewertung:
Geschäftswert: 300 000 EUR (Summe der Einlagen).

2,0-Gebühr Nr. 24100, § 92 Abs. 2	1270,– EUR

90. (Fortsetzung)
Etwa ein halbes Jahr später gewinnt C im Lotto. A, B und C beschließen, den Vertrag doch noch abzuschließen, allerdings mit einer Einlage von je 120 000 EUR.
Bewertung:
Geschäftswert: 360 000 EUR.

2,0-Gebühr Nr. 21100	1470,– EUR
./. anzurechnende Entwurfsgebühr	1270,– EUR
	200,– EUR

91. (Fortsetzung)
In Nr. 89 hatten A, B und C nicht um die Anfertigung eines Entwurfs, sondern sogleich um Beurkundung ihres Gesellschaftsvertrags gebeten. Der Notar hatte den Beteiligten einen Entwurf zugesandt, obwohl diese ausdrücklich erklärt hatten, das sei „nicht nötig". Wieder vermag C kein Geld aufzutreiben, gewinnt aber diesmal nicht im Lotto. Die Beurkundung unterbleibt endgültig.
Bewertung:
Geschäftswert: 300 000 EUR.

0,5–1,25 Gebühr Nr. 21302	317,50–793,75 EUR

Der Ansatz einer höheren Gebühr als der Mittelgebühr (1,25) wäre hier ermessensfehlerhaft, da die Beteiligten ausdrücklich auf die Anfertigung eines Entwurfs vor der Beurkundungsverhandlung verzichtet haben.

92.
Der vielfache Millionär M will, bevor er seine Weltreise antritt, seiner Ehefrau Generalvollmacht erteilen. Er begibt sich mit einem von seinem Steuerberater gefertigten Entwurf zum Notar und bittet diesen um Überprüfung. Nach entsprechender Information wird in dem Entwurf der Satz „Von den Beschränkungen des § 181 BGB ist die Bevollmächtigte befreit" in den Satz „Von den Beschränkungen des § 181 BGB ist die Bevollmächtigte nicht befreit" geändert.
Bewertung:
Geschäftswert: 1 000 000 EUR (Höchstwert nach § 98 Abs. 4).

0,3–1,0 Gebühr Nr. 24101	520,50–1735,– EUR

III. Auslagen

1. Pauschalierungsverbot

Auslagen sind: 343
(1) Dokumentenpauschale
(2) Reisekosten
(3) Sonstige Auslagen

Eigentlich sollte die Berechnung der Auslagen kein Thema sein, das vertiefter Beschäftigung bedarf, da sich aus dem Text der Kostenordnung unmittelbar ergibt, was korrekterweise berechnet werden darf und was nicht. Dass sich aber sogar der BGH (zu einer durch Gesetzesänderung inzwischen überholten Frage) schon zu dieser Materie äußern musste, hängt wohl damit zusammen, dass manche Notare dem Missverständnis unterliegen, alle anfallenden Bürounkosten könnten unter dieser Rubrik verrechnet werden. Das ist aber – wie Vorbem. 3.2 Abs. 1 ausdrücklich betont – unzulässig. Auch eine Pauschalierung ist grundsätzlich unzulässig (→ Rn. 359). Die Dokumentenpauschale heißt nur (irreführenderweise) so, tatsächlich kommt es auch hier auf die Zahl der kopierten Seiten oder, bei der Überlassung von Dateien, auf die Zahl der Dateien an. Eine echte Pauschalierung findet nur beim (wegen des Kumulierungsverbots mit der Auswärtsgebühr praktisch bedeutungslosen) Tagegeld (Nr. 32008) statt, das ohne Rücksicht darauf erhoben wird, ob der Notar aus Anlass einer Dienstreise zusätzliche Verpflegungskosten hatte und wie hoch diese waren. Fakultativ ist die Pauschalierung bei den Post- und Telekommunikationsdienstleistungen: Diese dürfen entweder konkret berechnet werden (mit Pauschsätzen für Zustellungen mit Zustellungsurkunde und für Einschreiben mit Rückschein) oder pauschal mit 20 % der Beurkundungskosten (Näheres → Rn. 357). In allen anderen Fällen können nur die konkret angefallenen Auslagen in Ansatz gebracht werden, und auch die nur, soweit es dafür eine gesetzliche Grundlage gibt (Analogieverbot, → Rn. 9).

2. Dokumentenpauschale

Normalerweise werden Urkunden und Entwürfe auf Papier zur Verfügung 344 gestellt. Die dafür anfallenden Kosten hießen – Relikt aus einer Zeit, in der tatsächlich noch abgeschrieben wurde – „Schreibauslagen" und die Kopien „Abschriften" und später „Ablichtungen". Jetzt heißt es ganz schnöde „Kopien" und „Dokumentenpauschale" für „Schreibauslagen". Sachlich geändert hat sich dadurch nichts. Allerdings wollte der Gesetzgeber des GNotKG die bisherige Regelung der Dokumentenpauschale vereinfachen. Das ist ihm – wie so vieles – gründlich missglückt, die Regelung der Nr. 32000 bis 32003 ist wunderbar kompliziert. Zunächst unterscheidet das Gesetz zwischen Schwarz-Weiß-Kopien und Farbkopien, dann zwischen Kopien bis DIN A 3 und größeren Kopien, ferner zwischen solchen, die auf besonderen Antrag und solchen, die ohne Antrag gefertigt werden, und schließlich zwischen solchen, die innerhalb und solchen, die außerhalb eines Beurkundungsverfahrens angefertigt werden.

Für den Hausgebrauch genügt es zunächst, sich zu merken: Innerhalb eines Beurkundungsverfahrens kostet jede Seite 15 Cent, außerhalb eines Beurkundungsverfahrens die ersten 50 Seiten pro Seite 50 Cent, jede weitere Seite 15 Cent. Worauf sich „die ersten 50 Seiten" bezieht, verrät der Gesetzgeber nicht; in der Kostenordnung hieß es wenigstens noch „in derselben Angelegenheit". Jetzt dürfte der Antrag auf Kopien der maßgebliche Anknüpfungspunkt sein: Wer mit einem Antrag ein ganzes Paket Urkundenkopien bestellt, zahlt nur für ersten 50 Seiten den erhöhten Preis, alle weiteren Seiten gibt es zum Normalpreis von 15 Cent pro Seite. Ein neuer Antrag auf Erteilung weiterer Ausfertigungen (zB einer vollstreckbaren Ausfertigung) oder Kopien eröffnet dagegen ein neues 50-Seiten-Kontingent. Zusätzlich kompliziert wird die Sache dadurch, dass es eigentlich zwei Kontingente gibt, nämlich eines für Schwarz-Weiß-Kopien und eines für farbige. Bei „gemischten" Urkunden stellt sich deshalb die Frage, ob beide Kontingente nebeneinander in Anspruch genommen werden können. Bejaht man diese Frage (so *OLG Hamburg* 7.6.2016 – 8 W 85/15, BeckRS 2016, 14804), erfordert das allerdings wieder eine komplizierte Vergleichsberechnung, da es ja sicher nicht angehen kann, dass eine gemischte Urkundenkopie kostspieliger ist als wenn die ganze Urkunde farbig kopiert worden wäre. Insgesamt zeigt die Regelung einen Perfektionismus, der substantielleren Teilen des GNotKG ganz gut getan hätte.

345 Im Hinblick auf die tatsächlichen Kosten der Herstellung mit einem handelsüblichen Kopiergerät ist die Dokumentenpauschale relativ hoch. Das und die lange Dauer der Aufbewahrung sollte für den Notar Anlass sein, einfache Urkunden nicht unnötig wortreich zu gestalten. Dabei verkenne ich nicht, dass Urkunden, die großenteils aus überflüssigem Text bestehen, eine bis ins Mittelassyrische Reich zurückgehende Tradition haben: Schon aus dem 11. Jahrhundert vor Christus ist ein Urkundenstein bekannt, auf dem der eigentliche Vertragstext ein Drittel und sog. „Fluchformeln" zwei Drittel ausmachen. Der sparsame Beteiligte wird sich zudem bei sehr umfangreichen Urkunden gut überlegen, wieviele Kopien er tatsächlich benötigt, zumal er selbst gefertigte Kopien solcher Urkunden, die sich in der dauernden Verwahrung des Notars befinden, kostenfrei beglaubigen lassen kann (Nr. 25102 Anm. Abs. 2 Ziff. 1). Angesichts der oft nicht unerheblichen Kosten ist es auch ein nobile officium des Notars, in Urkundenentwürfen keine Kopien vorzusehen, die im Grunde nicht erforderlich sind.

346 Im einzelnen ist noch folgendes zu beachten:

(a) „Freiexemplare" gibt es nicht mehr. Heute ist – anders als früher – jede Kopie gebührenpflichtig.
Einzige Ausnahme: Entwurfsauftrag. Da die Aushändigung eines Exemplars zur Erfüllung des Gebührentatbestands gehört, kann für dieses erste Stück schwerlich die Dokumentenpauschale erhoben werden; im übrigen ist es keine *Kopie*, sondern – von der Idee her – das Original, auch wenn der Notar natürlich ein Stück bei seinen Unterlagen behalten wird, um die Sache mit den Beteiligten besprechen zu können. Wird mehr als ein Exemplar verlangt, sind die weiteren Stücke selbstverständlich bei der Dokumentenpauschale zu berücksichtigen.

347 (b) Die Dokumentenpauschale fällt nicht nur für die Kopien an, die die Beteiligten haben wollen (Nr. 32001 Nr. 2), sondern auch für die, die sie nehmen müssen (Nr. 32001 Nr. 1). Das sind insbesondere:

III. Auslagen

- die Kopie, die in den Fällen des § 18 GrEStG an die Grunderwerbsteuerstelle zu senden ist; für die **Veräußerungsanzeige** selbst gibt es – wie für alle „Mitteilungen an Behörden" – keinen Gebührentatbestand mehr. Deshalb darf auch für Mitteilungen an das Zentrale Testamentsregister und das Zentrale Vorsorgeregister nichts berechnet werden, **348**
- die Kopie, die nach § 13 ErbStDV an die **Schenkungsteuerstelle** zu senden ist,
- die Kopien, die nach § 54 EStDV bei Beurkundungen, die **Kapitalgesellschaften** betreffen, an das Finanzamt zu senden sind,
- die Kopie, die bei einem entgeltlichen Grundstücksveräußerungsvertrag nach § 195 BauGB an den **Gutachterausschuss** zu senden ist.

(c) Die Dokumentenpauschale fällt auch dann in voller Höhe an, wenn die Beteiligten **Formulare** liefern, in denen nur Ergänzungen vorzunehmen sind; eine frühere Vorschrift, die diesen Fall begünstigte, ist abgeschafft. **349**

(d) Werden dem Notar Vollmachten, Genehmigungen, Ermächtigungen, Ausfertigungen von Erbscheinen, Handelsregisterauszüge oder dergleichen vorgelegt, die zur Urkunde genommen werden müssen oder sollen, aber von den Beteiligten zurückgefordert werden, dann gibt es für die gefertigten beglaubigten Kopien weder eine Beglaubigungsgebühr (Nr. 25201 Abs. 2 Ziff. 2) noch die Dokumentenpauschale (Nr. 32001 Ziff. 1; die Dokumente bleiben beim Notar!). **350**

(e) Auch gefaxte Kopien lösen die Dokumentenpauschale aus. Dagegen ist das Einscannen von Seiten, das von *OLG Bamberg* NJW 2006, 3504 zwanglos unter den Begriff der „Ablichtung" subsumiert werden konnte, keine Anfertigung einer „Kopie" (*LSG München* JurBüro 2018, 622). Die Mühe des Einscannens wird anders berücksichtigt: bei der Dokumentenpauschale für die durch das Einscannen entstehenden Dateien (→ Rn. 351a). **350a**

(f) Und schließlich – falls dies jemand ernsthaft bezweifelt haben sollte –: die Dokumentenpauschale fällt auch für angefangene Seiten in voller Höhe an. Es kommt grundsätzlich auch nicht darauf an, wieviel Text auf einer Seite steht. Allerdings kann vorsätzliches Schinden von Seiten falsche Sachbehandlung (§ 21) sein, so dass nur so viele Seiten berechnet werden dürfen, wie wirklich notwendig sind. **351**

(g) Wirklich „pauschal" ist die Kostenerhebung nur bei Dokumenten, die in elektronischer Form, insbesondere per E-Mail überlassen werden: Hierfür fallen ohne Rücksicht auf den Umfang 1,50 EUR je Datei an, jedoch nicht mehr als 5,00 EUR für mehrere in einem Arbeitsgang erstellte Dateien. Ein Arbeitsgang ist sicherlich die Überlassung mehrerer Dateien an einen Beteiligten, aber auch die Überlassung einer Datei an mehrere Beteiligte. Dagegen dürfte es sich bei der Überlassung mehrerer Dateien an mehrere Beteiligte auch um so viele Arbeitsgänge handeln, wie Beteiligte vorhanden sind. Zu Kostenordnungszeiten war umstritten, ob die an das elektronische Handelsregister übermittelten Dateien dem Handelsregister im kostenrechtlichen Sinne „überlassen" wurden. Die Bedenken ergaben sich daraus, dass – wenn bereits für das Scannen die Dokumentenpauschale erhoben wurde – die Berechnung darauf hinausgelaufen wäre, die Dokumentenpauschale für ein einziges Dokument doppelt zu erheben. Diese Bedenken haben sich dadurch erledigt, dass das Scannen jetzt kein Auslagentatbestand mehr ist, so dass die Übermittlung von Dateien an das Handelsregister zweifelsfrei die Dokumen- **351a** tenpauschale auslöst. Der Aufwand des Scannens zahlreicher Seiten wird allerdings dadurch berücksichtigt, dass die Dokumentenpauschale für eine durch Scannen entstandene Datei nicht geringer ist als für eine Kopie des Papierdokuments nach Nr. 32000; bei mehreren Dateien erfolgt auch insoweit Zusammenrechnung, so dass ab einem Umfang der gescannten Dokumente von 11 Seiten eine Erhöhung der Dokumentenpauschale eintritt.

352 In folgenden Fällen fehlt ein Auslagentatbestand bzw. gilt Nr. 32001 Ziff. 1 letzter Halbs., so dass **keine Dokumentenpauschale** anfällt:

(a) für zur Urkundensammlung zu nehmende Vermerkblätter,
(b) für Abschriften bei der Aufnahme von Wechselprotesten,
(c) für die nach § 19 DONot zur Urkundensammlung zu nehmende Abschrift einer Unterschriftsbeglaubigung mit Entwurf,
(d) für die zur Urkundensammlung zu nehmende beglaubigte Kopie eines **Erbvertrags** bei dessen Ablieferung (§§ 25 Abs. 2 BNotO, 16 Abs. 2 DONot).

3. Reisekosten

353 Eine Reise unternimmt der Notar, wenn er ein Geschäft außerhalb der politischen Gemeinde seines Amtssitzes oder (wenn er nicht am Amtssitz wohnt) seiner Wohnung vornimmt, nicht schon, wenn er außerhalb seiner Geschäftsstelle tätig wird. Durch die verschiedenen Gemeindegebietsreformen sind daher das Reisen und die Reisekosten erheblich zurückgegangen.

Bedeutung haben vor allem die **Fahrtkosten**: Angesetzt werden können die tatsächlich entstandenen Kosten für ein öffentliches Verkehrsmittel (die Kosten der Bahncard nicht, auch nicht anteilig: *OLG Karlsruhe* Rpfleger 2000, 129), bei Benutzung des eigenen Kraftfahrzeugs 42 Cent pro Kilometer (Nr. 32006; bis 31.12.2020: 30 Cent) zuzüglich Parkgebühren (Nr. 32009). Damit wurde (noch zu Zeiten der Kostenordnung) das Problem des motorradfahrenden Notars gelöst (es heißt jetzt im Gesetz „Kraftfahrzeug" statt früher „Kraftwagen", vulgo Auto); die Vorstellung, dass der Notar ein Fahrrad benutzen könnte, ist dagegen auch dem GNotKG noch fremd. Für „Dienstgänge" am Amtssitz (für die man nicht nur in Berlin und Hamburg, sondern auch in durch die Gebietsreformen geschaffenen Flächenriesen wie zB Wittstock/Dosse doch meist ein Fahrzeug braucht) gibt es kein Kilometergeld Nr. 32006, wie sich aus der Formulierung („für eine Geschäftsreise") ergibt.

354 Aus tatsächlichen Gründen selten in Betracht kommen als sonstige Auslagen (Nr. 32009) die angefallenen Übernachtungskosten (notabene ohne die Frühstückskosten, denn die deckt das Tagegeld!), aus rechtlichen Gründen nicht we-

355 niger selten das **Tagegeld**, dessen Höhe sich aus Nr. 32008 ergibt. Es fällt nämlich neben den Auswärtsgebühren Nr. 26002 und 26003 nicht an und beschränkt sich damit auf die – wenigen – Fälle, in denen eine Geschäftsreise denkbar ist, aber keine Auswärtsgebühr entstehen kann: Wechselprotest (Nr. 23400) und Aufnahme eines Vermögensverzeichnisses (Nr. 23500).

356 **Keine Reisekosten** (also weder Tage- noch Kilometergeld und mangels eines „Verlangens" der Beteiligten auch keine Auswärtsgebühren Nr. 26002, 26003) dürfen angesetzt werden bei Beurkundungen in zur Abhaltung eines Amtstags bestimmten Räumen (§ 87).

III. Auslagen

4. Post- und Telekommunikationsentgelte

Gegenüber der Kostenordnung deutlich vereinfacht ist die Regelung der **Post-** 357
und Telekommunikationsentgelte Nr. 32004 und 32005. Diese umfassen jetzt alle derartigen Leistungen, also Briefpost, Paketpost, Telefon und Telegramme. Der Notar kann sie entweder konkret berechnen; dann erhält er die tatsächlich angefallenen Aufwendungen (Kosten für Zustellungen mit Zustellungsurkunde und Einschreiben gegen Rückschein aber in jedem Fall pauschal mit 3,50 EUR), ausgenommen das Porto für die Übersendung der Kostenrechnung. Post- und Telekommunikationsentgelte dürfen nur dann angesetzt werden, wenn die Übersendung auch tatsächlich durch die Post oder einen anderen externen Dienstleister erfolgt. Werden Dokumente, Kopien oder Ausfertigungen durch einen eigenen Boten überbracht, kommt ein Ansatz fiktiver Portokosten nicht in Betracht – ein Grundsatz, gegen den oft verstoßen wird.

Korrekt ist es hingegen, statt der konkret ermittelten Portokosten die Pauschale Nr. 32005 (20 % der Gebühren, maximal 20 EUR) zu verlangen, die lediglich voraussetzt, dass überhaupt solche Entgelte angefallen sind, und sei es eine einzige Briefmarke für die Übersendung der Urkunde an den Beteiligten, und für jedes Beurkundungsverfahren besonders angesetzt werden kann. Erfreuliche Folge: Wird ein Betrag berechnet, der geringer ist als die Pauschale, kann der pfennigfuchsende Kostenschuldner die Höhe im Kostenbeschwerdeverfahren nicht mit Erfolg angreifen, denn auch der Ansatz der Pauschale wäre ja korrekt gewesen. Was versandt wird (Urschriften, Ausfertigungen, Kopien, Vollzugsmitteilungen) und wie versandt worden ist, spielt keine Rolle.

5. Sonstige Auslagen

Zu den sonstigen Auslagen zählen: 358
- an Dolmetscher zu zahlende Beträge (Nr. 32010),
- Abrufkosten aus dem Grundbuch und dem Handelsregister (Nr. 32011).

Der Gesetzgeber hatte den **elektronischen Rechtsverkehr** zunächst nicht zum Anlass der Schaffung neuer Auslagentatbestände genommen, die Rechtsprechung diese Auslagen als „verauslagte Gerichtskosten" behandelt (zur Umsatzsteuerpflicht → Rn. 390). In Wahrheit handelt es sich aber um echte Auslagen; deswegen gibt es jetzt den besonderen Auslagentatbestand Nr. 32011, der die Abwälzung der tatsächlich aufgewendeten Kosten ermöglicht. Der sparsame Beteiligte kann freilich einen Notar aufsuchen, der das Grundbuch nicht elektronisch, sondern in den Amtsräumen des Grundbuchamts einsieht. Das ist nach wie vor kostenlos, und deshalb können auch keine Kosten auf den Beteiligten abgewälzt werden.

Alles andere fällt unter die „sonstigen Aufwendungen" (Nr. 32015): Einrückungskosten in öffentliche Blätter, die bei einer Versteigerung durch den Notar in Betracht kommen, verauslagte Gerichtskosten und an andere in- und ausländische Behörden zu zahlende Beträge (zB für Lagepläne an die Vermessungs- und Katasterbehörde), Kosten für das Zentrale Vorsorgeregister und das Zentrale Testamentsregister.

Schlicht **gesetzwidrig** ist es, außer der Dokumentenpauschale und den genann- 359
ten Auslagen noch andere Bürounkosten in irgendeiner Weise pauschal ansetzen zu wollen: Die Kosten für Briefumschläge, Nachweisbücher, Frankierungsma-

schinen und dergleichen gehören zu den Unkosten, die der Notar aus seinen Beurkundungsgebühren zu bestreiten hat. Es ist nicht zulässig, hier beispielsweise 1,– EUR pauschal den „Sonstigen Auslagen" zuzuschlagen, wie es nach der Devise „Kleinvieh macht auch Mist" nicht selten geschieht. Diese sind nämlich ebenfalls durch die Beurkundungsgebühren mit abgegolten. Seit 15.12.2001 gilt das auch für die Kosten der Ausfertigungsumschläge (Tekturen), die bis dahin von ausgewiesenen Pfennigfuchsern berechtigterweise erhoben wurden.

93.
Ein Kaufvertrag sieht vor, dass für beide Vertragsteile nach Vollzug Ausfertigungen zu erteilen sind und sofort Abschriften für Gemeinde, Grundbuchamt, beide Vertragsteile, ferner die gesetzlich vorgeschriebenen Abschriften. Der Kaufvertrag umfasst 9 Seiten, alle Abschriften werden mit der Post übersandt (Porto: 1,45 EUR), ausgenommen die an das Grundbuchamt, die durch Boten überbracht wird. Ferner wurden zwei Ladungen, eine Kostenrechnung und zwei Mitteilungen, dass der Kaufpreis fällig sei, versandt (Porto: je 0,62 EUR). Man berechne die Auslagen!
Bewertung:
Nr. 32001 Ziff. 2: 6 × 9 Seiten
Nr. 32001 Ziff. 1: 2 × 9 Seiten
(Grunderwerbsteuerstelle, Gutachterausschuss)
zusammen: 72 Seiten × 0,15 EUR =   10,80 EUR
Nr. 32004: Porto 7 × 1,55 EUR + 4 × 0,80 EUR =   14,05 EUR
                                                                    24,85 EUR

Porto für die Rechnung und die an das Grundbuchamt überbrachte Abschrift darf nicht berechnet werden.
Statt der tatsächlichen Portokosten von 14,05 EUR hätte auch die Pauschale Nr. 32005 berechnet werden können. Sie beträgt 20,00 EUR, da die Vertragsgebühr mindestens 120 EUR betrug und daher der Höchstbetrag der Pauschale in jedem Fall erreicht ist.

94.
Auf Ersuchen des A, den Entwurf eines Übergabevertrags mit Erbverzicht zu fertigen, wurden dem A und dem a je ein Exemplar (10 Seiten) übersandt. Diese Entwürfe wurden noch zweimal überarbeitet und jedesmal wieder zugesandt. Sodann wird der Vertrag beurkundet; insgesamt werden 11 Ausfertigungen und Abschriften gefertigt, von denen 9 versandt werden (Porto: 1,45 EUR). Ferner fertigt der Notar noch zwei Mitteilungen an das Zentrale Testamentsregister für A und a. Man berechne die Auslagen!
Bewertung:
Nr. 32001 Ziff. 3: 5 × 10 Seiten
Nr. 32001 Ziff. 1 und 2: 11 × 10 Seiten,
zusammen 160 Seiten × 0,15 EUR =   24,– EUR
Nr. 32004: Porto 17 × 1,55 EUR   26,35 EUR
                                                                    50,35 EUR

Für das erste Entwurfsexemplar darf keine Dokumentenpauschale erhoben werden, ebenso wenig für die Mitteilungen an das Zentrale Testamentsregister. Statt der tatsächlichen Portokosten von 26,35 EUR hätten auch zwei Pauschalen (Entwurf und Beurkundungsverfahren!) Nr. 32005 berechnet werden können. Sie betragen 2 × 20 = 40,00 EUR, da die Vertragsgebühr mindestens 120 EUR betrug und daher der Höchstbetrag der Pauschale in jedem Fall erreicht ist.

III. Auslagen

95.
Bei der Beurkundung einer Grundschuld zu 30 000 EUR (Umfang der Urkunde: 8 Seiten) durch die Firma A GmbH erscheint M und legt Ausfertigung einer auf ihn lautenden, von einem anderen Notar beurkundeten Vollmacht des Geschäftsführers der A GmbH vor (Umfang: 3 Seiten), die ihm nach Anfertigung einer beglaubigten Abschrift zurückgegeben wird. Von der Grundschuld sind insgesamt 4 Ausfertigungen und Abschriften anzufertigen, die alle versandt werden (Porto: 1,45 EUR; für die vollstreckbare Ausfertigung: 3,25 EUR). Welche Beglaubigungsgebühren und Auslagen fallen an?
Bewertung:

Nr. 32001 Ziff. 2: 4 × (8 + 3) = 44 Seiten	6,60 EUR
Nr. 32004: Porto 3 × 1,45 + 3,25 EUR =	7,60 EUR
	14,20 EUR

Keine Beglaubigungsgebühr und keine Dokumentenpauschale für die beglaubigte Kopie der Vollmacht (wohl aber für die weiteren Kopien als Teil der Urkunde)! Statt der tatsächlichen Portokosten von 7,60 EUR hätte auch die Pauschale Nr. 32005 berechnet werden können. Sie beträgt 20,00 EUR, da die Beurkundungsgebühr 125 EUR beträgt und daher der Höchstbetrag der Pauschale erreicht ist.

96.
Notar P mit dem Amtssitz in R hatte in der Stadt S, die von seiner Geschäftsstelle 18 km entfernt ist, einen harten Tag. Um 8.30 Uhr brach er auf, fuhr mit seinem Auto nach S und verhandelte – nur durch ein frugales Mittagessen unterbrochen – bis 16.30 Uhr mit der Erbengemeinschaft Quer über eine Erbauseinandersetzung (Geschäftswert: 10 000 EUR), die schließlich auch beurkundet wurde. Um 17.00 Uhr war er wieder in seiner Kanzlei. Man berechne die neben der Beurkundungsgebühr angefallenen Kosten!
Bewertung:

Nr. 26002 (Abwesenheitsgeld, 17 halbe Stunden)	850,– EUR
Nr. 32006 (Fahrtkosten, 36 km)	10,80 EUR
	860,80 EUR

Kein Tagegeld neben dem Abwesenheitsgeld!

97.
Bei der Kapitalerhöhung einer GmbH wurde (1) der Kapitalerhöhungsbeschluss (3 Seiten), (2) die Übernahmeerklärung (1 Seite), (3) die Liste der Übernehmer (1 Seite), (4) die Handelsregisteranmeldung (2 Seiten) und (5) der Wortlaut des Gesellschaftsvertrags mit der Bescheinigung nach § 34 GmbHG (7 Seiten) eingescannt und je als Datei dem Handelsregister übermittelt. Kapitalerhöhungsbeschluss und Wortlaut des Gesellschaftsvertrags wurden wunschgemäß auch der Gesellschaft und ihrer Steuerberaterin per E-Mail übermittelt. Man berechne die Dokumentenpauschale!
Bewertung:

Nr. 32002 (5 × 1,50 EUR = 7,50 EUR, maximal aber 5 EUR). mindestens aber Vergleichsberechnung: Nr. 32000: 14 × 0,50 =	7,– EUR
Nr. 32002 (2 × 2 × 1,50 EUR) =	6,– EUR
	13,– EUR

Keine Vergleichsberechnung bei den Dateien für Gesellschaft und Steuerberaterin, da die Dokumente bereits gescannt sind!

IV. Gebührenermäßigung

1. Rabattverbot

360 Die Kosten der Notare bestimmen sich ausschließlich nach dem GNotKG (§ 1 Abs. 1). Anders als die Rechtsanwälte, die im Rahmen von § 4 RVG die Gebührenhöhe mit ihren Mandanten vereinbaren können, ist eine **Gebührenvereinbarung** für notarielle Tätigkeit schlechthin **unwirksam** (§ 125; Ausnahme: öffentlich-rechtlicher Vertrag nach § 126); der Kostenschuldner hat also stets die gesetzlichen Gebühren zu entrichten. „Billige" und „teure" Notare dürfte es nach dem Wortlaut des GNotKG also nicht geben.

361 Es gibt sie natürlich trotzdem. Zwar steht bei manchen Beurkundungsgeschäften die Gebühr von vorneherein ohne jeden Ermessensspielraum fest: Verlangt ein Eigentümer die Beglaubigung seiner Unterschrift unter der von ihm gefertigten Löschungszustimmung für eine Grundschuld von 50 000 EUR, so hat der Notar eine Gebühr Nr. 25101 von 20 EUR festzusetzen, ohne dass ein Spielraum gegeben wäre. Aber schon bei ganz alltäglichen Beurkundungsgeschäften besteht ein gewisser Freiraum. Beurkundet der Notar eine vollstreckbare Grundschuld, in der die Auszahlungsansprüche gegen den Gläubiger an den derzeitigen Eigentümer des belasteten Grundstücks abgetreten sind, und nimmt eine Abtretungsanzeige vor, und/oder nimmt er die Ausfertigung für den Gläubiger entgegen, so kann er außer der 1,0 Gebühr Nr. 21200, der Dokumentenpauschale und den Auslagen auch noch eine 0,5 Betreuungsgebühr Nr. 22200 Ziff. 5 oder Ziff. 7 ansetzen (→ Rn. 105). Er kann sich aber auch auf den Standpunkt stellen, dass beides so überflüssig ist wie ein Kropf und nur die Beurkundungsgebühr berechnen. Grundsätzlich muss er – ganz gleich, wie er sich entscheidet – nicht befürchten, dass auf eine Kostenbeschwerde hin seine Berechnung beanstandet werden könnte. Ähnliche Spielräume eröffnet – insbesondere bei der gleichzeitigen Vornahme mehrerer Geschäfte – die Telekommunikationspauschale (→ Rn. 357). Neben den Gebühren für einen Kaufvertrag, zwei Grundschulden, einen Erbvertrag und zwei Vorsorgevollmachten kann der Notar – wenn er mag – noch 120 EUR (sechsmal die Pauschale Nr. 32005) zusätzlich auf die Rechnung setzen – oder sich auf einen einstelligen Eurobetrag in Höhe der wirklich entstehenden Kosten beschränken (Nr. 32004). Ansatz und Höhe der Nebengebühren und Auslagen sind deshalb eine erste Einbruchstelle in das System der Kostengleichheit. Die zweite Einbruchstelle ist die Festsetzung des Geschäftswerts. Zwar bezieht sich das Verbot der Gebührenvereinbarung auch auf den zugrundezulegenden Geschäftswert. Die Kostenfestsetzung des Notars wird unbeanstandet bleiben, wenn er bei einem Überlassungsvertrag die Angaben der Beteiligten über den Wert des Anwesens zugrunde legt, er setzt aber seine Kosten auch dann korrekt fest, wenn er den Wert des Anwesens aus dem Brandversicherungswert und den Bodenrichtwerten des Gutachterausschusses ermittelt (→ Rn. 20 f.). Das wirkt sich besonders bei unentgeltlichen Überlassungen aus, bei denen sich die Kostenschuldner in der Regel wenig Gedanken über den Verkehrswert machen und die Notare traditionell geneigt sind, den Wert eher vorsichtig anzusetzen, freilich kein Notar diese Tradition respektieren *muss* in dem Sinne, dass andernfalls seine Kostenberechnung unrichtig wäre, wenn er nämlich den tatsächlichen

IV. Gebührenermäßigung

Marktwert zugrundelegt. Unrichtig ist es allerdings, sich außerhalb des Anwendungsbereichs von § 48 mit der Feststellung des Einheitswerts zu begnügen, da in aller Regel ausreichende Anhaltspunkte für einen höheren Wert vorliegen. Den Einheitswert zugrunde zu legen, käme daher einer unzulässigen Gebührenabsprache gleich (so mit Recht *OLG Hamm* DNotZ 1971, 125).

Verbotene Gebührenvereinbarung ist es selbstverständlich auch, wenn Gebühren zwar zunächst angesetzt, dann aber – wie vorher abgemacht – nicht eingezogen oder erlassen werden (Dienstvergehen, das zur Amtsenthebung führen kann: *BGH* 24.11.2014 – NotSt 1/14; NJW 2015, 1883). Einzige Ausnahme sind die in den Berufsordnungen geregelten Fälle, wonach es geschehen darf, wenn es durch eine sittliche Pflicht oder eine auf den Anstand zu nehmende Rücksicht geboten sind und die Notarkammer allgemein oder im Einzelfall zustimmt. Der Anstand wird einen Gebührenerlass beispielsweise erfordern, wenn ein Beteiligter durch die Beurkundung mit einem Betrüger um sein wesentliches Vermögen gebracht wurde – und jetzt auch noch die Kostenrechnung für dieses Unglück bezahlen soll. Aus Billigkeitsgründen wird man auch den als Gesamtschuldner (§ 32 Abs. 1) haftenden Verkäufer nicht in Anspruch nehmen, wenn der Käufer die Kosten für eine Finanzierungsgrundschuld, die er aufgrund einer Belastungsvollmacht bestellt hat, nicht bezahlt (ebenso LK/*Renner* GNotKG § 125 Rn. 55). Die allgemeinen Zustimmungen der Kammern betreffen die sogenannten Standesangehörigen (Kollegen, eigene Mitarbeiter und beider Ehegatten und Kinder). Da heute auch gleichgeschlechtlichen Partnern die Ehe offensteht, scheidet eine entsprechende Anwendung auf Lebensgefährten aus (so schon vor der Einführung der Ehe für alle *OLG Schleswig* JurBüro 1996, 650). **362**

Die Bedeutung des Verbots der Gebührenvereinbarung sollte man nicht unterschätzen. Unterschiedliche Bewertungen desselben Geschäfts sind unter seiner Geltung nämlich immer nur ein Reflex unterschiedlicher Auslegung oder Anwendung einer Kostenvorschrift. Kein Notar darf dagegen damit werben, dass er seine Gebühren maßvoll ansetzt und beim Ansatz von Nebengebühren und bei der Festsetzung des Geschäftswerts nicht bis zur Grenze des von den Beschwerdegerichten Tolerierten geht – was übrigens ein nobile officium jedes Amtsinhabers sein sollte. Die bewusste Nichterhebung von Gebühren (zB von Maklern oder Bauträgern) in der Erwartung, mit weiteren Beurkundungsaufträgen bedacht zu werden, ist eine pflichtwidrige Diensthandlung und erfüllt den Tatbestand der Bestechlichkeit (*BGH* 22.3.2018 – 5 StR 566/17, NJW 2018, 1767, ein Strafurteil!). **362a**

2. Unrichtige Sachbehandlung

Überhaupt keine Gebühren darf der Notar für ein Geschäft erheben, wenn sie „bei richtiger Behandlung der Sache nicht entstanden" wären (§ 21). Die Kostengerichte legen diese Bestimmung lange Zeit sehr notarfreundlich aus: Nicht zuletzt durch Übertragung der Maßstäbe bei der Niederschlagung von Gerichtskosten erklärten sie, nicht jede Maßnahme, die sich im Nachhinein als unzutreffend oder unzweckmäßig herausstellte, sei unrichtige Sachbehandlung, sondern nur **offensichtliche Versehen** oder **grobe Verkennung** der gesetzlichen Bestimmungen. *OLG Hamm* JurBüro 2000, 321, zeigt, wie weit die Rechtsprechung hier teilweise geht: Nach dieser Entscheidung braucht der Notar nicht mal **363** zu wissen, welche Verträge beurkundungspflichtig sind und welche nicht! Bei den meisten Gerichten sind diese für den fachlich schwachen Notar rosigen Zeiten allerdings vorbei, und die steigende Zahl von Entscheidungen zeigt auch, dass immer mehr Kostenschuldner wirkliche oder vermeintliche Fehler des Notars mit der Kostenbeschwerde beanstanden. Die neuere Rechtsprechung neigt dazu, den Anwendungsbereich der Vorschrift auf unter Kostengesichtspunkten ungünstige Vertragsgestaltung auszudehnen, mag diese auch sachlich-rechtlich zu keinen Beanstandungen Anlass geben. Das zeigen die in → Rn. 60, 65, 104, 290 und 338 erörterten Fälle (Verzicht auf Widerruf der Option zur Umsatzsteuer, Abtretung der Auszahlungsansprüche in der Grundschuldurkunde, Anderkonto ohne Sicherungsinteresse, überflüssiger Genehmigungsentwurf usw.) deutlich.

364 Falsche Sachbehandlung ist es sicher, wenn ein Notar einen Ehevertrag im Wege von Angebot und Annahme beurkundet (vgl. demgegenüber § 1410 BGB), eine Grundschuld an einem eingetragenen Schiff oder Luftfahrzeug beurkundet (vgl. § 57 SchiffsRG und §§ 1 ff. LuftfzRG), beim Verkauf eines im Grundbuch als „Gebäudefläche" bezeichneten Grundstücks eine Genehmigung nach dem GrdstVG einholt (*OLG Zweibrücken* JurBüro 1993, 358) oder beim Verkauf einer Eigentumswohnung bei der Naturschutzbehörde anfragt, ob ein Vorkaufsrecht nach dem Naturschutzgesetz besteht.

In anderen Fällen kann man trefflich streiten. Der Notar beurkundet einen Kaufvertrag über Teilflächen aus einem landwirtschaftlichen Grundstück, ohne mit den Beteiligten darüber zu sprechen, dass die Genehmigung nach dem Grundstücksverkehrsgesetz wegen der dadurch eintretenden Zersplitterung möglicherweise versagt werden wird (Fall *LG Leipzig* NotBZ 2006, 437). Sind die Kosten niederzuschlagen, wenn die Genehmigung dann tatsächlich nicht zu erhalten ist? Oder: Es wird eine GmbH mit einer Firma gegründet, bei der zweifelhaft ist, ob sie als firmenrechtlich zulässig anzusehen ist. Sollen die Kosten, die für die Beurkundung der Firmenänderung anfallen, nach § 21 unerhoben bleiben?

In diesen und ähnlichen Fällen gilt regelmäßig, dass der Notar die Gebühren erheben kann, denn die Sachbehandlung ist nicht *offensichtlich* unrichtig. Es gibt schließlich auch in der Genehmigungspraxis der Landwirtschaftsbehörden Unterschiede, und es gibt in Fragen der Firmenbildung strengere und großzügigere Registergerichte. Die Gebührenerhebung wird also im Streitfall unbeanstandet bleiben. Eine andere Frage ist es, ob der Notar solche Gebühren erheben *sollte*. Je höher Anforderungen er an sich selbst stellt, desto eher wird er zugunsten der Beteiligten davon ausgehen, dass er bei optimaler Beurteilung die Sache anders hätte behandeln müssen. Je bescheidener dagegen die Qualifikation des Notars, desto leichter wird es ihm fallen, seine für den beabsichtigten Zweck nicht geeignete oder ausreichende Beurkundung als nicht *so* falsch anzusehen, dass § 21 eingriffe. Ein guter Notar muss also von § 21 öfter Gebrauch machen.

365 Unrichtige Sachbehandlung ist eine **unnötig teure Gestaltung,** wenn also das Ziel ohne Einbuße an Schnelligkeit und Sicherheit auch mit geringeren Kosten erreicht werden kann. So ist es überflüssig und deshalb falsche Sachbehandlung, wenn zusätzlich zur Beurkundung der Zustimmungserklärung eines Beteiligten seine Zustimmung als Erbe eines weiteren Beteiligten beurkundet wird (*LG Hannover* JurBüro 2005, 317) oder wenn beim Kauf durch eine GbR ohne Hinweis auf dadurch entstehende Mehrkosten ein aus einem Satz bestehender Gesellschaftsvertrag mitbeurkundet wird, den die Beteiligten ebenso gut formfrei abschließen könnten (*LG Leipzig* 10.10.2019 – 2 OH 37/18, BeckRS 2019, 44071).

IV. Gebührenermäßigung

Bei der Beurkundung einer Vorsorgevollmacht ist die kostentreibende Mitbeurkundung des schuldrechtlichen Innenverhältnis grundsätzlich falsche Sachbehandlung (*OLG Hamm* JurBüro 2009, 321). Die Aufnahme getrennter Urkunden für Erbausschlagungen mehrerer gleichzeitig erscheinender Miterben ist reine Kostenschinderei, freilich von *LG Potsdam* JurBüro 2005, 431 mablAnm von *Filzek* gebilligt worden. Richtigerweise hätten wegen unrichtiger Sachbehandlung nur die Kosten einer Urkunde erhoben werden dürfen. Vor allem muss der Notar bei Bestehen mehrerer Möglichkeiten aber auf den billigeren Weg hinweisen, wenn er in gleicher Weise geeignet ist (*OLG Zweibrücken* ZNotP 2010, 398), und schließlich ist es falsche Sachbehandlung, wenn ohne Grund vor Ablauf der Frist des § 17 Abs. 2a BeurkG beurkundet wird (*KG* DNotZ 2009, 49). Auch die Beurkundung eines nicht beurkundungspflichtigen Rechtsgeschäfts kann unrichtige Sachbehandlung sein, wenn die Beteiligten bei Kenntnis der Formfreiheit von der Beurkundung abgesehen hätten. Sicherlich ist es ratsam, auch geschäftsgewandte Beteiligte vorher auf diesen Umstand hinzuweisen – wenn allerdings ein Notarkollege beanstandet, er sei nicht darauf hingewiesen worden, dass man sich die Beurkundungskosten sparen könne (so allen Ernstes in dem Fall *OLG Karlsruhe* FGPrax 2007, 146), dann weiß man nicht so recht, ob man lachen oder weinen soll. Unrichtige Sachbehandlung ist auch ausgeschlossen, wenn die Beteiligten **entgegen dem Rat** des Notars auf einer Beurkundung bestehen, die sich später als unbrauchbar, überflüssig oder ergänzungsbedürftig erweist. Da die Beteiligten es später oft nicht mehr wahrhaben wollen, auf einer solchen Beurkundung bestanden zu haben, empfiehlt es sich, entweder in den Text der Urkunde oder auf ein besonderes, von den Kostenschuldnern zu unterzeichnendes Blatt den Hinweis aufzunehmen, dass der gewünschte Erfolg voraussichtlich nicht eintreten werde und die Kostentragungspflicht davon unberührt bleibe.

365a Normalerweise beruht unrichtige Sachbehandlung auf Fehlern des Notars; es ist aber nicht verboten und vielerorts gängige Praxis, § 21 auch bewusst und sogar **planmäßig anzuwenden** (ausdrücklich gebilligt von *LG Bayreuth* 25.8.2005 – 42 T 109/05). Das kann bürotechnische, psychologische oder haftungsrechtliche Gründe haben, und diese Gründe können durch die Praxis des Notars oder des Gerichts, insbesondere des Grundbuchamts veranlasst sein. So ist es etwa, wenn der Notar für eine Grundschuldbestellung und den gleichzeitigen Rangrücktritt von Grundstücksrechten Verwandter getrennte Urkunden aufnimmt, um den im Rang Zurücktretenden augenfällig zu machen, dass sie keinerlei Haftung für den Grundschuldbetrag übernehmen. Er darf dann die Rangrücktrittserklärung nicht bewerten, denn in der Grundschuldurkunde wäre der Rangrücktritt gegenstandsgleich und würde keine Kosten verursachen (→ Rn. 110). Manche Grundbuchämter wünschen, dass der Notar bei Löschungen von Grundschulden im Zusammenhang mit Kaufverträgen die Löschungszustimmung in gesonderter Urkunde vorliegt; trägt der Notar diesem Wunsch Rechnung, darf er die Löschungszustimmung nicht bewerten, da sie im Kaufvertrag keine Kosten verursachen würde (→ Rn. 57a). Nimmt der Notar in das Testament eines Deutschen ohne Auswanderungsabsicht ungefragt und routinemäßig eine Rechtswahl für deutsches Recht auf, darf er sie nicht bewerten, weil sie überflüssig ist (→ Rn. 196), aber er – wenn er ein sehr vorsichtiger Notar ist – vielleicht besser schlafen kann.

366 Soweit unrichtige Sachbehandlung vorliegt, wird der Fehler oder die Panne in der Regel von dem Notar korrigiert, der den Bock geschossen hat. Verlangen kann er von den Beteiligten freilich nicht, dass ihm diese Chance eingeräumt wird. Die Beteiligten können stattdessen auch den Notar wechseln; die „Reparatur" wird dann voll berechnet, die Kosten für die missratene Urkunde werden entsprechend, gegebenenfalls auf Null, gemindert. Demgegenüber wird in der Rechtsprechung teilweise behauptet, der ungeschickte Notar müsse – wie ein Handwerker – erst einmal selbst nachbessern dürfen (so etwa *OLG Düsseldorf* JurBüro 2016, 589), was aber mit dem Amtscharakter des Notariats nicht vereinbar ist. Nicht damit verwechselt werden darf der (irrig oft ebenfalls unter dem Gesichtspunkt des § 21 behandelte) Fall, dass ein Entwurf gefertigt wurde, der nach Ansicht des Auftraggebers noch unzureichend oder mangelhaft ist. Es liegt im Wesen eines Entwurfs, dass dieser noch Änderungen und Verbesserungen zugänglich ist (*LG Leipzig* NotBZ 2020, 317). Hier liegt schon begrifflich keine falsche Sachbehandlung vor, wenn der Notar – wie regelmäßig – bereit ist, den Entwurf wunschgemäß anzupassen.

Berechnet der Notar Kosten, obwohl er *weiß*, dass unrichtige Sachbehandlung vorliegt, begibt er sich in einen Bereich, der strafrechtlich relevant ist (Gebührenüberhebung, § 352 StGB). Wer wissen will, wie leicht man hier vor den Kadi kommen kann, lese *OLG Köln* NJW 1988, 503. Und wer uneinsichtig und starr einer von dem für ihn zuständigen OLG nicht gebilligten Rechtsmeinung folgt, die zu höheren oder zusätzlichen Gebühren führt, begründet, wenn er es als Notarvertreter tut, der erst noch Notar werden will, Zweifel an seiner Eignung (*BGH* NJW 1997, 1075, 1076) und verhält sich, wenn er schon Notar ist, pflichtwidrig, so dass eine Disziplinarmaßnahme verhängt werden kann (*OLG Köln* JurBüro 2001, 540).

Kosten werden trotz (möglicherweise) falscher Sachbehandlung erhoben, wenn sie bei richtiger Sachbehandlung in gleicher Weise angefallen wären. Deshalb braucht dem Einwand des Kostenschuldners, ein beurkundeter Kaufvertrag mit Auflassung leide an einem Formmangel, nicht nachgegangen zu werden, wenn inzwischen die Auflassung im Grundbuch eingetragen wurde und der Mangel geheilt ist (§ 311b Abs. 1 S. 2 BGB); bei richtiger Sachbehandlung wären die Beurkundungskosten ja in gleicher Weise entstanden (*OLG Düsseldorf* JurBüro 2019, 582).

3. Wirtschaftlich schwache Beteiligte

367 Einem Beteiligten, dem nach der ZPO Prozesskostenhilfe zu gewähren wäre, hat der Notar seine Urkundstätigkeit vorläufig **gebührenfrei** oder gegen Zahlung der Gebühren **in Monatsraten** zu gewähren. Diese Vorschrift – sie steht systemwidrig in § 17 BNotO statt im GNotKG – hat nur geringe praktische Bedeutung. Dem Buchstaben nach durchgeführt wird sie nur in den seltensten Fällen. Zweckgerecht wäre nämlich eine Vorschrift, die dem Notar die Möglichkeit gäbe, die anfallenden Gebühren bei wirtschaftlich schwachen Beteiligten um einen gewissen Prozentsatz, gegebenenfalls bis auf Null zu ermäßigen. Stattdessen wird auf die ZPO verwiesen. Hiernach müsste die wirtschaftlich schwache Partei dem Notar zunächst eine Erklärung über ihre persönlichen und wirtschaftlichen Verhältnisse vorlegen sowie entsprechende Belege beifügen(!). Der Notar hätte dann, wenn der Beteiligte kein Vermögen einsetzen muss (§ 115 Abs. 3 ZPO; der dort in Bezug genommene § 90 SGB XII erfordert Detailkenntnisse im Sozialhilferecht), die Gebühren entweder ganz zu erlassen oder Zahlung in (höchstens 48)

IV. Gebührenermäßigung

Monatsraten gemäß § 115 Abs. 1 ZPO anzuordnen, wobei er zur Ermittlung der Höhe der Raten erst einmal den aktuellen Freibetrag (der jährlich wechselt) aus dem laufenden Jahrgang des Bundesgesetzblatts heraussuchen muss. All das ist wenig praktisch, und der Aufwand steht weder für den Notar noch für den Beteiligten im Verhältnis zu den geringfügigen Gebühren der Geschäfte, um die wirtschaftlich schwache Beteiligte anzusuchen pflegen; regelmäßig handelt es sich um Beglaubigung von Abschriften, Unterschriftsbeglaubigungen unter Erklärungen ohne bestimmten Geldwert oder eidesstattliche Versicherungen. Am ehesten dürfte die Anwendung der ZPO noch bei Geschäften wirtschaftlich schwacher Personen in Frage kommen, die Beurkundungsgebühren in nennenswerter Höhe auslösen (vgl. Beispiel 98).

Über die Gewährung entscheidet der Notar selbst. Anders als der Rechtsanwalt trägt der Notar auch den Ausfall selbst; er erhält die Gebühren nicht etwa ganz oder teilweise aus der Staatskasse erstattet. Eine Ausnahme gilt nach § 102 SachenRBerG für das Vermittlungsverfahren nach diesem Gesetz (→ Rn. 323 a). Hier entscheidet das Gericht über die Gewährung der Gebührenfreiheit, und der Notar erhält seine (vollen) Gebühren aus der Staatskasse.

Zu beachten ist in jedem Fall, dass Gebührenermäßigung nur auf Antrag gewährt wird und nur für ein *beabsichtigtes* Geschäft. *Nach* der Beurkundung kann ein Antrag auf Gebührenermäßigung also nicht mehr gestellt werden.

4. Gebührenermäßigung nach § 91

Die richtige Behandlung gebührenermäßigter Fälle, womöglich mit Sonderabreden und mehreren, teils nicht begünstigten Beteiligten, ist zwar immer noch gewissermaßen die hohe Schule des Notarkostenrechts; im Vergleich zur Rechtslage vor 1989 ist aber heute alles deutlich einfacher. Für die Praxis haben sich wesentliche Erleichterungen und, man soll es nicht unerwähnt lassen, per saldo auch höhere Gebührenbeträge ergeben. 368

Nach § 91 Abs. 1 S. 1 ermäßigen sich die Gebühren bei Geschäftswerten über 25 000 EUR um 30 %, über 110 000 EUR um 40 %, über 260 000 EUR um 50 % und über 1 000 000 EUR um 60 %. Bei Geschäftswerten bis (einschließlich) 25 000 EUR gibt es keine Gebührenermäßigung. Konsequent durchgeführt würde diese Staffelung der Gebührenbegünstigung bedeuten, dass ein Vertrag mit einem Geschäftswert von 25 000 EUR einen Gebührenbegünstigten 230 EUR, einer mit einem Geschäftswert von 35 000 EUR dagegen nur (270 EUR abzüglich 30 % =) 189 EUR kostet. Zur Vermeidung solcher Merkwürdigkeiten gibt es § 91 Abs. 1 S. 2, der eine **Vergleichsberechnung** verlangt: Die Höchstgebühr der nächstniedrigeren Gebührenstufe darf nicht unterschritten werden. 369

a) Fälle der Gebührenermäßigung

Persönliche Gebührenbegünstigung genießen nach § 91 Abs. 1 der Bund, die Länder, die nach den Haushaltsplänen des Bundes oder eines Landes verwalteten öffentlichen Körperschaften und Anstalten und damit auch der Landesbetrieb Straßenbau als Organisationsform des Landes NRW (*OLG Düsseldorf* NJW-RR 2011, 1293), die Gemeinden, Gemeindeverbände und sonstigen Gebietskörper- 370 schaften (insbesondere: Landkreise, Bezirke), die Kirchen und anderen Religionsgemeinschaften, die die Stellung einer juristischen Person des öffentlichen Rechts haben (nach *BGH* 14.12.2006 – XII ZR 83/04, NJW-RR 2007, 644 auch eine als Verein organisierte islamische Religionsgemeinschaft), aber nicht in Angelegenheiten, die deren wirtschaftliche Unternehmen betreffen. Dummerweise ist die Frage ausgerechnet bei der praktisch wichtigsten Anstalt, der Bundesanstalt für Immobilienaufgaben umstritten (verneinend *BGH* 19.2.2009 – V ZR 172/08, JurBüro 2009, 371]; ebenso für die Bundesanstalt für Arbeit *KG* FamRZ 2009, 1854). Dagegen ist ein in der Form einer GmbH betriebenes Kreiskrankenhaus auch dann nicht gebührenbegünstigt, wenn der Landkreis einziger Gesellschafter ist (*BGH* 20.4.2010 – VI ZB 65/09, MDR 2010, 949). Klar ist die Sache deshalb auch bei der Deutschen Bahn und bei der Deutschen Post: Da sie Aktiengesellschaften sind, kommt keine Gebührenbegünstigung in Betracht. Aber Vorsicht: Das Bundeseisenbahnvermögen hat rechtlich nichts mit der Deutschen Bahn zu tun, sondern ist ein Sondervermögen des Bundes und deshalb begünstigt (*BGH* JurBüro 1998, 653). Ob eine Einrichtung der Daseinsvorsorge ein „wirtschaftliches Unternehmen" ist, wird kontrovers beurteilt. Sicher nicht richtig (so aber *KG* NVwZ-RR 2013, 240) ist es, darauf abzustellen, ob die betreffende Tätigkeit mit Gewinnerzielungsabsicht betrieben werden könnte. Da man jede Tätigkeit gewinnorientiert betreiben kann, gäbe es andernfalls im Bereich der Daseinsvorsorge überhaupt keine Gebührenermäßigung (überzeugend *BGH* 1.6.2017 – V ZB 23/16, NJW-RR 2017, 1016: Kindergärten und Kitas sind keine wirtschaftlichen Unternehmen und daher auch nicht ein Wasserzweckverband und die Abwasserbeseitigung; anderslautende OLG-Rechtsprechung ist überholt) Ein wirtschaftlicher Geschäftsbetrieb ist im übrigen nur schädlich, wenn er den eigentlichen Zweck verdrängt, nicht wenn er steuerunschädlich neben dem förderungswidrigen Zweck betrieben wird (*OLG Brandenburg* 15.5.2019 – 5 W 131/18, BeckRS 2019, 11051).

371 Ausgenommen ist auch der Fall, dass die **Weiterveräußerung** an einen nichtbegünstigten Dritten beabsichtigt ist oder – auch ohne solche Absicht am Tag der Beurkundung – binnen drei Jahren tatsächlich erfolgt (§ 91 Abs. 1 S. 3, 4). Da die böse Absicht dem Begünstigten also auch dann schadet, wenn sie nicht innerhalb von drei Jahren realisiert wird, empfiehlt es sich für den Kostenschuldner nicht, eine solche zu Protokoll zu geben, für den Notar dagegen, nach Ablauf der drei Jahre einen Blick in das Grundbuch zu werfen: Der Begünstigte könnte seine Pflicht, den Notar zu unterrichten (§ 91 Abs. 1 S. 5), „vergessen" haben. Die Veräußerung von Grundstücksteilen genügt; die Bestellung eines Erbbaurechts ist dagegen unschädlich (*OLG Hamm* FGPrax 1999, 74).

372 § 91 Abs. 2, der trotz der unglücklichen Formulierung auf den ganzen Absatz 1 verweist, gewährt die gleiche Begünstigung den Körperschaften, Vereinigungen und Stiftungen, die mildtätige oder kirchliche Zwecke verfolgen – nicht dagegen den Vereinen, die „nur" gemeinnützige Zwecke verfolgen! Diese Ungleichbehandlung ist nicht verfassungswidrig (*BGH* 19.6.2013 – V ZB 130/12, NJW-RR 2014, 183). Für den sehr häufigen Fall, dass ein Verein sowohl mildtätige und kirchliche, als auch gemeinnützige Zwecke verfolgt, meint der BGH beiläufig, dass es auch keine Ermäßigung gibt – mit der Folge, dass alle größeren mildtätigen Vereinigungen aus der Begünstigung herausfallen, weil ihr Satzungszweck so umfassend beschrieben ist, dass er auch „nur" gemeinnützige Zwecke umfasst. Das ist natürlich nicht im Sinn der Sache: Entscheidend ist der Schwerpunkt der

IV. Gebührenermäßigung

Betätigung der Vereinigung, und der dürfte zB beim Roten Kreuz, dem Diakonischen Werk und der Caritas doch ziemlich klar sein.

Abgeschafft ist – von dem praktisch bedeutungslosen Fall des § 56 DMBilG abgesehen – die **sachliche** Gebührenbegünstigung, also die Gebührenermäßigung für bestimmte Geschäfte ohne Rücksicht darauf, wer die Kosten trägt. Bei Geschäften nach dem Bundesvertriebenengesetz, dem Flurbereinigungsgesetz, den Vorschriften über die Kriegsopferversorgung, dem Reichssiedlungsgesetz, dem Wasserverbandsgesetz und ähnlichen Exoten gibt es seit 1.7.1989 keinen Rabatt mehr. Abgeschafft ist auch die Gebührenbegünstigung für die meisten Beurkundungen nach § 64 SGB X. Geblieben ist lediglich die völlige Gebührenfreiheit der eigentlichen Sozialhilfesachen des § 64 Abs. 2 S. 3 Nr. 2 SGB X (Vorbem. 2 Abs. 2); zusätzlich eingeführt ist die völlige Gebührenfreiheit der unter Vorbem. 2 Abs. 3 fallenden Geschäfte nach § 62 BeurkG (→ Rn. 387). 373

b) Durchführung der Gebührenermäßigung

Zur Durchführung der Gebührenermäßigung nach § 91 gibt es eine Reihe von Regeln, die man sich nur merken oder gegebenenfalls nachschlagen kann, die man aber – wie so vieles im Notarkostenrecht – besser nicht zu verstehen sucht, und noch mehr Zweifelsfragen. 374

(1) Nur die in § 91 Abs. 1 ausdrücklich genannten Gebühren sind zu ermäßigen, also insbesondere nicht die Gebühren Nr. 22110, 22200, 25100, 25200, 25300 und § 100 SachenRBerG. 375

(2) Wenn eine **Höchstgebühr** in Betracht kommt, so ist diese zu ermäßigen, nicht etwa *auf* die Höchstgebühr. Aber Vorsicht: Die Gebühr Nr. 21201 Ziff. 5 für eine Handelsregisteranmeldung beträgt bei einem Geschäftswert von 2 000 000 EUR nicht etwa 347 EUR (867,50 EUR abzüglich 60 %), sondern 433,75 EUR, weil die Gebühr bei einem Geschäftswert von 950 000,01 EUR bis 1 000 000 EUR (867,50 EUR abzüglich 50 %) nicht unterschritten werden darf. 376

(3) Für das Zusammentreffen **mehrerer** Kostenschuldner, von denen einer gebührenbegünstigt ist, gilt § 91 Abs. 3. Hiernach erstreckt sich die Gebührenermäßigung auf die übrigen Kostenschuldner, soweit sie von dem Begünstigten auf Grund gesetzlicher Vorschrift Erstattung verlangen können. Kauft also das Land Baden-Württemberg von einem Privatmann ein Grundstück, so erhält es Gebührenermäßigung, und der Notar darf den Ermäßigungsbetrag selbstverständlich auch nicht vom Verkäufer verlangen, obwohl er neben dem Land als Gesamtschuldner für die Kosten haftet (§§ 30 Abs. 1, 32 Abs. 1). Kaufen ein gemeinnütziger Verein (nicht gebührenbefreit) und ein kirchlicher Verein (gebührenbefreit) ein Grundstück, so ist nur die auf den kirchlichen Verein entfallende Gebührenhälfte zu ermäßigen, die andere Hälfte bleibt unermäßigt. Entsprechendes gilt, wenn – was allerdings selten vorkommen dürfte – ein gebührenbegünstigter Verein und ein Ehepaar eine Grundschuld bestellen und im Wege des abstrakten Schuldanerkenntnisses als Gesamtschuldner den Grundschuldbetrag zu schulden bekennen. Es ist dann $1/3$ der Gebühr zu ermäßigen. 377

(4) Nicht entschieden ist in § 91 die früher schon umstritten gewesene Frage, ob eine vom gesetzlichen Regelfall abweichende Kostentragungsregelung zur 378

Gebührenermäßigung führt oder eine sonst zu gewährende Gebührenermäßigung hindert. Nach richtiger und bisher schon herrschender Ansicht (zB *OLG Zweibrücken* Rpfleger 1996, 305): nein. Das hat besondere Bedeutung, wenn ein Straßenbaulastträger beim Erwerb von Straßengrund auch die **Lastenfreistellungskosten** übernimmt. Hier ist für die Lastenfreistellung keine Gebührenermäßigung zu gewähren. Auch sonst führt die **Vereinbarung der Kostenübernahme** nicht zur Gewährung des Privilegs des § 91. Umgekehrt gilt natürlich dasselbe: Übernimmt der nicht Gebührenbegünstigte Kosten, die (gesetzlich) ganz oder teilweise der Befreite schuldet, braucht er trotzdem nur die ermäßigten Gebühren zu zahlen. Gegen die letztgenannte Konsequenz scheint allerdings der Wortlaut von § 91 Abs. 1 zu sprechen: Wenn der Notar seine Rechnung an den nicht Gebührenbegünstigten schickt, „erhebt" er sie eigentlich nicht von einer der privilegierten Körperschaften. Trotzdem kann für diesen (selteneren) Fall nichts anderes gelten: Wer A sagt, muss auch B sagen!

379 (5) Die Beurkundung eines gebührenbegünstigten Geschäfts mit einem nicht gebührenbegünstigten Geschäft in einer Urkunde dürfte in der Kostenliteratur öfter vorkommen als in der Praxis. Hier soll zunächst die Gesamtgebühr für die Urkunde zu berechnen sein, dann die Gebühr für den nicht begünstigten Teil und sodann die Differenz als die auf das begünstigte Geschäft entfallende Gebühr. Diese ist dann zu ermäßigen. Mit gleichem Recht könnte man – mit dem Ergebnis einer um ein paar Euro niedrigeren Gebühr – erst die Gebühr für den begünstigten Teil ansetzen, ermäßigen und die Differenz hinzuzählen. Das habe ich allerdings nirgends so gefunden. Vertreten wird allerdings eine dritte Möglichkeit, nämlich hier genau wie im Fall der → Rn. 377 zu verfahren, also die Gesamtgebühr zu berechnen und nach den Anteilen des nicht begünstigten und des begünstigten Geschäfts aufzuteilen; letzterer ist dann zu ermäßigen; so ist auch das Beispiel 103 berechnet.

380 (6) Beliebt war früher die Aufspaltung eines Vertrags in **Angebot und Annahme**, wenn ein Vertragsteil gebührenbegünstigt, insbesondere eine Gemeinde ist, die Bauland veräußern will. Verkauft sie nämlich durch einen „normalen" Kaufvertrag, so ergibt sich kein Vorteil, weil der nichtbegünstigte Käufer gesetzlicher Gebührenschuldner ist. Wenn der Käufer den Kaufvertrag anbietet und die Gemeinde die Annahme erklärt, fällt eine 2,0 Gebühr für das Angebot unermäßigt und eine 0,5 Gebühr für die Annahme ermäßigt an. Da aber insgesamt 2,5 Gebühren statt 2,0 Gebühren wie bei der unmittelbaren Vertragsbeurkundung anfallen, lohnt sich die Aufspaltung in keinem Fall.

381 Lukrativ ist die Sache allenfalls noch, wenn die Parteirollen vertauscht werden: Die Gemeinde erklärt das Angebot, der Käufer nimmt es an; die 2,0 Gebühr ist zu ermäßigen, die 0,5 Gebühr voll zu erheben. Wenn man der Ansicht anhängt, eine wirksame Zwangsvollstreckungsunterwerfung des Käufers könne nur in der Annahmeurkunde erfolgen und führe dort zur Berechnung einer 1,0 Gebühr (→ Rn. 85), dann ergibt sich erst bei hohen Geschäftswerten eine kleine Gebührenersparnis, die womöglich durch eine höhere Dokumentenpauschale wieder aufgezehrt wird.

382 Zu einer wirklichen Ersparnis führt heute nur noch die dritte Möglichkeit. Bekanntlich nutzt es nichts, wenn der gebührenbegünstigte Verkäufer im

IV. Gebührenermäßigung

Kaufvertrag die Kosten übernimmt, denn das weicht von § 449 BGB ab, wonach beim Grundstückskaufvertrag eben der Käufer die Kosten zu tragen hat. Diese Bestimmung gilt aber nicht für Angebote. Macht also der Käufer der Gemeinde das Angebot, erscheint aber ein Vertreter des Verkäufers mit, nimmt von dem Angebot Kenntnis und verpflichtet sich namens des Verkäufers zur Tragung der Kosten des Angebots, gleichgültig, ob es angenommen wird oder nicht, dann sind die Kosten für das Angebot zu ermäßigen (*BayObLG* MittBayNot 1978, 119). Wird das Angebot später vom Verkäufer auf seine Kosten angenommen, tritt natürlich wieder die Ermäßigung ein.

(7) Besonders umständlich ist die Berechnung der richtigen Gebühren beim **Tausch mit Aufzahlung**. Hier muss zunächst die Gesamtgebühr festgestellt werden, die sich aus dem Geschäftswert des Grundstücks mit dem höheren Wert berechnet. Sodann ist diese Gesamtgebühr auf beide Beteiligte im Verhältnis ihres Erwerbs zu verteilen und der auf den Befreiten entfallende Gebührenteil entsprechend zu ermäßigen. Eine Berechnungsanleitung gibt Beispiel 100. 383

(8) In den oben unter (5) und (7) behandelten Fällen führt die Vergleichsberechnung nach § 91 Abs. 1 S. 2 zu einer interessanten Zweifelsfrage: Ist die „ermäßigte Gebühr" des § 91 Abs. 1 S. 2, die gegebenenfalls wieder anzuheben ist, in diesen Konstellationen die Gesamtgebühr des Geschäfts oder die Teilgebühr, die tatsächlich zu ermäßigen ist? Ich halte die erstere Auslegung für richtig: Die bei der Berechnung zu ermittelnden Teilgebühren sind nicht die „Gebühr" im Sinne dieser Bestimmung, sondern ein bloßer Rechnungsposten. Allerdings hat auch die gegenteilige Lösung Anhänger gefunden (zB *Puppe* JurBüro 1990, 5), denn sie führt mitunter zu einer höheren Gebührensumme, oft zum gleichen Betrag, aber nie zu einem geringeren! 384

(9) Ein ähnliches Problem stellt sich, wenn Gebührenteile aufgrund verschiedener Nummern des KV anzusetzen sind (zB die Gebühren Nr. 21200 und 21201 beim Zusammentreffen von Grundschuldbestellung und Löschung). Hier kann man ebenso entscheiden und zunächst die aufgrund verschiedener Paragraphen anzusetzenden Gebührenteile zusammenzählen und dann ermäßigen oder vor dem Zusammenzählen für jeden Gebührenteil einzeln prüfen, ob er zu ermäßigen ist. Auch hier gilt: Ich halte das erstgenannte Verfahren für richtig, aber das letztgenannte kann zu höheren Gebühren führen (vgl. Beispiel 101). 385

(10) Bei der Fertigung von Entwürfen und die von Unterschriftsbeglaubigungen unter Beteiligung Gebührenbegünstigter kommt es darauf an, wer dem Notar den Auftrag erteilt hat. Ist der Auftraggeber gebührenbefreit, dann ist die Gebühr zu ermäßigen, andernfalls nicht. 386

5. Gebührenbefreiung nach Vorbem. 2

Es gibt auch zwei Fälle, in denen der Notar überhaupt keine Gebühren erhält. Von den Beurkundungs- und Beglaubigungskosten restlos befreit sind zunächst Urkunden, die im **Sozialhilferecht** aus Anlass der Beantragung, Erbringung oder Erstattung einer nach dem SGB XII (früher: Bundessozialhilfegesetz) vorgesehenen Leistung benötigt werden (Vorbem. 2 Abs. 2, 64 Abs. 2 3 Nr. 2 SGB X). So ist es etwa, wenn das Sozialamt davon absieht, dem Antragsteller die Veräuße- 387 rung von Grundbesitz anzusinnen, weil dies für ihn eine besondere Härte darstellen würde, jedoch die Eintragung einer Sicherungshypothek für die gewährte Sozialleistung an diesem Grundbesitz verlangt (*OLG Hamm* FGPrax 2017, 280). Hier fallen für die Beglaubigung der Unterschrift des Hilfsbedürftigen unter die Eintragungsbewilligung keinerlei Notarkosten an, aber auch nicht für eine vollstreckbare Ausfertigung, wenn eine Grundschuld mit Zwangsvollstreckungsunterwerfung bestellt wird.

388   Völlig gebührenbefreit sind auch die unter § 62 BeurkG fallenden Beurkundungen (Vorbem. 2 Abs. 3). Das sind: **Vaterschaftsanerkenntnisse**, Zustimmungserklärungen hierzu, **Unterhaltsverpflichtungen** gegenüber einem Kind (beliebigen Alters und gleichgültig, ob die Eltern bei seiner Geburt miteinander verheiratet waren oder nicht) und gegenüber Mutter (oder Vater!) eines Kindes, dessen Eltern bei seiner Geburt nicht miteinander verheiratet waren. Meist wird hier allerdings das Jugendamt tätig.

Zu beachten ist, dass nur die Beurkundung der einseitigen Unterhaltsverpflichtung gebührenfrei ist, dies allerdings auch in einer Scheidungsvereinbarung. Unterhalts*vereinbarungen* lösen dagegen die normalen Gebühren aus.

Nicht unter § 62 BeurkG fallen und daher auch nicht gebührenfrei sind dagegen die Beurkundung von **Sorgeerklärungen** (1,0 Gebühr Nr. 21200; Wert: 5000 EUR nach § 36) und von Zustimmungserklärungen im Adoptionsverfahren (→ Rn. 311).

6. Gebührenermäßigung und Bundesverfassungsgericht

389   Dass Kostenschuldner, die eine hohe Rechnung erhalten, geneigt sind, die Gebührenberechnung für verfassungswidrig zu halten (ein Beispiel → Rn. 7), ist irgendwie verständlich. Dass ein Notar dagegen wegen einer Gebühr von damals 18,75 DM das BVerfG hat bemühen lassen, sollte man eigentlich nicht für möglich halten. Er war der Meinung, eine Ermäßigung seiner Gebühren in den gerade erwähnten Sozialhilfesachen über 50 % hinaus sei mit dem Grundgesetz nicht vereinbar. Das BVerfG hat die Vorlage kurz und zutreffend abgefertigt (NJW 1986, 307). Es ist übrigens bezeichnend, dass dieser Kollege so wenig Ahnung vom Kostenrecht hatte, dass ihm die (inzwischen abgeschaffte) Rundung auf volle 10 Pfennig entgangen ist: Wenn überhaupt, hätte die Gebühr damals 18,80 DM betragen müssen (→ Rn. 30).

Das schlechte Beispiel hat leider Nachahmer gefunden. Auch die Geschäftswertregelung des (heutigen) § 48 und eine inzwischen längst wieder aufgehobene Gebührenermäßigungsvorschrift für vereinigungsbedingte Beurkundungen sind nach Karlsruhe getragen worden (DNotZ 1995, 772 und 1996, 471), es wurden sogar ein paar pseudowissenschaftliche Aufsätze geschrieben, aber ohne einen anderen Erfolg als den, dass beim BVerfG der Eindruck entstanden sein muss, die Gebührenberechnung sei das einzige Rechtsproblem, an dem die Notare Interesse haben, und ihre Kenntnisse im Verfassungs- und Verfassungsprozessrecht seien bedauerlich gering. Das Ansehen des Notariats als Institution wurde durch solchen Unsinn sicherlich nicht gesteigert. Seitdem ist Ruhe.

IV. Gebührenermäßigung

98.
Der Kieler Rentner A erklärt: Ich bin verwitwet und lebe von einer Rente von 792 EUR monatlich; meine Kosten für Heizung und Versicherungen betragen 271 EUR monatlich. Ich besitze ein lastenfreies kleines Einfamilienhaus im Wert von etwa 80 000 EUR, das ich selbst bewohne; sonst habe ich kein nennenswertes Vermögen. Ich möchte ein Testament errichten, durch das ich meinen Sohn B zum alleinigen Erben einsetze und meinen Sohn C, einen Trunkenbold, enterbe. Wegen meiner geringen Rente bitte ich um Zahlungserleichterung. – Man berechne die Beurkundungsgebühr und die dem A zu gewährende Zahlungserleichterung!
Bewertung:
Geschäftswert: 80 000 EUR
1,0 Gebühr Nr. 21200   219,– EUR.
Der gemäß § 115 ZPO ab 1.1.2021 maßgebende Betrag beträgt 491,– EUR. Nach Abzug der Heizungskosten und des Freibetrags bleiben bei A 30 EUR übrig, so dass er die Gebühr in 14 Monatsraten zu 15,– EUR und einer Monatsrate zu 9,– EUR bezahlen darf.

99.
Der Vater A verpflichtet sich durch einseitige Erklärung, für sein Kind B (3 Jahre) bis zur Vollendung des 18. Lebensjahres einen monatlichen Unterhalt von 284,50 EUR zu zahlen und gegenüber seinem Kind D (19 Jahre), bis zum Abschluss von dessen Jurastudium in voraussichtlich 4 Jahren einen monatlichen Unterhalt von 400 EUR zu zahlen und unterwirft sich wegen dieser Zahlungsverpflichtungen der sofortigen Zwangsvollstreckung.
Bewertung:
Geschäftswert: 15 x 12 x 284,50 + 4 x 12 x 400 = 70 410 EUR (§ 52 Abs. 4).
Gebühren sind nicht zu erheben (Vorbem. 2 Abs. 3).

100.
A vertauscht an den kirchlichen Verein Iuva e.V. ein Grundstück von 981 qm gegen ein solches von 2932 qm. Als Quadratmeterpreis werden 25,– EUR zugrunde gelegt. A zahlt daher eine Tauschaufgabe von 48 775,– EUR. Die gesamten Vertragskosten trägt der Verein.
Bewertung:
Geschäftswert: 73 300,– EUR
Insgesamt werden Flächen im Wert von 97 825 EUR vertauscht, von denen A 73 300/97 825 erwirbt. Die gesetzliche Kostentragung wäre also: A 73 300/ 97 825; der Verein 24 525/97 825 (§§ 449, 515 BGB).
2,0 Gebühr Nr. 21100   438,– EUR
Anteil des Vereins 24 525/97 825 × 438 = 109,81 EUR,
ermäßigt um 30 % auf   76,87 EUR
Nicht nach § 91 ermäßigter Rest
73 300/97 825 × 438 =   328,19 EUR
Gesamte Beurkundungsgebühr: 405,06 EUR

101 (Fortsetzung).
Der Verein bestellt an dem eingetauschten Grundstück eine Grundschuld zu 110 000 EUR und bewilligt in derselben Urkunde die Löschung einer auf ihn übergegangenen Hypothek zu 16 000 EUR. Bewertung:
Geschäftswert: a) 16 000 EUR (Hypothekenlöschung)
                 b) 110 000 EUR (Grundschuldbestellung)
zusammen: 126 000 EUR.
1,0 Gebühr Nr. 21200 aus 126 000 EUR, um 40 % ermäßigt   196,20 EUR.

Die Berechnung getrennter Gebühren wäre für den Kostenschuldner ungünstiger.
Wer die Ermäßigung abweichend von der hier vertretenen Meinung vor der Zusammenrechnung berücksichtigen will, muss wie folgt rechnen:

a) 0,5 Gebühr Nr. 21201 (nicht zu ermäßigen)	45,50 EUR
b) 1,0 Gebühr Nr. 21200 273,00 EUR, um 30 % ermäßigt	191,10 EUR
	236,60 EUR

Die Erhebung einer unermäßigten Gebühr aus 126 000 EUR wäre für den Kostenschuldner ungünstiger.

102.
Das Land Hessen erwirbt von A ein Grundstück in der Gemarkung F. zum Preis von 90 000 EUR. Auftragsgemäß holt der Notar die Bescheinigung der Stadt F. ein, dass kein Vorkaufsrecht nach dem BauGB besteht bzw. es nicht ausgeübt wird.
Bewertung:
Geschäftswert: 90 000,– EUR

2,0 Gebühr Nr. 21100	492,– EUR
ermäßigt um 30 % auf	344,40 EUR
0,5 Gebühr Nr. 22110, 22112 (nicht zu ermäßigen!)	50,00 EUR
	394,40 EUR

103.
A bietet in einer Urkunde das Grundstück 101 dem Freistaat Bayern zum Preis von 100 000 EUR an und das Grundstück 102 dem – nicht gebührenbegünstigten – Universitätsbund E zum Preis von 300 000 EUR. Die Kosten des Angebots trägt der Freistaat Bayern zu 1/4 und der Universitätsbund zu 3/4.
Bewertung:
Geschäftswert: 400 000 EUR

2,0 Gebühr Nr. 21100	1570,– EUR
¾ Anteil für das nichtermäßigte Geschäft	1177,50 EUR
Restgebühr für das ermäßigte Geschäft mithin	392,50 EUR
um 40 % ermäßigt	235,50 EUR
	1413,– EUR

104.
A hat vom Land Berlin ein Grundstück gekauft und bestellt daran vor Eigentumsumschreibung eine Grundschuld zu 300 000 EUR. Das Land Berlin wirkt bei der Grundschuldbestellung als dinglicher Schuldner mit, die persönliche Haftung und die Kosten der Urkunde übernimmt A.
Bewertung:
Geschäftswert: 300 000,– EUR

1,0 Gebühr Nr. 21200	635,– EUR

Keine Ermäßigung! Das Land Berlin als (nur) dinglicher Schuldner ist im Innenverhältnis der Beteiligten nicht Kostenschuldner der Beurkundungsgebühren.

105.
Die Lippische Landeskirche und der Verein zur Förderung des Aufbaus einer Universität in Quakenbrück e.V. gründen eine GmbH mit einem Stammkapital von 1 000 000 EUR, von dem beide je 500 000 EUR übernehmen. Jeder trägt die Hälfte der Kosten. Der Notar wird auch beauftragt, die Liste der Gesellschafter zu fertigen.

> Bewertung:
> Die Landeskirche ist gebührenbefreit, der Verein nicht („nur" gemeinnützige Zwecke).
> Geschäftswert: 1 000 000 EUR
>
> | | |
> |---|---:|
> | 2,0 Gebühr Nr. 21100 | 3470,– EUR |
> | auf die Landeskirche entfallen | 1735,– EUR |
> | ermäßigt um 50 % auf | 867,50 EUR |
> | auf den Verein entfallen | 1735,00 EUR |
> | Liste der Gesellschafter, 0,3 Gebühr Nr. 22113, nicht ermäßigt, höchstens | 250,00 EUR |
> | | **2852,50 EUR** |
>
> **106 (Fortsetzung).**
> Später tritt der Verein seinen Geschäftsanteil zu 500 000 EUR um einen Kaufpreis von 350 000 EUR an die Landeskirche ab. Die Vertragskosten trägt der Erwerber.
> Geschäftswert: 350 000 EUR
>
> | | |
> |---|---:|
> | 2,0 Gebühr Nr. 21100 | 1370,– EUR |
>
> Keine Ermäßigung, da nach §453 Abs. 2 BGB beim Rechtskauf der Verkäufer, also der nichtbefreite Verein, Kostenschuldner ist.
>
> **107.**
> Die Gemeinde Jocketa kaufte von A eine Grundstücksteilfläche von ca. 35 qm zum Quadratmeterpreis von 80 EUR/qm. Die Vermessung ergab eine Fläche von 34 qm. In der Nachtragsurkunde wird der Kaufpreis endgültig auf 2720 EUR festgesetzt, das Messungsergebnis anerkannt und die Auflassung erklärt: A verpflichtet sich zur Rückzahlung von 80 EUR an die Gemeinde.
> Bewertung:
> Geschäftswert: 2720 EUR (keine Berücksichtigung des Rückzahlungsbetrags, → Rn. 54)
>
> | | |
> |---|---:|
> | 0,5 Gebühr Nr. 21101 16,50 EUR, jedoch mindestens | 30,00 EUR |
>
> Keine Ermäßigung, da der Geschäftswert 25 000 EUR nicht übersteigt.

V. Gebührenauskunft, Hinweispflicht

1. Gebührenauskunft

Oft fragen die Beteiligten den Notar vor der Beurkundung nach den Kosten und ihrer voraussichtlichen Höhe. Der Notar muss dann natürlich eine zutreffende Auskunft geben. Gibt er eine **unrichtige Auskunft,** dann berührt das zwar nicht die Höhe der Kostenrechnung, in die in jedem Fall die richtige Gebühr einzusetzen ist, mag auch die Auskunft falsch gewesen sein; der Kostenschuldner muss aber nur die Gebühr zahlen, die ihm der Notar genannt hatte und kann im übrigen mit einem Schadensersatzanspruch wegen falscher Gebührenauskunft aufrechnen. Das gilt – wie bei jedem Schadensersatzanspruch – natürlich nur dann, wenn die falsche Auskunft für den Eintritt des Schadens kausal war, also die Beteiligten das Rechtsgeschäft nicht oder jedenfalls nicht in der beurkundeten Form vorgenommen hätten, wenn sie über die Höhe der Gebühren eine zutref-

389a

fende Auskunft erhalten hätten. Wäre das Geschäft dagegen in jedem Fall vorgenommen worden, dann scheidet ein Schadensersatzanspruch aus, und die Beteiligten müssen ohne Rücksicht auf die falsche Auskunft die zutreffenden Gebühren zahlen. Für einige besonders häufige Geschäfte und „gängige" Geschäftswerte sind die anfallenden Kosten, bereits um geschätzte Auslagen und 19 % Mehrwertsteuer ergänzt, in der nachstehenden Tabelle zusammengestellt.

Tabelle für überschlägige Kostenberechnungen

Wert EUR	Vertragstyp A	Vertragstyp B	Vertragstyp C	Vertragstyp D	Vertragstyp E
4 000	184,70	201,71	201,71	236,81	236,81
10 000	220,40	258,83	258,83	315,35	315,35
20 000	296,56	349,86	354,03	425,43	429,59
30 000	339,40	416,50	407,58	478,98	493,85
50 000	434,60	487,90	526,58	597,98	636,65
80 000	563,12	616,42	687,23	758,63	829,43
100 000	691,64	744,94	847,88	919,28	1022,21
150 000	884,42	937,72	1088,85	1160,25	1311,38
300 000	1553,20	1606,50	1924,83	1996,23	2314,55
500 000	2267,20	2320,50	2817,33	2888,73	3385,55

Vertragstyp A: Erbvertrag. 2,0 Gebühr + 10,- EUR Auslagen + MWSt. + 30,- EUR Zentrales Testamentsregister
Vertragstyp B: Überlassungsvertrag mit kleiner Vollzugsgebühr (Nr. 22112). 2,0 Gebühr + 0,5 Gebühr (max. 50,- EUR) + 30,- EUR Auslagen + MWSt.
Vertragstyp C: Überlassungsvertrag mit voller Vollzugsgebühr (Nr. 22110). 2,0 Gebühr + 0,5 Gebühr + 30,- EUR Auslagen + MWSt.
Vertragstyp D: Kaufvertrag mit kleiner Vollzugsgebühr (Nr. 22112) und Betreuung (Nr. 22200). 2,0 Gebühr + 0,5 Gebühr (max. 50,- EUR) + 0,5 Gebühr + 40,- EUR Auslagen + MWSt.
Vertragstyp E: Kaufvertrag mit voller Vollzugsgebühr (Nr. 22110) und Betreuung (Nr. 22200). 2,0 Gebühr + 0,5 Gebühr + 0,5 Gebühr + 40,- EUR Auslagen + MWSt.

2. Hinweispflicht auf die Gebühren?

389b Ein etwas heikles Thema ist die Frage, ob und inwieweit der Notar den Rechtsuchenden vor der Inanspruchnahme über die bei ihm anfallenden Gebühren und deren Höhe aufklären muss. Als Ausgangspunkt gilt, sicher zutreffend, dass man davon ausgehen kann, dass der Notar nicht umsonst tätig wird und für seine Arbeit die gesetzlichen Gebühren berechnen darf und muss. Deswegen wird bei Einwendungen gegen eine Kostenrechnung auch kaum jemals die Beurkundungsgebühr als solche in Zweifel gezogen. Der in Anspruch genommene Kostenschuldner wendet sich vielmehr dagegen, dass der Notar nicht über deren ungewöhnliche Höhe informiert hat oder dass er Nebengebühren, besonders nach Nr. 22110, 22200, 22201 oder 25300 angesetzt hat, ohne darauf hinzuweisen, dass diese Gebühren bei eigenem Tätigwerden der Beteiligten oder anderer Konstruktion des Geschäfts vermeidbar gewesen wären. Jedenfalls muss der Notar auf Kosten hinweisen, die objektiv völlig überflüssig sind; freiwillige menschliche und fachliche Zuwendung in Fällen, in denen für den Notar erkennbar kein Beratungsbedarf besteht, begründet ohne Hinweis auf die Kostenpflichtigkeit keine Honorarforderung (*OLG Köln* MittRhNotK 1992, 60). Im übrigen ist die Rechtsprechung hier uneinheitlich (vgl. → Rn. 32, 70, 290); allgemein gilt, dass sich aus der Betreuungspflicht die Notwendigkeit ergibt, auf kostengünstigere gleichwertige Gestaltungsmöglichkeiten hinzuweisen (*OLG Karlsruhe* JurBüro 1992, 549), nicht aber darauf, dass ein ähnlicher Erfolg mit einem ganz anderen Geschäft erreicht werden könnte (*OLG Rostock* NotBZ 2003, 243). Ob man Beteiligte, die sich wegen eines Testaments erbrechtlich beraten lassen, auf die Möglichkeit des handschriftlichen Testaments hinweisen muss, ist umstritten (ja: *OLG Naumburg* NJW-RR 2012, 1009; nein: LK/*Wudy* GNotKG § 21 Rn. 68). Dass es immer zweckmäßig ist, auf die Gebühren hinzuweisen, um späteren Einwendungen von vorneherein aus dem Wege zu gehen, steht natürlich außer Frage.

VI. Kostenrechnung, Kostenbeitreibung, Kostenbeschwerde

1. Sonstige Aufwendungen, Nr. 32015

Die Kostenordnung unterschied zwischen den Gebühren und Auslagen für **390** Amtstätigkeit (zu denen kraft ausdrücklicher gesetzlicher Anordnung auch verauslagte Gerichtskosten gerechnet wurden) und anderen für die Beteiligten verauslagten Beträgen (sog. **durchlaufende Posten**). Nur für die Notarkosten galten die besonderen Vorschriften über die Beitreibung in einem vereinfachten Verfahren; andere Kosten stellte der Notar zwar normalerweise zusammen mit den „echten" Notarkosten in Rechnung, konnte sie aber nicht beitreiben, sondern musste sie – wenn nicht freiwillig gezahlt wurde – wie jede andere Forderung einklagen.

Das ist jetzt grundsätzlich anders: Sowohl verauslagte Gerichtskosten als auch die an das Zentrale Vorsorgeregister und das Zentrale Testamentsregister gezahlten Beträge, aber auch ganz andere Aufwendungen (wie etwa die Zigaretten in Beispiel 75) fallen unter den allgemeinen Begriff der „sonstigen Aufwendungen" (Nr. 32015) und können ganz offiziell zusammen mit den eigentlichen Notarkosten in Rechnung gestellt und erforderlichenfalls vollstreckt werden. Zu den Kosten des Abrufs aus dem elektronischen Grundbuch → Rn. 358.

Mit der Einordnung in die „sonstigen Aufwendungen" ist nichts darüber gesagt, ob diese umsatzsteuerpflichtig sind. Das ist dann der Fall, wenn der Notar den Aufwand im eigenen Namen vornimmt und an die Beteiligten weitergibt, dagegen nicht, wenn er eine Leistung in offener oder verdeckter Stellvertretung für die Beteiligten beschafft. Deshalb sind die Kosten des Abrufs aus dem elektronischen Grundbuch (den der Notar überhaupt nur als Amtsperson vornehmen *darf; OLG Celle* MittBayNot 2012, 65) umsatzsteuerpflichtig, die Kosten eines beim Grundbuchamt bestellten Grundbuchauszugs (Gebühr Nr. 17000) umsatzsteuerfreier Durchlauf.

2. Fälligkeit der Kosten und Verjährung

391 Die Gebühren des Notars werden mit der Beendigung des jeweiligen Amtsgeschäfts oder Beurkundungsverfahrens **fällig** (§ 10), also die Beurkundungsgebühr mit Abschluss der Beurkundung, die Entwurfsgebühren Nr. 24100 ff. mit der Aushändigung des Entwurfs, die Gebühren Nr. 21300 ff. mit dem Scheitern der Sache, die Gebühren Nr. 22110 und 22200 mit dem Entfalten der Vollzugs- bzw. Betreuungstätigkeit (obwohl sie aus Praktikabilitätsgründen in der Regel gleichzeitig mit der Beurkundung angesetzt werden), die Hebegebühr Nr. 25300 mit der *Aus*zahlung.

391a Auf den Gesamtbetrag der Kostenrechnung ist nach Nr. 32014 die gesetzliche **Umsatzsteuer** von derzeit 19 % zu erheben, sofern sie nicht nach § 19 Abs. 1 UStG unerhoben bleibt; das wäre bei Umsätzen unter 22 000 EUR jährlich der Fall. Das soll es zwar geben, jedoch wird ein solcher Kollege regelmäßig auf die Steuerbefreiung verzichten, damit er die Steuer ansetzen kann (§ 19 Abs. 2 UStG) – wer will schon gerne ausweislich einer jeden Kostenrechnung ein „Zwergnotar" sein?

392 Von der Möglichkeit, einen **Vorschuss** auf seine Kostenrechnung zu verlangen (§ 15), wird der Notar regelmäßig nur bei amtsbekannten Fällen von Zahlungsunwilligkeit Gebrauch machen. Andererseits sollte er die Übersendung der Kostenrechnung natürlich auch nicht solange hinausschieben, dass die **Verjährung** der Kosten droht. Hierfür gilt § 6; die Verjährungsfrist beträgt also vier Jahre ab dem 1.1. des auf die Fälligkeit folgenden Jahres. Je später die Kosten in Rechnung gestellt werden, desto schleppender ist, wie die Erfahrung lehrt, der Zahlungseingang. Die Kostenrechnung muss nun nicht gerade am Tag nach der Beurkundung hinausgehen, aber länger als zwei bis vier Wochen sollte man normalerweise nicht warten.

392a Wer Zahlungsunwilligkeit des Kostenschuldners befürchtet, kann auch Ausfertigungen und Abschriften **zurückbehalten,** bis die Kosten bezahlt sind (§ 11 Satz 1), allerdings nur „in der (selben) Angelegenheit". § 11 hilft also nicht, wenn der Kostenschuldner einen neuen Auftrag erteilt und *dafür* die Gebühren sofort bezahlt – gleichgültig, wieviel alte Kosten noch offen sind. Sehr umstritten war früher die Frage, ob der Notar berechtigt ist, den Grundbuchvollzug einer vollzugsreifen Urkunde unter Berufung auf sein Zurückbehaltungsrecht zurückzustellen. Der Gesetzgeber hat die Frage jetzt in § 11 Satz 2 selbst entschieden: § 53 BeurkG geht vor; in Grundbuch- und Registersachen muss bei Vollzugsreife vorgelegt werden. Der Notar kann sich hier vor Kostenausfällen also nur dadurch schützen, dass er einen Vorschuss verlangt.

393 Man kann natürlich auch **verjährte Kosten** in Rechnung stellen; viele Kollegen finden nichts dabei, Betrug ist es nicht und vielleicht nicht einmal standeswidrig. Man *sollte* es freilich nach meiner Auffassung nicht: Die (vollstreckbare) notarielle Kostenrechnung ist Vollstreckungstitel wie ein gerichtliches Urteil. Müsste der Notar seine Kosten einklagen, dann würde der Richter im Zivilprozess nach jetzt wohl hM den Beklagten darauf hinweisen, dass die Forderung verjährt ist; der Beklagte wird sich dann regelmäßig auf Verjährung berufen, und die Klage wird infolgedessen abgewiesen. Der Notar braucht, wie sogleich auszuführen ist, nicht zu klagen, sondern kann sich eine vollstreckbare Ausfertigung seiner Kostenrechnung selbst erteilen. Legt der Beteiligte nun Kostenbeschwerde ein, so wird der Richter auf die Verjährung hinweisen, und die Beschwerde wird Erfolg haben. Ansprüche, die sich nur durchsetzen lassen, wenn der Schuldner von

VI. Kostenrechnung, Kostenbeitreibung, Kostenbeschwerde

seinen Rechten keinen Gebrauch macht, sollte man sich nicht titulieren. Es handelt sich aber mehr um eine Frage des guten Geschmacks als um eine Rechtsfrage.

3. Die Aufstellung der Kostenrechnung

Für den Bürger, der Grund und Höhe der angefallenen Kosten nicht in Zweifel zieht, genügt eine Rechnung, aus der er den Gesamtbetrag der angefallenen Kosten und die enthaltene Umsatzsteuer ersehen kann. Muss man die Kosten jedoch beitreiben oder will man verhindern, dass die Kosten verjähren, dann muss es eine „richtige", also in allen Punkten dem Gesetz entsprechende Kostenrechnung sein, die zugesandt wird. 394

Die Anforderungen an die Kostenberechnung ergeben sich aus § 19. Es müssen (§ 19 Abs. 2) bzw. sollen (§ 19 Abs. 3) also der Geschäftswert, die Nummer des Kostenverzeichnisses, eine kurze Bezeichnung des jeweiligen Vorgangs, die Bezeichnung der Auslagen und die Beträge der angesetzten Gebühren und Auslagen angegeben werden. Die Gerichte verlangten hier zu Kostenordnungs-Zeiten größte Genauigkeit, und wenige Kostenrechnungen entsprachen den Anforderungen, die an sie gestellt wurden. Recht und Praxis sind hier wesentlich liberaler geworden. Die verbliebenen Erfordernisse sind aber genau einzuhalten; fehlt ein Erfordernis aus § 19 Abs. 2, liegt keine wirksame Kostenrechnung vor, und ihre Zustellung kann auch den Eintritt der Verjährung nicht verhindern. Soweit die Höhe der Kosten vom Kostenschuldner nicht bezweifelt wird, wäre es sicherlich vermeidbarer Arbeitsaufwand, jede Kostenberechnung unter Beachtung aller Erfordernisse aufzustellen. Spätestens dann, wenn die Beitreibung einer Kostenrechnung in Aussicht steht, muss der Notar jedoch wissen, was verlangt wird.

Es geht schon bei der Angabe des **Geschäftswerts** los. Werden verschiedene Gebühren aus verschiedenen Geschäftswerten angesetzt, dann ist der Bestimmung über die Angabe des Geschäftswerts nur genügt, wenn für *jede* Gebühr der Geschäftswert angegeben ist, aus dem sie berechnet ist; nur so kann der Kostenschuldner ja überprüfen, ob der richtige Gebührenbetrag eingesetzt ist. 395

Bei den **Kostenvorschriften** müssen lediglich die Nummern des Kostenverzeichnisses angegeben werden, nicht Vorbemerkungen, Anmerkungen und Unterpunkte. Aber Vorsicht: nicht alle Nummern sind aus sich heraus verständlich! Daran fehlt es beispielsweise bei Nr. 22112, der sich sowohl auf Nr. 22110 als auch auf Nr. 22111 bezieht. Nur durch die Angabe auch der zweiten Nummer kann der Kostenschuldner feststellen, ob der Notar vom zutreffenden Gebührensatz ausgegangen ist. Dagegen ist es bei Nr. 21201 nicht erforderlich anzugeben, welche der acht Ziffern Grundlage für den Kostenansatz gewesen ist. Auch Überspitzungen der Rechtsprechung, (nicht „Kaufvertrag", sondern „Beurkundung eines Kaufvertrags" bei der Angabe des Kostentatbestands; *OLG Hamm* JurBüro 2000, 152) sind durch die neue Formulierung des Gesetzes überholt. Das Zitiergebot gilt nicht nur für die Gebühren, sondern auch für die Auslagen, ist bei der Dokumentenpauschale und beim Porto durch § 19 Abs. 2 Nr. 4 aber wesentlich abgemildert. Im einzelnen kann man sicher nach wie vor streiten, was zur Wirksamkeit der Kostenrechnung erforderlich, was nur eine lässliche Sünde und was überhaupt nicht nötig ist. Zur Vermeidung lästiger und zeitraubender Kostenverfahren empfehlenswert ist in jedem Fall: Sobald eine Kostenrechnung beanstandet 396

397 § 19 Abs. 1 bestimmt, dass die vom Notar **unterschriebene** Kostenrechnung zu übermitteln ist; E-Mail genügt also nicht (*LG Bremen* 14.9.2020 – 4 T 396/19, BeckRS 2020, 34776). Dagegen gibt es die wunderliche Bestimmung, dass auch unter jeder Ausfertigung und unter jedem Beglaubigungsvermerk die Kostenberechnung aufzustellen ist, nicht mehr. Wer ältere Urkunden in die Hand bekommt und sich darüber wundert: Bis 31.7.2013 war das Vorschrift.

4. Die Beitreibung der Kosten

398 Die meisten Kosten werden von den Kostenschuldnern glücklicherweise anstandslos auf die Übersendung der Kostenrechnung hin bezahlt. Geschieht dies nicht, muss der Notar die Kosten beitreiben. Im Gegensatz zum Rechtsanwalt bleibt ihm erspart, Klage erheben zu müssen, vielmehr kann er die Kosten selbst beitreiben und ohne Einschaltung des Gerichts vollstrecken. Es ist also Sache des Kostenschuldners, das Gericht anzurufen, wenn er die Kostenberechnung des Notars, seine Inanspruchnahme oder die Durchführung der Vollstreckung für unzulässig oder unrichtig hält. Diese Möglichkeit ist auch der Grund für die Formstrenge bei der Aufstellung der Kostenrechnung: Die Kostenberechnung des Notars ist eben keine gewöhnliche Rechnung, sondern bildet, wenn sie vom Notar mit der Vollstreckungsklausel versehen wurde, einen vollstreckungsfähigen Titel. Der Schuldner soll aus ihm ähnlich wie bei einem Urteil genau erfahren und, wenn er will, auch überprüfen können, aufgrund welcher gesetzlicher Bestimmungen er zur Zahlung verpflichtet ist. Die Angabe des Geschäftswerts und der angewendeten Gebührenvorschriften hat also die Funktion einer Begründung für den festgestellten Zahlungsanspruch. Seit 1.1.2014 muss die Kostenrechnung auch eine Rechtsbehelfsbelehrung enthalten.

399 Wie die Kostenbeitreibung zu erfolgen hat, regelt § 89: Der Notar kopiert die Kostenberechnung (§ 89 spricht von einer „Ausfertigung"; das ist aber keine Ausfertigung im Sinne des Beurkundungsrechts) und setzt darauf die **Vollstreckungsklausel.** Da die Beitreibung „nach den Vorschriften der ZPO" erfolgt, ist es auch erforderlich, das Farbdruck- oder Prägesiegel beizudrücken, andernfalls ist die vollstreckbare Ausfertigung mangelhaft, und es kann aufgrund von ihr nicht vollstreckt werden. Ein Muster einer vollstreckbaren Kostenrechnung für einen Kaufvertrag findet sich nach → Rn. 406. In dem Beispiel ist davon ausgegangen, dass der Notar mit der Einholung des Vorkaufsrechtsverzichtsattest nach dem BauGB, der Mitteilung der Kaufpreisfälligkeit an die Beteiligten beauftragt wurde, der Kaufvertrag 9 Seiten umfasst und insgesamt 10 Abschriften zu fertigen waren.

400 Nachdem der Notar die vollstreckbare Ausfertigung der Kostenberechnung **zugestellt** hat, muss er noch zwei Wochen warten, § 798 ZPO, dann darf die Vollstreckung beginnen, wobei gleichzeitig die Kosten der Zustellung und der Zwangsvollstreckung beigetrieben werden. Für Zinsen gilt – nachdem früher umstritten war, ob dem Notar Zinsen zustehen und in welcher Höhe – die ausdrückliche Regelung des § 88: Zinsen erst ab Zustellung der vollstreckbaren Ausfertigung in Höhe der gesetzlichen Verzugszinsen unter Privatleuten; § 104 ZPO ist nicht für entsprechend anwendbar erklärt.

VI. Kostenrechnung, Kostenbeitreibung, Kostenbeschwerde

Die Zustellung der vollstreckbaren Ausfertigung der Kostenberechnung führt **401** dazu, dass die Verjährungsfrist **neu beginnt**, also von diesem Tag an nochmals vier Jahre beträgt (§ 212 BGB; früher sogenannte „Unterbrechung" der Verjährung). Sie schafft aber keinen dreißig Jahre vollstreckbaren Titel; § 197 Nr. 4 BGB ist nicht anwendbar (so dieses Buch schon immer und für die Praxis geklärt durch *BGH 7.7.2004 – V ZB 61/03, NJW-RR 2004, 1578*). Allerdings kann man die Verjährung verhindern, indem man alle vier Jahre einen Vollstreckungsversuch übernimmt. Nicht die Verjährung verhindern, aber wirtschaftlich den gleichen Zweck erfüllen kann (wegen § 216 BGB) die Eintragung einer Sicherungshypothek im Wege der Zwangsvollstreckung – wenn das möglich ist (Mindestbetrag von 750 EUR nach § 866 ZPO). Die Verjährung beginnt auch neu, wenn der Notar beim Kostenschuldner die Kosten einfordert oder einseitig die **Stundung** der Kosten mitteilt (auch wenn dieser gar nicht darum gebeten hat). Das geht allerdings nur einmal, und hat diese Wirkung auch nur dann, wenn eine im Sinne des § 19 Abs. 2 (nicht auch des § 19 Abs. 3!) formgerechte Kostenberechnung zugegangen ist (*BGH 13.5.2015 – V ZB 196/13, NJW-RR 2015, 1207*). Auch während des Kostenbeschwerdeverfahrens ist die Verjährung gehemmt; zweifelhaft ist nur, ob die Verjährung bereits mit dem Antrag des Kostenschuldners auf gerichtliche Entscheidung beginnt (so *OLG München* BWNotZ 2019, 281) oder erst mit dem Antrag des Notars auf dessen Zurückweisung.

5. Die Kostenbeschwerde

a) Überprüfung der Kostenrechnung durch den Notar

Ist der Kostenschuldner aus irgendeinem Grund mit der Kostenberechnung **402** nicht einverstanden, so steht ihm die Möglichkeit der gerichtlichen Überprüfung nach §§ 127 ff. offen, im folgenden „Kostenbeschwerde" genannt, auch wenn es sich in erster Instanz strenggenommen um einen „Antrag auf gerichtliche Entscheidung" (§ 127 Abs. 1 S. 1) handelt. Natürlich wird sich der Kostenschuldner in der Regel erst an den Notar wenden und ihn von der Unrichtigkeit seiner Kostenberechnung zu überzeugen versuchen. Da auch Notare nur Menschen sind, ist es durchaus denkbar, dass der Kostenschuldner im Gegensatz zum Notar die kostenrechtliche Lage richtig eingeschätzt hat. So kann es vorkommen, dass der Notar eine seltener vorkommende Kostenvorschrift, die eine Ermäßigung für den Kostenschuldner bedeutet, übersehen hat, etwa Nr. 21102 Ziff. 2 oder Nr. 21201 Ziff. 8, die jeweils eine Gebührensatzermäßigung für bestimmte Geschäfte anordnen. Es kommt auch vor, dass der Beteiligte den Notar auf die bereits eingetretene Verjährung seiner Kostenforderung hinweist. In diesen Fällen wird der Notar von sich aus die Kostenrechnung berichtigen oder von der Vollstreckung absehen. Häufiger ist es, dass die Beteiligten sachlich ungerechtfertigte Einwendungen gegen die Kostenforderung vorbringen. Dann wird der Notar eine Änderung seiner Rechnung ablehnen und die Beteiligten auf die Möglichkeit der gerichtlichen Überprüfung hinweisen.

Der Kostenschuldner kann die Rechnung selbstverständlich auch dann noch beanstanden, wenn er sie bereits bezahlt hat. Wenn der Notar seine Rechnung als fehlerhaft erkennt, muss er den überzahlten Betrag erstatten, allerdings **keine Zinsen**, solange keine vollstreckbare Ausfertigung übersandt wurde, wie auch dem Notar bis zu diesem Zeitpunkt für ausstehende Beträge keine Zinsen zustehen (§§ 88, 90 Abs. 1).

b) Antrag an das Landgericht

403 Erste Instanz des Kostenverfahrens ist das Landgericht; das Verfahren wird durch einen Antrag des Kostenschuldners beim Landgericht eingeleitet, in dessen Bezirk der Notar seinen Amtssitz hat (§ 127 Abs. 1 S. 1); dafür ist bei mehreren Kostenschuldnern nicht Voraussetzung, dass der Notar gerade den Antragsteller in Anspruch genommen hat (*OLG Frankfurt* 12.6.2018 – 20 W 299/16, BeckRS 2018, 43178). Erhebt der Kostenschuldner beim Notar Beanstandungen, so kann auch der Notar die Entscheidung des Landgerichts beantragen (§ 127 Abs. 1 S. 2). Das „Können" bedeutet aber nicht ein Ermessen des Notars; vielmehr muss er sich entscheiden, ob er die Einwendungen des Kostenschuldners anerkennen oder das Landgericht anrufen will. Wer in einem solchen Fall Antragsteller ist, darüber streitet man (*LG München I* MittBayNot 2019, 194: der Kostenschuldner; *OLG Saarbrücken* JurBüro 2019, 474: der Notar). Ohne Beanstandung des Kostenschuldners, also nur, weil er in künftigen gleichartigen Fällen sichergehen möchte, dass seine Kostenrechnung auch richtig ist und Bestand hat, kann der Notar die Rechnung nicht überprüfen lassen; die schlichte Nichtzahlung der Rechnung ist keine „Beanstandung" (*OLG Düsseldorf* JurBüro 2018, 533).

404 Jedoch kann der Landgerichtspräsident als Dienstaufsichtsbehörde den Notar anweisen, die Entscheidung des Landgerichts herbeizuführen (§ 130 Abs. 2 S. 1). Das Nähere regelt § 48 Kostenverfügung, der keiner weiteren Erläuterung bedarf:

> „(1) Gibt der Kostenansatz eines Notars, dem die Kosten selbst zufließen, der Dienstaufsichtsbehörde zu Beanstandungen Anlass, so fordert sie den Notar auf, den Ansatz zu berichtigen, gegebenenfalls zuviel erhobene Beträge zu erstatten oder zuwenig erhobene Beträge nachzufordern und, falls er die Beanstandungen nicht als berechtigt anerkennt, die Entscheidung des Landgerichts herbeizuführen. Die Aufforderung soll unterbleiben, wenn es sich um Kleinbeträge handelt, von deren Erstattung oder Nachforderung nach den für Gerichtskosten im Verkehr mit Privatpersonen getroffenen Bestimmungen abgesehen werden darf. Die Dienstaufsichtsbehörde kann es darüber hinaus dem Notar im Einzelfall gestatten, von der Nachforderung eines Betrages bis zu 25 Euro abzusehen.
> (2) Hat der Kostenschuldner die Entscheidung des Landgerichts gegen den Kostenansatz beantragt, so kann die Aufsichtsbehörde, wenn sie den Kostenansatz für zu niedrig hält, den Notar anweisen, sich dem Antrag mit dem Ziel der Erhöhung des Kostenansatzes anzuschließen.
> (3) Entscheidungen des Landgerichts und Beschwerdeentscheidungen des Oberlandesgerichts, gegen die die Rechtsbeschwerde zulässig ist, hat der Kostenbeamte des Landgerichts mit den Akten alsbald der Dienstaufsichtsbehörde des Notars zur Prüfung vorzulegen, ob der Notar angewiesen werden soll, Beschwerde oder Rechtsbeschwerde zu erheben."

405 Der Notar hat die Weisung des Landgerichtspräsidenten zwar zu befolgen, er ist aber nicht gehindert, seinen eigenen Rechtsstandpunkt darzulegen, insbesondere wenn der Landgerichtspräsident ihn zu einer Erhöhung der Kostenrechnung angewiesen hat, der Notar aber im Interesse des Kostenschuldners die Richtigkeit

VI. Kostenrechnung, Kostenbeitreibung, Kostenbeschwerde

seiner ursprünglichen Berechnung vertritt. Deshalb kann der Notar auch, wenn er auf Anweisung Antrag auf gerichtliche Entscheidung gestellt und das Landgericht seine Rechnung erhöht hat, Beschwerde mit dem Ziel einlegen, seine ursprüngliche Kostenrechnung wiederherzustellen (*OLG Nürnberg* JurBüro 2018, 25).

Die Zahl der Anträge in Kostensachen ist nicht besonders groß, was eigentlich **406** überraschend ist, da der Antrag **keinem Anwaltszwang** unterliegt und das Verfahren vor dem Landgericht gebührenfrei ist (keine Gebührenvorschrift vorhanden). Bei der Einlegung ist grundsätzlich **keine Frist** einzuhalten. Nur wenn dem Kostenschuldner eine vollstreckbare Ausfertigung der Kostenrechnung zugestellt wurde, muss er sich innerhalb eines Jahres überlegen, ob er Beschwerde einlegen will (§ 127 Abs. 2), und nicht einmal diese Frist läuft, wenn der Notar Beanstandungen des Kostenschuldners einfach ignoriert, statt pflichtgemäß die Entscheidung des Landgerichts herbeizuführen oder ihn wenigstens auf den Beschwerdeweg zu verweisen (*KG* JurBüro 1998, 320), und selbstverständlich kann nur eine den Anforderungen des § 19 genügende Rechnung die Frist in Lauf setzen (zu beiden Fragen aA *KG* NJW 2013, 878 mit Ausführungen, die des obersten Gerichtshofs einer Bananenrepublik würdig wären). Neu entstandene Beschwerdegründe können jederzeit ohne Fristbegrenzung vorgebracht werden, und für den Antrag auf Entscheidung auf Weisung der Dienstaufsichtsbehörde gilt § 127 Abs. 2 ohnehin nicht. § 127 Abs. 2 gilt auch nicht, wenn der Kostenschuldner schon vor der Zustellung der vollstreckbaren Ausfertigung Beanstandungen erhoben hat (er muss sie nicht wiederholen; *OLG Düsseldorf* JurBüro 2007, 373), und auch nicht, wenn der Kostenschuldner bezahlt hat, ohne dass ihm vorher eine vollstreckbare Ausfertigung zugegangen wäre (*BayObLG* DNotZ 1987, 175); die Gegenmeinung (*OLG Celle* NJW-RR 2004, 70) läuft im Grunde darauf hinaus, dass Anständigkeit Dummheit ist. Gegen die Versäumung der Frist des § 127 Abs. 2 ist Wiedereinsetzung statthaft (Hartmann/*Toussaint* GNotKG § 127 Rn. 37; aA *LG Köln* 28.4.2020 – 11 OH 28/19, BeckRS 2020, 9810).

Das Verfahren nach § 127 ist ein Streitverfahren der Freiwilligen Gerichtsbarkeit; der Beschwerdeführer muss also erkennen lassen, was er beanstanden will. **407** Im übrigen gilt Amtsermittlung nach § 26 FamFG, und das Gericht ist auch verpflichtet, den Beschwerdeführer zur Erläuterung unklarer Anträge zu veranlassen. Das ist auch deshalb erforderlich, weil der Antragsteller den Verfahrensgegenstand bestimmt und das Gericht über den Antrag des Beschwerdeführers nicht hinausgehen darf (entsprechend bei der auf Weisung des Landgerichtspräsidenten erfolgenden Überprüfung nicht über dessen Beanstandung). Beanstandet der Beschwerdeführer also den Geschäftswert, so kann das LG die Kostenberechnung nicht mit der Begründung aufheben, der Gebührensatz sei unrichtig angesetzt. Die Hinweispflicht nach § 139 ZPO, der auch und erst recht im Verfahren der freiwilligen Gerichtsbarkeit gilt, wird allerdings häufig zu entsprechendem nachträglichem Vortrag führen. Hat der Notar einen Entwurf berechnet, ist aber kein Entwurfsauftrag, sondern nur eine auftragsgemäße Beratung der Beteiligten nachweisbar, kann er sich darauf im Verfahren über die Entwurfsrechnung nicht stützen, dies wäre ein anderer Verfahrensgegenstand (*OLG Köln* 21.12.2017 – 2 Wx 273/17; aA *LG Gera* NotBZ 2006, 32). Er muss also eine neue Kostenrechnung erstellen, wenn das noch möglich ist.

Notar Dr. Oskar Katzenschwanz   Hausen, den 5. Juni 2020

Vollstreckbare Ausfertigung
Kostenrechnung gemäß §§ 19, 34 GNotKG

Herrn
Hans Müller
Hauptstraße 25
Kleinziegenbach

Betreff: Urk.R.Nr. 827/13 vom 12. August 2018
Kaufvertrag mit Auflassung mit Eheleuten Schwarz

Gebühren:	
Nr. 21100 KV-GNotKG (Beurkundung eines Kaufvertrags, Geschäftswert: 120 000 EUR)	600,00 EUR
Nr. 22110, 22112 KV-GNotKG (Vollzugsgebühr, Geschäftswert: 120 000 EUR)	50,00 EUR
Nr. 22200 KV-GNotKG (Betreuungsgebühr: Mitteilung der Kaufpreisfälligkeit, Geschäftswert: 120 000 EUR)	150,00 EUR
Dokumentenpauschale, Nr. 32001 KV-GNotKG (90 Seiten)	13,50 EUR
Post- und Telekommunikationsentgelte, Nr. 32004 KV-GNotKG	15,66 EUR
Abrufgebühr aus dem elektronischen Grundbuch, Nr. 32011 KV-GNotKG	8,00 EUR
Zwischensumme	837,16 EUR
Mehrwertsteuer, Nr. 32014 KV-GNotKG	159,06 EUR
	996,22 EUR

Der Betrag von 996,22 EUR ist beginnend einen Monat nach dem Tag der Zustellung mit fünf Prozentpunkten über dem Basiszinssatz (derzeit jährlich 4,17 %) zu verzinsen.

Rechtsbehelfsbelehrung:
Gegen diese Kostenrechnung können Sie die Entscheidung des Landgerichts Ellingen, Kastanienallee 12, 12345 Ellingen beantragen. Der Antrag kann schriftlich oder zur Niederschrift der Geschäftsstelle dieses Gerichts gestellt werden. Nach Ablauf des Kalenderjahrs, das auf das Jahr folgt, in dem die vollstreckbare Ausfertigung zugestellt wurde, können neue Anträge nicht mehr gestellt werden, soweit die Einwendungen nicht auf Gründen beruhen, die nach Zustellung der vollstreckbaren Ausfertigung entstanden sind. Das Verfahren vor dem Landgericht ist gebührenfrei.

gez. Katzenschwanz
(Dr. Katzenschwanz)
Notar in Hausen

Vorstehende Ausfertigung erteile ich mir selbst zum Zwecke der Zwangsvollstreckung gegen Herrn Hans Müller, Kleinziegenbach, Hauptstraße 25.

Hausen, den 5. Juni 2020

               Siegel   Katzenschwanz
                                                Notar

VI. Kostenrechnung, Kostenbeitreibung, Kostenbeschwerde

Für den Antrag gilt das Verschlechterungsverbot: Wenn also der Notar einen Geschäftswert von 200 000 EUR angenommen hat, der Beschwerdeführer ihn auf 100 000 EUR herabgesetzt haben möchte, das Gericht aber der Meinung ist, der Geschäftswert müsse 300 000 EUR betragen, darf das Gericht die Rechnung nicht erhöhen. Das gilt aber nur für die Rechnung als Ganzes, nicht für die einzelnen Posten; diese dürfen verändert werden (*LG Osnabrück* JurBüro 1996, 208, 209). Auch der Notar kann nach Rechtskraft der Beschwerdeentscheidung keine neue Rechnung schreiben und die Differenz nachfordern (→ Rn. 413).

Grundsätzlich sind im Verfahren nach § 127 **alle Einwendungen** des Kostenschuldners aus seinem Rechtsverhältnis zum Notar zu prüfen. Das sind natürlich zunächst die Einwendungen gegen die Kostenberechnung unmittelbar, etwa: der Notar habe den falschen Kostenschuldner in Anspruch genommen (zB nicht er, der Beschwerdeführer, sondern ausschließlich der Vertragspartner habe dem Notar Auftrag zur Fertigung des dann nicht beurkundeten Vertragsentwurfs erteilt), der Geschäftswert sei zu hoch angesetzt (zB der Notar übersieht § 98 Abs. 1, wonach bei der Beurkundung einer Vollmacht nur der halbe Wert anzusetzen ist), der Notar habe einen falschen Gebührensatz berechnet (zB 0,5 statt 0,3 für den Vollzug einer Grundschuldbestellung, Nr. 22111) oder gegenstandsgleiche Vorgänge (zB Grundschuld und Verpfändung des Auflassungsanspruchs) getrennt und damit doppelt berechnet. Der Beschwerdeführer kann aber auch alle anderen Einwendungen vorbringen, insbesondere, es liege falsche Sachbehandlung vor und die Gebühren seien deshalb nach § 21 unerhoben zu lassen, der Notar habe eine falsche Auskunft über die Höhe der anfallenden Kosten erteilt und sei deswegen im Wege des Schadenersatzes verpflichtet, die zwar richtig berechneten, aber bei richtiger Belehrung wegen Abstandnahme vom Rechtsgeschäft nicht angefallenen Kosten wieder abzusetzen, oder auch die **Aufrechnung** mit einer Schadensersatzforderung erklären, weil der Notar anderweitig, zB in steuerlicher Hinsicht falsch beraten oder eine andere Amtspflichtverletzung begangen habe (*OLG Hamm* NJW-RR 2019, 1078). Möglich ist auch der Einwand, die Kosten seien schon vor dem Neubeginn der Verjährung (→ Rn. 401) verjährt gewesen. 408

Ansprüche gegen den Notar, die mit der Amtstätigkeit überhaupt nichts zu tun haben, können dagegen nicht im Verfahren nach § 127 geltend gemacht werden. Hat der Notar die Rechnung des Büromateriallieferanten nicht bezahlt, der bei ihm eine Handelsregisteranmeldung hat beurkunden lassen oder das Auto des Mandanten beim Ausparken beschädigt, so dürfte klar sein, dass sich das Verfahren nach § 127 zur Geltendmachung derartiger Einwendungen schwerlich eignet. Hier muss im Streitfall ein gewöhnlicher Zivilprozess geführt werden; im Kostenbeschwerdeverfahren wird nur die Rechnung des Notars überprüft. 409

Das Verfahren richtet sich im übrigen nach den allgemeinen Grundsätzen des FamFG-Verfahrens. Nach ausdrücklicher Vorschrift „soll" das Gericht vor der Entscheidung den Landgerichtspräsidenten und die Beteiligten anhören, ggf. auch die Notarkasse bzw. die Ländernotarkasse. Wie alle Vorschriften, die die fakultative Gewährung rechtlichen Gehörs regeln, ist diese Bestimmung wegen Art. 103 Abs. 1 GG als Muss-Vorschrift zu lesen. Alle Beteiligten müssen von allen Stellungnahmen anderer Beteiligter – also auch der des Landgerichtspräsidenten – in Kenntnis gesetzt werden und sich dazu äußern können, andernfalls ist ihr **rechtliches Gehör** verletzt. „Beteiligt" in diesem Sinne sind nicht nur der Notar und der Beschwerdeführer, sondern auch alle anderen Beteiligten, die für 410 die Kosten haften, da eine Entscheidung auch ihre Rechte beeinträchtigen kann und sie deshalb als Drittbetroffene Anspruch auf rechtliches Gehör haben (*OLG Zweibrücken* Rpfleger 2002, 99). Ausnahmsweise ist das dann nicht nötig, wenn eine solche Drittbetroffenheit ausgeschlossen werden kann, wenn der in Anspruch Genommene also lediglich behauptet, nicht der richtige Kostenschuldner zu sein, zB, weil er keinen Entwurf verlangt habe. In diesem Fall wird nur über diese Einwendung entschieden, und der weitere Beteiligte, dem der Notar später die Entwurfskosten in Rechnung stellt, ist nicht an dem Vorbringen gehindert, auch er habe keinen Entwurf gefordert.

410a Zeichnet sich in einem Kostenbeschwerdeverfahren ab, dass der Notar womöglich einen Kostenschuldner zu Unrecht in Anspruch nimmt, kann er einen anderen Kostenschuldner auffordern, sich am Verfahren zu beteiligen, weil er – falls er im Verfahren unterliegt – den anderen Kostenschuldner in Anspruch nehmen möchte (sog. „**Streitverkündung**", *OLG Frankfurt* NotBZ 2017, 56). Dem Streitverkündeten ist der Beitritt freigestellt; tritt er nicht bei, kann er – wenn er später in Anspruch genommen wird – nicht einwenden, die Entscheidung im jenem Verfahren sei falsch gewesen und auch die Verjährung ist ihm gegenüber gehemmt. Auch ein **Vergleich** zwischen Kostenschuldner und Notar soll im Kostenbeschwerdeverfahren zulässig sein (*OLG Dresden* 14.10.2014 – 17 W 671/14); im Hinblick auf das Verbot der Gebührenvereinbarung (→ Rn. 360) ist das nicht unbedenklich.

411 Nur „richtige" Kostenrechnungen, also solche, die den Erfordernissen des § 19 entsprechen, werden im Verfahren nach § 127 überprüft. Fehlt es an dieser Voraussetzung, so ist die Kostenberechnung ohne weitere sachliche Prüfung aufzuheben – und zwar die ganze Rechnung, auch wenn nur eine Position nicht ordnungsgemäß bezeichnet ist. Diese rigide Auffassung entspricht der bisher hM der Kostengerichte (vgl. etwa *OLG Düsseldorf* NJW-RR 2002, 216) und wird wohl auch Bestand haben. Neu ist lediglich die beschränkte Wirkung der Aufhebung, wenn „nur" § 19 Abs. 3 verletzt ist: In diesem Fall bleibt der durch die Zustellung erfolgte Neubeginn der Verjährung erhalten und die Wirksamkeit von bereits erfolgten Vollstreckungsmaßnahmen unberührt.

Erkennt das LG, dass die Kostenberechnung nicht den Anforderungen genügt, so muss es den Notar darauf hinweisen, denn in den Tatsacheninstanzen kann der Notar seine Kostenrechnung noch berichtigen, und die in die gehörige Form gebrachte Kostenrechnung bildet dann die Grundlage für das weitere Verfahren.

c) Beschwerde zum Oberlandesgericht

411a Während sonst auf allen Rechtsgebieten der Rechtsschutz verkürzt wird, ist er für die Überprüfung von Notarkostenrechnungen durch das FamFG sogar ausgebaut worden, indem eine zweite Tatsacheninstanz, die Beschwerde zum Oberlandesgericht (in Rheinland-Pfalz zum OLG Zweibrücken) geschaffen wurde (§ 130), dessen Anrufung weder von einem Beschwerdewert noch von einer Zulassung abhängig ist. Sie muss binnen eines Monats nach Bekanntgabe der Entscheidung des Landgerichts beim Landgericht eingelegt werden (§ 130 Abs. 3 GNotKG, § 63 Abs. 1 FamFG). Ein Anwalt ist nicht erforderlich, und neue Tatsachen können unbeschränkt geltend gemacht werden.

Auch in der Beschwerdeinstanz kann eine nicht den Anforderungen des § 19 entsprechende Kostenrechnung noch durch eine formgerechte ersetzt werden.

VI. Kostenrechnung, Kostenbeitreibung, Kostenbeschwerde

d) Rechtsbeschwerde zum BGH

Ärgerlich ist es natürlich, wenn das OLG einen großzügigeren Standpunkt zur **412** Auslegung des § 19 vertritt als die nächste Instanz, der BGH. Gegen die Entscheidung des OLG gibt es nämlich die fristgebundene Rechtsbeschwerde, vorausgesetzt, das OLG hat sie in seiner Beschwerdeentscheidung zugelassen (§ 130 Abs. 3 GNotKG; § 70 FamFG). Die Zulassung kann auf die Frage des Geschäftswerts beschränkt werden. Mit der Rechtsbeschwerde kann nur eine Gesetzesverletzung des OLG gerügt werden. Neue Tatsachen können also nicht vorgebracht werden, und deshalb kann eine mangelhafte Kostenberechnung auch nicht mehr ergänzt werden, sondern verfällt ohne weiteres der Aufhebung (großzügiger *OLG München* JurBüro 2006, 491 und auch *OLG Hamm* MittBayNot 1994, 470: Berichtigung in der Rechtsbeschwerdeinstanz möglich, wenn die Tatsacheninstanz eine Sachentscheidung getroffen hat). Auch neue Anträge sind grundsätzlich nicht möglich; hier gilt dasselbe wie für die Revision im Zivilprozess. Die Rechtsbeschwerde kann entweder von einem am Beschwerdeverfahren Beteiligten eingelegt werden, aber auch auf Weisung der Dienstaufsichtsbehörde. Für die Einlegung der Rechtsbeschwerde braucht der Kostenschuldner einen beim BGH zugelassenen Rechtsanwalt (§ 130 Abs. 3 S. 1 GNotKG; § 10 Abs. 4 S. 1 FamFG), der Notar hingegen nicht (§ 130 Abs. 3 S. 2), was einerseits im Hinblick auf die Waffengleichheit eine bedenkliche Sache ist, andererseits für den Kostenschuldner die Sache verbilligt, wenn er den BGH nicht von der Richtigkeit seiner Auffassung überzeugen kann.

Wird die weitere Beschwerde nicht zugelassen, sind Gegenvorstellungen möglich (*BVerfG* NJW-RR 2001, 860), bei Verletzung des rechtlichen Gehörs in der besonderen Form der Anhörungsrüge (§ 131); wenn diese Behelfe aber erfolglos bleiben, ist der Rechtsweg beendet; eine „Nichtzulassungsbeschwerde" gibt es trotz aller Instanzenseligkeit nicht, wohl aber kann vom Gegner Anschlussbeschwerde eingelegt werden. Wegen der Möglichkeit der Anhörungsrüge (§ 131) ist die Rechtsbeschwerde ohne Zulassung auch dann ausgeschlossen, wenn das OLG das rechtliche Gehör der Beteiligten verletzt hat; nach *BGH* 9.9.2020 – IV ZB 9/20, FGPrax 2020, 288 ist aber bei anderen schweren Verfahrensfehlern eine Gegenvorstellung mit dem Ziel der nachträglichen Zulassung der Rechtsbeschwerde denkbar. Das ist sinnvoll, denn alles spricht dafür, dass die Kostengerichte Pannen selbst reparieren, anstatt es zu einer Inanspruchnahme des BVerfG kommen zu lassen. Die Entscheidung lautet entweder auf Bestätigung der Kostenrechnung des Notars, auf ihre Aufhebung oder auf ihre Abänderung im Rahmen der gestellten Anträge oder der von der Dienstaufsichtsbehörde erteilten Weisungen.

Neben der Rechtsbeschwerde gegen die Beschwerdeentscheidung des OLG gibt es theoretisch auch die **Sprungrechtsbeschwerde** gegen die Entscheidung des Landgerichts. Ein solcher Fall ist bisher aber nicht praktisch geworden.

e) Rechtskraft

Ist kein Rechtsmittel mehr statthaft oder wird ein statthaftes Rechtsmittel **413** nicht eingelegt, dann wird die Entscheidung für die Streitparteien materiell rechtskräftig. Hat der Kostenschuldner beispielsweise die Kostenrechnung mit dem Argument angegriffen, er sei nicht Kostenschuldner, dann kann ihm der Notar nicht nach Zurückweisung der Beschwerde eine neue Rechnung mit höherem

Geschäftswert schreiben (*OLG Schleswig* DNotZ 1987, 383). Dem steht ebenso die Rechtskraft entgegen wie einer Nachforderungsrechnung nach einer Entscheidung des Beschwerdegerichts, dass der Geschäftswert nicht – wie vom Beschwerdeführer geltend gemacht – zu hoch, sondern zu niedrig angesetzt war (*KG* JurBüro 2002, 601). Erstellt der Notar nach durchgeführtem Kostenverfahren eine neue Kostenberechnung unter Beachtung der Vorgaben des Beschwerdegerichts, so kann die Entscheidung über den Streitgegenstand wegen der Rechtskraft der ersten Entscheidung nicht mehr überprüft werden; neue Streitgegenstände können aber erneut mit der Beschwerde angegriffen werden (*OLG Hamm* FGPrax 2012, 267). Dagegen kann der Kostenschuldner nach Zurückweisung seiner ersten Beschwerde nicht erneut Beschwerde aus Gründen einlegen, die bereits zum Zeitpunkt der ersten Beschwerdeentscheidung bestanden (*OLG Zweibrücken* DNotZ 1988, 193).

f) Kosten, Rückzahlung und Schadensersatz

414 Während das Verfahren vor dem Landgericht gebührenfrei ist, fallen für das Beschwerde- und das Rechtsbeschwerdeverfahren Gerichtskosten von 90 € bzw. 180 € an (Nr. 19110, 19120). Bleibt die Beschwerde erfolglos, hat der Kostenschuldner diese Kosten (und auch seine Anwaltskosten, die beim BGH sogar unvermeidbar sind; → Rn. 412) zahlen, in Berlin sogar etwaige Anwaltskosten des Notars (*KG* 14.1.2019 – 9 W 42/17, BeckRS 2019, 328), was nachgerade absurd erscheint, weil ein Notar doch wohl in der Lage sein muss, seine eigenen Kostenrechnungen ohne Anwalt selbst zu verteidigen (richtig *OLG Hamburg* NJW 2019, 1155). Dieses Kostenrisiko der Grund, warum Angelegenheiten von hoher praktischer Bedeutung, bei denen es im Einzelfall aber lediglich um überschaubare Beträge geht (Beispiel: → Rn. 165), fast nur im Weg der Anweisungsbeschwerde ihren Weg zum BGH finden: Kaum jemand riskiert 180 € und die Kosten eines BGH-Anwalts, um geklärt zu bekommen, ob seine Rechnung richtig auf 23,80 € oder 83,30 € lauten muss.

Hat die Beschwerde dagegen Erfolg, braucht der Beschwerdeführer keine Gerichtskosten zu bezahlen, und auch die Kosten seines Anwalts werden dann (auch in Berlin!) regelmäßig dem Notar auferlegt (*OLG Naumburg* NotBZ 2019, 231; *KG* MDR 2015, 675). Auch gegen die Entscheidung, wer die Kosten des Beschwerdeverfahrens tragen muss, kann man übrigens – ohne Rücksicht auf die Höhe der Kosten – Beschwerde einlegen (*OLG Celle* FGPrax 2017, 190).

415 Ergibt die Entscheidung, dass der Kostenschuldner zu viel bezahlt hat, so hat der Notar solche Beträge selbstverständlich zurückzuerstatten; § 90 legt dies noch einmal ausdrücklich fest. Unter den Voraussetzungen des § 90 Abs. 1 S. 2 können die Kostenschuldner vom Notar auch Schadensersatz verlangen, insbesondere Zinsaufwand für die gezahlten oder beigetriebenen Kostenbeträge, die sich als übersetzt erwiesen haben, und Vollstreckungskosten. Gegen die Versäumung der Frist des § 90 Abs. 1 S. 2 ist Wiedereinsetzung statthaft (aA *OLG Hamm* NJW-RR 2017, 246). Der Anspruch auf Erstattung verjährt bei seit dem 1.1.2002 fällig gewordenen Gebühren in vier Jahren beginnend mit der Zahlung (§ 6); vor dem 1.1.2002 fällig gewordene Gebühren kann der Kostenschuldner dagegen noch 30 Jahre zurückverlangen (§ 195 BGB aF; umstritten!); eine dem Art. 229 § 6 EGBGB entsprechende Übergangsvorschrift enthielt die Kostenordnung nämlich nicht.

VI. Kostenrechnung, Kostenbeitreibung, Kostenbeschwerde

In aller Regel wird der Notar die überzahlten Beträge anstandslos zurückzahlen, ohne dass der Kostenschuldner noch einmal das Landgericht in Anspruch nehmen muss. Sollte dies nicht der Fall sein, braucht dieser den Notar nicht im Zivilprozess zu verklagen, sondern kann im Verfahren nach § 90 Abs. 2 eine vollstreckbare Entscheidung über seinen Anspruch zu erhalten. Solche Entscheidungen sind glücklicherweise selten; sie wären dem Ansehen des Notariats auch nicht unbedingt sehr dienlich. Es sind – wie zB der Sachverhalt von *BayObLG* FGPrax 1998, 195 zeigt – vor allem Kollegen, die im höchsten Grade zweifelhafte Beurkundungen vorgenommen haben, die es dann auch noch auf Verfahren nach § 90 Abs. 2 ankommen lassen.

416

Sachverzeichnis

(Die Zahlen bezeichnen die Randnummern.)

Abruf aus dem elektronischen Grundbuch 358, 390
Abschichtung 218
Abschriftsbeglaubigung s. Beglaubigung von Kopien
Abtretung
– der Auszahlungsansprüche 104 f.
– von Grundpfandrechten 107 f.
Abtretungsanzeige 105
Abwesenheitsgeld s. Tagegeld
Adoption s. Annahme als Kind
Aktiengesellschaft 283 ff., 300
– genehmigtes Kapital 284
– Gründungsprüfung 284
– Verwendung des Jahresergebnisses 285
Altersvorsorgevollmacht 192
Amtliche Vermittlung der Erbauseinandersetzung 220 f.
Amtstag 356
Analogieverbot 9
Änderung
– von Erklärungen 51, 134 f.
Angebot 33, 83, 380 ff.
Ankaufsrecht 144
Anmeldungen zum Handelsregister s. Handelsgeschäft, Offene Handelsgesellschaft, Kommanditgesellschaft, Gesellschaft mit beschränkter Haftung, Prokurist
Annahme 33, 83, 380 ff.
Annahme als Kind 311 ff.
– Zustimmungen 311
Anschlussbeschwerde 411
Antrag an das Landgericht 403
Apostille 323b
Armenrecht s. Prozesskostenhilfe
Aufhebung eines Kaufvertrags 93
Auflassung 58
Auflassungsvollmacht 84
Auseinandersetzungsvertrag 168
Auskunft über Gebühren 389a
Auslagen 343 ff.
Ausschlagung der Erbschaft 214, 365
Auswärtsgebühr 319, 325 ff.

Auszahlungsansprüche 104 f.
Auszahlungsbestätigung 28, 102 f.

Bahn 370
Bauverpflichtung 65a
Bebauung für Rechnung des Erwerbers 66
Beglaubigung von Kopien 323c
Beglaubigung von Unterschriften 38, 323b, 336b, 386
Beitreibung der Kosten 398
Belastungsvollmacht 57a
Benutzungsregelung 168a
Beratung 342
Bescheinigung 292, 298 ff.
Beschlüsse s. Gesellschaft mit beschränkter Haftung
Beschwerde s. Kostenbeschwerde
Bestechlichkeit 362a
Beteiligungsvertrag 243a
Betreuungsgebühr 73
Betreuungsverfügung 192
Betriebseinheitswert, Betriebsvermögenswert 256
Beurkundungsgesetz 318, 373, 388
Bewertung
– von Grundbesitz 17 ff.
– von anderen Gegenständen 23 ff.
Bezugsurkunde 322
Blankovertrag 335
Bodenwertkarten 20
Brandversicherungssumme 21
Briefgrundschuld 100, 107
Bruttoprinzip 7
Buchgrundschuld 100, 107
Bundeseisenbahnvermögen 370
Bundesverfassungsgericht 388
Bundesvertriebenengesetz 373

Deutsche Bahn 370
Deutsche Post 370
Dienstbarkeiten 168a
Dokumentenpauschale 344 ff.
Dolmetscher 330

Sachverzeichnis

Ehevertrag 169 ff.
Ehe- und Erbvertrag 170, 204
Eidesstattliche Versicherung 208, 309 ff.
– zur Grundbuchberichtigung 213
– für Teilerbschein 213
Eigentümerbriefgrundschuld 108
Eigentumswohnung 145 ff.
Einheitswert 17 ff., 231, 240
Einwilligung in die Annahme als Kind 311
Einzelfirma s. Handelsgeschäft, einzelkaufmännisches
Elektronische Beglaubigung 323c
Elektronischer Rechtsverkehr 165, 255a, 323c, 343, 390
Elektronisches Grundbuch 343, 390
E-Mail 351a
Entscheidung über die Kosten 403
Entwürfe 39, 333 ff.
– Abschriften 349
– Änderung, Ergänzung, Überprüfung 341
– bei Gebührenbefreiung 386
– Entwurfsauftrag 334
– Fall des § 17 Abs. 2a BeurkG 337a
Erbanteilsübertragung 215 ff.
Erbauseinandersetzung 219
– amtliche Vermittlung 220
Erbbaurecht 151 ff.
– Aufhebung 162
– Teilung 161
– Vorkaufsrechte 153 f.
Erbbauzins, Übernahme 158
Erbfolge, Berichtigungsantrag 217
Erbschaftsausschlagung 214, 365
Erbscheinsantrag 208 ff.
Erbteilsübertragung 215 ff.
Erbvertrag 202 f.
– beglaubigte Abschrift für die Urkundensammlung 347
Erbverzicht 126, 137 f., 205 f.
Erfolglose Verhandlung 331
Ermäßigung der Notargebühren s. Gebührenbefreiung
Erschließungskosten 64
Erzeugung der XML-Daten 237, 255a
Euro-Umstellung 248a, 254

Fälligkeit der Kosten 390
Fahrtkosten 354
Falsche Sachbehandlung 193, 363 ff.
Fernsprechgebühren 357

Festgebühr 14, 303
Finanzierungsvollmacht 57a
Firma s. Handelsgeschäft, einzelkaufmännisches
Flurbereinigungsgesetz 374
Formulare 348
Freigabe 24
Fremde Sprache 330

Gebührenauskunft 389a
Gebührenbefreiung
– persönliche 370 ff.
– sachliche 373, 373a
– mehrere Kostenschuldner 374
– Übernahme der Kosten 378
Gebührenerlass 362
Gebührenermäßigung 360 ff.
Gebührensätze 28
Gebührenstaffelung 4
Gebührenüberhebung 366
Gebührenvereinbarung 360 ff.
Gegenstandslose Rechte 166
Geh- und Fahrtrecht 63
Geisteskranke 31
Gemeinschaftliches Testament 201
Gemeinschaftsaufhebungsverbot 168a
Genehmigung 89
– Erbbaurecht 159
– Mitberechtigte 90
Generalvollmacht 92
Geschäftsanteilsabtretung 25, 256 ff.
Geschäftswert 14
Gesellschaft mit beschränkter Haftung 225 ff.
– Anmeldungen 234, 251, 254a, 255
– Auflösung 254a
– Bescheinigung des Satzungswortlauts 253
– Beschlüsse 239, 249
– Belehrung der Geschäftsführer 235
– Einpersonen-GmbH 226
– Geschäftsführerbestellung 230 ff.
– Kapitalerhöhung 241 ff.
– Liste der Gesellschafter 236, 253, 260a
– Löschung 255
– Nachtrag zum Gründungsvertrag 239
– Satzungsänderung nach Eintragung 240 f.
– Satzungsänderung vor Eintragung 239
– Übernahmeerklärung 242 f.
– Zusammenlegung von Geschäftsanteilen 250

Sachverzeichnis

Grundbuchberichtigung 163 ff., 217
Grundlagenurkunde 322
Grundpfandrechte 96 ff.
Grundschuld 96 ff.
– Abtretung 107 f.
– Briefgrundschuld 100, 107
– Buchgrundschuld 100, 107
– Kaufpreisfinanzierung 104
– und Verpfändung 112
Gründungsprüfung bei der AG 284
Gutachterausschuss 20
Gütergemeinschaft 171, 180
Güterrechtsregister 178
Güterstandswechsel 181 ff.
Gütertrennung 171

Haftungsübernahme 74
Hammerschlagsrecht 63
Handelsgeschäft, einzelkaufmännisches 268 ff.
– Anmeldung 269
– Übertragung 125 ff.
Hausratsteilung 190
Hinterlegung 287 ff.
Hinweispflicht auf Gebühren 70, 389b
Höchstgebühren 29, 38, 261, 266, 285, 376
Höchstwerte 261 ff., 285b
Hypothek 115

Identitätserklärung 53
IHK 236
Inventar 72
Investitionsverpflichtung 65a, 258a
Islamische Religionsgemeinschaft 370

Kapitalerhöhung 241 ff.
Kaufvertrag 57 ff.
– auf Rentenbasis 61
– Grundstücksteilfläche 60 f.
– Aufhebung 93
– Kaufpreisabwicklung 76 ff.
– Übernahme von Belastungen 62 ff.
Kirchen 370
Kommanditgesellschaft 279 ff.
– Anmeldung 280
– Vollmacht 282
Kostenbeitreibung 398
Kostenbeschwerde 403 ff.
– Antrag an das Landgericht 403
– Beschwerde zum OLG 411a
– Kosten des Verfahrens 414

– Rechtsbeschwerde 412
– Verfahren 407 ff.
– Weisung des Landgerichtspräsidenten 404 f.
Kostenrechnung 394 f.
– Angabe der Gebührenvorschriften 396
– Überprüfung 402 ff.
– Unterschrift des Notars 397
– Zustellung 400
Kostenschuldner 31 ff.
Kostenübernahme 35, 370
KostRÄG 165
Kriegsopferversorgung 373

Landesbetrieb 370
Landwirtschaftliche Übergabe 17a ff., 72, 123a
Lebensbescheinigung 299
Lebenspartnerschaftsvertrag 170
Leibrente 60 f., 127 ff.
Limited 271
Liste der Gesellschafter 236, 253, 260a
Löschung 163 ff.
Löschungsbewilligungen, Beschaffung 74
Löschungsvormerkung 111
Löschungszustimmung 57a, 109, 165

Maklerprovision 65
Mehrere Erklärungen 41
Mehrwertsteuer 391
Mehrwertsteueroption 60
Messungsantrag 68
Mietvertrag 323
Mindestgebühr 30, 376
Mitberechtigung 90
Modifizierte Zugewinngemeinschaft 174
Monatsraten 367
Mutterurkunde 322

Nachträge s. Änderungen
Nachlassverzeichnis 305
Nachverpfändung 24
Nebengeschäft, gebührenfreies 9
Neubeginn der Verjährung 401

Offene Handelsgesellschaft 272 ff.
– Anmeldungen 276 ff.
– Entwurf 339
– Gesellschaftsvertrag 272 ff.

Pächter, Anmeldung zum Handelsregister 269

Sachverzeichnis

Pachtvertrag 323
Partnerschaftsvertrag 170
Patientenverfügung 192
Pfandfreigabe 24
Pfandunterstellung 24
Pflichtteilsverzicht 126, 137f., 205f.
Polygamie 189
Postentgelte 357f.
Post 370
Prokurist 252, 269f.
Prozesskostenhilfe 367
Prüfung der Eintragungsfähigkeit 323b

Rabattverbot 360ff.
Rahmengebühr 333, 341
Rangbestätigung 28, 102f.
Rangrücktritt 110ff., 160
Rangvorbehalt 113
Rechtsbehelfsbelehrung 396
Rechtsbeschwerde s. Kostenbeschwerde
Rechtskraft 413
Rechtswahl 176, 196
Registervollmacht 282
Reichssiedlungsgesetz 373
Reisekosten 353ff.
Reparaturvollmacht 236
Ringtausch 167
Rücknahme
 – des Beurkundungsauftrags 331
 – des Erbvertrags aus der amtlichen Verwahrung 204a
Rückzahlung von Kosten 415f.

Sacheinlage bei GmbH 228, 241
Sachenrechtsbereinigung 323a
Satzrahmengebühr 14, 94, 333, 341
Satzungsänderungen s. Gesellschaft mit beschränkter Haftung
Schadensersatz wegen falscher Kostenberechnung 415f.
Scheckprotest 321
Scheidungsvereinbarung 169ff.
Schlag ins Wasser 331
Schreibauslagen 344
Schuldenabzugsverbot 7, 23
Serienvertrag 335
Sicherstellung der Zeit 302
Siegelung 305
Sorgeerklärung 388
Sorgerechtsregelung 191
Sozialgesetzbuch 373
Sozialhilfesachen 373, 387

Spezifische Mindestgebühr 30
Sprungrechtsbeschwerde 412
Staffelgebühren 4
Stammkapitalerhöhung 241ff.
Standesamtsmitteilungen 346
Standesangehörige 362
Stellungnahme der IHK 236
Streitverkündung 410a
Stundung 401

Tagegeld 319, 355.
Tatsachenbescheinigung 292, 298ff.
Tauschvertrag 167, 386
Teileigentum 150
Teilerbbaurecht 150
Teilungsanordnung, Erfüllung 224
Telefonentgelte 357f.
Testament 194ff.
 – Widerruf 196
Testamentsvollstreckerzeugnis 213

Übergabevertrag 17a ff., 122ff.
Überlassungsvertrag 122ff.
Übermittlungsgebühr 323b
UG (haftungsbeschränkt) 247, 256
Umsatzsteuer 390f.
Umsatzsteueroption 60
Umschreibung der Vollstreckungsklausel 119
Umwandlung
 – von Gesellschaften 286
 – von Grundpfandrechten 116f.
Unrichtige Gebührenauskunft 12
Unrichtige Sachbehandlung 193, 363ff.
Unterbrechung der Verjährung s. Neubeginn
Unterhaltsvereinbarung 187
Unterhaltsverpflichtung 316ff.
Unternehmergesellschaft 256
Unterschriftsbeglaubigung s. Beglaubigung von Unterschriften
Unzeitgebühr 328f.

Vaterschaftsanerkenntnis 388
Veräußerungsanzeige 346
Verbrauchervertrag 337a
Verfassungsbeschwerde 388
Vergleich 410a
Vergleichsberechnung 45
Verjährung 392f., 401
Verlosung 307f.
Vermächtniserfüllung 222f.

Sachverzeichnis

Vermessungsantrag 68
Vermittlung
– der Erbauseinandersetzung 220 f.
– in der Sachenrechtsbereinigung 323a
Vermögensverzeichnis 180, 305 f.
Verpfändung des Auflassungsanspruchs 114
Verschlechterungsverbot 407
Versorgungsausgleich 184 ff.
Vertragsaufhebung 93
Vertretungsbescheinigung 303
Verwahrungsgeschäft 287 ff.
– Anderkonten 294
– Hebegebühr 290, 295 f.
– Sparkassenbücher 289
– Tatsachenbescheinigung 292
Verwalterzustimmung 149
Verweisungsurkunde 322
Verzicht im Adoptionsverfahren 315
Volljährigenadoption 313
Vollmacht 89, 282
Vollmachtsbescheinigung 303a
Vollmachtsbestätigung 91
Vollstreckbare Ausfertigung
– Grundpfandrechte 118
– Kostenrechnung 399
– zweite 120
Vollzugsgebühr 68, 148, 156
Vorkaufsrecht 139 ff.
– Baugesetzbuch 68
– gegenseitige Einräumung 142
– Naturschutzgesetze 68

Vorschuss 32, 392
Vorsorgevollmacht 192
Vorvertrag 67
Vorzeitige Beendigung des Beurkundungsverfahrens 341

Wechselprotest 318 ff.
Wegegeld 319
Weitere Beschwerde 410
Wertberichtigungen 268
Wertsicherung 134, 155
Wiederkaufsrecht 136
Wiederkehrende Leistungen 60, 128 ff.
Wirtschaftlich schwache Beteiligte 367
Wohnungsbesetzungsrecht 65b
Wohnungseigentum 145 ff.
Wohnungserbbaurecht 150

XML-Daten 68a, 165, 237

Zinsen 400, 402, 414
Zurückbehaltungsrecht 392a
Zurücknahme des Beurkundungsauftrags 331
Zusatzgebühren 324 ff.
Zustimmung 89
Zwangsvollstreckungsunterwerfung
– Annahme eines Kaufangebots 85
– Grundschulden 97 ff.
Zweigniederlassung 271
Zweitfrau 189